Werner Thole • Hans-Günther Roßbach •
Maria Fölling-Albers • Rudolf Tippelt (Hrsg.)

Bildung und Kindheit

Pädagogik der Frühen Kindheit
in Wissenschaft und Lehre

Verlag Barbara Budrich
Opladen & Farmington Hills 2008

Bibliografische Informationen der Deutschen Nationalbibliothek
Die Deutsche Nationalbibliothek verzeichnet diese Publikation in der Deutschen
Nationalbibliografie; detaillierte bibliografische Daten sind im Internet über
http://dnb.d-nb.de abrufbar.

Gedruckt auf säurefreiem und alterungsbeständigem Papier.

© 2008 Verlag Barbara Budrich, Opladen & Farmington Hills
www.budrich-verlag.de

ISBN   978-3-86649-154-0

Umschlaggestaltung: disegno visuelle kommunikation, Wuppertal – www.disenjo.de
Druck: paper & tinta, Warschau
Printed in Europe

Inhalt

Soziale Ungleichheiten, Heterogenität und Differenz

Übergänge produktiv gestalten und bewältigen

Wissen und »Nicht Wissen« – Ausblicke

Die AutorInnen

Günter Gerstberger

Frühkindliche Bildung in Forschung und Lehre

Vorwort für die „Robert Bosch Stiftung"

Nach einem dreißigjährigen Dornröschenschlaf ist der deutsche Kindergarten zu großer Konjunktur erwacht. Die Forderung, dass Kinder so früh wie möglich gefördert werden müssen, ist zu einem festen Topos im gesellschaftspolitischen Diskurs geworden. Demographische Erhebungen und internationale Studien zum Zustand unseres Bildungssystems haben das öffentliche Bewusstsein wachgerüttelt: Immer weniger Kinder werden in Deutschland nur unzureichend betreut und gefördert. Gleichzeitig erfahren wir: ein Mangel von gut ausgebildeten Fachkräften bedroht den Wirtschaftsstandort. Die Berufstätigkeit von hochqualifizierten Müttern wird durch fehlende Betreuungsangebote für Kleinkinder erschwert, deren Quantität und Qualität anspruchsvolle Eltern nicht zufriedenstellen kann.

Internationale Studien zeigen: Das Bildungssystem lässt unsere Gesellschaft im Stich. Hartz IV wird zur Karriereperspektive für viele Jugendliche aus bildungsfernen Schichten. Die Potenziale zugewanderter Mitbürger verlieren sich in Parallelgesellschaften, die Schulleistungen von Migranten fallen mit steigender Aufenthaltsdauer. Internationale Studien zeigen aber auch: Investitionen in die frühkindliche Bildung lohnen sich und haben einen entscheidenden Einfluss auf die gesamte Bildungs- und Erwerbsbiographie eines Menschen. Auf den Ebenen von Bund, Ländern und Gemeinden macht die frühkindliche Förderung als zentrales Instrument für die Bewältigung einer Vielzahl gesellschaftlicher Probleme Furore. An Detailfragen scheiden sich aber die Geister: Wie soll das zukünftige System der frühkindlichen Bildung, Erziehung und Betreuung von Kindern aussehen? Wie müssen unsere Kinder auch über die Grenzen einzelner Institutionen hinaus gefördert werden? Wie kann ein umfassenderes und besseres pädagogisches Angebot gemacht werden? Wer kann dazu welche Beiträge leisten?

Seit 2003 engagiert sich die Robert Bosch Stiftung mit einem neuen Programmschwerpunkt für die Reform der frühkindlichen Bildung in Deutschland. Die Qualifizierung der Fachkräfte und die Attraktivät des Berufsfeldes ist nach Überzeugung der Robert Bosch Stiftung ein wesentlicher Hebel, um dem Reformprozess auch die notwendige Nachhaltigkeit zu verleihen. Fehler, an denen die Reformbemühungen der 1970er krankten, dürfen nicht noch einmal gemacht werden. Nicht noch einmal darf es versäumt werden, die Frühpädagogik als Profession zu etablieren. Nur wenn hochqualifizierte Spezialisten für frühkindliche Bildung auch an Hochschulen ausgebildet und in diesem Berufsfeld insgesamt attraktive Karrieremöglichkeiten geschaffen werden, haben die derzeitigen Reformanstrengungen auch längerfristig Wirkung. Die Ausbildungsstrukturen dürfen nicht länger auf Fachschulniveau verharren und müssen Anschluss an andere pädagogische Studiengänge und die Lehrerbildung finden. Mit ihrem Programm „PiK – Profis in Kitas" fördert die Robert Bosch Stiftung Hochschulen, die frühpädagogische Studiengänge in enger Verzahnung von Forschung, Lehre und Praxis entwickeln. Unser Ziel ist es, das Potenzial der Wissenschaft für die Entwicklung der pädagogischen Praxis in Kindertageseinrichtungen fruchtbar zu machen. Voraussetzung dafür ist es, die Aus- und Weiterbildung von Fachkräften wissenschaftlich zu fundieren und den Dialog aller für diesen Reformprozess wichtigen Kräfte zu unterstützen.

Der Kongress „Frühkindliche Bildung in Forschung und Lehre", den die Robert Bosch Stiftung am 28. und 29. Juni 2007 zusammen mit der Deutschen Gesellschaft für Erziehungswissenschaft im Französischen Dom in Berlin ausgerichtet hat, war für uns daher ein wichtiger Schritt. In Partnerschaft mit dem Vorstand der Deutschen Gesellschaft für Erziehungswissenschaft haben wir Wissenschaftler aus unterschiedlichen Disziplinen und Leiter neuer frühpädagogischer Studiengänge zusammengebracht. Erstmalig wurden brennende Forschungsfragen auf dem Feld der frühkindlichen Bildung benannt und interdisziplinär erörtert. Deutlich wurden der Abstimmungsbedarf bei der Entwicklung von Studienangeboten zur Professionalisierung von Frühpädagogen und der akute Mangel an wissenschaftlichem Nachwuchs, ohne den der große Bedarf an Forschung und Lehre nicht bewältigt werden kann.

Dieser Band dokumentiert die Vorträge der Konferenz „Frühkindliche Bildung in Forschung und Lehre" sowie weitere Beiträge ausgewählter

Wissenschaftler für eine breite Fachöffentlichkeit. Wir danken unseren Kooperationspartnern und den Herausgebern dieser Publikation für Ihr großes Engagement. Wir hoffen, dass diese Publikation einen wichtigen Impuls für die Entwicklung frühpädagogischer Bildungs- und Lernformen gibt und damit die weitere Professionalisierung der Bildungsarbeit in Kindertagesstätten voranbringt.

Günter Gerstberger
(Bereichsleiter Bildung und Gesellschaft
der Robert Bosch Stiftung)

Rudolf Tippelt

Frühkindliche Bildung in Forschung und Lehre

Vorwort für die „Deutsche Gesellschaft
für Erziehungswissenschaft"

Die Deutsche Gesellschaft für Erziehungswissenschaft (DGfE) hat die Tagung, deren Beiträge und Ergebnisse mit dem vorliegen Band kommuniziert werden, gemeinsam mit der Robert Bosch Stiftung geplant und durchgeführt, weil wir wissen, dass die ersten formativen Jahre der kindlichen Bildung für die weitere Entwicklung und das Lernen jedes Menschen von besonderer Bedeutung sind. Die DGfE analysiert seit Jahren aus unterschiedlichen teilsdisziplinären Perspektiven die Möglichkeiten der individuellen Förderung, der Diagnose und des individuellen Persönlichkeitswachstums, die Robert Bosch Stiftung ist seit Langem in diesem wichtigen Bereich der frühkindlichen Bildung erfolgreich aktiv und sieht die Notwendigkeit für ein verstärktes gesellschaftliches Engagement. Aber was war das Besondere der im vorliegenden Band dokumentierten Tagung?

- Erstens ist die interdisziplinäre Kooperation hervorzuheben, denn Beiträge aus der Erziehungswissenschaft, der Psychologie, der Neurowissenschaft und der Soziologie haben ihre Arbeitsergebnisse vorgetragen und ausgetauscht. Allen Referentinnen und Referenten, die zur Gestaltung dieser Tagung beigetragen haben, ist zu danken, denn interdisziplinäre Diskussion wird zwar oft gefordert, ist allerdings keineswegs selbstverständlich. Speziell in der Erziehungswissenschaft sind es besonders die Teildisziplinen der Elementarpädagogik, der Grundschulpädagogik, der

Sozialpädagogik, der interkulturellen Pädagogik und der Allgemeinen Pädagogik, die zum Thema etwas sagen können.

- Zweites galt es theoretische und praktische, aber auch forschungsmethodische Fragen zu beantworten – deshalb war die Tagung eine der besonderen Gelegenheiten, bei der sich Wissenschaft und Praxis begegnen konnten. Dabei ging es darum, Wissen wechselseitig zu kommunizieren, es ging aber auch darum, jene Felder zu sichten, in denen Forschung und Praxis noch viel zu wenig wissen.

- Drittens ist zu betonen, dass das Thema „frühkindliche Bildung" an Erkenntnisse anschließt, die in der Forschung zu den Bildungsprozessen über die Lebensspanne und dem Lebenslangen Lernen erörtert werden: Denn es ist eine Tatsache, dass frühkindliche Bildung für das Lernen im Schul- und Jugendalter, aber auch im Erwachsenenalter – also für jedes anschließende Lernen – prägend ist.

Frühkindliche Bildung erleichtert und verbessert insbesondere den Übergang in das schulische Bildungs- und Sozialisationssystem. Gerade dieser Befund muss uns sensibel dafür machen, dass die Bildungs- und Entwicklungschancen bereits im frühen Kindesalter den Forderungen der Fairness entsprechen müssen. Wenn man aber die soziodemographischen und soziokulturellen Benachteiligungen reflektiert, stellt man fest, dass sich heute Gerechtigkeits- und Fairnessprobleme auch in der frühen Bildung stellen. Die frühen Entwicklungs- und Bildungsphasen, die bei der Tagung aus empirisch-theoretischer und praktischer Perspektive analysiert wurden, haben daher gerade auch für die Partizipation und die soziale Integration in unserer Gesellschaft einen eminenten Stellenwert:

- Kognitiv wird die Basis für das Interesse am Lernen, für die Motivierung und die Kompetenzentwicklung in den frühen Lebensjahren gelegt und
- emotional und sozial hat das Vertrauen in die Welt sowie die Identitätsentwicklung in den frühen Lebensjahren ihren Ursprung.

Wenn wir bewusst von frühkindlicher Bildung sprechen, dann heißt dies, dass es um Lernen im Interesse einer selbstregulierten, individuellen und sozialen Entwicklung geht, die freilich sowohl auf familiale Bindung als auch auf die pädagogisch-professionelle Förderung in öffentlichen Einrichtungen von Anfang an angewiesen ist. Und wir schließen in diesem Band an einen Befund an, den das Deutsche Jugendinstitut (DJI) in verschiedenen Studien klar zum Ausdruck gebracht hat, dass es nämlich im internationalen Vergleich zu wenige, ja einen Mangel an Kinderkrippenplätzen und auch noch nicht in allen Regionen eine volle Versorgung mit Kindergartenplätzen gibt. Diese noch nicht hinreichende Versorgung ist zu Recht zu einem herausragenden familien- und bildungspolitischen Thema geworden. Die empirisch-theoretische Forschung und die pädagogische Praxis müssen sich in diesem Zusammenhang mit der Professionalisierung, der Aus- und der Fortbildung dieses äußerst wichtigen und manchmal öffentlich doch noch immer unterschätzten pädagogischen Berufsbereichs der Elementarbildung befassen.

Es ist gut, dass bei diesem Thema die DGfE und die Robert Bosch Stiftung zusammenarbeiten, und ich danke Herrn Günter Gerstberger und Frau Dr. Monika Lütke-Entrup für diese Offenheit zur Kooperation.

Die Mitherausgeber dieses Bandes repräsentieren jeweils Teildisziplinen der Erziehungswissenschaft, die sich mit dem wichtigen Thema der frühkindlichen Bildung seit Jahren befassen: Maria Fölling-Albers bringt die Expertise der Schulpädagogik und insbesondere der Grundschulpädagogik ein, Hans-Günther Rossbach hat bei der Vorbereitung und Durchführung der Tagung die Perspektiven der Elementarpädagogik vertreten und Werner Thole vom Vorstand der DGfE hat insbesondere die sozialpädagogischen Bezüge des Themas stark gemacht. Mein herzlicher Dank geht für die logistische und konkrete Vorbereitung der Tagung an Frau Jana Dreyer von der Geschäftsstelle der DGfE und Frau Wagner von der Robert Bosch Stiftung, deren „joint-venture" die Durchführung der Tagung erst ermöglichte.

Legt man quantitative Maßstäbe an, war es angesichts der rund 500 Teilnehmer und Teilnehmerinnen eher ein Kongress. Die große Nachfrage belegt das gewachsene und heute starke Interesse der wissenschaftlichen, praktischen und politischen Fachöffentlichkeit an diesem für die persönliche Entwicklung der Aufwachsenden pädagogisch so zentralen Bereich. Dies ist ein ermutigendes und sehr gutes Zeichen. Wir hoffen, dass die Tagung und der jetzt vorliegende Band dazu beitragen können, das Thema frühkindliche Bildung wissenschaftlich und im Austausch mit der Praxis weiterzubringen.

Rudolf Tippelt
(Vorsitzender der Deutschen Gesellschaft
für Erziehungswissenschaft)

Einleitung

Werner Thole/Maria Fölling-Albers/Hans-Günther Roßbach

Die „Pädagogik der Kindheit" im Fokus der Wissenschaften

Einleitung

In der frühen Kindheit werden entscheidende Weichen für den Weg durchs Leben und insbesondere für die persönliche Bildungsbiographie gelegt und gestellt. Seit einigen Jahren wird auf diese bekannte Tatsache verstärkt mit einer gesellschaftlichen Aufwertung und Anerkennung der ersten Stufe des Bildungssystems sowie einer Akademisierung der für berufliche Tätigkeiten in der institutionellen Bildung der Kindheit qualifizierenden Ausbildung reagiert.

Die Bedingungen des Aufwachsens und einer altersadäquaten, bildungsorientierten Betreuung von Kindern im vorschulischen Alter erleben gegenwärtig in unterschiedlichen disziplinären Kontexten – und publizistischen Journalen (zuletzt Brandt u. a. 2008) – einen Aufmerksamkeitsgewinn. Inzwischen schenken nicht mehr nur die Pädagogik der Frühen Kindheit und die Sozialpädagogik, die Sozialisationsforschung und die Entwicklungspsychologie, also das Milieu der geistes-, sozial- und erziehungswissenschaftlichen Fachdiskurse, der frühen Kindheitsphase Beachtung. Auch betriebs- und volkswirtschaftlich inspirierte, molekulargenetische, neurophysiologische und -biologische Perspektiven dokumentieren ihr Interesse an sozialisations-, erziehungs- und bildungsorientierten Fragestellungen und irritieren, verändern oder stützen bisher bekannte Sichtweisen. Fragen nach den gelungenen Gestaltungen des Aufwachsens in familialen und institutionalisierten Sozialisationskontexten sowie nach den je altersadäquaten Entwicklungs- und Bildungsmöglichkeiten stehen dabei ebenso im

Zentrum empirischer Beobachtungen wie die Suche nach geeigneten Bildungs- und Lernformen.

Aufgrund der spezifischen Tradition und Konzeption der deutschen Elementarpädagogik sind differenziertere Kenntnisse über die Formen und Veränderungen des Aufwachsens von Kindern im vorschulischen Alter sowie über die Chancen der institutionellen Bildung von Kindern vor dem Eintritt in die Schule unter Beachtung sozialisationstheoretischer und entwicklungspsychologischer Wissensbestände in den letzten Jahrzehnten lediglich randständig erörtert worden. Ob die vorliegenden Erkenntnisse für eine auf die Initiierung von Bildungsprozessen setzende Neukonzeptualisierung der institutionellen Pädagogik der Frühen Kindheit plädieren, ist allerdings ebenso undeutlich wie die diesbezüglich zitierten Verweise auf neurophysiologische und -biologische Forschungen oder das Wissen der jüngeren Hirnforschung. Eine frühere, bildungsorientierte Formulierung vorschulischer Lernarrangements wird zwar gegenwärtig in allen Bundesländern angestrebt, über das forschungsgestützte Wissen, welches eine derartige Neuausrichtung zu begründen vermag, wird allerdings kaum, zumindest nicht hinreichend diskutiert.

„Wenn die Diskussion um die frühkindliche Erziehung in den letzten Jahrzehnten ein wenig ins Stocken geraten ist, so mag dies darin begründet sein, dass der deutsche Kindergarten mit seinen Grundlagen (…) eine relativ feste und bewährte Form gefunden hatte. Es wurde nicht als drängende Notwendigkeit empfunden, die Kleinkinderpädagogik grundsätzlich zu revidieren und an den Fortschritten der anthropologischen Wissenschaften stets wieder neu zu orientieren. Daher entwickelte sich die in den Seminaren gelehrte Kindergartenpädagogik in einer gewissen Selbstgenügsamkeit abseits der Entwicklung in der allgemeinen Erziehungswissenschaft" (Bittner 1968, S. 9). Diese Lagemarkierung scheint die gegenwärtige Situation relativ präzise zu beschreiben. Lediglich die Termini „frühkindliche Erziehung", „anthropologische Wissenschaften" und „Kindergartenpädagogik" irritieren leicht und lassen vermuten, dass der Text dem Zeitgeist doch nicht gänzlich, zumindest nicht sprachlich entspricht. Und die Irritation besteht zu Recht: Der Autor des Textes, Günther Bittner, konnte, als er den Beitrag entwarf, von den gegenwärtigen Diskussionen keine Kenntnis haben, denn er verfasste den Text 1968 als Einleitung zu dem von ihm gemeinsam mit Edda Schmid-Cors edierten Band „Erziehung in früher Kindheit". Die von ihm formulierte Aufgabenstellung hat an Aktualität nicht verloren. Wenn in dieser Einleitung auf fast identische Fragen verwiesen wird, ist dies der schlichten Tatsache geschuldet, dass das Feld der Pädagogik der frühen

Kindheit in den zurückliegenden gut dreißig Jahren als Gegenstand von grundlagenorientierten und handlungspraktischen Forschungsbemühungen in der erziehungs- und sozialwissenschaftlichen Aufmerksamkeit keine herausragende Rolle gespielt hat.

Die gemeinsam von der Deutschen Gesellschaft für Erziehungswissenschaft und der Robert Bosch Stiftung konzipierte und realisierte Fachtagung wollte und der jetzt vorliegende Band soll dazu beitragen, das vorhandene Wissen zu verschiedenen Aspekten des Aufwachsens von Kindern im vorschulischen Alltag für eine Revitalisierung der Diskussion zu präsentieren. Davon ausgehend werden die Möglichkeiten und eventuell auch Grenzen einer stärker bildungsorientierten Neukonzeptualisierung der institutionellen Angebote des Elementarbereiches sowie darüber hinaus Überlegungen vorgestellt, welche Fragestellungen an die Forschungen zu vorschulischer Bildung zu adressieren sind.

1. Wissen und Nicht-Wissen zum Feld der Pädagogik der Kindheit – zu den Beiträgen

Die in diesem Band referierten Befunde sensibilisieren nicht nur für die Bedingungen des Aufwachsens von Kindern in institutionellen Kontexten. Die Beiträge bereichern auch die erziehungswissenschaftlichen Gespräche bezüglich der Strukturen, Qualität, Formen und Inhalte der bildungsorientierten Institutionen und der Qualifizierungsformen des pädagogischen Personals des Elementarbereichs.

Disziplinäres Wissen über Kinder und Kindheit

Den pädagogischen Praxen wie den wissenschaftlichen Reflexionen wird durch die Beiträge empfohlen, ihre pädagogischen Programmatiken, bildungs-, erziehungs- und betreuungsorientierten Konzeptionen deutlicher und wohlmöglich und stärker über das vorliegende Wissen zu den Phasen, Formen und Bedingungen des Aufwachsens abzusichern. Dass die Diskussion um frühpädagogische institutionelle Bildung-, Erziehungs- und Betreuungsangebote des breiten Blickes auf die Bedingungen, Entwicklungen und Veränderungen des kindlichen Aufwachsens bedarf, darauf weist *Maria Fölling-Albers* aus erziehungswissenschaftlicher Perspektive in ihrem Beitrag hin und verdeutlicht, dass Aspekte der Schul- und Bildungsforschung bisher weitgehend aus der Kindheitsforschung ausgeklammert wurden. In ihrem Beitrag untersucht *M. Fölling-Albers* zunächst die Begriffe „Kindheit" und „Kindsein" in einer historisch-systematischen Perspektive und arbeitet dabei Paradoxien mit Blick auf Kindergarten und Grundschule heraus (z. B. im Hinblick auf „Schülersein" versus „Kindsein"). Vor dem Hintergrund unterschiedlicher Konzepte der sozialwissenschaftlichen Kindheitsforschung werden anschließend Ergebnisse der empirischen Forschung vorgestellt, die unter erziehungswissenschaftlicher Perspektive relevant sind (z. B. zu Erziehungsnormen, Familienformen, kindlichem Wohlbefinden, Freizeit, Medien, Heterogenität und Ungleichheit).

Marcus Hasselhorn, *Martin Lehmann* und *Cora Titz* konfrontieren die erziehungswissenschaftliche Perspektive auf Kindheit und die Phasen des Aufwachsens mit den Erkenntnissen der neueren Entwicklungspsychologie und dem darüber grundgelegten Verständnis vom Aufwachsen. Empirisch fundiert stützen die AutorInnen die Thesen, dass unabhängig von den sozialen und gesellschaftlichen Rahmenbedingungen Kinder in den Zeitphasen des Aufwachsens eine Reihe biologisch prädisponierter Veränderungen erleben, neue Entwicklungsimpulse durch soziale Normen begleitet und mit initiiert werden und individuelle Unterschiede im Erleben und Verhalten von Kindern das Ergebnis eines Wechselspiels von biologisch verankerten Entwicklungsvoraussetzungen und sozialen Einflüssen sind. Nachdrücklich wird dabei die Bedeutung der nicht rein additiv wirkenden, gemeinsamen Verhaltenswirksamkeit von Anlagen und Umwelt abschließend hervorgehoben.

Andreas Lange komplettiert die disziplinären Perspektiven auf die frühkindliche Phase des Aufwachsens um den soziologischen Blick und analysiert in seinem Artikel „Beiträge einer interdisziplinär orientierten Soziologie der Kindheit für das Verständnis frühkindlicher Bildung" Perspektiven darüber, welchen Stellenwert eine „Soziologie der Kindheit" für das Verständnis frühkindlicher Bildungsprozesse haben könnte. Dazu zeichnet er zunächst die Entwicklungsgeschichte der noch jungen Teildisziplin „Soziologie der Kindheit" nach, stellt die internationalen Ansätze zu diesem Schwerpunkt dar und beschreibt die methodologischen Ansätze dieser Disziplin. Er zeigt auf, wie z. B. durch die Diskursanalyse die unterschiedlichen Zielsetzungen von Bildung und Erziehung der frühen Kindheit der vergangenen Jahrzehnte herausgearbeitet werden können. Der Schwerpunkt einer Soziologie der Kindheit liegt für *A. Lange* allerdings bei der Analyse der gesellschaftlichen Rahmenbedingungen und ihre Bedeutung für das Aufwachsen von Kindern. Als aktuelle Herausforderungen stellt *A. Lange* die Veränderungen bei den Arbeitszeiten Erwachsener und die Bedeutung für die Betreuung von Kindern sowie die Untersuchung der Teilnahme der Kinder an (institutionalisierten) Freizeit- und Förderangeboten heraus. Dabei betont er auch den Stellenwert der Untersuchung der Popularkultur (z. B. Medien) im Rahmen einer Soziologie der Kindheit.

Soziale Ungleichheiten, Heterogenität und Differenz

Die Lokalisierung und theoretische Kodierung der Zusammenhänge zwischen Bildung, Ausbildung und der Produktion respektive der Reproduktion sozialer Ungleichheiten stellt spätestens seit den 1960er Jahren eines der zentralen Themen der Sozial- und der Erziehungswissenschaft dar. Nach wie vor sind die allgemeinen Formen und Praxen der Bildungsaspiration herkunftsabhängig und die schulische Bildungsbeteiligung und der Bildungserfolg sind – immer noch – geformt von milieu- und herkunftsbedingten Prägungen. Aber auch wenn die Beobachtung inzwischen in den politischen Gesprächen und Entscheidungsprozessen als Wissen präsent ist, bleibt abzuwarten, ob sich die soziale Herkunft, belastete und risikobeladene Lebenslagen und problematische sozial-kulturelle Milieus von vielen Kindern nicht auch weiterhin als Bildungsbremse erweisen (vgl. auch u. a. Fölling-Albers 2005), weil die sozialen Realitäten und die Bedingungen des Aufwachsens ihre strukturelle Formatierung auch über eine neue Sozial- und Bildungspolitik nicht verlieren. *Peter Büchner* resümiert auf der Grundlage der neueren Ungleichheitsforschung in seinem Beitrag in diesem Band den Stellenwert der Familie im Bildungsprozess. Dabei setzt er sich kritisch mit der seit einigen Jahren in der Öffentlichkeit diskutierten Position auseinander, wonach die Familie keine hinreichende Bildung ermögliche und sie deshalb verstärkt durch öffentliche Erziehungs- und Bildungseinrichtungen ersetzt werden müsse. Es geht *P. Büchner* dabei nicht allein um den formalen Bildungserfolg (erfolgreiche Bildungsabschlüsse); vielmehr richtet sich sein Blick auf die Möglichkeit der kulturellen Teilhabe und sozialen Anschlussfähigkeit jedes Kindes. *P. Büchner* zeigt auf, dass nach wie vor die Familie das entscheidende Steuerungsinstrument für die individuelle Habitusentwicklung und Bildungsbiographie sei. Bildungsbenachteiligungen entstünden, wenn in Familien wichtige Voraussetzungen für eine kulturelle Teilhabe fehlten. Der Schule misslinge nicht nur der Ausgleich von Ungleichheiten, sondern fördere sie oftmals, weil anerkennungsfähiges Investitionsverhalten mancher Kinder in der Schule nicht anerkannt werde.

Soziale Ungleichheit hat viele Prägungen. Drei weitere Beiträge komplettieren die Perspektive von *P. Büchner. Hannelore Faulstich-Wieland* legt in ihrem Beitrag über die „Begleitung frühkindlicher Bildungsprozesse und Geschlechterdifferenz" zunächst verschiedene Konzepte geschlechtersensibler Zugangsweisen in Bildungseinrichtungen dar. Das betrifft zum einen die tägliche Praxis in den Kindergärten, aber auch die Forderung nach mehr männlichen Erziehern in den Einrichtungen. Daran wird die (kritische) Frage geknüpft, ob ein höherer Anteil von Männern in den Kindertagesstätten von den Erzieherinnen überhaupt erwünscht sei und welche Auswirkungen dies auf das eigene Verhalten habe. Für *H. Faulstich-Wieland* erscheint eine geschlechterspezifische Sensibilisierung im Alltag wichtiger zu sein, als geschlechtsspezifische Programme aufzulegen. So thematisiert sie als Beispiele die (oftmals geringe) Akzeptanz von bei Jungen beliebten Spielzeugfiguren durch die Erzieherinnen – und mögliche Folgen für die Jungen – sowie die Bereitstellung und Gestaltung von Raumangeboten für verschiedene Beschäftigungsformen. Es wird die Vermutung angesprochen, dass die geschlechtsspezifischen Unterscheidungen nicht so sehr von den Kindern selbst herrührten, als vielmehr Zuschreibungen der Erwachsenen seien. Daran anschließend zeichnet *Isabell Diehm* in ihrem Beitrag „Pädagogik der frühen Kindheit in der Einwanderungsgesellschaft" zunächst in einem Überblick die Entwicklung und Veränderung von der „Ausländerpädagogik" der 1970 und frühen 1980er Jahre hin zur Interkulturellen Pädagogik nach, dem eher einem Konzept einer multikulturellen Gesellschaft zugrunde liegt. Sie untersucht, in welcher Weise die durch die internationalen Leistungsvergleichsuntersuchungen der OECD angestoßene Debatte über Bildungsdefizite der Schüler/innen auch die Diskussionen zur Förderung der Kinder mit Migrationshintergrund angestoßen hat. Angesichts der wachenden Bedeutung vorschulischer Förderung für die Bildungsentwicklung gerade der Kinder mit Migrationshintergrund betont *I. Diehm* die Notwendigkeit der Akademisierung des in vorschulischen Einrichtungen beschäftigten Personals. *Karl Dieter Schuck* thematisiert die Frage sozialer Ungleichheit in seinem Beitrag aus einer Inklusions-Perspektive und erörtert die Förderung von behinderten und von Behinderung bedrohten Kindern in der Zeit vor Beginn der Schulpflicht. Zentral geht er auf die verschiedenen Behinderungsbegriffe ein, um anschließend offene Fragen für den Schulbereich und Entwicklungsperspektiven für den Elementarbereich zu formulieren.

Welche „Bildung" brauchen Kinder

Fragen der Didaktik der Pädagogik der Kindheit wurden in den zurückliegenden Jahren eher am Rande, keineswegs jedoch zentral diskutiert. *Ludwig Liegle* nimmt diese Ausgangsmarkierung zum Anlass, das besondere pädagogische Profil der vorschulischen, institutionellen Erziehung, Betreuung und Bildung zu skizzieren und zu diskutieren. Die Pädagogik der Kindheit als erziehungswissenschaftliche Teildisziplin lokalisierend votiert er dafür, das pädagogische Sehen, Denken und Handeln als Ansatzpunkte für die Ausformulierung einer frühpädagogischen Didaktik zu wählen, einer Didaktik, die die Unterstützung, Anregung und Herausforderung von selbstständigen und spielerisch-erkundigenden gegenüber schulisch-strategischen Lernprozessen favorisiert.

Fabienne Becker-Stoll beleuchtet frühpädagogische Ansätze und Bildungsbegriffe aus entwicklungspsychologischer Perspektive, um die Frage zu beantworten, welche Bildung Kinder brauchen. Sie plädiert für eine frühpädagogische Theorie, die sich an den Grundbedürfnissen von Kindern nach Bindung, Kompetenz und Autonomie und an ihren altersspezifischen Entwicklungsaufgaben orientiert. Zentral ist für *F. Becker-Stoll* auch die Notwendigkeit der empirischen Überprüfung der frühpädagogischen Konzepte.

Unter Rückgriff auf historische Bildungsbegriffe und -vorstellungen entwickelt *Lilian Fried* in ihrem Beitrag „Bildung und didaktische Kompetenz – Welche Bildung brauchen Kinder und welche didaktischen Kompetenzen brauchen Professionelle in der Pädagogik der frühen Kindheit?" die Frage, wie Interaktionen zwischen Erzieherinnen und Kindern beschaffen sein müssen, um bei Kindern Bildungsprozesse in Gang zu setzen und – daraus abgeleitet – welche didaktischen Kompetenzen die Erzieherinnen dazu benötigen. Der Schwerpunkt ihrer Analyse ist die Sprachentwicklung. *L. Fried* hat mit ihrem Forschungsteam auf der Grundlage eines Modells zu Qualitätsdimensionen von Kindergarten-Sprache ein Forschungsinstrument entwickelt (DO-RESI-V3), mit dessen Hilfe die sprachlichen Interaktionen zwischen Erzieherinnen und Kindern erfasst werden können. Aus diesen Daten können dann Ansätze zur Weiterentwicklung der Sprachförderkompetenzen von ErzieherInnen abgeleitet werden.

Gerd E. Schäfer stellt in seinem Beitrag seinen Bildungsansatz und das dazugehörige spezifische Bildungsverständnis vor dem Hintergrund eines (fehlenden) Zusammenhangs von traditioneller Empirie und pädagogischen Denken dar. Er entwickelt ein dynamisch-konstruktives Wissensmodell für die frühe Kindheit und beschreibt die Veränderungen kindlichen Wissens mittels der vier Denkformate „konkretes Denken", „aisthetisches Denken", „narratives Denken" und „theoretisches Denken". Schäfer kritisiert ein durch die Empirie definiertes und zur Norm erhobenes „Standardkind" und plädiert für den Blick auf ein individuelles und in seinen Besonderheiten zu erforschendes Kind.

Hans Rudolf Leu plädiert in seinem Beitrag für die Revitalisierung einer Praxis, die zwar schon immer zu den Grundfertigkeiten von ErzieherInnen gehört, die aber trotz ihrer unstrittig großen Bedeutung bis vor wenigen Jahren nicht durchgängig und keinesfalls systematisch realisiert wurde. Vorgestellt werden vor dem Hintergrund dieser Feststellung von *H. R. Leu* Varianten der Beobachtung von Bildungs- und Lernprozessen in der frühpädagogischen Praxis sowie Ziele und Arbeitsschritte, Fallstricke und Gewinn einer prozessorientierten Beobachtung. Abschließend werden Qualifikationskriterien sowie Möglichkeiten und Grenzen einer über die Dokumentation von Bildungs- und Lerngeschichten operationalisierten Beobachtung erörtert.

Detlef Diskowski betrachtet in seinem Beitrag die vorliegenden und herangezogenen Bildungsstandards und Steuerungsparameter. Konstatierend, dass die Pädagogik der Frühen Kindheit in den letzten Jahren an Bedeutung gewinnt und veränderte sozialstaatliche Rahmungen erfährt, stellen sich auch die Planungsfragen heute ebenso dringlicher wie auch die Fragen nach der Qualität der Angebote. Insbesondere in den vorliegenden Bildungsplänen sieht *D. Diskowski* geeignete Instrumente für die Sicherung von Qualität und ein Instrument der perspektivischen Steuerung.

Der Beitrag von *Gabriele Faust* „Übergänge gestalten – Übergänge bewältigen. Zum Übergang vom Kindergarten in die Grundschule" beschäftigt sich mit dem Strukturproblem von Übergängen im Bildungssystem. Dabei geht es zum einen um die Frage der Anschlussfähigkeit zwischen den beiden Einrichtungen Kindergarten und Grundschule sowie um pädagogische Maßnahmen zur Gestaltung des Übergangs. Zu dieser Problematik werden drei verschiedene Ansätze für Maßnahmen genauer entfaltet: der Transitionsansatz, das Konzept der Zusammenarbeit zwischen Kindergarten und Grundschule, dem seit der Bildungsreform der 1960er/1970er Jahre eine besondere schulpolitische Bedeutung beigemessen wurde, sowie die aktuellen, im Zuge der internationalen Leistungsvergleichsuntersuchungen verstärkten Bemühungen um eine Verbesserung der Anschlussfähigkeit durch domänenspezifische Kooperationsmaßnahmen – insbesondere für bildungsbenachteiligte Kinder. Moniert werden in diesem Beitrag die bislang geringe theoretische Fundierung der Übergangsproblematik sowie die nur unzureichend vorliegenden empirischen Untersuchungen zu Gestaltung und Bewältigung des Übergangs vom Kindergarten in die Grundschule (vgl. auch Rossbach 2006).

Einer vergleichbaren Fragestellung widmet sich auch *Wilfried Griebel* in seinem Beitrag, wobei für ihn zentral ist, dass nicht nur das Kind, sondern auch seine Familie einen Übergang erfährt. Überblicksartig stellt *W. Griebel* verschiedene Ansätze zur Übergangsproblematik dar (Temperament und Bindung als Faktoren für einen Übergang; Stresstheorie; ökologischer Ansatz; Übergang als kritisches Lebensereignis), um dann ausführlicher auf den Transitionsansatz einzugehen. Der Transitionsansatz verbindet verschiedene Theorielinien, geht aber über die herkömmlichen Ansätze hinaus und betont besonders das subjektive Erleben der an einem Übergang Beteiligten und ihre Entwicklungsprozesse im Übergang.

Forschungswissen und Forschungsbedarf – Ausblicke

Hans-Günther Rossbach und *Angela Frank* referieren in ihrem Beitrag den Forschungsstand zu den mit frühkindlicher Bildung, Erziehung und Betreuung zusammenhängenden Fragen. Im Kontrast zu den Beiträgen von *M. Fölling-Albers, A. Lange* und *M. Hasselhorn, M. Lehmann* und *C. Titz*, die in ihren Beiträgen das vorliegende erziehungswissenschaftliche, soziologische und entwicklungspsychologische Wissen zum Aufwachsen in Früher Kindheit vorstellen, fokussieren *H.-G. Rossbach* und *A. Frank* ihren Blick auf Befunde zum Zusammenhang zwischen pädagogischer Praxis und den Bedingungen und Entwicklungen in der Phase des Aufwachsens vor dem Eintritt in die Schule. Referiert werden Untersuchungen zur Nutzung und den biografischen Erträgen eines Kindergartenbesuchs, Befunde zur Relevanz unterschiedlicher frühpädagogischer Konzepte, Ansätze und Programme und zu den Erziehungs-, Bildungs- oder Orientierungsplänen sowie die empirisch unterlegten Erkenntnisse zu den Ausbildungstrukturen, zur Professionalität und beruflicher Sozialisation des frühpädagogischen Fachpersonals. In Bezug auf alle wesentlichen Felder der Pädagogik der Kindheit sind, so wird resümierend festgehalten, allerdings noch gravierende Wissenslücken zu konstatieren und somit ein enormer Forschungsbedarf zu registrieren. Allerdings sind deutliche Mängel bei spezifischem Forschungswissen festzustellen. Insbesondere besteht dieser Forschungsbedarf, wird den Beobachtungen in dem Beitrag von *Werner Thole* gefolgt, in Bezug auf die Modulation von Wissen, Können und Handeln durch das Personal in den Handlungsfeldern der Pädagogik der Kindheit.

Nach einem Überblick über die unterschiedlichen erziehungswissenschaftlichen professionalisierungstheoretischen Konzepte und ihre Grundannahmen bezieht *W. Thole* diese auf die Professionalisierung in der Pädagogik der Kindheit. In einem zweiten Schritt referiert er kritisch das vorliegende, zum Teil diffuse und divergente Wissen über das Wissen, Können und Handeln des Fachpersonals insbesondere in Kindertageseinrichtungen. Vor dem Hintergrund der komplexen strukturellen, sozial-kulturellen, mentalen und politischen Rahmenbedingungen von Kindertagesstätten formuliert W. *Thole* abschließend ein Repertoire an notwendigem Wissen und Können für Fachkräfte sowie den umfangreichen empirischen Forschungsbedarf, der im Hinblick auf die weitere Professionalisierung der Pädagogik der Kindheit erforderlich ist.

Matthias Schilling und *Thomas Rauschenbach* und daran anschließend *Heinz-Hermann Krüger und Monika Lütke-Entrup* schließen zumindest die in Bezug auf zwei zentrale Fragestellungen monierten Forschungslücken. *M. Schilling* und *Th. Rauschenbach* gehen in ihrem Beitrag der quantitativen Seite des „Zukunftsprojektes ‚frühe Bildung'" auf der Materialbasis vorliegender, amtlicher Statistiken sowie auf der Grundlage eigener Berechnungen nach. Ihre differenzierte Analyse stellt dabei implizit auch der Frage, welche inhaltliche Fassung des gesetzlich kodifizierten Bedarfsbegriffes den Vorausberechnungen überhaupt zugrunde gelegt werden soll und kann, auch weil das tatsächliche elterliche Nutzungsverhalten und die erfragten Elternwünsche nicht durchgängig miteinander harmonisieren. Zudem legen die Autoren konkrete Berechnungen des zu erwartenden Personalbedarfs bis zum Jahre 2013 vor – betonen aber auch nachdrücklich, dass die quantitativen Analysen den erwünschten qualitativen Ausbau der Angebote für unter dreijährige Kinder, aber auch für die älteren Kinder in den Projekten der frühkindlichen Bildung, Erziehung und Betreuung über diese Analyse nicht zu klären sind.

Ausgehend von den aktuellen bildungspolitischen Forderungen einer stärkeren bildungsorientierten frühkindlichen Förderung in den Kindertagesstätten diskutieren *H.-H. Krüger* und *M. Lütke-Entrup* in ihrem Beitrag „Der akademische Arbeitsmarkt für Frühpädagogen: Qualifizierung und Nachfrage von wissenschaftlichen Nachwuchskräften" die Erfordernisse und die Entwicklung auf dem Arbeitsmarkt der Erzieherinnen. Dabei ist neben dem Trend einer zunehmenden Teilzeitbeschäftigung von Erzieherinnen auch eine Tendenz hin zu einer Beschäftigung von Pädagogen mit höherer Qualifikation erkennbar. Die Veränderungen auf dem Arbeitsmarkt und die gewachsene Bedeutung einer Höherqualifizierung der im frühkindlichen Bildungssektor Beschäftigten veranschaulichen die beiden Autoren durch eine Analyse der Stellenausschreibungen für Professuren im Bereich der „Pädagogik der frühen Kindheit" an Fachhochschulen und Universitäten der Jahre 2003-2007. Sie stellen für diesen Zeitraum einen kontinuierlichen Anstieg an Stellenausschreibungen fest – wobei allerdings eine forschungsorientierte Profilierung eher noch die Ausnahme bleibt. Am Ende des Beitrags entwickeln die Autoren konkrete Vorschläge für hochschulpolitische und bildungspolitische Maßnahmen, die dazu beitragen sollen, der frühkindlichen Bildung das ihr zukommende Gewicht zu verleihen.

Ausgehend von den bestehenden Beschlüssen auf der Ebene der Bundesländer und der Jugendministerkonferenz konzentriert sich *Sonja Adelheid Schreiner* in ihrem Beitrag auf die Frage, wie und wo für die Pädagogik der Frühen Kindheit qualifiziert werden soll und kann. Nachdrücklich weist sie, ebenso wie *L. Liegle* und auch *H.-G. Rossbach* in ihren Beiträgen, darauf hin, dass eine Pädagogik der Kindheit neben der Handlungsprämisse der Erziehung zur Bildung nicht den der Betreuung ignorieren darf. Dies setzt allerdings eine Professionalisierung und „Entmütterlichung" von Betreuung voraus, die durch eine weitere Akademisierung des Personals gestützt, aber letztendlich nur durch eine Verfachlichung des Feldes der institutionellen Angebote für Kinder insgesamt und darin eingelagert durch eine stärkere Verzahnung von Praxis und den Qualifizierungsformen zu erreichen ist.

Insbesondere die letzten beiden Beiträge weisen nochmals mit Nachdruck auf den gegenwärtig bestehenden Professionalisierungsbedarf der Handlungsfelder der Pädagogik der Kindheit hin, denn im Kontrast zum schulischen Sozialisationsfeld, das durchgängig als formal professionalisiert angesehen werden kann und in dem nach der späten Akademisierung der Grundschulpädagogik ausschließlich über eine Hochschulausbildung qualifiziertes Personal beschäftigt ist, und zu dem weiteren außerschulischen Bildungs-, Erziehungs- und Sozialbereichen, in denen in den letzten Jahrzehnten der Anteil von akademisch qualifizierten Beschäftigten ebenfalls deutlich anstieg, sind in dem Elementarbereich noch weitgehend Personen pädagogisch tätig, die auf keine hochschulische Qualifikation verweisen können (vgl. auch Sell 2004; Schmidt 2005; Thole/Cloos 2006).

2. Die „Pädagogik der Kindheit" – ein multidisziplinäres Handlungsfeld

Konsens besteht gegenwärtig weitgehend darin, dass das Aufwachsen von Kindern in Bildungseinrichtungen einer Neugestaltung bedarf, dafür geeignete Bildungs- und Lernformen zu entwickeln sind und die Professionalisierung des Personals in den pädagogischen Einrichtungen, der Angebote und Strukturen fortzusetzen ist. Zur Qualitätsverbesserung der bildungsorientierten Betreuungsformen für unter dreijährige Kinder, der Angebote in den Kindertageseinrichtungen und der Übergangsphase vom Elementar- in den Primarbereich hat die Stellungnahme der Deutschen Gesellschaft für Erziehungswissenschaft (2005) an Aktualität nicht verloren. In der Stellungnahme wird die Umsetzung folgender Prämissen nachdrücklich empfohlen:

- „Vor dem Hintergrund des Bedeutungsgewinns der bildungsorientierten Betreuungs- und Erziehungsformen in den institutionalisierten Handlungsfeldern der Pädagogik der Frühen Kindheit sowie des gesellschaftlich und politisch gewollten Ausbaus von entsprechenden Angeboten hält die Deutsche Gesellschaft für Erziehungswissenschaft – *erstens* – den sukzessiven Aufbau von Studienangeboten, die auch oder primär für pädagogische Tätigkeiten in den vorschulischen Bildungs- und Sozialbereichen qualifizieren, für dringend geboten. Anbetrachts der Flexibilisierung der bisher starren Übergänge vom Kindergarten- in den Primarbereich sind hier möglicherweise Studiengangskonzeptionen als besonders qualitätsvoll einzuschätzen, die sich der Flexibilisierung der Übergangsphase stellen und grundschulpädagogisches, sozialpädagogisches und frühkindpädagogisches Wissen in Studiengangskonzeptionen operationalisieren und in entsprechendes pädagogisches Können zu überführen suchen.
- Parallel gilt es – *zweitens* – um die neukonzipierten Studiengänge herum grundlagentheoretisch orientierte wie professionsbezogene Forschungsprofile zu etablieren.
- Die gegenwärtigen Reformbestrebungen sollten – *drittens* – auch genutzt werden, um die Vorgabe der Kultusministerkonferenz von 1993, die ein einschlägiges Lehramtsstudium für das Lehrpersonal an Fachschulen empfiehlt, zu realisieren. Für die sozialpädagogische Ausbildung an Fachschulen sollte zukünftig nur noch Lehrpersonal eine Lehrbefugnis erteilt werden, das neben Berufsfeldkenntnissen auf den erfolgreichen Abschluss eines einschlägigen Lehramtsstudiums verweisen kann. Um der Rahmenvereinbarung der KMK von 1993 gerecht zu werden, wird den Bundesländern, die bisher kein diesbezügliches fachspezifisches Lehramtsstudium vorhalten, die Einrichtung entsprechender Studiengänge empfohlen."

Die fachlich einschlägige Qualifizierung des Lehrpersonals für Fachschulen für ErzieherInnen, die sukzessive Einrichtung von Studiengängen mit einem deutlich ausgewiesenen Profil „Pädagogik der Kindheit" sowie die Implementierung von entsprechenden Forschungsprofilen würden eine nachhaltig wirkende, produktive Qualitätsverbesserung der institutionalisierten Pädagogik mit Kindern vor dem und an der Schnittschnelle zum Primarbereich ermöglichen (vgl. Roßbach 2006).

Die in diesem Band präsentierten Beiträge votieren auch mit guten Argumenten dafür, sowohl die empirischen Forschungsperspektiven als auch die curriculare Fundierung des Programms der institutionellen „Erziehung, Betreuung und Bildung in der Frühen Kindheit" interdisziplinär auszurichten und hierbei insbesondere empirisch fundierte, erziehungs- und sozialwissenschaftliche Wissensbestände sowie entwicklungspsychologische, aber auch neurophysiologische und neurobiologische Erkenntnisse zu beachten. Wünschenswert wäre in diesem Kontext die Operationalisierung von Forschungsfragen mit einem dezidierten Bezug auf ein interdisziplinär angelegtes Forschungsprogramm, welches die Stärken der jeweiligen disziplinären Perspektiven triangulutiv bündelt, ohne die auch in diesem Band herausgestellte Notwendigkeit einer Stärkung der kindheitsbezogenen Forschungsperspektiven zu vernachlässigen. In Bezug auf die programmatische Ausformulierung der konzeptionellen Grundlagen der Praxis der Pädagogik der Kindheit ist insbesondere den pädagogischen Wissens- und Könnensdomänen der erziehungswissenschaftlichen Teildisziplinen der Pädagogik der Kindheit, der Sozialpädagogik und der Grundschulpädagogik, aber auch der Integrations- und Sonderpädagogik zu vertrauen. Die Beiträge in diesem Band plädieren für die Perspektive, die Pädagogik der Kindheit als ein im Kern erziehungswissenschaftlich auszubuchstabierendes Feld anzusehen, das jedoch die Weiterentwicklung seiner spezifischen Qualität und die weitere theoretische und empirische Fundierung auch Befunden und dem Wissen anderer Fachgebiete – also interdisziplinär – verdanken wird.

Wie so oft verdankt sich auch die Entstehung dieses Bandes einer konstruktiven Zusammenarbeit der HerausgeberInnen mit den einzelnen AutorInnen. Ihnen sei für ihre Mitarbeit an dieser Stelle ausdrücklich gedankt, insbesondere auch dafür, dass angesichts der Implementierung neuer Studienprogramme und -strukturen Zeit für die Erarbeitung der Beiträge erübrigt werden konnte. Zu danken ist auch den Mitgliedern des Vorstandes der Deutschen Gesellschaft für Erziehungswissenschaft, die sich engagiert an der Diskussion des Tagungsprogramms, aber durch ihre Aktivitäten auch an der Realisation der Tagung beteiligten. Dank und Anerkennung gebührt auch Günter Gerstberger, Monika Lütke-Entrup und Anke Wagner von der Robert Bosch Stiftung sowie Jana Dreyer von der Geschäftsstelle der Deut-

schen Gesellschaft für Erziehungswissenschaft für die engagierte Vorbereitung und logistische Realisation der Tagung „Frühkindliche Bildung in Forschung und Lehre". Und zu danken ist letztendlich Christian Piontek, Anne
Wessel und Holger Schoneville sowie vom Verlag B. Budrich Karen Rein-
feld und Barbara Budrich, ohne deren Engagement der Band nicht in dieser
Form hätte entstehen können.

Literatur

Bittner, G. (1968): Einleitung. In: Bittner, G./Schmid-Cords, E. (Hrsg.) (1968):
Erziehung in früher Kindheit. München, S. 7-16.
Brandt, A. u. a. (2008): Glaubenskrieg ums Kind. In: Der Spiegel, 2008, Heft 8,
S. 40-54.
Deutsche Gesellschaft für Erziehungswissenschaft (DGfE) (2005): Stellung-
nahme zur Qualifizierung des Personals im Bereich der „vorschulischen Pä-
dagogik". In: Erziehungswissenschaft, 16. Jg. (2005), Heft 31, S. 16-17.
Fölling-Albers, M. (2005): Chancengleichheit in der Schule – (k)ein Thema?
In: Zeitschrift für Sozialisationsforschung und Soziologie der Erziehung, 25.
Jg. (2005), Heft 2, S. 199-213.
Roßbach, H.-G. (2006): Institutionelle Übergänge in der Frühpädagogik. In:
Fried, L./Roux, S. (Hrsg.) (2006): Pädagogik der frühen Kindheit. Handbuch
und Nachschlagwerk. Weinheim, S. 280-292.
Schmidt, T. (2005): Entwicklungen in der Ausbildung von ErzieherInnen. In:
Zeitschrift für Pädagogik, 51. Jg. (2005), Heft 5, S. 713-728.
Sell, St. (2004): Hochschulausbildung für Erzieherinnen zwischen Wunsch,
Wirklichkeit und Hartz IV. Ein Blick auf die Landschaft neuer Studienmo-
delle. In: Theorie und Praxis der Sozialpädagogik, 2004, Heft 9/10, S. 88-93.
Thole, W./Cloos, P. (2006): Akademisierung des Personals für das Handlungsfeld der Pädagogik der Kindheit. In: Diller, A./Rauschenbach, Th. (Hrsg.)
(2006): Reform oder Ende der Erzieherinnenausbildung. Beiträge zu einer
kontroversen Fachdebatte. Wiesbaden, S. 47-77.

Wissen über Kinder und Kindheit

Maria Fölling-Albers

Kinder und Kindheit im Blick der Erziehungswissenschaft

Ein Überblick über den Forschungsstand

Kindheit und Kindheitsforschung sind seit ca. 25 Jahren in Deutschland ein wichtiges Thema in den Erziehungs- und Sozialwissenschaften. Allerdings blieben Aspekte der Schul- und Bildungsforschung weitgehend ausgeklammert. Und dabei stellt „Schule" nicht nur einen zentralen Teil kindlichen Lebens dar; vielmehr sind, historisch und systematisch gesehen, Kindheit und Schule, Kindsein und Schülersein untrennbar miteinander verknüpft. Nachfolgend werden zunächst die Begriffe „Kindheit" und „Kindsein" historisch-systematisch untersucht. Sie könnten, wie im zweiten Kapitel diskutiert, für Entwicklungen sensibilisieren, die derzeit im Bereich der vorschulischen Kindheit festzustellen sind. Im dritten Kapitel werden verschiedene Kindheitsforschungskonzepte und -paradigmen dargestellt, die vor allem mit Blick auf Erziehungswissenschaft relevant geworden sind. Einige ausgewählte Ergebnisse der Kindheitsforschung werden im dritten Kapitel diskutiert. Im vierten Kapitel werden einzelne, zuvor analysierte Aspekte noch einmal gebündelt.

1. Kindheit und Kindsein – Paradoxien mit Blick auf Kindergarten und Grundschule

Kindheit ist zunächst einmal eine Altersphase, die durch ein Abhängigkeitsverhältnis von Erwachsenen, d. h. durch ein bestimmtes Generationenverhältnis gekennzeichnet ist. Kinder sind Menschen in der Entwicklung, die u. a. durch Erziehung auf die Erwachsenengesellschaft vorbereitet werden sollen. Bis zu welchem Alter Heranwachsende (noch) als Kinder bezeichnet werden, ist in verschiedenen Kulturen unterschiedlich festgelegt und verändert sich innerhalb einzelner Gesellschaften im Verlauf ihrer sozio-kulturellen Entwicklung. Die meisten Kulturen haben ritualisierte Formen des Übergangs von der Kindheit in die Erwachsenenwelt entwickelt. Was als angemessene Beschäftigung für Kinder gilt, was und wieviel Kinder leisten sollen, ist keine universelle Größe, sondern erheblich von den jeweiligen kulturellen Standards einer Gesellschaft abhängig, von den in ihr entwickelten Normen und Vorstellungen, was Kindsein ausmacht, und nicht zuletzt von den konkreten ökonomischen und sozialen Bedingungen, unter denen Kinder aufwachsen. In vielen Gesellschaften (nicht nur in den sog. Drittweltländern) ist Kinderarbeit (etwa ab dem achten oder zehnten Lebensjahr) in der Produktion oder im Dienstleistungsbereich für einen Großteil der in ihnen aufwachsenden Kinder eher die Regel als die Ausnahme. Die in den Industrieländern vorherrschende Vorstellung, dass Spielen und Lernen kennzeichnende Tätigkeiten von Kindern seien, wurde erst mit Beginn der Neuzeit angebahnt. Sie kamen zunächst nur Kindern der gehobenen Bürgerschicht zugute; für Kinder der proletarischen Bevölkerung sowie der Bauern und der Landarbeiter konnten sie erst im Verlauf der vergangenen zwei Jahrhunderte durchgesetzt werden.

Für den französischen Sozialhistoriker Ariès (1978) wurde Kindheit als eine spezifisch definierte Lebensphase erst durch die Einrichtung von Schulen konstituiert. Die Institutionalisierung von Kindheit war, so Ariès, vor allem durch Ausgrenzung von jungen Menschen aus dem Lebensverband des „ganzen Hauses", in dem oft mehrere Generationen zusammenlebten und die Produktions- und Konsumsphäre nicht getrennt waren, bestimmt. Was für das Arbeitsleben im Mittelalter noch zu lernen war, erfuhr die nachwachsende Generation durch die Teilnahme am Leben der Erwachsenen. Erst mit Beginn der Neuzeit wurden für immer mehr Menschen Qualifikationen erforderlich, die nicht mehr durch Mitwirkung erworben werden konnten. Das galt insbesondere für das Erlernen von Lesen, Schreiben und Rechnen – also für den Umgang mit abstrakten Symbolen und Operationen. Das Lernen (als Vorbereitung auf und Qualifizierung für eine spätere Verwertung) in eigens eingerichteten bzw. für diesen Zweck genutzten Lernanstalten (Schulen) galt somit als typisches Kennzeichen für Kindheit – mit der zunehmenden Ausdehnung schulischer Lerndauer auch für Jugend. Die Einrichtung von Schulen (und später auch von Kindergärten) trug somit maßgeblich dazu bei, dass sich eine institutionell abgesicherte Kindheit überhaupt erst etablieren konnte. Zudem sollte die Einrichtung von Schulen nicht zuletzt auch zu mehr Chancengleichheit beitragen – nicht mehr Herkunft und Stand, sondern (Schul-)Leistung sollte das Kriterium für weiterführende Bildung und Aufstieg sein.

Die systematische Unterscheidung zwischen Erwachsenen und Kindern wurde aus pädagogischer Sicht vor allem durch Rousseau im 18. Jahrhundert „eingeführt" und im 19. Jahrhundert „pädagogisch etabliert". Mit der Reformpädagogik und durch die Kinderpsychologie Anfang des 20. Jahrhunderts erfuhr die Sicht auf Kinder entscheidende Impulse und Neuorientierungen. Ein wesentliches pädagogisches Fazit aus der Forschungstradition der Kinderpsychologie lautet: Kinder unterscheiden sich in ihrem Denken und Verhalten von Erwachsenen. Deshalb muss auch im erzieherischen Bereich auf das „spezifisch Kindliche" Rücksicht genommen werden. Kindheit sollte ein Schonraum sein, der nicht zuletzt durch die Schule gesichert werden sollte. In ihr sollten solche Unterrichtskonzepte und -methoden praktiziert werden, die als besonders kindgemäß angesehen wurden: spielerische, ganzheitliche, anschauungsgebundene, am konkreten Tun ausgerichtete Lernformen.

Durch die Institution Schule, so wurde im Anschluss an Ariès ausgeführt, wurde erst eine eigenständige Phase Kindheit geschaffen. Andererseits bleibt das Kind durch die Schule nicht einfach „Kind", sondern es wird ein neuer Status erworben. Mit ihrer Rolle als Schüler erhielten die Heranwachsenden gleichzeitig eine neue, spezifische Aufgabe: das Lernen. Dadurch sollten sie besser auf die Herausforderungen „des Lebens" vorbereitet werden. Selbstverständlich hatten die Heranwachsenden auch vor der Einführung von Schulen und der Schulpflicht (etwas) gelernt. Doch mit der Einrichtung von Schulen erhielt „Lernen" eine andere Qualität. Es sollte gerade nicht das gelernt werden, was im Alltag hätte erworben werden können. Es entstand ein „Lernen auf Vorrat" mit Methoden, die nicht Teil der Alltagskultur waren. Die Mittel der Lehre waren zunächst vor allem die Schrift, das Buch, die Sprache. Hier werden Paradoxien einer Theorie der Schule als eine Schule für Kinder deutlich: Die Schule soll auf die Anforderungen des Lebens vorbereiten, indem sie aus dem Leben ausgegliedert wird. Die Schule wird für Kinder geschaffen, in der diese aber vor allem Schüler sein sollen. Kindsein hingegen wird vor allem mit „Freisein von Schule", mit Freizeit verknüpft – die Unterschiede zwischen Schülersein und Kindsein finden sich nachfolgend (vgl. Abb. 1) veranschaulicht.

Abb. 1:   Schülersein und Kindsein – Merkmale

Schülersein	Kindsein
Lernen	Spielen
Unterricht in fachlichen Disziplinen	Erfahrungen in Situationen
Umgang mit Symbolen und Texten	Umgang mit Konkretem, Gegenständlichem
Schwerpunkt: Kognitive Inhalte	„Ganzheitliche" Erfahrungen
Fremdbestimmung	Selbstbestimmung

Die schultheoretischen Paradoxien sollen u. a. durch Öffnung von Schule und Unterricht ein Stück weit gemildert oder kompensiert werden, soll Schule lebensnäher machen. Eine solche Entwicklung ist vor allem in der Grundschule seit etwa drei Jahrzehnten festzustellen. Ungefähr im gleichen Zeitraum entwickelte sich in der Freizeit der Kinder allerdings eine zunehmende Institutionalisierung von Lernen bzw. „Scholarisierung der Freizeit" (in Form von organisierten Freizeit- und Förderangeboten der Vereine und Verbände auch in schulnahen Lernbereichen). D. h., es ist eine Entschulung von Schule und eine Verschulung des (Alltags-)Lebens zu konstatieren (vgl. Fölling-Albers 2000). Kindsein und Schülersein weisen immer mehr Gemeinsamkeiten auf.

Gegenwärtig ist mit der Einführung neuer Bildungs-, Erziehungs- und Förderpläne für die Kindergärten ein weiterer Prozess der „Scholarisierung" festzustellen, und zwar die systematische Vermittlung schulbezogener Inhalte im Kindergarten, wovon jedoch, anders als im Freizeitbereich, (nahezu) alle Vorschulkinder betroffen sind. Dies wird u. a. an folgenden Kennzeichen deutlich:

1. Ausrichtung an Fachdisziplinen: Die in den letzten Jahren konzipierten Erziehungs- und Bildungspläne der Bundesländer, wie etwa der bayerische Erziehungs- und Bildungsplan (Bayerisches Staatsministerium für Arbeit und Sozialordnung, Familie und Frauen 2006), enthalten meist explizite Bezüge zu den schulischen Disziplinen Deutsch, Mathematik und Sachunterricht. Das Land Nordrhein-Westfalen scheint mit Blick auf die Bildungsvereinbarung einen anderen Weg zu gehen (Ministerium für Schule, Jugend und Kinder des Landes Nordrhein-Westfalen 2003a, b). Darin werden vor allem die kreativen und ästhetischen, ganzheitlichen Aspekte der kindlichen Entwicklung und des Lernens in den Mittelpunkt gestellt. Doch das verbindliche Schulfähigkeitsprofil enthält fachbezogene Kompetenzen und abstrakte Inhalte, die im Kindergarten vermittelt werden sollen – zur Mathematik (Mengen und Ziffern), zum

Lesen- und Schreibenlernen (phonologische Bewusstheit), zum Sachunterricht (Experimente durchführen).

2. Gewichtung abstrakter Inhalte: Mit Hilfe eines Screenings werden Vorschulkinder getestet, ob sie hinreichende Voraussetzungen für das Lesen- und Schreibenlernen erworben haben. Dabei spielt die Feststellung der phonologischen Bewusstheit eine zentrale Rolle. Diese ist gerade dadurch gekennzeichnet, dass von der Bedeutung des Wortes (also vom Konkreten) abstrahiert und seine Sprachstruktur erfasst werden soll. Das Training der phonologischen Bewusstheit wird in vielen Regionen flächendeckend praktiziert, z. T. mit sog. Risikokindern, z. T. mit allen Vorschulkindern.

Die Tendenz einer zunehmenden „Scholarisierung" des Kindergartens findet sich in der Abbildung 2 verdeutlicht.

Abb. 2: Tendenz einer „Scholarisierung" des Kindergartens

Kindergarten – „traditionell"	Kindergarten → „Scholarisierung"
Situationsansatz	Tendenzieller Fachbezug
Umgang mit Gegenständlichem Erfahrungsbezug	Mehr Umgang mit Symbolen und abstrakten Inhalten
Vor allem informelles Lernen	Zunehmend mehr formelles Lernen
Keine formale Diagnose	Screening; Erfassung von „Risikokindern"
Schwerpunkt: Soziale Inhalte	Mehr kognitive Inhalte
Spiel / Freispiel („Hier und Jetzt")	Lernen „auf Vorrat" als Vorbereitung auf die Schule

Das Lernen als „angeleitetes Lernen" wird zunehmend Merkmal auch der jüngeren Kindheit. Es vollzieht sich eine Angleichung von schulischem und außerschulischem Lernen sowie von vorschulischem und schulischem Lernen. Alt und Lange (2007, S. 158) bezeichnen diese Entwicklung als ein Changieren zwischen informellen und formellen Inhalten und Lernformen.

2. Konzepte der sozialwissenschaftlichen Kindheitsforschung

Verschiedene Vorstellungen von Kindheit haben in der sozialwissenschaftlichen Kindheitsforschung zu unterschiedlichen Forschungsinhalten und auch -ansätzen geführt. Erhebliche Forschungsleistungen sind seit den 1970er Jahren im Rahmen der Sozialisationsforschung erbracht worden. Nach diesem Forschungsparadigma ist die Entwicklung von Kindern wesentlich von gesellschaftlichen Einflussfaktoren (Elternhaus und Schule, Freunde, Medien etc.) abhängig. Es geht vor allem um die Untersuchung und Aufklärung der Zusammenhänge zwischen Bedingungen des Aufwachsens und deren Auswirkungen auf die kindliche Entwicklung. Die Sozialisationsforschung war u. a. mit dem Anspruch angetreten, nachteilige Bedingungen für Kinder zu identifizieren und Hinweise für ihre Überwindung zu liefern. Hier sind insbesondere die Forschungen zur „schichtspezifischen Sozialisation" zu nennen. Auch ein wesentlicher Teil der in den 1980er Jahren durchgeführten Untersuchungen zur „Kindheit im Wandel" ist nach diesem Forschungsparadigma durchgeführt worden.

Seit den 1990er Jahren ist in der sozialwissenschaftlichen Kindheitsforschung ein Konzept- und Perspektivenwechsel zu verzeichnen. Es stehen weniger bestimmte gesellschaftliche oder soziale Bedingungen im Zentrum des Forschungsinteresses als vielmehr fallbezogene, am konkreten Tun einzelner Kinder orientierte Forschungsfragen. Hintergründe für diesen Perspektivenwechsel waren zum einen die Erfahrungen, dass nicht alle Kinder von den gesellschaftlichen Veränderungsprozessen in gleicher Weise betroffen waren. Deshalb wurden differenziertere Analysen dessen, was Kindsein im konkreten Alltag bei verschiedenen Kindern tatsächlich ausmacht, erforderlich. Ein weiterer Grund war eine veränderte Perspektive auf Kindheit selbst. Nach dem Ansatz der Sozialisationsforschung wird Kindheit als Entwicklungsaufgabe und weniger als ein Status „sui generis" interpretiert. Der neuere Ansatz, der sich als „Soziologie der Kindheit" versteht, lehnt die generationenübergreifende Perspektive auf Kindheit ab (vgl. Honig u. a. 1996). Kindheit dürfe nicht (primär) in Relation zu den Normen und (ihren oftmals pädagogisch begründeten) Zielsetzungen der Erwachsenen gesehen werden, weil sie dadurch von vornherein spezifischen Wertungen unterliege. Vielmehr müsse Kindheit als eine eigenständige, vollwertige Phase mit spezifischer Identität betrachtet und erforscht werden, und nicht als Vorbereitungs- und Entwicklungszeit. Was Kinder tun, wird im Kontext der jeweiligen Situation registriert, und – soweit notwendig und möglich – aus dieser heraus interpretiert. Kinder werden als Akteure (nicht als Sozialisanden) ihrer Lebenswelt gesehen, die diese (auch) selbst gestalten und definieren. Kinder nehmen nicht nur an Kinderkulturangeboten teil, die Erwachsene für sie organisieren, sondern sie schaffen sich auch selbst ihre eigenen (z. B. entwickeln eigene Spiele, Rituale, Sprachmuster). Der Forschungsgegenstand nach diesem Paradigma sind die konkrete Alltagswelt und das Eigenleben der Kinder. Kindsein soll möglichst dicht aus der Perspektive von Kindern re-konstruiert werden; ethnographische Studien,

teilnehmende Beobachtung, Tagebuchanalysen sind bevorzugte For-
schungsmethoden. Auch wenn normative und wertende Fragen über Perspektiven und Ziele der Entwicklung ausgeklammert werden, so trifft auch
nach diesem Forschungsparadigma der Forscher selbst die Entscheidung
über seinen Gegenstand, über sein methodisches Instrumentarium sowie
über den Umgang mit den erhobenen Daten. Von daher ist auch dieser Ansatz nicht frei von Wertungen aus der Perspektive Erwachsener. Eine generationale Perspektive ist indirekt, durch die Forschungs- und Interpretati-
onsperspektive, vorhanden. Zudem, so Bühler-Niederberger und Sünker
(2006), seien gesellschaftliche Verhältnisse immer auch Generationenver-
hältnisse. Deshalb sei auch die Akteursforschung auf die Sozialisationsforschung angewiesen. Mit Blick auf die Erziehungswissenschaft ist die Akteursforschung auch deshalb besonders relevant, weil hier das Kind als Subjekt seiner Sozialisation gesehen wird und sie damit dem erziehungswissenschaftlichen Ansatz nahe kommt, wonach Kinder als Subjekte des Bildungsprozesses zu sehen sind.

Im Rahmen des DJI-Kinderpanels werden beide methodologischen Zugangsweisen miteinander verknüpft; es werden subjektive Einschätzungen
von Kindern und Müttern mit sozialstatistischen Daten in Beziehung gesetzt – so u. a. mit verschiedenen Armutskategorien. Dabei werden Zusammenhänge zwischen Schulleistungen und Armut sowie zwischen Wohlbefinden in der Schule und Armut nachgewiesen. Im Kontext dieser Forschungen und ihrer Daten wurde von Betz (2006, 2007) die Ungleichheits-
debatte (wieder) angestoßen.

Durch die Verknüpfung der beiden Ansätze konnten verschiedene Ergebnisse der sozialisationstheoretisch ausgerichteten Kindheitsforschung
relativiert werden, insbesondere der Kindheitspessimismus, wonach vor allem Gefährdungen (und damit Verschlechterungen) beim Aufwachsen der
Kinder in den Blick genommen und aufgedeckt worden waren.

3. Ausgewählte Ergebnisse der empirischen
   Kindheitsforschung

Nachfolgend werden Forschungsergebnisse vorgestellt, die vor allem unter
erziehungswissenschaftlicher Perspektive bedeutsam sind.

3.1 Erziehungswerte und -muster und neue Familienformen

Die Erziehung ist in den vergangenen 30 Jahren deutlich liberaler und empathischer geworden; dies führte u. a. zu einer Veränderung der Eltern-Kind-Beziehungen. Nicht mehr Gehorsam, Unterordnung oder Disziplin gelten als vorrangige Erziehungsziele, sondern die Entwicklung selbstständiger, selbstbewusster und kooperativer Kinder (vgl. Fölling-Albers/Hopf 1995; Reuband 1997; Kötters 2000). Allerdings sind Fleiß und Ordnungsliebe auch noch in den 1990er Jahren vor allem für ostdeutsche Eltern wichtige Erziehungsziele (vgl. Reuband 1997, S. 139). Büchner (1983) bezeichnete bereits Anfang der 1980er Jahre die Veränderungen als eine Entwicklung „vom Befehlen und Gehorchen zum Verhandeln". In mehr als 60% der west- und ostdeutschen Erziehungshaushalte werden die Eltern-Kind-Beziehungen mit Merkmalen des „Verhandlungshaushaltes" beschrieben (Grunert/Krüger 2006, S. 81). Aushandlungen und Argumentationen sollen die Kinder in ihrem Verhalten beeinflussen. Schneewind und Ruppert, die im Rahmen einer Längsschnittstudie die Erziehungsvorstellungen zweier Generationen zwischen 1976 und 1992 untersuchten, stellten eine „Intimisierung und Liberalisierung des elterlichen Erziehungsstils" fest (1995, S. 151). Allerdings gibt es auch in den Verhandlungshaushalten deutliche Unterschiede. Die Aushandlung von Interessen zwischen Eltern und Kindern sind oftmals in Migrantenfamilien (noch) kein Merkmal der Erziehungskultur (vgl. Grunert/Krüger 2006).

Die Veränderungen wurden durch eine Ausweitung gesellschaftlich akzeptierter Familienmuster begleitet (nicht verheiratet zusammenlebende Paare, Alleinerziehende, geschiedene Eltern) und durch einen erheblichen Rückgang der Geburtenrate begünstigt. Wuchsen in den westdeutschen Bundesländern im Jahre 1988 noch 88% der Kinder während ihrer gesamten Kindheit bei ihren leiblichen Eltern auf, waren es im Jahre 2000 nur noch 77%. In den ostdeutschen Ländern fiel der Wandel noch dramatischer aus: Im Jahre 1988 lebten noch 75% der Kinder bis zum 18. Lebensjahr bei ihren leiblichen Eltern, im Jahre 2000 waren es nur noch 46% (vgl. Alt 2003, S. 236ff.). Bei alleinerziehenden Eltern waren es im Jahre 2003 in Westdeutschland ca. 15%, in Ostdeutschland 30% der Kinder unter 18 Jahren. Etwa 70% der Kinder in West- und Ostdeutschland wachsen in einer Ein- oder Zwei-Kind-Familie auf (vgl. Bundesministerium, 12. Kinder- und Jugendbericht 2005, S. 54); die Zahl der Drei- und Mehrkind-Familien hingegen ist kontinuierlich gefallen (vgl. Statistisches Bundesamt 2005). Die geringere Kinderzahl erleichterte in den Familien Aushandlungsprozesse und ging einher mit einer zunehmenden Müttererwerbstätigkeit. 69% der

Mütter von 6- bis 15-jährigen Kindern sind in Westdeutschland, 73% in Ostdeutschland erwerbstätig (vgl. 12. Kinder- und Jugendbericht 2005, S. 56).

Die Liberalisierung der Erziehungsnormen hat in Bezug auf Schule allerdings nicht dazu geführt, dass von den Kindern weniger Leistungen erwartet werden; im Gegenteil, die Lernansprüche an die Kinder sind ständig gestiegen. Eltern erwarten von ihren Kindern zunehmend höhere Schulabschlüsse. Allerdings werden die Erwartungen meist nicht mehr durch äußeren Druck (Prügel oder Einsperren) erzeugt, sondern im Sinne der oben beschriebenen veränderten Erziehungsmuster dadurch, dass eine frühzeitige Internalisierung der Leistungsnormen angestrebt wird: „Die Kinder sollen leisten wollen, was sie leisten sollen."

3.2 Wohlbefinden

Nach Ergebnissen der sozialisationstheoretisch ausgerichteten Kindheitsforschung ist die „moderne Kindheit" in erster Linie eine Verlustkindheit – eine kulturpessimistische Perspektive kennzeichnete diesen Ansatz. Sofern neue Optionen aufgezeigt wurden (neue, mehr Medien; mehr Freizeitmöglichkeiten; mehr Konsumangebote – alles Optionen, die die Selbstbestimmungmöglichkeiten von Kindern erhöhen), wurden diese eher unter Gefahrenperspektiven registriert: Medienkindheit, Verplante Kindheit, Konsumkindheit sind Stichworte, die in der Öffentlichkeit vor allem negativ konnotiert sind (vgl. stellvertretend Cloer 1988). Erst im Rahmen der Akteursforschung wurden vermehrt Kinder selbst zu ihrem Kindsein befragt – so auch zu ihrem Wohlbefinden in den verschiedenen Lebensbereichen.

Elternhaus: Die allermeisten Kinder fühlen sich in ihrem Elternhaus sehr wohl (Bucher 2001); die Eltern, an erster Stelle die Mütter, sind für die Kinder die wichtigsten Personen (Zinnecker u. a. 2002). Ein gutes Familienklima ist mit Abstand der wichtigste Faktor für das Wohlbefinden der Kinder – Familiengröße, Berufstätigkeit der Mutter oder Fehlen eines Elternteils beeinträchtigen es meist nicht, sehr wohl hingegen die Scheidung der Eltern (vor allem in der Scheidungsphase) (vgl. Wilk 1996, S. 68). Auch Armut beeinflusst das Wohlbefinden der Kinder, insbesondere wenn sie lang andauernd ist und Konflikte in der Familie nicht konstruktiv gelöst werden.

Schule: Die Kinder im Grundschulalter gehen in der Regel gern zur Schule – allerdings mit sinkender Tendenz bei höherer Jahrgangsstufe (vgl. Alt/Lange, 2007). Das Verhältnis zu den Lehrer/innen wird meist als positiv beschrieben. Allerdings ist es nicht einfach das Alter, das zu negativeren Einschätzungen führt, sondern der wahrgenommene Leistungsdruck. Es sind somit nicht die schulischen Lerninhalte sowie die Tatsache, dass die Kinder zu Schülern geworden sind, die zu einem stärkeren Unwohlsein beitragen, sondern die Verknüpfung des Lernens mit Versagensängsten. Ergebnisse aus dem DJI-Kinderpanel zeigen, dass es der Grundschule zu gelingen scheint, bei Kindern mit langdauernden Armutserfahrungen die Befindensgefühle relativ gut zu kompensieren – sie fühlen sich anscheinend in der Schule besonders wohl (vgl. Gisdakis 2007). Des Weiteren tragen Angst und Langeweile zum Unwohlsein in der Schule bei (vgl. Beisenherz 2007). Selbstbestimmungsmöglichkeiten der Schüler/innen hingegen fördern das Wohlbefinden.

3.3 Freizeit

Kinder haben heute vor und neben der Schule vielfältige institutionalisierte Freizeitmöglichkeiten. Dadurch können Entwicklungspotentiale besser angebahnt bzw. genutzt werden. Die 5- bis 13-Jährigen nehmen im Durchschnitt an ein bis zwei Angeboten pro Woche teil, allerdings die westdeutschen Kinder deutlich mehr als die ostdeutschen; etwa 20% nutzen keine Angebote (Fölling-Albers/Hopf 1995; Grunert/Krüger 2006, S. 147). Ein großer Teil der Heranwachsenden kann somit neben der Schule vielfältige Interessen entwickeln und erproben, ein kleinerer Teil kann solche Angebote, die ja meist nicht kostenlos sind, nicht nutzen. Das sind vor allem Kinder aus Familien mit geringem Einkommen und Kinder mit Migrationshintergrund. Kinder aus bildungsorientierten Elternhäusern besuchen zudem vor allem bildungsnähere und meist auch kostspielige musisch-kreative Veranstaltungen. Diese Kinder erwerben dadurch wichtiges „kulturelles Kapital" (Bourdieu) und Statusmarker für ihre soziale Identität.

3.4 Medien

Als besonders markante Veränderung gelten die vielfältigen Medienerfahrungen der Kinder. Fast alle wachsen heute mit einer Vielzahl „neuer Medien" wie Fernseher, Video- bzw. DVD-Gerät, Kassetten- bzw. CD-Player etc. und mit zahlreichen elektronischen Spielkonsolen im Haushalt auf. In ostdeutschen Bundesländern besitzen 51%, in den westdeutschen Bundesländern 38% der 6- bis 13-Jährigen einen eigenen Fernseher (Medienpädagogischer Forschungsbefund 2006). Trotz der Vielzahl an Angeboten ist das Fernsehen nach wie vor das dominante Medium; 78% schauen fast täglich fern, die meisten im Durchschnitt etwa 1,5 Stunden pro Tag. Bei den 12- bis 15-Jährigen ist der Fernsehkonsum am höchsten. In den ostdeutschen Bundesländern liegt die tägliche Sehdauer im Durchschnitt um 15 Minuten höher als in den westdeutschen Bundesländern (vgl. Grunert/Krüger 2006a, S. 158f.). Medienpädagogen sehen weniger die durchschnittliche Fernsehdauer als problematisch an als vielmehr das Verhalten der Vielseher – das sind Kinder, die vier und mehr Stunden am Tag (und oft auch spät abends) fernsehen und häufig Action- und Horrorfilme anschauen. Ihr Anteil beträgt etwa 6% (vgl. Riemann 2000). Die meisten Kinder bevorzugen allerdings Unterhaltungssendungen (vgl. Medienpädagogischer Forschungsbefund 2006). Kinder unterer sozialer Schichten besitzen meist mehr moderne Medien und nutzen sie auch häufiger als Kinder aus bildungsorientierten Elternhäusern. Bemerkenswert ist, dass Eltern und Lehrer/innen oft nur sehr ungenaue Vorstellungen über das Fernsehverhalten und die -vorlieben der Kinder haben. Die vielfältigen Medienerfahrungen von Kindern aus schulfernen Milieus sind für die Schulkarriere nicht nur nichts wert, sondern meist hinderlich. Es ist eine zunehmend wichtige Aufgabe der Schule, die Erfahrungen und Interessen der medienorientierten Schülergruppen aufzugreifen und für schulisch relevante Inhalte und Methoden zu nutzen. Das könnte ein wichtiger Beitrag dazu sein, der Ungleichheit pädagogisch konstruktiv zu begegnen, und vielleicht wäre dies auch ein Ansatz zu einer besseren Jungenförderung.

3.5 Heterogenität und Ungleichheit

Die kulturelle und soziale Heterogenität hat sich in den vergangenen Jahrzehnten in den Kindergärten und Schulen deutlich ausgeweitet. Im Jahre 2003 lag der Anteil von Personen mit Migrationshintergrund in Deutschland bei 17%, bei den 7- bis 17-Jährigen bei 23% (12. Kinder- und Jugendbericht 2005, S. 61), allerdings sind die Anteile in den Regionen unterschiedlich verteilt. In den ostdeutschen Bundesländern sind sie deutlich geringer als in den westdeutschen. Die oftmals erhebliche kulturelle Vielfalt in den Schulklassen stellt die Lehrer/innen vielfach vor große pädagogische und didaktische Herausforderungen, vor allem, wenn Schüler/innen wegen mangelnder Sprachkompetenzen dem Unterricht nicht folgen können. Mit Blick auf die unterschiedlichen sozialen und kulturellen Milieus und ihren Zugängen zur Bildung erscheint es angebracht, nicht nur von Heterogenität

(ein politisch neutraler Begriff), sondern auch von Ungleichheit und Benachteiligung zu sprechen.

4. Zur erziehungswissenschaftlichen Sicht auf Kindheitsforschung

Die skizzierten Entwicklungen führten dazu, dass sich die Entwicklungs-
schere zwischen den Kindern in den letzten zwei Jahrzehnten zunehmend
ausgeweitet hat – das betrifft alle Entwicklungsbereiche der Kinder. Die
Sozialisationsforschung spricht von „Modernisierungsgewinnern" (davon
dürfte die Mehrzahl der Heranwachsenden betroffen sein) und „Modernisie-
rungsverlierern" (vgl. Fölling-Albers 2000). Vor allem für die letztgenannte
Gruppe tragen die öffentlichen Einrichtungen wie Kindergärten und Schulen eine besondere pädagogische Verantwortung, zumal sie auf deren Er-
ziehungs- und Bildungsangebote besonders angewiesen sind. Kränzl-Nagl
und Mierendorff (2007) konstatieren aus modernisierungstheoretischer Perspektive hingegen eine zunehmende Angleichung der Entwicklungen –
Schulbesuch, Wohlstand, Medienzugang und Medienerfahrungen führten
zu dieser Egalisierung. Auf der anderen Seite aber gibt es für Kinder ungleiche Chancen, die Angebote zu nutzen. Dies hat eine (neue) Ungleich-
heitsdebatte ausgelöst. Krüger und Grunert (2006, S. 250) weisen daneben
auf Ungleichzeitigkeiten bei den Entwicklungen hin.

1. Wenn die qualifizierte Teilhabe an der Kultur ein bürgerliches Men-
   schenrecht ist, dann ist die möglichst optimale vorsorgliche und für-
   sorgliche Hinführung aller Heranwachsenden zur Teilhabe eine pädagogische und generationale Verpflichtung. Die Daten der Kindheitsforschung zeigen, in welchen Bereichen die bürgerlichen Menschen-
   rechte in Bezug auf Entwicklung und Bildung erfolgreich umgesetzt
   werden konnten und an welchen Stellen noch erhebliche Desiderate
   bestehen. Bei der Kleinkind- und Vorschulerziehung werden die Bil-
   dungserwartungen an die Einrichtungen zunehmen und damit eine
   stärkere Schulorientierung bereits in der frühen Kindheit. Sie soll Kindern, die in bildungsferneren Milieus aufwachsen, mehr Entwicklungschancen ermöglichen. Allerdings kann eine Bildungsorientierung
   für den Kindergarten nicht eine Vorverlegung lehrgangsbezogenen
   Unterrichts bedeuten (vgl. Hasselhorn u. a. in diesem Band). Gleichwohl sollen Angebote gemacht werden, die fachwissenschaftliche so-

wie lernpsychologische und pädagogische Aspekte systematisch berücksichtigen. Für Kinder, die Deutsch als Zweitsprache erlernen, scheint dies sogar unverzichtbar zu sein (vgl. Guadatiello 2005).

2. Im Rahmen der Kindheitsforschung wurden in den vergangenen 10-15 Jahren verstärkt Kinder selbst zu ihrem Befinden befragt. Diese Perspektive – Kindheit aus der Sicht der Kinder – hat nicht nur die überwiegend kindheitspessimistische Sicht relativiert, sondern auch relevante Differenzierungen zwischen den verschiedenen Kindergruppen und den Lebensbereichen gezeitigt. Das Lernkonzept und das Sachwissen von Kindern wurden bislang kaum untersucht. Es dürften zu diesen Schwerpunkten ähnlich unerwartete Ergebnisse zutage treten.

3. Kindheitsforschung kann und soll Daten über Entwicklungen und Veränderungen kindlichen Aufwachsens, über das (gegenwärtige) Leben der Kinder, ihre Einstellungen, über ihr Wohlbefinden etc. generieren. Das sind wichtige und unverzichtbare Informationen und Anhaltspunkte auch für normative Vorstellungen, wie Kinder aufwachsen und leben sollten, was und wie sie lernen sollten bzw. welche Anforderungen an Erziehungs- und Bildungseinrichtungen zu richten sind, um diese Zielsetzungen zu erreichen. Die Begründung von Erziehungsnormen und ihre praktische Umsetzung sind allerdings primär pädagogische Aufgaben, die nicht den Kindheitsforschern überlassen werden sollten. Sie können nur im Konsens mit den Betroffenen selbst entwickelt und realisiert werden. Darum muss in jeder Generation – gemeinsam von Kindern und Erwachsenen – neu gerungen werden.

Literatur

Alt, C. (2003): Wandel familialer Lebensverhältnisse minderjähriger Kinder in Zeiten der Pluralisierung. In: Bien, W. (Hrsg.) (2003): Partnerschaft und Familiengründung. Ergebnisse der dritten Welle des Familien-Survey. Opladen, S. 219-244.

Alt, C./Lange, A. (2007): Vom katholischen Arbeitermädchen vom Lande zum Jungen im benachteiligten Stadtgebiet? In: Alt, C. (Hrsg.) (2007): Kinderleben. Start in die Grundschule. Band 3. Wiesbaden, S. 137-162.

Ariès, P. (1978): Geschichte der Kindheit. München. (Erstausgabe 1975, Org.: Paris 1960).

Bayerisches Staatsministerium für Arbeit und Sozialordnung, Familie und Frauen (2006): Bayerischer Erziehungs- und Bildungsplan für Kinder in Tageseinrichtungen bis zur Einschulung. Weinheim.

Beisenherz, G. (2007): Wohlbefinden und Schulleistungen von Kindern armer Familien. Auswirkungen der Dauer der Armut auf Grundschulkinder. In: Alt, C. (Hrsg.) (2007): Kinderleben. Band 3. Wiesbaden, S. 189-210.

Betz, T. (2006): Ungleiche Kindheit. Ein (erziehungswissenschaftlicher) Blick auf die Verschränkung von Herkunft und Bildung. In: Zeitschrift für Soziologie der Erziehung und Sozialisation, 26. Jg. (2006), S. 52-68.

Betz, T. (2007): Formale Bildung als „Weiter-Bildung" oder „Dekulturation" familialer Bildung? In: Alt, C. (Hrsg.) (2007): Kinderleben. Start in die Grundschule. Band 3. Wiesbaden, S. 163-187.

Brake, A./Büchner, P. (2003): Bildungsort Familie: Die Transmission von kulturellem und sozialem Kapital im Mehrgenerationenzusammenhang. Überlegungen zur Bildungsbedeutsamkeit der Familie. In: Zeitschrift für Erziehungswissenschaft, 6. Jg. (2003), S. 618-638.

Bucher, A. (2001): Was Kinder glücklich macht. Historische, psychologische und empirische Annäherungen an Kindheitsglück. Weinheim.

Büchner, P. (1983): Vom Befehlen und Gehorchen zum Verhandeln. Entwicklungstendenzen von Verhaltensstandards und Umgangsnormen seit 1945. In: Preuss-Lausitz, U. u. a. (1983): Kriegskinder, Konsumkinder, Krisenkinder. Weinheim und Basel, S. 196-212.

Bühler-Niederberger, D./Sünker, H. (2006): Der Blick auf das Kind. Sozialisationsforschung, Kindheitssoziologie und die Frage der gesellschaftlich-generationalen Ordnung. In: Andresen, S./Diehm, I. (Hrsg.) (2006): Kinder, Kindheiten, Konstruktionen. Wiesbaden, S. 25-52.

Bundesministerium für Familie, Senioren, Frauen und Jugend (2005): Zwölfter Kinder- und Jugendbericht. Berlin.

Cloer, E. (1988): Die Sechs- bis Zehnjährigen. Ausgewählte Aspekte des Kindseins heute. In: Pädagogische Welt, 11. Jg. (1988), S. 482-487.

Fölling-Albers, M. (2000): Entscholarisierung von Schule und Scholarisierung von Freizeit. In: Zeitschrift für Soziologie der Erziehung und Sozialisation, 20. Jg. (2000), S. 118-131.

Fölling-Albers, M. (2001): Veränderte Kindheit – revisited. Konzepte und Ergebnisse sozialwissenschaftlicher Kindheitsforschung der vergangenen 20 Jahre. In: Fölling-Albers, M. u. a. (Hrsg.) (2001): Jahrbuch Grundschule III. Seelze, S. 10-51.

Fölling-Albers, M./Hopf, A. (1995): Auf dem Weg vom Kleinkind zum Schulkind. Eine Langzeitstudie zum Aufwachsen in verschiedenen Lebensräumen. Opladen.

Gisdakis, B. (2007): Oh, wie wohl ist mir in der Schule … Schulisches Wohlbefinden – Veränderungen und Einflussfaktoren im Laufe der Grundschulzeit. In: Alt, C. (Hrsg.): Kinderleben. Start in die Grundschule. Band 3. Wiesbaden, S. 107-136.

Grunert, C./Krüger, H.-H. (2006): Kindheit und Kindheitsforschung in Deutschland. Forschungszugänge und Lebenslagen. Opladen.

Guadatiello, A. (2005): Erwerben oder erlernen Kinder nichtdeutscher Erstsprache das Deutsche? Der Versuch, eine Kontroverse zu überwinden. In:

Jampert, K. u. a. (2005): Schlüsselkompetenz Sprache, Weimar, Berlin, S. 38-40.

Honig, M.-S. u. a. (Hrsg.) (1996): Kinder und Kindheit. Soziokulturelle Muster, sozialisationstheoretische Perspektiven. München.

Kötters, C. (2000): Wege aus der Kindheit in die Jugendphase. Biographische Schritte der Verselbständigung im Ost-West-Vergleich. Opladen.

Kränzl-Nagl, R./Mierendorff, J. (2007). Kindheit im Wandel – Annäherungen an ein komplexes Phänomen. In: SWS Rundschau, 47. Jg. (2007), S. 3-25.

Medienpädagogischer Forschungsverbund Südwest (Hrsg.) (2006): KIM-Studie 2005 – Kinder und Medien, Computer und Internet. Forschungsberichte. Stuttgart.

Ministerium für Schule, Jugend und Kinder des Landes Nordrhein-Westfalen (2003a): Bildungsvereinbarung NRW. Fundament stärken und erfolgreich starten.

Ministerium für Schule, Jugend und Kinder des Landes Nordrhein-Westfalen (2003b): Erfolgreich starten. Schulfähigkeitsprofil als Brücke zwischen Kindergarten und Grundschule. Eine Handreichung.

Reuband, K.-H. (1997): Aushandeln statt Gehorsam. Erziehungsziele und Erziehungspraktiken in den alten und neuen Bundesländern im Wandel. In: Böhnisch, L. (Hrsg.) (1997): Familien. Weinheim u. a., S.129-153.

Riemann, S. (2000): Fernsehvorlieben von Grundschulkindern. In: Grundschule, 2000, Heft 7/8, S. 12-14.

Schneewind, K. A./Ruppert, S. (1995): Familien gestern und heute: ein Generationenvergleich über 16 Jahre. München.

Statistisches Bundesamt (2005): Statistisches Jahrbuch für die Bundesrepublik Deutschland 2005. Wiesbaden.

Strehmel, P. (2007): Der Einfluss vorschulischer Betreuung auf den Schulerfolg. In: Alt, C. (Hrsg.) (2007): Kinderleben. Start in die Grundschule. Band 3. Wiesbaden, S. 41-79.

Wilk, L. (1996): Die Studie „Kindsein in Österreich". Kinder und ihre Lebenswelten als Gegenstand empirischer Sozialisationsforschungs-Chancen und Grenzen einer Survey-Erhebung. In: Honig, M.-S. u. a. (Hrsg.) (1996): Kinder und Kindheit. Soziokulturelle Muster, sozialisationstheoretische Perspektiven. München, S.55-76.

Zinnecker, J. u. a. (2002): Null zoff & voll busy. Die erste Jugendgeneration des neuen Jahrhunderts. Opladen.

Marcus Hasselhorn/Martin Lehmann/Cora Titz

Kindheit und das Verständnis vom Aufwachsen

Die Sicht der Entwicklungspsychologie

Die Beschreibung des Verhaltens und Erlebens von Kindern gehört seit den Anfängen der erfahrungswissenschaftlichen Forschung in der Psychologie im 19. Jahrhundert zu den Schwerpunkten der Entwicklungspsychologie. In der zweiten Hälfte des 20. Jahrhunderts trat neben die Beschreibung zunehmend auch die theoretische Erklärung von Verhaltensbesonderheiten von Kindern und altersabhängigen Veränderungen im Verhalten. Psychologische Kindheitsforschung beschäftigt sich mit den Veränderungen des tatsächlichen und potentiellen Verhaltens und Erlebens im Wechselspiel zwischen biologischen Zwängen und sozialen Einflüssen. In jüngerer Zeit hat es verschiedene Ausdifferenzierungen und neue Schwerpunktsetzungen in der Entwicklungspsychologie des Kindesalters gegeben. So hat man sich vermehrt den ökologischen Bezügen bzw. der Bedeutung der Lebensumwelten von Kindern im Hinblick auf ihr Verhalten und Erleben gewidmet. Da dabei allerdings die Veränderungen im Verhalten von Kindern im Vordergrund des Interesses stehen, sind nicht Individuen, sondern individuelle Entwicklungsverläufe die Einheit der entwicklungspsychologischen Betrachtung. Diese Entwicklungsverläufe lassen sich unter zwei prinzipiell verschiedenen Fragestellungen analysieren. Universelle Entwicklungsfragestellungen zielen auf die Verallgemeinerung über Individuen ab. Es geht dabei also um die Frage, ab welchem Alter Menschen zu einem bestimmten Verhalten oder Erleben in der Lage sind. Im Rahmen der Sprachentwicklung lässt sich beispielsweise kulturunabhängig feststellen, dass kein Kind im Alter von 6 Monaten sprechen kann, jedoch alle Kinder im Alter von 3

Jahren in Sätzen kommunizieren können (abgesehen vom Auftreten patho-
logischer Störungen). Die traditionelle entwicklungspsychologische Forschung beschäftigte sich vorrangig mit der Beschreibung und Erklärung
derartiger universeller Entwicklungsveränderungen.

In Ergänzung zu dieser universellen Sicht hat sich in jüngerer Zeit zunehmend eine differentielle Entwicklungspsychologie durchgesetzt, die sich
mit differentiellen Entwicklungsverläufen beschäftigt. In diesem Ansatz
richtet sich das Interesse auf die Unterschiede zwischen Menschen in ihren
Entwicklungsverläufen und -prozessen. Bei der Untersuchung dieser inter-
individuellen Unterschiede in den Entwicklungsveränderungen des Verhaltens interessiert man sich insbesondere für ein über unterschiedliche Situationen hinweg konsistent auftretendes individuelles Verhalten (vgl. Hasselhorn 2002). Die Einheit der entwicklungspsychologischen Betrachtung ist
auch hier die Individualentwicklung, nicht das Individuum. Aber differentielle Entwicklungsfragestellungen zielen gerade nicht auf Entwicklungs-
gemeinsamkeiten, sondern auf die Beschreibung und Erklärung von Entwicklungsunterschieden ab. Warum beginnt beispielsweise das eine Kind
früher als das andere zu sprechen? Welche differenzierenden Entwicklungsbedingungen führen dazu, dass das eine Kind früher spricht als das
andere? Lassen sich Zusammenhänge zwischen solchen Entwicklungsbedingungen und den von Person zu Person bisweilen höchst unterschiedlichen Entwicklungsverläufen finden? Und wenn es solche Zusammenhänge
gibt, auf welchen Entwicklungsprozessen beruhen sie?

Der vorliegende Beitrag zielt darauf ab, das gegenwärtige entwick-
lungspsychologische Verständnis von Kindheit und dem Aufwachsen von
Kindern mit drei Kernthesen zu umschreiben und diese Thesen zu erläutern.
Dabei befasst sich die erste These vorrangig mit universellen Entwicklungs-
fragestellungen, die zweite und dritte These vorrangig mit differentiellen
Entwicklungsfragestellungen. Die Thesen lauten:

(1.) Unabhängig von den sozialen bzw. gesellschaftlichen Rahmenbedin-
      gungen kommt es während der Kindheit zu einer Reihe biologisch
      prädisponierter Veränderungen.
(2.) Entwicklungsübergänge durch soziale Normen geben neue Entwick-
      lungsimpulse.
(3.) Individuelle Unterschiede im Erleben und Verhalten sind das Ergebnis
      eines Wechselspiels von biologisch verankerter Entwicklungsvoraus-
      setzung und sozialen Einflüssen.

1. Kindheit als Phase biologisch prädisponierter Veränderungen

Die Vorstellung biogenetisch vorprogrammierter Stufen oder Phasen der kindlichen Entwicklung gehörte seit den Anfängen der Evolutionstheorie im 19. Jahrhundert lange Zeit zum Credo der Entwicklungspsychologie. Dementsprechend betrachtete man bevorzugt die universell, in engen Altersbereichen auftretenden und irreversiblen Veränderungen von Erlebensweisen und Verhaltensmöglichkeiten. Als maßgeblicher Entwicklungsmechanismus wurde entsprechend die Reifung gesehen (vgl. Kavsec 2007). Die lange Zeit verbreitete Annahme, die menschliche Entwicklung vollziehe sich in reifungsbedingten diskontinuierlichen Sprüngen, wurde in den 1970er Jahren als nicht haltbar bzw. als wenig fruchtbar kritisiert. Als Konsequenz entstand ein liberaleres Metakonzept von Entwicklung, in dem neben biologischen auch soziale Einflusssysteme auf die Entwicklung in den Blick genommen wurde: Das Konzept der Lebensspannen-Psychologie (vgl. Staudinger 2007). Aus heutiger Sicht haben sich die Stufenmodelle der Entwicklung im Kindes- und Jugendalter nicht sonderlich bewährt. Moderne Reifungstheorien betonen daher auch eher Wachstumsmodelle, bei denen kontinuierliche Veränderungen beschrieben werden, oder auch „sensible Phasen" (Kavsec 2007) bzw. kritische Zeitfenster, in denen spezifische Erfahrungen eine maximale Wirkung ausüben. Solche kritischen Zeitfenster setzen dann ein, wenn Entwicklungsprozesse an einen Punkt gelangt sind, an dem die Voraussetzungen für die Beeinflussbarkeit betroffener Funktionen geschaffen sind. Unterbleiben in diesem kritischen Zeitraum relevante exogene Einflüsse, kann es zu einer Einschränkung der Entwicklung kommen.

Bei all diesen Mechanismen handelt es sich um biologische Prädispositionen individueller Entwicklung. Ist man an Bildungsprozessen und deren Optimierung im Kindesalter interessiert, erscheint aus psychologischer Sicht die Berücksichtigung solcher Prädispositionen unerlässlich. Entsprechend sind in jüngerer Zeit etliche allgemeine Einschnitte im Entwicklungsgeschehen beschrieben worden, die in fundamentaler Weise die Lernmöglichkeiten von Kindern verändern. Im Einzelnen handelt es sich dabei um eine Art Theoriewandel der intuitiven Alltagspsychologie im 4. Lebensjahr, um eine Effizienzsteigerung des Arbeitsgedächtnisses im 6. Lebensjahr, um die Ablösung des kindlichen Überoptimismus mit etwa 8 Jahren und um das Erwachen der abstrakten Selbstreflexivität mit etwa 10

Jahren. Wir bezeichnen diese im Folgenden skizzierten Einschnitte als lern- und bildungsrelevante Wendepunkte im individuellen Entwicklungsverlauf.

1.1 Theoriewandel der intuitiven Alltagspsychologie im vierten Lebensjahr

Eine besonders wichtige Erweiterung der kindlichen Denkmöglichkeiten besteht darin, das Denken selbst zum Gegenstand des Denkens machen zu können. Dazu bedarf es eines Verständnisses für die mentale Welt und damit der Fähigkeit zur „Metarepräsentation". Die Entwicklung des kindlichen Verständnisses von Personen als Wesen mit Geist und Seele, mit Überzeugungen und Absichten, und gleichfalls das Verständnis für Zusammenhänge zwischen menschlichem Handeln, Denken und Fühlen wird unter dem Begriff „Theory of Mind" oder deutsch „naive Psychologie" diskutiert (vgl. Sodian/Thoermer 2006).

Unter „Theory of Mind" fällt auch die Unterscheidung verschiedener mentaler Aktivitäten sowie das Erschließen kausaler Zusammenhänge. Kausales Denken erfordert Einsicht in zwei verschiedene Prozesse: Zum einen müssen Kinder mentale Operationen als ursächlichen Auslöser für Verhalten begreifen, zum anderen müssen sie kausales Verständnis für die Entstehung und Verbindung mentaler Operationen entwickeln und Antworten finden auf Fragen wie „Woher kommt das Wissen? Wie kommen Gefühle zustande?" bzw. „Warum bin ich traurig oder fröhlich? Wie entstehen Irrtümer und Missverständnisse?" Es gilt also, die doppelte Verbindung von Geist und Welt zu durchschauen (vgl. Mähler 2007).

Zwei- bis dreijährige Kinder haben noch eine ziemlich rudimentäre Vorstellung von der mentalen Welt. Wissen entsteht nach ihrer Überzeugung durch die Begegnungen mit den Dingen in der Welt, d. h. als Folge direkter Erfahrung. Im vierten Lebensjahr tritt nun eine charakteristische Wende ein: Kinder beginnen mentale Zustände als ihre ureigenen internen Vorstellungen aufzufassen, d. h. sie durchschauen die repräsentationale Beziehung zwischen Inhalt und Denkendem (Mähler 2007). Sie begreifen, dass verschiedene Individuen unterschiedliche Repräsentationen von der Welt haben können; damit sind sie zur Metarepräsentation fähig. Diese neue Fähigkeit zeigt sich in ganz verschiedenen Inhaltsbereichen, so z. B. im Verständnis falscher Überzeugungen („false-belief"), in der Fähigkeit zu Lüge, Täuschung oder „Sabotage", in der Unterscheidung zwischen „Schein und Sein" („appearance-reality-distinction") und in der visuellen Perspektivenübernahme (zum Überblick vgl. Sodian/Thoermer 2006).

1.2 Effizienzsteigerung des Arbeitsgedächtnisses im sechsten Lebensjahr

Für den Erwerb von Lesen, Schreiben und Rechnen hat sich das sprachliche bzw. phonologische Arbeitsgedächtnis als besonders wichtiger kognitiver Funktionsmechanismus erwiesen (vgl. Hasselhorn/Grube 2003). Dieses besteht Baddeley (2006) zufolge aus zwei Komponenten, einem Klangspeicher bzw. phonetischen Speicher und einem artikulatorischen Kontrollprozess in Form eines inneren Nachsprechens. Jede akustische und sprachliche Information, die wir hören, wird auf eine Art „Tonband-Endlosschleife" in unserem Gedächtnis eingelesen. Die wahrgenommenen Informationen werden für etwa zwei Sekunden gespeichert, dann werden die alten Informationen wieder mit neuen Einträgen überschrieben. Der innere Nachsprechprozess sorgt dafür, dass die Information, die in den Klangspeicher gelangt ist (etwa eine bisher unbekannte Wortkombination), durch Wiederholung auch für längere Zeiträume präsent gehalten wird, was z. B. für das Verstehen eines Textes oder das Lösen einer Mathematikaufgabe von zentraler Bedeutung ist.

Die Arbeitsweise der phonologischen Schleife verändert sich im Laufe der Entwicklung. Das „innere wiederholte Nachsprechen" ist nicht von Anfang an automatisiert. Beim Eintritt in den Kindergarten findet in der Regel kein automatisches Aktivieren dieses Prozesses statt. Erst im Alter von fünf Jahren kommt es bei den meisten Kindern zur Automatisierung des inneren wiederholten Nachsprechens im Arbeitsgedächtnis. Prinzipiell können zwar auch schon jüngere Kinder klangliche Information für mehr als 2 Sekunden aktiv im Fokus der Aufmerksamkeit halten, aber sie tun dies nicht spontan bzw. automatisch. Mit Hilfe direkter Unterweisungen können grundsätzlich auch jüngere Kinder zu wiederholtem Nachsprechen angehalten werden, hier muss aber der Grad der Anleitung durch eine Lehrperson sehr groß sein. Wenn die Automatisierung des inneren Nachsprechens im sechsten Lebensjahr einsetzt, verändern sich die individuellen Lernmöglichkeiten von Kindern fundamental (vgl. Hasselhorn/Grube, in Druck).

1.3 Ablösung des kindlichen Überoptimismus mit etwa acht Jahren

Auch motivationale Veränderungen beeinflussen das Lernverhalten und damit die Bildungsmöglichkeiten von Kindern maßgeblich. Während Sechsjährige noch sehr davon überzeugt sind, selbst zu den Leistungsstärks-

ten in ihrer Klasse zu gehören, zeigen sich mit etwa acht Jahren bereits
deutliche Anpassungen der allgemeinen Selbsteinschätzung an die Leis-
tungseinschätzungen durch die Lehrenden, die bis zum Ende der Primar-
schulzeit weiter zunehmen. Befunde dieser Art hat Helmke (1999) zum Anlass genommen, eine Entwicklung „vom Optimismus zum Realismus" für
das frühe Schulalter zu postulieren. Der zu Beginn dieser Altersspanne un-
realistische Optimismus (Überoptimismus) erfüllt eine ganz wesentliche
Funktion, nämlich dass die Kinder glauben, sie könnten jede Aufgabe lösen, wenn sie sich nur genügend anstrengten. Diese Grundüberzeugung ist
ein motivationales Pfund jeden Schulanfangsunterrichts, weil sie die not-
wenigen Anstrengungen zum Wiederholen und Verinnerlichen der Grundfertigkeiten des Lesens, Schreibens und Rechnens gewissermaßen automatisch auslöst.

Dieses überoptimistische Wunschdenken macht dann mit etwa acht Jahren einer realistischen Selbsteinschätzung Platz. Die Kinder verlieren ihren
Überoptimismus, wobei das bei den Mädchen etwa ein halbes Jahr früher
geschieht als bei den Jungen (vgl. Parsons/Ruble 1977). Vermutlich basiert
dieser Geschlechtsunterschied auf einem Entwicklungsvorteil (Akzeleration) der Mädchen im kognitiven Bereich. Hier kann man sich zu Recht fragen, ob diese kognitive Akzeleration der Mädchen nicht einen motivationa-
len Vorteil der Jungen darstellt. Solange ich nämlich daran glaube, alles
durch bloße Anstrengung erreichen zu können, werde ich auch unter
schwierigen Anforderungen eher bereit sein, Anstrengung zu investieren
(Hasselhorn/Grube, in Druck).

1.4 Emergenz der abstrakten Selbstreflexivität
   mit etwa zehn Jahren

Mit zunehmendem Alter wird die Nutzung von Strategien zum charakteris-
tischen Merkmal erfolgreichen Lernens. Unter Strategien versteht man
kognitive Operationen, die den unwillkürlich beim Bearbeiten einer Anforderung stattfindenden Prozessen übergeordnet sind und auf diese zurückgreifen. Strategien dienen kognitiven Zielen (z. B. dem Verstehen oder Behalten) und sind potentiell bewusste und kontrollierbare Aktivitäten. Zu den
bei Kindern am intensivsten untersuchten kognitiven Strategien gehören das
Ordnen nach Oberbegriffen (Kategorisieren) und das Wiederholen von Informationen. Das pure Wiederholen von Informationen erweist sich insbesondere beim Auswendiglernen von Fakten als hilfreich. Durch das häufige
Wiederholen erfolgt eine Informationsübertragung in das Langzeitgedächt-

nis. Die neuen Informationen werden so zum Bestandteil des (Vor-)Wissens, auf das wir später zurückgreifen können, ohne dafür Arbeitsgedächtniskapazitäten im nennenswerten Umfang zu benötigen. Das Erlernen des kleinen Einmaleins und seine spätere automatische Verfügbarkeit ist hierfür ein gutes Beispiel.

Solange Kinder nicht über die notwendigen kognitiven Voraussetzungen zum Ausführen einer Strategie verfügen, spricht man von einem Mediationsdefizit. Aber selbst dann, wenn sich die kognitiven Voraussetzungen bereits herausgebildet haben, findet man typischerweise eine weitere Phase, in der die in Frage stehende Strategie noch nicht spontan eingesetzt wird – die Phase des Produktionsdefizits. Selbst Schulkinder zeigen häufig Produktionsdefizite. Das heißt, obwohl sie durch systematische Anleitung dazu gebracht werden können, angemessene Lern- und Problemlösestrategien einzusetzen, produzieren sie diese nicht spontan und von sich aus.

Je nach Art der Strategie und je nach Übungsintensität wird das Produktionsdefizit früher oder später überwunden. Kinder sind dann prinzipiell in der Lage, von sich aus und spontan eine bestimmte Strategie hervorzubringen. Aber auch in dieser Phase ist häufig noch ein weiteres Defizit zu beobachten: Die fragliche Strategie wird zwar hervorgebracht, sie bleibt aber ineffizient (Nutzungsdefizit). Das lernende Kind kennt die Strategie und kann sie auch zur Ausführung bringen. Es wird aber offenbar dabei so viel der begrenzt verfügbaren Kapazität des Arbeitsgedächtnisses allein durch den Einsatz einer Strategie verbraucht, dass die Lernleistung hinsichtlich der gestellten Aufgabe letztendlich deutlich hinter den Erwartungen zurückbleibt. Erst wenn auch dieses Nutzungsdefizit überwunden ist, kommt es zur effektiven Strategienutzung (vgl. Hasselhorn/Schneider 2007).

Das mit dem Nutzungsdefizit umschriebene Phänomen wirft die Frage auf, warum Kinder überhaupt Strategien hervorbringen, die zunächst einmal gar nicht leistungsdienlich sind. Eine so innovative wie nahe liegende Antwort hat Siegler (1996) gegeben: Kinder müssen im Laufe ihrer kognitiven Entwicklung notwendigerweise eine Vielzahl von Strategien (er)finden und ausprobieren, um die vielfältigen Lern- und Behaltensanforderungen überhaupt bewältigen zu können (multipler Strategiegebrauch). Je nach Art der Anforderung und je nach Lernziel werden als erfolgreich erlebte Strategien mit der Zeit häufiger verwendet, während andere, die sich als weniger effektiv erwiesen haben, seltener benutzt werden. Diese evolutionäre Sichtweise impliziert, dass die Entwicklung kognitiver Strategien eben nicht als stufenweise Ablösung der weniger angemessenen Strategien durch zunehmend verfeinerte und effizientere Strategien aufzufassen ist. Vielmehr ist

davon auszugehen, dass Strategien in einer Art Nutzungswettstreit miteinander liegen. Kinder lernen, eine leistungsdienliche Strategie gezielter zu
nutzen. Sie lernen aber auch, dass es sinnvoll ist, weitere Strategien im
Verhaltensrepertoire zu haben, die in verschiedenen Situationen unterschiedlich hilfreich sein können.

Die Nutzungshäufigkeit von Strategien ändert sich mit dem Lebensalter.
So kommt es im Laufe der Entwicklung einer Strategie dazu, dass es einmal
einen Nutzungshöhepunkt gibt und dass die Nutzung dann wieder abnimmt.
Es lässt sich auch beobachten, dass Strategien zu einem späteren Zeitpunkt
eine neuerliche Renaissance erfahren, wenn nämlich eine „alte" Strategie in
neuen Kontexten wieder als hilfreich erlebt wird. Eine Folge davon ist, dass
wir auf jeder Altersstufe vielfältige Strategien beobachten können.

Vor allem beim erstmaligen Entdecken bzw. Herausbilden von Strategien (Strategie-Emergenz) spielt das metakognitive Wissen über die Nützlichkeit einer Strategie eine entscheidende Rolle. Für die seit den 1970er
Jahren vielleicht am ausführlichsten untersuchte Strategie, das kategoriale
Organisieren, liegt mit der von Hasselhorn (1995) formulierten Strategie-
Emergenz-Theorie ein Ansatz vor, der die deutlichen Nutzungsänderungen
zwischen dem achten und dem zehnten Lebensjahr erklärt. Basis dieses Er-
klärungsansatzes ist die Emergenz der strategischen Wissensaktivierung um
das 10. Lebensjahr herum. Diese Theorie lässt sich auch auf andere Strategien verallgemeinern (z. B. Lehmann/Hasselhorn 2007). Offensichtlich entsteht um das 10. Lebensjahr metastrategisches Wissen aufgrund zunehmend
„abstrahierender Reflexion" der (bislang) automatischen Strategienutzun-
gen. Dies ist die Grundlage der metakognitiven Regulation der Strategienutzung. Je eindrücklicher ein Kind die Nützlichkeit einer Strategie er-
kennt, desto eher wird es sie selbst einsetzen und je mehr es sie einsetzt,
desto reichhaltiger und differenzierter wird das entsprechende metakognitive Wissen.

2. Entwicklungsübergänge durch soziale Normen geben neue Entwicklungsimpulse

Soziale Normen wurden lange Zeit als Einengungen individueller Entwick-
lungswege aufgefasst. Erst in den letzten Jahrzehnten ist zunehmend deutlich geworden, dass soziale Normen nicht nur Entwicklungen eingrenzen,
sondern auch neue Entwicklungsimpulse geben. Mit dem Konzept der Entwicklungsaufgaben umschrieb beispielsweise Havighurst (1953) alterstypi-

sche Herausforderungen, in denen sich das komplexe Zusammenspiel biologischer Entwicklungsprozesse, individueller Entwicklungsziele und der Restriktionen und Optionen der sozialen Umwelt widerspiegelt. Typische Entwicklungsaufgaben sind daher einerseits soziale Normen, denen sich das Individuum nur schwer entziehen kann und andererseits Impuls gebende Entwicklungsanstöße. Dies lässt sich etwa am Beispiel des Schuleintritts gut nachvollziehen. Der Schuleintritt kann als eine der wichtigsten Entwicklungsaufgaben der Kindheit aufgefasst werden. Aufgrund der allgemeinen Schulpflicht sind alle Kinder hiervon betroffen, so dass es sich um eine normative Entwicklungsaufgabe handelt.

Eine Entwicklungsaufgabe wie der Schuleintritt stellt neue Anforderungen an das Kind, die es mit seinen vorhandenen Ressourcen zu bewältigen versuchen muss. Individuelle Anpassungsmuster beim Übergang vom Kindergarten in die Grundschule wurden z. B. von Beelmann (2000, 2006) analysiert. Dazu wurden 60 Kinder drei Monate vor und nach der Einschulung untersucht. Erfasst wurden unter anderem Facetten der intellektuellen Fähigkeiten, des Temperaments, der sozial-emotionalen Familienbeziehungen sowie Angaben zu Anpassungsproblemen der Kinder aus der Sicht ihrer Eltern und der Erziehenden. Das durchschnittliche Ausmaß kindlicher Anpassungsprobleme unterschied sich nicht gravierend zwischen den beiden Befragungszeitpunkten, was dafür spricht, dass die mit dem Übergang einhergehenden Anforderungen im allgemeinen nicht zu hoch sind bzw. den Kindern für die Bewältigung hinreichend Ressourcen zur Verfügung stehen.

Neben diesem generellen Muster findet man jedoch auch systematische interindividuelle Differenzen in diesem Veränderungsprozess. So konnte Beelmann (2000) verschiedene Verlaufstypen identifizieren, die durch unterschiedliche Anpassungsmuster gekennzeichnet sind. Sie können sprachlich gut voneinander abgegrenzt werden durch die Bezeichnungen Übergangsgestresste, Übergangsgewinner, Geringbelastete und Risikokinder. Bei den Übergangsgestressten handelt es sich um eine Gruppe, bei der die Anpassungsprobleme mit dem Übergang in die Grundschule zunehmen (14% der Kinder). Bei dieser Gruppe führt der Schuleintritt zu einer Destabilisierung, wobei die vorhandenen Ressourcen offenbar nicht ausreichen, um unmittelbar eine Stabilisierung im neuen Lebenskontext herbeiführen zu können. Bei den Übergangsgewinnern (15% der Kinder) kommt es mit der Änderung der Umgebungsbedingungen (Schuleintritt) zu einer verbesserten Individuum-Umwelt-Passung. Hier kann vermutet werden, dass zuvor existierende Probleme (z. B. Unzufriedenheit mit der Bezugsgruppe im Kindergarten, Probleme mit Erzieherinnen, Unterforderung) durch den Übergang

in die Schule und die neuen Anforderungen in positiver Richtung gelöst
wurden. Die Gruppe der Geringbelasteten (42% der Kinder) ist durch konsistent geringe Anpassungsprobleme über beide Messzeitpunkte gekennzeichnet und weist damit ein recht stabiles Gleichgewicht zwischen Person
und Umwelt auf. Diese Kinder scheinen bereits im Vorfeld über ausreichende Ressourcen zu verfügen, um die neuen Anforderungen ohne größere
Schwierigkeiten zu bewältigen. Die als Risikokinder bezeichnete Gruppe
(29% der Kinder) verfügt dagegen über beide Messzeitpunkte hinweg konsistent über hohe Belastungswerte. Bei diesen Kindern besteht die Gefahr
der Chronifizierung von Problembelastungen, was wiederum ein erhöhtes
Risiko für die weitere Entwicklung darstellt.

Am Beispiel der sozialen Norm des Schuleintritts lässt sich somit ein
positiver Entwicklungsanstoß vor allem für die Übergangskinder feststellen.

3. Biologisch verankerte Entwicklungsvoraussetzungen und soziale Einflüsse – Wechselspiele

Umweltbedingungen stellen die größte und in vielen psychologischen Darstellungen nahezu ausschließlich betrachtete Klasse möglicher Ursachen
differentieller Entwicklungsverläufe dar. Unterschiedliche Schwanger-
schafts- und Geburtsumstände, unterschiedliche Behandlung durch wichtige
Bezugspersonen wie Eltern, Geschwister, Gleichaltrige, unterschiedlich
kognitiv stimulierende Umwelten in Familie, Kindergarten und Schule
werden regelmäßig als potentielle Ursachen für differentielle Entwicklungsverläufe angesehen und empirisch untersucht. Differentielle Entwick-
lungspsychologen beziehen allerdings zunehmend auch genetische Bedingungen in ihre Erklärungsmodelle für differentielle Entwicklungsverläufe
ein. Erschwert wird dieser Ansatz durch die Tatsache, dass derzeit noch zu
wenig über die Funktion von Genen bekannt ist, um den Zusammenhang
zwischen genomanalytisch diagnostizierten Allelen (d. h. den zwischen Personen unterschiedlich ausfallenden Varianten eines Gens) und Entwicklungsverläufen spezifischen Verhaltens untersuchen zu können. Deshalb ist
es auch nicht erstaunlich, dass bisherige Bemühungen, Intelligenzunter-
schiede direkt genetisch zu erklären, erfolglos waren, und das obwohl primär Gene einbezogen wurden, von denen bekannt ist, dass sie für den Aufbau oder die Funktion des Gehirns eine Rolle spielen.

Allerdings kann angesichts der inzwischen sehr umfangreichen empirischen Ergebnisse zu indirekten Schätzungen des gesamten genetischen Ein-

flusses auf Verhaltensmerkmale mittels Zwillings- und Adoptionsstudien mit großer Sicherheit behauptet werden, dass viele individuell konsistente Verhaltensunterschiede zu einem substantiellen Teil genetisch mitbedingt sind. Nach wie vor findet sich eine Reihe von Missverständnissen darüber, was das im Einzelnen bedeutet und wie genetische Einflussschätzungen zu verstehen sind (vgl. Asendorpf/Hasselhorn 2004): Erstens hat das bloße Vorhandensein von Genen noch keinerlei kausalen Einfluss auf die Entwicklung. Zumindest nach dem derzeitigen Wissen über Genaktivitäten scheint die große Mehrheit unserer Gene überhaupt keinen Einfluss auf die Entwicklung zu haben. Diese „stummen Gene" sind vermutlich in früheren Phasen der Evolution des Menschen einmal aktiv gewesen und befinden sich deshalb immer noch in unserem Erbgut, allerdings in „abgeschaltetem" Zustand. Deshalb sollte eigentlich nicht vom Einfluss des Genoms oder bestimmter Gene auf die Entwicklung geredet werden, sondern vielmehr vom Einfluss der Genaktivität auf die Entwicklung.

Diese Sichtweise könnte auch einem weiteren Missverständnis entgegenwirken, nämlich der Vorstellung, dass Gene kontinuierlich vom Zeitpunkt der Zeugung an aktiv sind. Die Entwicklungsgenetik hat klar gezeigt, dass die Aktivität eines Gens erheblich im Verlauf der Individualentwicklung schwanken kann. Manche Gene werden schon früh „abgeschaltet", andere gar erst spät im Leben „angeschaltet". Natürlich ist die Vorstellung eines „Gen-Schalters" eine übervereinfachende Metapher, aber sie wird der Realität mit Sicherheit besser gerecht als die Vorstellung, dass Gene automatisch auf die Entwicklung wirken.

Wenn man von genetischen Wirkungen auf die Entwicklung redet, darf man außerdem nicht die vermittelnden Prozesse außer Acht lassen. Tatsächlich führt von der Gen-Aktivierung zur Entwicklung ein langer Weg. Aktivierte Strukturgene produzieren Enzyme, Enzyme greifen in Stoffwechselvorgänge ein, z. B. beim Aufbau des Nervensystems durch Zellspezialisierung, und das so aufgebaute Nervensystem bildet erst die Grundlage für Entwicklung und Lernen primär durch selektiven Verlust an Funktionsmöglichkeiten des Genoms einzelner Zellen und den gezielten Abbau von Verbindungen zwischen Neuronen (vgl. Plomin et al. 1999). Das Wissen über diese Prozesse bewahrt auch vor dem Missverständnis, Gen-Aktivität übe ihre Wirkungen auf die Entwicklung zwangsläufig und automatisch aus und sei höchstens noch gentechnologisch beeinflussbar. Richtig ist vielmehr, dass bestimmte genetische Wirkungen auf die Entwicklung durch Veränderungen der Umwelt, ja sogar durch Verhaltensänderungen von Bezugspersonen beeinflusst werden können.

Löst man sich erst einmal von der Vorstellung, der genetische Einfluss auf die Entwicklung sei konstant, so fällt auch der Gedanke nicht mehr schwer, dass der genetische Einfluss auf bestimmte Verhaltensmerkmale im Verlauf der Entwicklung zu- oder abnehmen kann. Inzwischen gibt es für einige Verhaltensbereiche ausreichend Daten, um die Stärke des genetischen Einflusses getrennt nach dem Lebensalter zu bestimmen. Dabei zeigt sich, dass bei manchen Merkmalen (z. B. Intelligenz, antisoziales Verhalten) der genetische Einfluss mit zunehmendem Alter ansteigt, während bisher kein Merkmal bekannt ist, bei dem er abnimmt (vgl. Asendorpf/Hasselhorn 2004; Plomin et al. 1999). Dies steht im krassen Gegensatz zu der verbreiteten intuitiven Vorstellung, dass der genetische Einfluss im frühen Kindesalter besonders hoch sei und dann abnehme, da später Umweltwirkungen „hinzukämen".

Besonders gut untersucht ist die Zunahme des genetischen Einflusses im Falle der Intelligenz. Während im frühen Kindesalter der genetische Einfluss minimal ist, erreicht er mit etwa 15 Jahren die im Mittel über alle Altersgruppen gefundene Stärke von etwa 50% der beobachteten IQ-Varianz und steigt dann noch deutlich bis auf etwa 80% im Seniorenalter an. Erklärt wird diese stetige Zunahme des genetischen Einflusses auf Persönlichkeitsmerkmale durch Entwicklungsveränderungen in der Bedeutsamkeit von zwei Arten des Zusammenspiels der Wirkungen von Genom und Umwelt. Genetische und Umweltunterschiede können aus verschiedenen Gründen kovariieren. So wird beispielsweise unter der aktiven Genom-Umwelt-Kovariation verstanden, dass Menschen aus genetischen Gründen Einfluss auf ihre Umwelt nehmen, indem sie bestimmte Umwelten ihrem genetischen Potential gemäß aufsuchen, vermeiden, verändern oder überhaupt erst herstellen. Es ist plausibel, dass Menschen mit wachsendem Alter bis ins hohe Alter hinein immer besser in der Lage sind, gezielt Umwelten für sich auszuwählen. Damit wächst aber auch der genetische Einfluss auf ihre Verhaltensmuster, weil die Umwelt sozusagen zunehmend unter genetische Kontrolle gerät.

Neben solchen und anderen (passiven sowie reaktiven) Formen der Genom-Umwelt-Kovariationen haben sich für einige Verhaltensbereiche auch Anlage-Umwelt-Interaktionen als bedeutsame Quelle von Entwicklungsunterschieden erwiesen. Im Gegensatz zu der Kovariation ist bei der Anlage-Umwelt-Interaktion die Wirkung des einen Faktors abhängig von der Ausprägung des anderen Faktors. Eine Interaktion, bei der die Wirkung einer bestimmten genetischen Prädisposition nur unter bestimmten Umweltbedingungen deutlich wird, findet man z. B. bei der Auftretenshäufigkeit antisozialen Verhaltens.

Cadoret, Cain und Crowe (1983) analysierten beispielsweise den empirischen Zusammenhang zwischen dem delinquenten Verhalten adoptierter Jugendlicher mit dem Ausmaß antisozialen Verhaltens der biologischen Mütter und in den Adoptivfamilien. Aktenkundiges delinquentes Verhalten der biologischen Mütter wurde als genetisches Risiko interpretiert und entsprechende Auffälligkeiten in der Adoptionsfamilie als Risikofaktor der Umwelt. Dabei zeigte sich, dass erst das kombinierte Auftreten von genetischem und Umweltrisiko zu antisozialem Verhalten der adoptierten Jugendlichen zu führen scheint. Einer der beiden Faktoren allein erhöhte dagegen das Risiko für antisoziales Verhalten nicht.

Gegen diesen Befund mag man einwenden, dass in den Adoptionsstudien genetische Risiken nur global und indirekt geschätzt werden, da der Gesamteinfluss aller wirksamen Gene auf Grundlage von Persönlichkeitsmerkmalen der biologischen Eltern abgeschätzt wird (vgl. Asendorpf 2007). Mittlerweile liegen jedoch auch erste Ergebnisse zur statistischen Gen-Umwelt-Interaktion vor, bei der spezifische Gene mit spezifischen Umweltbedingungen in Wechselwirkung stehen. So untersuchten Caspi et al. (2002) in einer neuseeländischen Längsschnittstudie mit knapp 500 jungen Männern den Zusammenhang zwischen erfahrener Kindesmisshandlung im Alter zwischen drei und elf Jahren, einem speziellen Gen (MAOA) auf dem X-Chromosom und vier verschiedenen Indikatoren für antisoziales Verhalten (klinisches Interview; Zahl der Verurteilungen wegen Gewalttätigkeit; Selbstbeurteilung; Beurteilung durch Bekannte). Für alle vier Indikatoren ergab sich dieselbe statistische Gen-Umwelt-Interaktion: Am eigenen Leib erfahrene Kindesmisshandlung erhöhte das Risiko für antisoziales Verhalten im Erwachsenenalter, wobei jedoch die Erhöhung deutlich stärker bei denjenigen 163 Teilnehmern der Längsschnittstudie ausfiel, die das Allel für niedrige MAOA-Aktivität hatten. So wurden z. B. die 55 Männer, die beide Risikofaktoren aufwiesen (schwere Misshandlung und Allel für niedrige MAOA-Aktivität) bis zum Alter von 26 Jahren dreimal so häufig verurteilt wie die 99 Männer, die auch schwer misshandelt worden waren, aber das Allel für hohe MAOA-Aktivität aufwiesen; für Vergewaltigung, Raub und Überfälle war die Rate der Verurteilungen für diese Männer sogar viermal so hoch. Genetisch bedingte unzureichende MAOA-Aktivität scheint demnach die Entwicklung antisozialer Tendenzen zwar nicht allgemein, wohl aber nach erfahrener Kindesmisshandlung zu forcieren. Da sich kein Zusammenhang zwischen den beiden Allelen und Kindesmisshandlung ergab, nur eine Minderheit der misshandelten Kinder später antisoziale Tendenzen zeigte und die misshandelten Kinder mit hoher MAOA-Aktivität keine häufigeren Internalisierungsprobleme wie z. B. Einsamkeit oder Depression aufwiesen als die nicht misshandelten, scheint sogar die weitergehende Interpretation zuzutreffen, dass das „normale" Allel für hohe MAOA-Aktivität vor langfristig negativen Konsequenzen erfahrener Kindesmisshandlung schützt.

4. Resümee

Wir haben an ausgewählten Beispielen deutlich gemacht, dass aus der Sicht der allgemeinen Entwicklungspsychologie das Aufwachsen in der Kindheit markanten biologischen Gesetzmäßigkeiten folgt. Nimmt man allerdings die Perspektive der differentiellen Entwicklungspsychologie ein, so wird schnell deutlich, dass individuelle Entwicklungsverläufe biologischen und sozialen Einschränkungen unterliegen. Erziehung und Anlagen setzen deutliche Verhaltens- und Entwicklungsgrenzen in der Kindheit. Diese Erkenntnis ist nicht gerade neu, dennoch sind die sich daraus ergebenden Implikationen für eine bildungsorientierte Gestaltung der Kindheit keineswegs trivial. Bildungsangebote können nämlich vor dem Hintergrund dieser Erkenntnis nur dann die erhofften Wirkungen zeigen, wenn sie entwicklungsangemessen sind, d. h. auf die jeweils verfügbaren Verhaltenspotentiale von Kindern abgestimmt sind. Gleichzeitig ist die Plastizität der Erlebens- und Verhaltensmöglichkeiten bei Kindern so hoch, dass selbst normative Vorgaben der sozialen Umgebung von Kindern Entwicklungsprozesse anstoßen können und somit neue Entwicklungsmöglichkeiten für das einzelne Kind eröffnen.

Vielfach unterschätzt wird allerdings nach wie vor die gemeinsame Verhaltenswirksamkeit von Anlagen und Umwelt. Dass diese nicht rein additiv wirken, wird spätestens bei der Rekapitulation der skizzierten Genotyp-Umwelt-Interaktionen und der gemeinsamen Wirksamkeit von genetischen und sozialen Faktoren bei der Genese sozialer Verhaltensmuster deutlich. Hier dürfen wir auf die Ergebnisse aktueller Arbeiten zu darüber hinausgehenden Verhaltensmerkmalen gespannt sein.

Nach dem naiven pädagogischen Optimismus des Behaviorismus ist mit der vielfach als bio-psycho-sozial bezeichneten Sichtweise der aktuellen Entwicklungspsychologie ein eher vorsichtig gedämpfter Optimismus gegenüber der Optimierung kindlicher Entwicklungsprozesse eingetreten.

Literatur

Asendorpf, J. (2007): Interaktion und Kovariation von Genom und Umwelt. In: Hasselhorn, M./Schneider, W. (Hrsg.) (2007): Handbuch Entwicklungspsychologie. Göttingen, S. 119-128.

Asendorpf, J./Hasselhorn, M. (2004): Differentielle Psychologie der Entwicklung. In: Pawlik, K. (Hrsg) (2004): Enzyklopädie der Psychologie. Serie VIII Differentielle Psychologie, Band 5: Theorien und Anwendungsfelder der Differentiellen Psychologie. Göttingen, S. 489-531.

Beelmann, W. (2000): Normative soziale Übergänge im Kindesalter: Differentielle Anpassungsverläufe bei Eintritt in den Kindergarten, die Grundschule oder die weiterführende Schule. Poster auf dem 42. Kongress der Deutschen Gesellschaft für Psychologie in Jena.

Beelmann, W. (2006): Normative Übergänge im Kindesalter. Anpassungsprozesse beim Eintritt in den Kindergarten, in die Grundschule und in die weiterführende Schule. Hamburg.

Cadoret, R. J. u. a. (1983): Evidence for gene-environment interaction in the development of adolescent antisocial behavior. In: Behavior Genetics, Vol. 13 (1983), pp. 301-310.

Caspi, A. u. a. (2002): Role of genotype in the cycle of violence in maltreated children. In: Science, Vol. 297 (2002), pp. 851-854.

Hasselhorn, M. (1995): Beyond production deficiency and utilization inefficiency: Mechanisms of the emergence of strategic categorization in episodic memory tasks. In: Weinert, F. E./Schneider, W. (Eds.) (1995): Memory development and competencies: Issues in growth and development Mahwah, NJ, pp. 141-159.

Hasselhorn, M. (2002): Aufgaben und Perspektiven einer Differentiellen Entwicklungspsychologie. Illustriert an Beispielen aus dem Vorschul- und Schulalter. In: Psychologie in Erziehung und Unterricht, 49. Jg. (2002), S. 161-171.

Hasselhorn, M./Grube, D. (2003): Das Arbeitsgedächtnis: Funktionsweise, Entwicklung und Bedeutung für kognitive Leistungsstörungen. In: Sprache – Stimme – Gehör, 27. Jg. (2003), S. 31-37.

Hasselhorn, M./Grube, D. (in Druck): Individuelle Voraussetzungen und Entwicklungsbesonderheiten des Lernens im Vorschul- und frühen Schulalter. Empirische Pädagogik.

Hasselhorn, M./Schneider, W. (2007): Gedächtnisentwicklung. In: Hasselhorn, M./Schneider, W. (Hrsg.) (2007): Handbuch Entwicklungspsychologie. Göttingen, S. 266-276.

Havighurst, R. J. (1953): Developmental tasks and education. New York.

Helmke, A. (1999): From optimism to realism? Development of children's academic self-concept from kindergarten to grade 6. In: Weinert, F. E./Schneider, W. (Eds.) (1999): Individual development from 3 to 12. Findings from the Munich Longitudinal Study. Cambridge.

Kavsec, M. (2007): Reifung. In: Hasselhorn, M./Schneider, W. (Hrsg.) (2007): Handbuch Entwicklungspsychologie. Göttingen, S. 85-95.

Lehmann, M./Hasselhorn, M. (2007): Variable memory strategy use in children's adaptive intratask learning behavior: Developmental changes and working memory influences in free recall. In: Child Development, Vol. 78 (2007), pp. 1068-1082.

Mähler, C. (2007): Das Kindergarten- und Vorschulalter. In: Hasselhorn, M./Schneider, W. (Hrsg.) (2007): Handbuch Entwicklungspsychologie. Göttingen, S. 164-174.

Parsons, J. E./Ruble, D. N. (1977): The development of achievement-related expectancies. In: Child Development, Vol. 48 (1977), pp. 1075-1079.

Plomin, R. u. a. (1999): Gene, Umwelt und Verhalten. Bern.

Siegler, R. S. (1996): Emerging minds. The process of change in children's thinking. New York.

Sodian, B./Thoermer, C. (2006): Theory of Mind. In: Schneider, W./Sodian, B. (Hrsg.) (2006): Enzyklopädie der Psychologie. Serie Entwicklungpsychologie. Band 2: Kognitive Entwicklung. Göttingen, S. 495-608.

Staudinger, U. (2007): Lebensspannen-Psychologie. In: Hasselhorn, M./Schneider, W. (Hrsg.) (2007): Handbuch Entwicklungspsychologie. Göttingen, S. 71-82.

Trautner, H.-M. (2006): Entwicklungsbegriffe. In: Schneider, W./Wilkening, F. (Hrsg.) (2006): Enzyklopädie der Psychologie. Serie Entwicklungpsychologie. Band 1: Theorien, Modelle und Methoden der Entwicklungspsychologie. Göttingen, S. 59-89.

Andreas Lange

Soziologie der Kindheit und frühkindliche Bildung

Beiträge einer interdisziplinär orientierten Soziologie der Kindheit für das Verständnis frühkindlicher Bildung

1. Plädoyer für eine interdisziplinär anschlussfähige Soziologie der Kindheit

Bevor die Angebote und Perspektiven der Soziologie der Kindheit für das Verständnis frühkindlicher Bildungsprozesse entfaltet werden können, muss zuvor kurz die Entwicklungsgeschichte des noch relativ jungen Faches umrissen werden. Ferner sollen differierende Ansichten über die disziplinäre Gestalt und die wünschbare Autonomie der Soziologie der Kindheit im Kranz der Kinder- und Kindheitswissenschaften dargelegt werden, um die eigene Position transparent machen zu können. Bildung gehört nun einmal ohnehin nicht zu den beliebten Begriffen in der Soziologie (Tenorth 2007), da auf ihm das Verdikt der normativen Überladenheit sowie analytischen Unbrauchbarkeit lastet und er der Fremdinstrumentalisierung bezichtigt wird. Deshalb, so meine These, bedarf es ausdrücklich einer interdisziplinär offenen Orientierung der Soziologie der Kindheit, um ihre originären Kernleistungen den Nachbardisziplinen überzeugend vermitteln zu können.

Die Soziologie der Kindheit ist eine international wie national relativ junge Disziplin. Wissenschaftssoziologische Indikatoren für die Konsolidierung dieser Bindestrichsoziologie sind die Existenz einer „Sektion Soziologie der Kindheit" innerhalb der Deutschen Gesellschaft für Soziologie, erste lehrbuchartige Darstellungen des Feldes (s. z. B. Grunert/Krüger 2006; Wyness 2006) sowie spezialisierte Zeitschriften im internationalen Raum (beispielsweise Childhood bei SAGE).

Das Gebiet hat sich in den späten achtziger Jahren entwickelt und versucht, anfangs in strikter Opposition zu Entwicklungspsychologie und Sozialisationsforschung, einen neuen Blick auf Kinder und ihre Kindheit zu werfen (Bühler-Niederberger/Sünker 2003; James u. a. 1998; Lange 1995, 1999; Honig 1999): Einer adultistischen, auf Entwicklungsziele in der Zukunft bezogenen Perspektivik sollte eine entgegengestellt werden, die das hier und jetzt der Kinder ernster nimmt und dem Kinderalltag und der kindlichen Weltsicht großen Raum einräumt. „Kinder werden demgemäß nicht mehr passive Entwicklungs- und Sozialisationsadressaten, als defizitäre Wesen, sondern als von Anfang an andere, aber vollwertige Subjekte und gesellschaftliche Akteure verstanden. Wichtig ist nun nicht mehr nur ihre zukunftsbezogene Entwicklung, ihr Aufwachsen und ‚Werden'. Mindestens ebenso wichtig, wenn nicht bedeutungsvoller erscheint ihr ‚Hier-und-Jetzt', ihr Sein" (Schweizer 2007, S. 227).

Etwas zeitverzögert setzte dann ein methodologischer Diskurs ein, der sich insbesondere gegen die Auffassung wandte, man könne Kinder nicht als kompetente Informanten ansehen, sondern versuchte, die besondere Herausforderung der Erhebung und Interpretation kindlicher Lebensäußerungen anzunehmen (Heinzel 2000; Honig u. a. 1999; Mey 2005). Eine Vielzahl von Untersuchungen zur kindlichen Perspektive, zum Kinderalltag und zu Aspekten der kindlichen Biographie entstand. Allerdings, und das ist für das vorliegende Thema von Interesse, setzt die Kindheitsforschung einen deutlichen Schwerpunkt auf die mittlere und späte Kindheit. Ferner strebten die Hauptvertreter der Soziologie der Kindheit nach konzeptueller Autonomie und grenzten sich dezidiert von den anderen Kinderwissenschaften ab. Dies war wissenschaftssoziologisch gesehen sicherlich eine wichtige erste Phase, in der diese neue Disziplin ihre Konstitutionsrhetorik zur Selbstrekrutierung gebraucht hat.

Demgegenüber ist die Zeit jetzt reif für eine Wissenskoproduktion. Sie bietet die Chance, einen Schritt in Richtung auf die Erklärung des „Mosaiks von Kindheit" in westlichen Gesellschaften (Jensen/Qvortrup 2004) zu tun. Dieses Mosaik ist durch Vieldimensionalität und Widersprüchlichkeit gekennzeichnet, so beispielsweise durch die gleichzeitige Existenz von Tendenzen der Medialisierung und Virtualisierung von Kindheit auf der einen, Eingebundenheit in Familie und klassische Institutionen, wie den Sportverein, andererseits. Ein solches, auf gegenseitige Austauschbeziehungen setzendes disziplinäres Entwicklungsszenario steht in deutlichem Gegensatz zu Ansätzen, die versuchen, gleichsam eine soziologisch-immanente Profilierung des Feldes vorzunehmen, dabei aber oftmals ein eigentümliches,

zumeist nicht reflektiertes Amalgam mit kinderrechtlichen und kinderpoliti-
schen Ansinnen eingehen, was dem wissenschaftlichen Status der Kindheitsforschung abträglich ist (King 2007). Diese Ansätze haben nämlich
nicht nur Schwächen, was ihre Erklärungskraft vieler Phänomene des spät-
modernen Kinderlebens betrifft. Sie sind auch nicht förderlich, wenn es
darum geht, den in der Öffentlichkeit kursierenden einseitigen und oftmals
kulturkritischen Verlustrhetoriken von Kindheit heute wirksam entgegenzu-
treten.

Ein zuversichtlich stimmendes Signal für die Etablierung einer interdisziplinären Kindheitsforschung findet sich im Nachwort der zusammenfas-
senden Bilanz zu den „new social studies of childhood" von Alan Prout. Er
prägt dafür ein sehr schönes und anregendes Bild: „Interdisciplinarity does
not imply non-disciplinarity but rather traffic between two or more disciplines. Childhood studies could, for the moment, constitute themselves as a
meeting place of the disciplines, a process that might encourage the pa-
tience, open-mindedness and the capacity to step out of disciplinary com-
fort zones that the longer-term aim of interdisciplinarity requires" (Prout
2005, S. 146). Diese Interdisziplinarität ist auch ein Credo der aktuellen
Analysen des Kinderpanels (Alt 2008), welche die Fruchtbarkeit der Verschränkung soziologischer, pädagogischer und psychologischer Perspektiven aufzuzeigen vermögen.

Es wird dem folgend ein interdisziplinär offenes Verständnis der Soziologie der Kindheit grundgelegt. Soziologie der Kindheit meint dann eine
spezielle und eine integrierende Perspektive zugleich, die besondere Akzente setzt und die genuinen Stärken soziologischer Analysen bzw. Theorie-
werkzeuge sowie Methodologien fruchtbar macht für die Deskription und
Analyse frühkindlicher Bildungsprozesse in Kontexten. Ziel sollte es sein,
den „verletzlichen Eigensinn der Kinder" (Schweizer 2007) umfassend zu
würdigen, methodologisch angemessen abzubilden und gesellschaftstheore-
tisch einzubetten.

2. Diskurse, Argumente und Rhetoriken der frühkindlichen Bildung

Die Soziologie der Kindheit leitet erstens potenziell zu einem kritischen
Bewusstsein im Umgang mit den Forderungen und teilweise sehr euphorischen Hoffnungen der unterschiedlichsten Akteure – von den Arbeitgeber-
verbänden über die politischen Parteien bis hin zu den Bildungsarbeitern

selbst hinsichtlich der generellen und spezifischen Ausgestaltung frühkindlicher Bildung auf der institutionellen, curricularen sowie Interaktionsebene an. Sie liefert zweitens ein selbstreflexives Sezierbesteck der Argumente der Fachdisziplinen und ihrer Diskurse im Umfeld von früher Bildung und Kindheit.

Konkret bietet sie dazu den Werkzeugkasten der Diskurs- und Rhetorikanalyse an. Die Fragestellung lautet hier: Wer argumentiert wie mit welchem Zweck und welcher Stoßrichtung mit welchem Begriff von Bildung? Welches Bild von normaler Kindheit wird verfolgt? Zur Beantwortung dieser Fragen kann an eine reiche Tradition der sozialwissenschaftlichen Rhetorikanalyse, die seit den achtziger Jahren entwickelt worden ist, angeknüpft werden. Zu Beginn dieses Ansatzes ging es noch darum, das Spektrum rhetorischer und diskursiver Instrumentarien für die Analyse öffentlicher wie insbesondere auch fachlicher Diskurse zu legitimieren (vgl. Edmondson 1984). Danach wurde sukzessiv der Ertrag einer solchen Vorgehensweise anhand ausgewählter Einzeldisziplinen von der Ökonomie über die Sozialpsychologie bis zur Mathematik (Billig 1994; Davis/Hersh 1987; McCloskey 1993) und schließlich zur neuen Soziologie der Kindheit selbst (Lange 1999) exemplarisch herausgearbeitet, sodass mittlerweile ein beachtlicher Fundus diesbezüglicher Forschungen vorliegt.

Übertragen auf das hier interessierende Feld lassen sich die Lebensphase „frühe Kindheit" sowie der Themenkomplex „frühkindliche Bildung" jeweils als Bündel von Diskursen verstehen. Als Diskurse werden nicht nur Vorstellungen, Denkkonzepte und die Sprache untersucht, in der diese gedacht und artikuliert werden. Es wird vielmehr in Anlehnung an Foucault darauf hingewiesen, dass Diskurse untrennbar mit sozialen Praktiken und mit den Institutionen, die sie damit schaffen, verbunden sind. James und Prout (1990) sehen daher konsequenterweise die besondere Tauglichkeit der Diskurstheorie darin, dass sich mit ihr die Dualität von Struktur und Handeln, von Makro- und Mikrosoziologie, überwinden lasse, weil sie sich gleichermaßen für die Analyse von Institutionen, Alltagspraktiken und Subjektivität eigne. Sie unterscheiden jedoch zwischen „harten" (materiellen Strukturen) und „weichen" Kindheitskonstruktionen. Gegenstand der Diskurstheorie sind weiche Konstruktionen: die herrschenden Vorstellungen über Alter, Abhängigkeit und Entwicklung, über die Vulnerabilität, die Unschuld und über den Wert von Kindern. Material solcher Untersuchungen sind alle Medien der Kindheitsrhetorik, also die vielfältigen Texte, Bilder und Reden, die ex- oder implizit Kinder und Kindheit bewerten, und auf diese Weise Wahrnehmungen steuern und Erwachseneninterventionen in die Kindheit Vorschub leisten. Dazu gehört auch die Einsicht in die historische Plastizität der Auffassungen darüber, was Kinder für Erziehung, Betreuung und Pflege „brauchen" (Lüscher 1975) – einem Argumentationstopos, so Bühler-Niederberger (2005), dem man sich kaum entziehen kann. Was man ansatzweise mit dieser diskursanalytischen Perspektive für die aktuelle Thematik frühkindliche Bildung aufzeigen kann, ist, dass der Veränderungsprozess hin zu einer Wirtschaft, in der vermehrt qualitativ hochwertige Dienstleistungen und Wissen nachgefragt werden, und in der potenziell Arbeitskräfte freigesetzt werden, derzeit öffentlichkeitswirksam übersetzt wird in einen stark an wirtschaftlichen bzw. ökonomischen Verwertungsmöglichkeiten orientierten bildungspolitischen Diskurs, der auch das Feld der frühen Bildung nicht unberührt lässt: Die oftmals in bildungspolitischen Schriften gebrauchten Begriffe „Ressource" und „Rohstoff" deuten das dahinter stehende Menschenbild an. „Rohstoffe werden geplündert und in eine gesellschaftlich profitable Form gebracht. Das Kind als Rohling ist diejenige Quelle, aus der nach seiner schulischen Umarbeitung in Humankapital die verwertbaren Innovationen entspringen sollen, ein Vorgang, in dessen Rahmen die über den Tauschcharakter der gesellschaftlichen Beziehungsverhältnisse vermittelte Warenförmigkeit des Humanvermögens von Kindern konstituiert werden" (Bernhard 2005, S. 237). Bildung wird hier auf die Nützlichkeit des Einzelnen für die wirtschaftliche Gesamtproduktion reduziert. Allenfalls geduldet werden dann die Fähigkeiten, allgemeine gesellschaftliche Herausforderungen zu bewältigen.

Ferner liefern solche diskurs- und inhaltsanalytischen Arbeiten zumindest Evidenzen dafür, dass sich das Verständnis des Erziehens in der frühen Kindheit in den letzten Jahren deutlich weg vom reinen Pflegen und Interagieren hin zur gezielten Förderung kognitiver Fertigkeiten entwickelt hat: So zeigt Quirke (2006) anhand kanadischer Elternzeitschriften einen kontinuierlich steigenden Anteil an Artikeln auf, die Eltern in der Förderung der kognitiven, auf Schule bezogenen Aktivitäten unterstützen und motivieren. Ferner legen weitere Arbeiten aus diesem diskursanalytischen Umfeld nahe, dass bildungspolitische Programmatiken, die einen Akzent auf die frühen Jahre setzen, nicht selten einhergehen mit moralisierenden Argumenten, die vor allem den Familien und hier wiederum den Müttern die Verantwortung für einen guten Start ins Kinderleben zuschanzen und so teilweise Exklusionstendenzen mitbetreiben (Clarke 2006).

Es ist eine wichtige Aufgabe zukünftiger diskursanalytischer Arbeiten, diese Linien anhand verschiedenster Textkorpora für den deutschen Sprachraum weiter zu verfolgen und vor allem auch deren Konsequenzen für die

Gestaltung frühkindlicher Bildungsangebote herauszuarbeiten. Zu diesem
Zweck sind anspruchsvolle „Dispositivanalysen" durchzuführen, d. h. die
Rezeption und Handlungswirksamkeit der Diskurse bei ausgewählten
Gruppen von Betroffenen ist zu rekonstruieren. Einen guten Einstieg hierfür
könnte man beispielsweise anhand der Aufnahme und Relevanzeinschät-
zung der Ergebnisse von PISA und anderen medial prominent repräsentierten sozialwissenschaftlichen Studien leisten (Kajetzke 2008).

3. Soziostrukturelle Analyse der Rahmenbedingungen frühkindlicher Bildung

3.1 Veränderungen des Arbeitens und Wirtschaftens und Prozesse früher Bildung

Die Soziologie der Kindheit situiert und kontextualisiert die Bedingungen,
Restriktionen und Möglichkeiten der frühkindlichen Bildung im Rahmen
des facettenreichen und widersprüchlichen Wandels der gesellschaftlichen
Organisation von Erwerbsarbeit und Wirtschaftssystem. Angesprochen ist
damit die Sozialberichterstattung über die Lebenslagen von Kindern (Alt
2005, 2006; Bertram 2008; Betz u. a. 2007; Leu 2002). Ein besonderer
Schwerpunkt der interdisziplinären Kindheitsforschung ist dabei aktuell das
Spannungsfeld von Risiken und Chancen, das durch den Wandel der Ökonomie allgemein, aber der Arbeitswelt der Eltern speziell aufgemacht wird
(Jurczyk/Lange 2007) und die Grundstruktur frühkindlicher Bildung mehr-
fach betrifft. So ist die mütterliche Erwerbsbeteiligung jenseits der Betreu-
ungsfrage eine wichtige Variable in der Gestaltung von Bildung (vgl. u. a.
Dornes 2006): Je nach Berufsfeld und Arbeitszeit vermag sie wichtige Impulse für kognitive und emotionale Entwicklungsprozesse zu liefern – allerdings wird hierzulande anders als in den USA kaum dazu geforscht (vgl.
Crouter 2006).

Die Verschränkung der Bedingungen der Erwerbstätigkeit beider Eltern
kann bei ungünstigen Rahmenbedingungen (insbesondere atypische Arbeitszeiten, weitere Belastungen) wichtige Grundvoraussetzungen kindlicher Bildung beeinträchtigen. Darunter leidet die so oft herausgehobene
Qualität von familialen Bildungsprozessen, die in ihrer Beiläufigkeit und
Allgegenwart gesehen wird (Goodwin 2007; Göhlich/Zirfas 2007).

Aufgrund der gesellschaftlichen Entwicklung in Richtung einer 24/7-
Gesellschaft (Presser 2003) ist mit einem Ansteigen atypischer Arbeitszeit-

konfigurationen zu rechnen, die ohne entsprechende Gegenmaßnahmen die Basis für grundlegende bildungsbedeutsame Interaktionen zwischen Kindern und ihren Eltern einschränken können. Eine Reihe von internationalen Studien (Han 2005; Joshi/Bogen 2007; Strazdins u. a. 2006) weisen die sozial-toxischen Folgen atypischer Arbeitszeiten für Kinder im Vorschulalter nach. Ferner ist der soziologische Blick unerlässlich für eine präzise soziodemographische Abbildung der real vorhandenen Betreuungsverhältnisse, die aus der Sicht der Kinder komplexe Betreuungsmixe und damit Betreuungsökologien mit unvermeidlich sozialisatorischen und bildenden Effekten darstellen (Bien u. a. 2006; speziell hinsichtlich der Wechselwirkungen mit den Bedingungen in der Arbeitswelt vgl. Jurczyk/Lange 2006).

Eine Dimension, welche die Soziologie als Gesamtdisziplin auszeichnet, ist diejenige der sozialen Ungleichheit. Als besonders bedeutsam erweisen sich die sozialen Lagen der von Armut betroffenen Kinder, denn sie schränken alle Formen des Bildungserwerbs massiv ein, wie verschiedenste Untersuchungen der neueren Zeit unmissverständlich nachvollziehbar machen, so nicht nur Analysen mit großen repräsentativen Datensätzen, wie etwa mit den SOEP, sondern auch spezifische Einzelstudien, wie diejenige der AWO von Gerda Holz und Beate Hock 2006.

3.2 Neue Herausforderungen durch die Intensivierung des Kinderalltags

Überdies stellt die Soziologie der Kindheit das Lernen der Kinder in der Familie in den oben schon angedeuteten Kontext einer Intensivierung des Kinderlebens und damit einer verstärkt an Attraktivität und Zuspruch gewinnenden Auffassung, Kinder würden und müssten auch in nicht-schulischen Bereichen lernen, um möglichst früh ihre Startchancen in ein gelingendes Leben zu nutzen. Damit koppelt sie die Bildungsprozesse zurück an gesamtgesellschaftliche Entwicklungslinien einer zunehmenden Aktivierung des Subjekts, die darauf abzielen, es kompatibel zu machen mit den Anforderungen einer Marktgesellschaft.

Insbesondere US-amerikanische Untersuchungen von Thorne (1999) und Lareau (2000), die aktuelle kanadische Studie von Virginia Caputo (2007), aber auch einige Indizien aus explorativen Arbeiten hierzulande (von der Hagen-Demszky 2006) legen die Schlussfolgerung nahe, dass der Diskurs um Globalisierung, Standortwettbewerb und Bildung als unerlässliche Grundbedingung für das Bestehen im Wettbewerb um die Lebenschancen nachhaltige Wirkung in den Familien hinterlässt. Sicherlich unterschiedlich nach Milieu (hierzu Panyr 2006), aber quantitativ nicht unbedeutend hat sich, ähnlich wie im Schulalter auch im Vorschulalter ein breites Spektrum von inner- und außerfamilialen Angeboten, Kursen, Veranstaltungen entwickelt, das auch rege genutzt wird (Fölling-Albers/Hopf 1995).

Sehr anschaulich wird der Gesamtzusammenhang in einer aktuellen Studie aus London entfaltet. Vincent und Ball (2007) stützen sich auf 57 Interviews mit Müttern und 14 Vätern aus 59 Mittelschichtfamilien in London. Als Teil der Tiefeninterviews wurden die Eltern auch ausführlich nach den Aktivitäten der Kinder gefragt. Hier fiel sofort der hohe Grad der außerhäusigen Einbindung der Kinder auf. Die Autoren waren verblüfft, wie stark die Kinder der Befragten extracurricular involviert waren: „What is striking, and difficult to convey except by reporting the numbers, is how much music, and dance, and French, and structured physical activity is part of the normal weekly routine for the young children in our research" (Vincent/Ball 2007, S. 1064). Wie in einem Brennglas bündeln sich die Hoffnungen sowie Aspirationen, die mit diesem beträchtlichen Aufwand konkret verbunden werden, in den vermuteten Wirkungen des Ballettunterrichts für die Mädchen: „There is learning about feminity, self-control, social graces, skills of interaction, and as noted already, grace and movement. Transmission is written onto and into the bodily hexis ... Perhaps this why gym classes are the other most commonly bought in activity alongside music, especially in a context of ‚moral panics' around child health (asthma, anorexia, obesity, allergies)" (Vincent/Ball 2007, S. 1073). In ihrer Zusammenfassung betonen die englischen Bildungsforscher, wie stark Elternschaft von Vorschuleltern durch disparate Imperative geprägt und als regelrechte „Arbeit" kennzeichenbar wird. „In particular, the state and the market are offering up versions of ‚good' and ‚necessary' parenting which insert themselves into the private choices and decisions of middle-class families (there is more history of such insertions for the working classes of course): The responsibility of ‚doing the right thing' for the child appears to require additional expertise to be bought in to augment the work of the middle-class families" (Vincent/Ball 2007, S. 1075).

4. Familiale Bildungsepisoden als Anschlussstellen für institutionelle Bildungsprozesse

Die Soziologie der Kindheit und in enger Verknüpfung damit der Ethnographie, öffnet aber auch insgesamt den Blick für die feine und dichte Textur bildungsbedeutsamer Episoden in Familien als wichtigen Bildungswelten, welche die Basis legen für daran anknüpfende Bildungsanstrengungen (Xyländer u. a. 2006). Sie interessiert sich dabei nicht nur für ausgeprägte Klassen- und Milieuspezifik dieses Geschehens, sondern trägt auch zu einem vertieften Verständnis der unterschiedlichen inhaltlichen Domänen von Bildung bei, die in Familien vorgebahnt werden. Damit aber sensibilisiert sie für die Vielfalt von Bildungsprozessen in der frühen Kindheit und wirkt damit einer einseitig auf schulbezogene Fertigkeiten bezogenen Bildungskonzeption entgegen. Durch ihre akribischen Feinanalysen der Handlungen in Situationen fundiert sie demgegenüber ein umfassendes, auch körperliche und sinnliche Elemente beinhaltendes breites, auf das kindliche Subjekt bezogenes Bildungsverständnis.

Anknüpfend an die in der Linie der sozial-kognitiven Entwicklungsforschung dargelegten Prozesse des Erwerbs formaler Interaktionskompetenzen (Edelstein/Habermas 1984) und auch höchst anschlussfähig an neuere Überlegungen zu spezifisch pädagogischen Aspekten des familialen Lernens (Göhlich/Zirfas 2007) geht es um eine Feinanalyse der Wechselwirkungen formaler und inhaltlicher Facetten des Lernens von Kindern in ihren Familien.

Beispielsweise deckt Paugh (2005) auf, dass Kinder während der Familienmahlzeiten wichtige Facetten der Erwerbswelt ihrer Eltern spielerisch und nebenbei vermittelt bekommen. Damit wird empirisch das Konzept ausgeführt, dass in der alltäglichen sozialen Interaktion auf explizite wie implizite Weise Kindern kulturell hochrangige Werte sowie linguistische und soziale Verhaltensrepertoires angeboten werden. Linguistische Mittel, wie die Zug-um-Zug-Redebeiträge, die Sequenzierung von Interaktionen und der Umgang mit Missverständnissen sind wichtige sozialisatorische Medien. Sie führen die Kinder ein in soziale Beziehungen, Aktivitäten, Problemlösungsstrategien. Sie führen ferner vor, wie man Emotionen ausdrückt. Darüber hinaus transportieren natürliche Interaktionen im Medium der Sprache vor allem auch kulturelle und soziale Praktiken. Gleichsam mitgeliefert sind darin Wissensbestände über die Textur der sozialen Welt – Statusbeziehungen, moralische Bewertungen bestimmter Rollen etc. Neben dieser eher beiläufigen Form des Lernens qua Alltagsinteraktion arrangieren Eltern aber auch explizite Lernangebote. Das tun sie beispielsweise, wenn sie die Kinder rügen, wenn diese Regeln verletzen; wenn sie deren sprachliche Äußerungen korrigieren. Anknüpfend an die Vermutung, dass Kinder beiläufig aus den Äußerungen ihrer Eltern über die Arbeitswelt Einsicht in diese ihnen ansonst fremde Lebenswelt erhalten, befasst sich Paugh

(2005) mit diesem „Learning about Work". Der analysierte Datenkorpus besteht aus 32 videographierten Abendmahlzeiten in 16 Haushalten in Los Angeles, in denen beide Eltern erwerbstätig sind. Gestützt auf Verfahren der Narrationsanalyse und des Sprachsozialisationsansatzes rekonstruiert die Autorin ausgewählte Facetten der Vermittlung der Erwerbswelt in der Familie. Die Formate der Thematisierungen der Arbeitswelt reichen dabei von längeren Erzählungen über kurze Berichte bis hin zu kurzen Bemerkungen in anderen thematischen Erzählsträngen.

Den Eigensinn im Prozess der familialen Bildungsvermittlung führt uns Christian Morgenthaler (2005) in seiner Studie zum abendlichen Gebet vor, womit eine weitere wesentliche Bildungsdomäne angesprochen ist. Videoanalysen fördern zutage, dass Vorschulkinder sich nicht umstandslos in soziale Praktiken und Bildungsgüter einspuren lassen, sondern dem eigene Interessen und Instrumentalisierungen entgegensetzen, ohne dass das gesamte Arrangement gesprengt wird.

5. Die „Agency" der Kinder und die Ordnungen der Erwachsenen

Die Soziologie der Kindheit arbeitet die Perspektivik, „Agency" (Handlungsbefähigung) und relative Autonomie der Kinder, insbesondere in der natürlichen wie institutionalisierten Sozialwelt der Kinder selbst heraus. Insbesondere deckt sie die Konfrontation dieser Agency mit Vorstellungen Erwachsener im Rahmen einer „Ordnung der Generationen" auf.

Der Begriff der Agency, der strukturellen Bedingungen unterliegenden Handlungsbefähigung (Hitlin/Elder 2007), spielt eine wesentliche Rolle in aktuellen kindheitswissenschaftlichen Debatten und prägt die Designs von konkreten Untersuchungen. Er hat einerseits zeitdiagnostisch-gesellschaftstheoretische Wurzeln und rekurriert darauf, dass aufgrund des partiellen Orientierungsverlustes, mit der Offenheit der Entscheidung, der Pluralität der Sinngebungsmöglichkeiten die Anforderungen für eigenverantwortliche Lebensgestaltung steigen. Mehr als früher werde menschliche Agency, d. h. individuelles Gestaltungsvermögen und -handeln, verlangt, wodurch Information und Wissen als Handlungsressource an Bedeutung gewinnen (Kaltenborn 2001). Andererseits geht die aktuelle Verwendung des Agency-Begriffes vor allem auf die Arbeiten von William Corsaro (1997) zurück, der sich schwerpunktmäßig den Mechanismen der Konstruktion von Sozialwelten von Kindern gewidmet hat.

Eine Reihe von Untersuchungen in unterschiedlichen Sozialökologien, von der Familie bis hin zur Kindertagesstätte, versucht, dem Spannungsfeld kindlicher Agency und erwachsenen Kontrollversuchen gerecht zu werden (vgl. u. a. Edmondson 2007). Exemplarisch lässt sich diese Perspektivik anhand des Trierer Projekts zur Qualität von Kindergärten nachvollziehen (Honig u. a. 2004). Im qualitativ-ethnographischen Teil der Studie (Jung 2004) wird anhand von teilnehmender Beobachtung rekonstruiert, wie die Kinder die im Kindergarten erfahrene generationale Ordnung zwischen Erwachsenen und Kindern sowie diejenige zwischen Kindern unterschiedlicher Altersgruppen konstruieren und wie sie ihre eigene biographische Zukunft als „Schulkinder" entwerfen. Am Beispiel der Nutzung von modernen Technologien kann ausschnitthaft ergänzend gezeigt werden, wie Kinder ihre Agency nutzen, um die generationale Ordnung zeitweise „umzudrehen" (Aarsand 2007).

6. Popularkultur und Medien als Bühnen der kindlichen Agency

Eine weitere Stärke der Soziologie der Kindheit ist ihr geschärfter Blick für die Neuformatierung der Kultur in Zeiten der medialen und konsumatorischen Entgrenzung und sich daraus ergebende Risiken und Chancen der Bildung und Selbstbildung für Kinder.

Aussagekräftige Studien zum konkreten Medienhandeln von Vorschulkindern im Alltag liegen bislang nur spärlich vor. Marsh (2004) berichtet so über die medialen Praktiken von 44 englischen Familien. Was das Fernsehen betrifft, stellt Marsh fest, dass es das dominierende Medium darstellt, aus dem Vorschulkinder ihr Weltwissen und ihr Vergnügen beziehen. Neben dieser starken Präsenz des Medialen im Alltag besticht aber vor allem, dass die Kinder eben nicht als bewegungsabstinente „Couch Potatoes" agieren, sondern aktiv, d. h. vor allem auch körperlich rege an den Programmen teilnahmen: Eltern stützten diese aktive Performanz und speziell das Aufgreifen von Themen aus den Fernsehdarstellungen. So berichtet eine Mutter, dass nicht nur ihr Sohn eine aktive Rolle in „Bob der Baumeister" übernimmt, sondern dass sie selbst von ihm in eine ebensolche platziert wird. Diese fernsehbezogenen Aktivitäten vollziehen sich nicht nur vor dem Bildschirm, sondern oft wird das „Skript" nach der Sendung mehrmals abgespielt und dabei auch neu ausgestaltet. Diese intensive Vernetzung des kindlichen Spielverhaltens mit den Fernsehinhalten konnte in der Feinanalyse der räumlichen Arrangements wieder gefunden werden. In vielen Wohnzimmern befand sich in unmittelbarer Nähe des Fernsehapparates eine Zone, in dem das Kind unterschiedlichste Utensilien zur Ausgestaltung der Mediendarbietungen zur Verfügung hatte. Das können Bilderbücher sein, aber auch Accessoires und Kleidungsstücke, um bestimmte Fernsehsendungen aktiv inszenatorisch begleiten zu können. Eltern nehmen diese semiotisch-artifizielle Anreicherung durch ihre Kinder wahr und fördern sie. Nicht allein die anregende Funktion des TV für das Spielverhalten wird hervorgehoben, sondern noch viel konkreter die Entwicklung von ausgewählten „skills". So unterstreicht die Mutter des 3 Jahre alten Dale, dass das gemeinsame Fernsehen sicherlich positiv in die Spracheentwicklung ihres Kindes eingegriffen hat, hier konkret das Wissen über das Alphabet:

"JM: *Do you worry about the amount of TV he watches?*

Mother: *No, because he learnt all of his alphabet off the telly. You know, from watching 'Wheel of Fortune', he just picked up the letters and it came to the point when he knew every letter, and he knows the adult alphabet, not child's… and he knows all his colours, shapes and the lot.*

JM: *How old was he when he started watching the 'Wheel of Fortune'?*

Mother: *Oh, about two and by the time he went to nursery at three, Dale went to nursery at three and he knew all his alphabet"* (Marsh 2004).

Damit reiht sich diese Studie ein in einen leider noch sehr kleinen Reigen ähnlicher Befunde, deren Tenor lautet, dass ein großer Teil der Eltern in westlichen Gesellschaften dem Fernsehen und weiteren Medien eigentlich eine positive Wirkung zuschreibt. Sie betonen vielfache Anregungen in den Bereichen der spielerischen, sozialen und kognitiven Entwicklung. Oftmals, und das scheint mir der eigentliche Knackpunkt zu sein, trifft diese differenzierte Sicht auf tiefe Skepsis bei den Erzieherinnen in Kindertageseinrichtungen, und sie steht vor allem im Gegensatz zu der moralisierenden und belehrenden Form der öffentlichen Kommunikation über das Thema. Damit aber werden Eltern in tiefe Ambivalenzen gebracht, Gewissensbisse generiert, anstelle sie zu ermuntern, reflexiv mit dem Medienangebot umzugehen.

Einen weiteren ergänzenden Einblick in das familiale Gefüge der Medienrezeption sowie das Durchschlagen gesellschaftlicher Anforderungen auf das „doing family" bietet die aktuelle Studie der Kaiser Family Foundation mit dem Titel „The Media Family" (Rideout/Hamel 2006). Auf der Grundlage einer schriftlichen Befragung sowie von Gruppendiskussionen mit Eltern, deren Kinder 0 bis 6 Jahre alt waren, schält sich hier deutlich heraus, dass Medien nicht nur der Bildung und Unterhaltung der Vorschulkinder dienen, sondern Teil der Strategien zur Bewältigung der alltäglichen Lebensführung geworden sind. So wird das Medienensemble erstens dazu eingesetzt, um das Kind während arbeitsintensiver und zeitverdichteter eigener Handlungsprojekte zu beschäftigen: man setzt es vor den Bildschirm, gibt ihm eine DVD, stellt die Lieblingskassette an, um dann in relativer Ruhe den Haushalt zu erledigen oder ähnliches. Das Medienensemble wird zweitens genutzt, um das Kind in einem sicheren, geschützten Handlungsraum zu wissen. Gerade die intensiv in die Erwerbsarbeit involvierten Eltern in diesem Sample geben an, dass ihre Kinder drittens via Medienangebot viele Dinge lernen sollen, die man ihnen aufgrund eigenen Zeitmangels nicht angemessen beibringen könne. Genannt wird hier als positiver Anknüpfungspunkt für diese Bildungsfunktion vor allem die Vielfalt und Anregungsbreite der Medieninhalte. Heute, so ein Argument, werde im Kindergarten schon so viel Wissen von den Kindern erwartet, welches man ohne den Beizug von Fernsehen und Computer gar nicht mehr allein bieten könnte. Schließlich setzen Eltern Medien viertens ausdrücklich zur Emotionsregulierung ein. Der überwiegende Anteil der befragten amerikanischen Eltern schreibt beispielsweise dem Fernsehen beruhigende Wirkung zu.

Allerdings ist das Eintreffen dieser positiven Erwartungen der Eltern auf ein gutes und qualitätsvolles Programm angewiesen. Diesem Kriterium entsprechen, wie wir alle wissen, längst nicht alle Angebote. In der Konsequenz kann dies dann dazu führen, dass wohlgemeinte Aufgeschlossenheit gegenüber Fernsehprogrammen dann letztlich doch Entwicklungsbeeinträchtigungen von Kindern nach sich zieht.

7. Schlussbemerkungen: Beiträge zur Ausbildung und Professionalisierung der Fachkräfte

Es versteht sich von selbst, dass diese allgemeinen kindheitssoziologischen Überlegungen rückzukoppeln sind an die besonderen politischen und rechtlichen Rahmenbedingungen der jeweils betrachteten regionalen, nationalen und internationalen Kontexte. Insgesamt gesehen aber bietet die vielfältige inhaltliche wie methodisch-reflexive Zugangsweise der Soziologie der Kindheit sicherlich ein attraktives Angebot zur Ergänzung der pädagogischen, entwicklungspsychologischen und rechtlichen Lehrinhalte zur Professionalisierung der frühkindlichen Bildung hierzulande.

Literatur

Alt, C. (2005-2008): Kinderleben. Bd. 1-6. Wiesbaden.

Aarsand, P. A. (2007): Computer and Video Games in Family Life. The Digital Divide as a Resource in Intergenerational Interactions. In: Childhood, 14. Jg. (2007), Heft 2, S. 235-256.

Bernhard, A. (2005): Bildung als Bearbeitung von Humanressourcen. Zum Schicksal der menschlichen Wesenskräfte in einer sich globalisierenden Gesellschaft. In: Heid, H./Harteis, C. (Hrsg.) (2005): Verwertbarkeit. Ein Qualitätskriterium (erziehungs-)wissenschaftlichen Wissens? Wiesbaden, S. 231-246.

Bertram, H. (2008) (Hrsg.): Mittelmaß für Kinder. Der Unicef-Bericht zur Lage der Kinder in Deutschland. München.

Betz, T. u. a. (2007): Das Kinderpanel als Beitrag zur Sozialberichterstattung über Kinder. Theoretisch-konzeptionelle Rahmung sowie methodologische und methodische Implikationen. In: Alt, C. (Hrsg.) (2007): Kinderleben – Start in die Grundschule. Wiesbaden, S. 20-59.

Bien, W. u. a. (Hrsg.) (2006): Wer betreut Deutschlands Kinder? Weinheim.

Billig, M. (1994): Repopulating the Depopulated Pages of Social Psychology. In: Theory & Psychology, 4. Jg. (1994), Heft 3, S. 307-335.

Bühler-Niederberger, D./Sünker, H. (2003): Von der Sozialisationsforschung zur Kindheitssoziologie – Fortschritte und Hypotheken. In: Bernhard, A. u. a. (Hrsg.) (2003): Kritische Erziehungswissenschaft und Bildungsreform. Band 1. Hohengehren, S. 200-220.

Bühler-Niederberger, D. (2005): Einleitung: Der Blick auf das Kind – gilt der Gesellschaft. In: Bühler-Niederberger, D. (Hrsg.) (2005): Macht der Unschuld. Das Kind als Chiffre. Wiesbaden, S. 9-22.

Caputo, V. (2007): She's From a Good Family. Performing Childhood and Motherhood in a Canadian Private School Setting. In: Childhood, 14. Jg. (2007), Heft 2, S.173-192.

Clarke, K. (2006): Childhood, Parenting and Early Intervention: A Critical Examination of the Sure Start National Programme. In: Critical Social Policy, 26. Jg. (2006), Heft 4, S. 699-721.

Corsaro, W. A. (1997): The Sociology of Childhood. Thousand Oaks.

Crouter, A. C. (2006): Mothers and Fathers at Work. Implications for Families and Children In: Clarke-Stewart, A. /Dunn, J. (Hrsg.) (2006): Families

Count. Effects on Child Development and Adolescent Development. Cambridge, S.135-154.

Davis, P. J./Hersh, R. (1987): Rhetoric and Mathematics. In: Nelson, J. S. u. a. (Hrsg.) (1987): The Rhetoric of the Human Sciences. Language and Argument in Scholarship and Public Affairs. Madison, S. 53-68.

Dornes, M. (2006): Mütterliche Berufstätigkeit und kindliche Entwicklung. In: Dornes, M. (Hrsg.) (2006): Die Seele des Kindes. Entstehung und Entwicklung. Frankfurt a. Main, S. 247-284.

Edelstein, W./Habermas, J. (Hrsg.) (1984): Soziale Interaktion und soziales Verstehen. Beiträge zur Entwicklung der Interaktionskompetenz. Frankfurt a. Main.

Edmondson, R. (1984): Rhetoric in Sociology. London.

Emilson, A. (2007): Young Children's Influence in Preschool. In: International Journal of Early Childhood, 39. Jg. (2007), Heft 1, S. 11-38.

Fölling-Albers, M./Hopf, A. (1995): Auf dem Weg vom Kleinkind zum Schulkind. Opladen.

Goodwin, M. H. (2007): Ocasional knowledge exploration in family interaction. In: Discourse and Society, 18. Jg. (2007), Heft 1, S. 93-110.

Göhlich, M./Zirfas, J. (2007): Lernen. Ein pädagogischer Grundbegriff. Stuttgart.

Grunert, C./Krüger, H.-H. (2006): Kindheit und Kindheitsforschung in Deutschland. Forschungszugänge und Lebenslagen. Opladen.

Han, W.-J. (2005): Maternal Nonstandard Work Schedules and Child Cognitive Outcomes. In: Child Development, 76. Jg. (2005), Heft 1, S. 137-154.

Heinzel, F. (2000): Methoden und Zugänge der Kindheitsforschung im Überblick. In: Heinzel, F. (Hrsg.) (2000): Methoden der Kindheitsforschung. Ein Überblick über Forschungszugänge zur kindlichen Perspektive. Weinheim, S. 21-35.

Hitlin, S./Elder, G. H. (2007): Time, Self, and the Curiously Abstract Concept of Agency. In: Sociological Theory, 25. Jg. (2007), Heft 2, S. 170-191.

Holz, G./Hock, B. (2006): Infantilisierung von Armut begreifbar machen – Die AWO-ISS-Studien zu familiärer Armut. In: Vierteljahreshefte zur Wirtschaftsforschung, 75. Jg. (2006), Heft 1, S. 77-88.

Honig, M.-S. (1999): Entwurf zu einer Theorie der Kindheit. Frankfurt a. Main.

Honig, M.-S. u. a. (2004): Was ist ein guter Kindergarten? Theoretische und empirische Analysen zum Qualitätsbegriff in der Pädagogik. Weinheim.

Honig, M.-S. u. a. (1999): Eigenart und Fremdheit. Kindheitsforschung und das Problem der Differenz von Kindern und Erwachsenen. In: Honig, M.-S. u. a. (Hrsg.) (1999): Aus der Perspektive von Kindern? Zur Methodologie der Kindheitsforschung. Weinheim, S. 9-32.

James, A./Prout, A. (1990): Re-presenting childhood: Time and transition in the study of childhood. In: James, A./Prout, A. (Hrsg.) (1990): Constructing and reconstructing childhood: Contemporary issues in the sociological study of childhood. London, S. 216-237.

James, A. u. a. (1998): Theorizing Childhood. Oxford.

Jensen, A.-M./Qvortrup, J. (2004): Summary – A Childhood Mosaic: What Did We Learn? In: Jensen, A.-M./Ben-Arieh, A. (Hrsg.) (2004): Children's Welfare in Ageing Europe. Vol. II., S. 815-832.

Joshi, P./Bogen, K. (2007): Nonstandard Schedules and Young Children's Behavioral Outcomes Among Working Low-Income Families. In: Journal of Marriage and Family, 69. Jg. (2007), Heft 1, S. 139-156.

Jung, P. (2004): Eigenständigkeit – der Beitrag der Kinder zu einem guten Kindergarten. In: Honig, M.-S. u. a. (2004) (Hrsg.): Was ist ein guter Kindergarten? Theoretische und empirische Analysen zum Qualitätsbegriff in der Pädagogik. Weinheim, S. 119-156.

Jurczyk, K./Lange, A. (2006): Mothers little helper. Betriebe als Akteure der Kinderbetreuung. In: Bien, W. u. a. (Hrsg.) (2006): Wer betreut Deutschlands Kinder? Weinheim, S. 202-213.

Jurczyk, K./Lange, A. (2007): Blurring Boundaries of Family and Work. Challenges for Children. In: Zeiher, H./Devine, D. (Hrsg.) (2007): Flexible childhood? Exploring Children's Welfare in Time and Space. Odense, S. 215-238.

Kajetzke, L. (2008): Wissen im Diskurs. Ein Theorievergleich von Bourdieu und Foucault. Wiesbaden.

Kaltenborn, K.-F. (2001): Aufwachsen mit familialen Übergängen. Expertenwissen und kindliche agency in posttraditionalen Gesellschaften. In: Behnken, I./Zinnecker, J. (Hrsg.) (2001): Kinder. Kindheit. Lebensgeschichte. Ein Handbuch. Seelze, S. 502-521.

King, M. (2007): The Sociology of Childhood as Scientific Communication. Obervations from a Social Systems Perspective. In: Childhood, 14. Jg. (2007), Heft 2, S.193-213.

Lange, A. (1995): Eckpfeiler der sozialwissenschaftlichen Analyse von Kindheit heute. Sozialwissenschaftliche Literatur. Rundschau 18. Jg. (1995), Heft 2, S. 55-68.

Lange, A. (1999): Der Diskurs der neuen Kindheitsforschung. Argumentationstypen, Argumentationsfiguren und methodologische Implikationen In: Honig, M-S. u. a. (Hrsg.) (1999): Aus der Perspektive von Kindern? Zur Methodologie der Kindheitsforschung. Weinheim, S. 51-68.

Lareau, A. (2000): Social Class and the Daily Lives of Children. A Study From the United States. In: Childhood, 7. Jg. (2000), Heft 2, S. 155-171.

Leu, H.-R. (2002): Sozialberichterstattung über die Lage von Kindern – ein weites Feld. In: Leu, H.-R. (Hrsg.) (2002): Sozialberichterstattung zu Lebenslagen von Kindern. Opladen, S. 9-33.

Lüscher, K. (1975): Perspektiven einer Soziologie der Sozialisation – Die Entwicklung der Rolle des Kindes. In: Zeitschrift für Soziologie, 4. Jg. (1975), Heft 4, S. 359-379.

Marsh, J. (2004): The Techno-Literary Practices of Young Children. In: Journal of Early Childhood Research, 2. Jg. (2004), Heft 1, S. 51-66.

McCloskey, D. M. (1993): The Rhetoric of Economics. Brighton.

Mey, G. (2005): Forschung mit Kindern – Zur Relativität von kindangemessenen Methoden. In: Mey, G. (Hrsg.) (2005): Handbuch Qualitative Entwicklungspsychologie. Köln, S. 151-183.

Morgenthaler, C. (2005): ... Habe ich das halt für mich alleine gebetet (Mirjam 6-jährig): Zur Ko-Konstruktion von Gebeten in Abendritualen. In: Biesinger, A. (Hrsg.) (2005): Brauchen Kinder Religion? Neue Erkenntnisse – Praktische Perspektiven. Weinheim, S. 108-121.

Panyr, S. (2006): Differenzierung von Erziehungswerten in Sozialen Milieus. In: Fattke, R./Merkens, H. (Hrsg.) (2006): Bildung über die Lebenszeit. Wiesbaden, S. 239-254.

Paugh, A. L. (2005): Learning about work at dinnertime: language socialization in dual-earner American families. In: Discourse and Society, 16. Jg. (2005), Heft 1, S. 55-78.

Presser, H. (2003): Working in a 24/7 Economy. Challenges for American Families. New York.

Prout, A. (2005): The Future of Childhood. London.

Quirke, L. (2006): `Keeping Your Minds Sharp` Children's Cognitive Stimulation and the Rise of Parenting Magazines, 1959-2003. In: The Canadian Review of Sociology and Anthropology, 43. Jg. (2006), Heft 4, S. 386-406.

Rideout, V./Hamel, E./Kaiser Family Foundation (2006): The Media Family: Electronic Media in the Lives of Infants, Toddlers, Preschoolers and their Parents. Menlo Park. www.kff.org, Henry J. Kaiser Foundation.

Schweizer, H. (2007): Soziologie der Kindheit. Verletzlicher Eigensinn. Wiesbaden.

Strazdins, L. u. a. (2006): Unsociable Work? Nonstandard Work Schedules, Family Relationships, and Children's Well-Being. In: Journal Marriage and Family, 68. Jg. (2006), Heft 1, S. 394-410.

Tenorth, H.-E. (2007): Soziologie als Bildungstheorie. In: Alderhold, J./Kranz, O. (Hrsg.) (2007): Intention und Funktion. Probleme der Vermittlung psychischer und sozialer Systeme. Wiesbaden, S. 175-187.

Thorne, B. (1999): Pick up Time at Oakdale Elementary School: Work and Family from the Vantage Points of Children. Berkeley.

Vincent, C./Ball, S. J. (2007): ‚Making Up' the Middle-Class Child: Families, Activities and Class Dispositions. In: Sociology, 41. Jg. (2007), Heft 4, S. 1061-1077.

Von der Hagen-Demszky, A. (2006): Familiale Bildungswelten. Theoretische Perspektiven und empirische Explorationen. München.

Wyness, M. (2006): Childhood and Society. An Introduction to the Sociology of Childhood. New York.

Xyländer, M. u. a. (2006): Bildungsprozesse in der frühen Kindheit. Neue Einsichten zur Bedeutung der Familie und ihre Relevanz für den KITA-Alltag. In: Bundesarbeitsgemeinschaft Kinder- und Jugendschutz (Hrsg.) (2006): Bildung schützt! Kinder- und Jugendschutz als integraler Bestandteil von Bildungsprozessen in Tageseinrichtungen für Kinder. Berlin. BAJ, S. 7-49.

Welche Bildung wünschen und brauchen Kinder

Ludwig Liegle

Erziehung als Aufforderung zur Bildung

Aufgaben der Fachkräfte in Tageseinrichtungen für Kinder
in der Perspektive der frühpädagogischen Didaktik

Wenn man sich in der englischsprachigen Literatur zur frühpädagogischen Forschung, Ausbildung und Praxis (einschließlich der Publikationen der OECD) umschaut, ergibt sich der Eindruck, dass hier die Reflexion und Bestimmung der Aufgaben der Fachkräfte in Tageseinrichtungen für Kinder nicht so kompliziert, konjunkturabhängig und umstritten sind wie hierzulande; und zwar trotz einer Vielfalt von Angebotstypen, Trägern und zuständigen Behörden. Zwei Aufgaben der Fachkräfte gelten als konstitutiv: education und care (vgl. z. B. Tassoni/Beith 2002; OECD 2001). Die nähere Bestimmung von education erfolgt durch die Begriffe teaching oder auch instruction. Die beiden genannten professionellen Aufgaben sind auf zwei Ziele ausgerichtet: learning und development. Das Handeln der Fachkräfte (in Gestalt von education und care) beinhaltet also die Begleitung und Unterstützung, Anregung und Herausforderung des Lernens und der Entwicklung der Kinder. Das heißt: Education und care werden als Aufgaben der Fachkräfte, learning und development als „Aufgaben" der Kinder beschrieben; in zugespitzter Diktion führt dies zu der Formel „teaching learning" (Blank 1983, s. auch 2.3). Dafür, dass die Fachkräfte ihre Aufgaben erfüllen und die genannten Ziele erreichen können, werden zwei Voraussetzungen genannt: Die Fachkräfte müssen professionals sein, und dafür wird im Allgemeinen die Berufsbezeichnung teacher verwendet (vgl. z. B. Riley 2003). Und es muss ein curriculum geben, also ein pädagogisch-didaktisches Programm, in welchem die Planung, Gestaltung und Auswertung der pädagogischen Arbeit der Fachkräfte sowie die Inhalte des Lernens beschrieben werden.

Es gibt Gründe, vor allem historische Gründe dafür, dass die für den angelsächsischen Sprachraum – wenn auch etwas vereinfacht (vgl. dazu den
Schluss dieses Beitrags) – dargestellten begrifflichen und konzeptionellen
Grundlagen der Frühpädagogik in unseren Ohren fremd klingen, insbesondere deshalb, weil sie weitgehend mit der Terminologie für die Schule ü-
bereinstimmen. Jürgen Reyer (2006) hat beschrieben und analysiert, dass
und aus welchen Gründen die Geschichte des Kindergartens und der Grundschule in Deutschland von „inneren und äußeren Abgrenzungsmotiven geprägt" ist; und er fragt nach Perspektiven der Überwindung dieses „institutionellen Dualismus".

1. Tageseinrichtungen für Kinder als erste
Stufe des Bildungswesens

Man kann die Geschichte der Frühpädagogik bzw. des Kindergartens in
Deutschland als eine Geschichte der Trennung zwischen („sozialpädagogisch" orientiertem) Kindergarten und Schule lesen und in der Gegenwart
die Nachwirkungen dieser geschichtlichen Entwicklung identifizieren. Man
kann diese Geschichte aber auch als Geschichte der – freilich immer wieder
gescheiterten oder doch nur partiell gelungenen – Versuche lesen, die
scharfe Trennung zwischen Kindergarten und Schule dadurch zu überwinden, dass der Kindergarten unbeschadet der tradierten Trägerstrukturen und
der behördlichen Zuordnungen als erste Stufe des Bildungswesens definiert,
ausgebaut und gestaltet wird. Ich wähle diese Betrachtungsweise, weil sie
mir für die Kennzeichnung der gegenwärtigen Situation der Frühpädagogik
bzw. des Kindergartens zutreffend erscheint, und beginne daher nicht mit
dem geschichtlichen Rückblick, sondern mit einer kurzen Beschreibung der
Gegenwart. Sie ist durch die Versuche gekennzeichnet, den Kindergarten
als erste Stufe des Bildungswesens auszugestalten; sie zielen auf die lebensgeschichtliche Kontinuität der Bildungsprozesse der Kinder und insti-
tutionalisieren unter dieser Zielsetzung eine verstärkte Kooperation zwischen Kindergarten und Grundschule. Dabei lassen sich zwei unterschiedliche Akzentsetzungen beobachten:

(a) Kooperation mit Betonung der Angleichung der pädagogischen Arbeit
     im Kindergarten an den Unterricht in der Grundschule und
(b) Kooperation mit Betonung des je besonderen pädagogisch-
     didaktischen Profils des Kindergartens und der Grundschule.

Zur Illustration bietet sich die unterschiedliche Bestimmung der Bedeutung des Kinderspiels als Medium der Bildung an. Auf die Frage, wie es zu der starken Trennung zwischen Kindergarten und Grundschule in Deutschland gekommen sei, hat die Bundesbildungsministerin die Antwort gegeben: „Lange Zeit herrschte die Auffassung vor, Bildung beginne in der Schule, der Kindergarten sei zum Spielen da. Das hat sich geändert. Heute verstehen wir den Kindergarten als Lernort, alle Bundesländer haben entsprechende Bildungspläne erlassen. Deshalb ist es sinnvoll, dass beide Einrichtungen sich stärker abstimmen" (Schavan 2007).

In dieser Aussage kommt die Akzentsetzung (a) zum Ausdruck: Mit dem Rekurs auf den „Lernort" Kindergarten wird hier Kontinuität suggeriert bzw. gefordert, und zwar in polemischer Abgrenzung gegenüber den Traditionen der Pädagogik des Kindergartens und übrigens auch unter Ausblendung des versammelten wissenschaftlichen Wissens über den Zusammenhang zwischen Spielen und Lernen in der frühen Kindheit.

Im Gegensatz dazu enthält der „Orientierungsplan für Bildung und Erziehung für die baden-württembergischen Kindergärten" ein eigenes Kapitel über „Spielen und Lernen", in dem es unter anderem heißt: „Viele Erwachsene fassen Spielen und Lernen als Gegensätze auf (...) Ist es wirklich so, dass im Kindergarten nicht gelernt wird, dass das Spielen mit der Kindergartenzeit aufhört, dass in der Schule kein Platz fürs Spielen ist, dass Spielen und Lernen Gegensätze sind? – Spielen ist die dem Kind eigene Art, sich mit seiner Umwelt auseinanderzusetzen, sie zu erforschen, zu begreifen, zu ‚erobern'... Spiel, Lernen und Entwicklung sind also untrennbar verbunden. Spiel ist notwendig für die kindlichen Lern- und Entwicklungsprozesse" (Ministerium 2006, S. 32 ff.). (BAÜÜ-BEP, S.32ff)

Der „Orientierungsplan" – und Entsprechendes gilt für die Bildungspläne der anderen Bundesländer – beschreibt den Kindergarten als Bildungseinrichtung, betont die Kooperation zwischen Kindergarten und Schule und bringt dabei die Akzentsetzung (b) zur Geltung: Mit den zitierten Sätzen wird am Beispiel des Kinderspiels das besondere pädagogische Profil des Kindergartens hervorgehoben. Die Erkenntnis, dass die Verbindung von Spielen und Lernen zu den wichtigsten Ausgangspunkten für die Bestimmung des besonderen Profils der Bildungsprozesse in der vorschulischen Kindheit sowie in der frühpädagogischen Didaktik gehört, ist nicht auf die deutsche Frühpädagogik beschränkt (vgl. z. B. Tassoni/Beith 2002, Kapitel 11; Samuelsson 2004).

Der Kindergarten als erste Stufe des Bildungswesens und, im Sinne der Akzentsetzung (b), als Bildungseinrichtung mit eigenem Profil – diese Perspektive hat, neben bzw. in kritischer Auseinandersetzung mit dem „institutionellen Dualismus" zwischen („sozialpädagogisch" geprägtem) Kindergarten und Grundschule, die Anfänge und wichtige Stationen der Geschichte des Kindergartens in Deutschland bestimmt. In diesem Sinne kann die Geschichte des Kindergartens als eine Geschichte von pädagogischen Konzepten (insbesondere Fröbel, Montessori und Situationsansatz) und von in diesen implizierten Ansätzen einer frühpädagogischen Didaktik gelesen werden. Diese haben die Profession (Ausbildung) und die Praxis (in einem empirisch freilich nicht geprüften Ausmaß) bestimmt; und dies gilt trotz der Zuordnung des Kindergartens zur Jugendwohlfahrt bzw. Kinder- und Jugendhilfe und trotz der Verankerung der Erzieherinnenausbildung an Fachschulen für Sozialpädagogik. Während es generell für die sozialpädagogischen Professionen, Institutionen/Maßnahmen und Diskurse kennzeichnend war, dass die Begriffe/Konzepte der Bildung und Erziehung und der Begriff sowie Konzepte der Didaktik lange Zeit weitgehend ausgeblendet waren (vgl. z. B. Müller 2005) und durch Begriffe/Konzepte der Hilfe, Beratung etc. ersetzt wurden, waren sie in der frühpädagogischen Profession (pädagogisch-didaktische Konzepte sowie Praxis- und Methodenlehre bzw. deren Integration in Lern- und Handlungsfelder) und Praxis (pädagogisch-didaktische Ansätze, Wochen-, Monats- oder Jahrespläne etc.) immer präsent. An diese Tradition – auch wenn diese nicht durchgängig und nicht in den Einrichtungen aller Träger repräsentativ gewesen, sondern von anderen, im engeren Sinne sozialpädagogischen Traditionen konterkariert worden sind – schließen die neuen Bildungs- und Erziehungsprogramme der Bundesländer sowie die Ansätze zur Reform der Ausbildung (einschließlich deren Akademisierung) an, freilich unter veränderten gesellschaftlichen Voraussetzungen.

Zur Illustration des Gesagten gehe ich kurz auf die Anfänge des Kindergartens (Fröbel), die Bildungsreform in den 1960er und 1970er Jahren des letzten Jahrhunderts und die neuen Bildungsprogramme ein und skizziere das Profil der Pädagogik der frühen Kindheit als Wissenschaftsdisziplin.

1.1 Die geschichtlichen Anfänge des Kindergartens

Der Begründer des Kindergartens in Deutschland (und weltweit), Friedrich Fröbel, hat den Kindergarten als „notwendiges Zwischenglied" bzw. Vermittlungsinstanz zwischen Familie und Schule und als erste Stufe eines umfassenden Erziehungssystems betrachtet. Die Pädagogik des Kindergartens beschreibt er mit den Begriffen „Erziehung" und „Bildung" sowie mit den

Begriffen „Pflege" (insbesondere „Spielpflege") und „Beachtung". Gelegentlich ist bei ihm auch von „Unterricht" die Rede. Dabei jedoch hat Fröbel die Formen des „Unterrichts" im Kindergarten von den Formen des „elementaren" und des „wissenschaftlichen" Unterrichts unterschieden; es handele sich im Kindergarten um den „ersten" Unterricht, um „Spielunterricht" bzw. um „zufälligen" Unterricht (vgl. Fröbel 1839/1982, S. 185). An anderer Stelle hat Fröbel (1842/1986, S. 228) auf die Frage, ob den Kindern im vorschulischen Alter Unterricht erteilt werde, die Antwort gegeben: „In dem Kindergarten herrscht die freie Beschäftigung, das Spiel, wie der eigentliche Unterricht der Schule angehört." Zugleich aber vertrat Fröbel die Auffassung, dass alle Beschäftigungen und alles Spiel „durch sich unterrichtet, belehrt", freilich unter der Bedingung, dass die im Spiel angelegte „lebenvolle Sachbelehrung und Gegenstands-Unterricht" von den Erzieherinnen „hervorgehoben und beachtet wird". Die von Fröbel entwickelten „Spielgaben" bildeten in diesem Sinne den Ausgangspunkt für eine ausdifferenzierte Pädagogik/Didaktik des Spiels, ebenso wie die „Beschäftigungen" mit Legestäbchen, Papierstreifen etc. die „Wochenpläne" der Fröbel-Kindergärten bestimmten (vgl. Reyer 2006, S. 58).

↳hab ich gelesen!

1.2 Die Bildungsreform der 1960er und 1970er Jahre und ihre Folgen

Im Rahmen der Bildungsreformen in den 1960er und 1970er Jahren des letzten Jahrhunderts hat die vorschulische Erziehung eine besondere Bedeutung für Bildungspolitik und Bildungsplanung, für die wissenschaftliche Forschung (s. 1.3) und für die Curriculumentwicklung/Didaktik erlangt. Dies hat, wie zeitgenössische Dokumente der UNESCO, der OECD, des Europarats und der Europäischen Gemeinschaft zeigen, nicht nur für die Bundesrepublik Deutschland, sondern ebenso für die meisten europäischen Länder und die Vereinigen Staaten gegolten. In der Bundesrepublik ist der bildungspolitische Aufbruch insbesondere in der Vision des Deutschen Bildungsrats zum Ausdruck gekommen, der in seinem „Strukturplan für das deutsche Bildungswesen" (1970) den Kindergarten als „Elementarbereich" des Bildungswesens beschrieben hat. In dieser Perspektive haben Jürgen Zimmer und seine Mitarbeiter/innen den „Situationsansatz" entwickelt und hat die Bund-Länder-Kommission für Bildungsplanung und Forschungsförderung ein bundesweites Erprobungsprogramm zum Curriculum „Soziales Lernen" aufgelegt. Aus der den Situationsansatz betreffenden Entwicklungsarbeit sind nicht nur „didaktische Einheiten" für die Praxis, sondern auch Beiträge zur Curriculumtheorie und -forschung hervorgegangen (vgl. Zimmer 1973). Im Übrigen ist über den Situationsansatz hinaus die Reformperiode der 1960er und 1970er Jahre eine Blütezeit der Didaktik des Kindergartens gewesen (vgl. z. B. Dollase 1978; Mörsberger 1978), freilich auch die Blütezeit eines breiten Spektrums von pädagogischen Konzepten und Versuchen, die sich – wie etwa die antiautoritäre Erziehung oder enggefasste Trainingsprogramme (z. B. Frühlesebewegung) – als Modeerscheinungen mit kurzer Lebensdauer erwiesen haben.

In der Folge des bildungspolitischen Aufbruchs in den 1960er und 1970er Jahren sowie aufgrund vieler weiterer Faktoren – zu diesen sind beispielsweise die gestiegenen Bildungsaspirationen der Eltern und die Rezeption bzw. Erprobung weiterer bildungsorientierter pädagogischer Ansätze wie der Reggio-Pädagogik bzw. des INFANS-Konzepts (vgl. Laewen/Andres 2002) zu rechnen – hat sich die Tendenz immer mehr verstärkt, dass die Fachkräfte ihre Einrichtung primär als Bildungseinrichtung auffassen und gestalten. Andererseits ist nicht zu übersehen, dass die öffentlichen Diskurse der 1980er und 1990er Jahre die Betreuungsfunktion der Tageseinrichtungen für Kinder, d. h. ihren Beitrag zur Lösung frauen- und arbeitsmarktpolitischer Probleme in den Vordergrund gerückt und in diesem Sinne (bzw. im Sinne der im engeren Sinne „sozialpädagogischen" Tradition des Kindergartens) als Einflussfaktor auf die frühpädagogische Praxis eingewirkt haben. Dieses Spannungsverhältnis muss bei der Bewertung der Ergebnisse der ersten repräsentativen und an internationalen Standards ausgerichteten Untersuchung zur pädagogischen Qualität in deutschen Kindergärten (Tietze 1998) in Rechnung gestellt werden. Diese hat ergeben: „Auch nach einem Vierteljahrhundert Kindergartenreform liegt die globale pädagogische Prozessqualität in deutschen Kindergartengruppen lediglich im Bereich gehobener Mittelmäßigkeit" (Laewen/Andres 2002, Klappentext). Die Durchschnittswerte für die gesamte Stichprobe verteilen sich wie folgt: „Nach den Ergebnissen der KES „Kindergarteneinschätzskala" kann nur bei drei von zehn Kindergartengruppen (29%) in Deutschland von einer guten, entwicklungsangemessenen pädagogischen Prozessqualität ausgegangen werden. Zwei Drittel aller Kindergartengruppen (69%) weisen danach eine nur mittelmäßige Qualität auf: Minimale Standards sind bei diesen gegeben, wirklich gute werden nicht erreicht. 2% aller Kindergartengruppen liegen in ihrer Qualität selbst unter minimalen Standards" (Laewen/Andres 2002, S. 256).

Die Feststellung, dass die pädagogische Qualität in deutschen Kindergärten „lediglich gehobenes Mittelmaß" aufweist, ergibt sich zweifelsfrei aus den erhobenen Daten, und sie verweist auf die Notwendigkeit, Maßnahmen zur Verbesserung der pädagogischen Qualität zu ergreifen. Diese Bewertung der Befunde wird allerdings stark relativiert, wenn man sie mit den Ergebnissen der ebenfalls an internationalen Standards orientierten PISA-Studie konfrontiert. Sie hat für die 15-jährigen Schülerinnen und Schüler in Deutschland im Hinblick auf die Verteilung auf die definierten 5 Kompetenzstufen im Bereich Lesen (Literacy) ein Gesamtbild ergeben, das nicht als „gehobenes", sondern als schwaches Mittelmaß bewertet werden muss: 12,7% haben nur die minimalen Standards (Kompetenzstufe I) erfüllt und weitere 9,9% haben sogar diese unterschritten; wirklich gute Leistungen (Kompetenzstufen IV und V) haben 28,2% erbracht; 49,1% waren im Mittelfeld (Kompetenzstufen II und III) angesiedelt (vgl. Deutsches PISA-Konsortium 2001, S. 203). Trotz der Probleme, die bei einer Gegenüberstellung unterschiedlicher Messinstrumente und verschiedener Bildungsstufen zu bedenken sind, geben die Ergebnisse der beiden angeführten Studien Anlass zu einem Resümee, das im Rahmen der aktuellen öffentlichen Bildungsdiskurse wie ein Fremdkörper wirken mag (vgl. z. B. die oben – in der Einleitung zu Punkt 1 – zitierten Aussagen der Bundesbildungsministerin): In Sachen Bildungsqualität haben die deutschen Kindergärten im Untersuchungszeitraum um die Jahrhundertwende besser abgeschnitten als die deutschen Sekundarschulen.

1.3 Die neuen Bildungsprogramme der Bundesländer

Mit dem Erlass von Bildungsprogrammen für die Kindergärten bzw. die Tageseinrichtungen für Kinder in allen Bundesländern sind die Versuche, diese Einrichtungen unter den spezifischen, für Deutschland geltenden geschichtlichen Voraussetzungen als erste Stufe des Bildungswesens auszugestalten, zu ihrem vorläufigen Höhepunkt und Abschluss gelangt. Wenn man von der DDR absieht, werden damit in Deutschland erstmals verbindliche Bildungsstandards für alle Einrichtungen aller Träger festgelegt. In diesem Zusammenhang wird auch eine enge Zusammenarbeit zwischen Kindergarten bzw. Tageseinrichtungen und Schule vorgeschrieben, und zwar in den meisten Bildungsprogrammen mit Betonung des je besonderen pädagogisch-didaktischen Profils der vorschulischen und der schulischen Bildungseinrichtungen. Es bleibt abzuwarten und muss durch entsprechende Evaluationsstudien bzw. die zukünftige Qualitätsforschung geprüft werden, ob und inwieweit die Umsetzung der Bildungsprogramme und die begleitenden Maßnahmen zur Weiterqualifizierung der Fachkräfte dem bislang umfassendsten Versuch, den Kindergarten bzw. Tageseinrichtungen für Kinder als erste Stufe des Bildungswesens auszugestalten, zum Erfolg verhelfen werden. (Schluß!)

1.4 Die Pädagogik der frühen Kindheit als Teildisziplin der Erziehungswissenschaft

Der bildungspolitische Aufbruch in den 1960er und 1970er Jahren hat auch die Voraussetzungen dafür geschaffen, dass sich die Pädagogik der frühen Kindheit als Wissenschaft etabliert hat und in der akademischen Forschung und Lehre (wenn auch zögerlich und in äußerst geringem Umfang) verankert worden ist. Dies gilt nicht nur hinsichtlich des für die Ausgestaltung des „Elementarbereichs" unmittelbar relevanten Feldes der Didaktik bzw. Curriculumtheorie/Curriculumforschung. Es betrifft vielmehr die Ausdifferenzierung der Pädagogik der frühen Kindheit in den Perspektiven der Theorie, der Geschichte und der empirischen Forschung (vgl. z. B. Barres 1972; Bittner 1979; Bittner/Schmid-Cords 1968; Dau 1975; Flitner 1967; Grossmann 1974; Heinsohn 1974; Höltershinken 1971; Lückert 1970; Neidhardt 1975). Für das in den aufgezählten Forschungsbeiträgen dokumentierte und bis heute ausschlaggebende disziplinäre Selbstverständnis der Pädagogik der frühen Kindheit scheint mir kennzeichnend (gewesen) zu sein, dass als Bezugsrahmen weder die Sozialpädagogik noch die Schulpädagogik gewählt wird, sondern die Erziehungswissenschaft, und zwar eine verhaltens- und sozialwissenschaftlich orientierte Erziehungswissenschaft in deren enger Verbindung mit der Psychologie/Entwicklungspsychologie und Psychoanalyse sowie, in geringerem Ausmaße, mit der Soziologie. Dieses disziplinäre Selbstverständnis der Pädagogik der frühen Kindheit ist darauf angelegt, den Kindergarten als Bildungseinrichtung in den Blick zu nehmen (vgl. für die Gegenwart die Einführungswerke von Fried u. a. 2003; Fried/Roux 2006).

2. Erziehung – Bildung – Betreuung – Didaktik

Um in Tageseinrichtungen für Kinder eine hohe pädagogische Qualität sicherzustellen, (müssen wir nicht, wie im angelsächsischen Sprachbereich,) die Fachkräfte „Lehrer/innen" und diese Einrichtungen, wie etwa in Reggio Emilia, „Schulen der Kindheit" nennen. Wie die Entwicklungen der letzten Jahre, z. B. im Hinblick auf die in allen Bundesländern erlassenen Bildungs- und Erziehungsprogramme, gezeigt haben, bedarf es dafür auch nicht unbedingt der Abkehr von den überkommenen Trägerstrukturen und rechtlich-administrativen Regelungen. Die wichtigste Voraussetzung scheint mir im Konsens aller Beteiligten hinsichtlich der konzeptionellen Definition und Ausgestaltung der Tageseinrichtungen für Kinder – und das gilt, insbesondere seit dem Inkrafttreten des Tagesbetreuungsausbaugesetzes (2006), auch für Einrichtungen/Angebote für die unter 3-jährigen Kinder – als erste Stufe des Bildungswesens zu liegen. Damit ist nicht gemeint, dass die Aufgaben der Betreuung (vgl. 2.4) vernachlässigt werden sollten; vielmehr gilt umgekehrt, dass die schulischen Bildungseinrichtungen, wie der Ausbau von Formen der Ganztagsschule dokumentiert, ihrerseits Betreuung als eine wesentliche Aufgabe zu betrachten haben. Unter dieser Voraussetzung geht es darum, die Begriffe/Konzepte der Bildung, Erziehung und Betreuung je für sich sowie in ihrem wechselseitigen Verhältnis zu klären und zu konkretisieren (vgl. dazu auch Laewen 2006) und in der Perspektive einer der vorschulischen Kindheit angemessenen Didaktik Strategien der Professionalisierung der Fachkräfte zu entwickeln. Dazu stelle ich im Folgenden einige Überlegungen zur Diskussion.

2.1 Erziehung

„Erziehung" bildet im deutschen Sprachbereich die Wurzel der Berufsbezeichnung der Fachkräfte in Tageseinrichtungen für Kinder. „Erziehung" lässt sich ganz allgemein als das Ensemble jener Maßnahmen und Prozesse beschreiben, „die den Menschen zu Autonomie und Mündigkeit hinleiten und ihm helfen, alle seine Kräfte und Möglichkeiten zu aktuieren und in seine Menschlichkeit hineinzufinden. Erziehung betrifft den Menschen dabei in seiner individualen (als Naturwesen), sozialen (als Gesellschaftswesen), kulturellen (als sittliches Geistwesen) und metaphysischen (als ‚begnadetes' Wesen) Dimension. Dementsprechend stellt sich Erziehung einmal mehr als Wachstum und Entwicklung, einmal als gesellschaftlich-kulturelle Eingliederung (Sozialisation, Enkulturation), einmal als Einführung und ein andermal als personale Erweckung und Begegnung dar" (Böhm 2000, S. 157). Im Übrigen ist der Begriff der Erziehung vieldeutig. Beispielsweise schließt er sowohl einen Prozess wie sein Ergebnis ein, sowohl eine Absicht wie ein Handeln, sowohl absichtsvolles Handeln („intentionale" Erziehung) wie den unbeabsichtigten Einfluss von Vorbildern, Beziehungen und Umweltgegebenheiten („funktionale" Erziehung), Formen der Einwirkung von außen ebenso wie Selbsterziehung.

Unbeschadet der genannten Vieldeutigkeit gelten zwei Faktoren als konstitutiv für den Begriff der Erziehung:

- „Erziehung" beschreibt ein interpersonelles/soziales Geschehen, einen (in der geschichtlichen und lebensbezogenen Zeit angesiedelten) Prozess, der in Beziehungen/Umgang/Interaktion/Kommunikation angelegt ist bzw. aus diesen hervorgeht. Als Grundform der für Erziehung konstitutiven Beziehung gilt das Generationenverhältnis, also die Beziehungen der älteren (erwachsenen) und der jüngeren (noch nicht erwachsenen) Generation (vgl. z. B. Liebau/Wulf 1996).

- „Erziehung" beschreibt ein soziales Geschehen, das seine Bedeutung für das Individuum sowie für die Gesellschaft dadurch gewinnt, dass es auf „ein Drittes", d. h. auf Themen/Gegenstände/Inhalte des Alltagslebens und der Kultur sowie auf (für die Lebensführung notwendige) Verhaltensweisen/Fähigkeiten/Regeln bezogen ist. In dieser Hinsicht besteht die Aufgabe der Erziehung darin, das Individuum zur Handlungsfähigkeit gelangen zu lassen und die Fortsetzung bzw. Erneuerung von Gesellschaft und Kultur in der Generationenfolge zu gewährleisten.

Fasst man die beiden Faktoren zusammen, kann man verkürzt sagen: Erziehung beschreibt den Versuch einer Person (z. B. einer Erzieherin), einer anderen Person (z. B. einem Kind) etwas (z. B. Wissen über die Wachstumsprozesse einer Pflanze) zu vermitteln. Am prägnantesten trifft diese Kurzdefinition auf „Unterricht" – eine der wichtigsten Formen der professionellen Erziehung – zu. Der Versuch, einer Person etwas zu „vermitteln", kann jedoch – empirisch in der Perspektive seiner Wirksamkeit betrachtet – nur dann gelingen, wenn er auf die Bereitschaft und Fähigkeit dieser Person trifft, sich die Sache, um die es geht, anzueignen; die Tätigkeit der Aneignung kann man mit dem Begriff „Lernen" oder auch mit dem Begriff „Bildung" beschreiben (vgl. 2.2).

In neueren Theorie- und Forschungsansätzen wird hervorgehoben, dass Erziehungsprozesse nicht allein von der Vermittlungstätigkeit der älteren gegenüber der jüngeren Generation bestimmt werden. Vielmehr findet „Erziehung" auch in der Umkehrung des Generationenverhältnisses sowie im Rahmen von intragenerationalen Beziehungen statt (vgl. z. B. Ecarius 1988; Liegle 2000; Liegle/Lüscher 2004; Wimmer 1996). Das heißt: Kinder „erziehen" ihre Eltern, und Kinder (Geschwister und Gleichaltrige) „erziehen" sich wechselseitig. Zugespitzt könnte man auch sagen: Nicht eine Person erzieht eine andere Person, sondern „Beziehungen erziehen".

In der Perspektive der Didaktik betrifft der Erziehungsbegriff die Vermittlungstätigkeit der pädagogischen Fachkräfte, und in dieser Perspektive muss er ausdifferenziert und präzisiert werden (vgl. 2.4 und 3).

2.2 Bildung

„Bildung" ist ein zentraler und zugleich der vieldeutigste Begriff der deutschsprachigen Pädagogik/Erziehungswissenschaft. Im KJHG wird Bildung – neben Betreuung und Erziehung – als eine der Aufgaben benannt, die in Tageseinrichtungen für Kinder zu erfüllen sind, es gibt dazu jedoch keine Erläuterungen. Die Einbeziehung von „Bildung" in die Trias der Aufgaben legt die Folgerung nahe, dass auch Bildung als ein Aspekt des pädagogischen Handelns von Erwachsenen bzw. Fachkräften zu verstehen sei. Die Fachkraft hätte demnach Erzieherin und Betreuerin und eben auch Bildnerin zu sein. In diesem Sinne wird denn auch allenthalben vom „Bildungsauftrag" des Kindergartens (bzw. der Tageseinrichtungen für Kinder) gesprochen, und es werden, wie in einigen der neuen Bildungsprogramme, Bildungsbereiche (z. B. sprachliche Bildung) in der Perspektive einer Vermittlungstätigkeit der Fachkräfte beschrieben.

Dieses Bildungsverständnis widerspricht freilich der gesamten begriffsgeschichtlichen Tradition und allen maßgeblichen bildungstheoretischen Ansätzen und Positionen. „Bildung" verweist zwar ebenso wie Betreuung und Erziehung auf eine anthropologische Tatsache bzw. Überzeugung. Während jedoch mit den Begriffen Betreuung und Erziehung die Angewiesenheit des heranwachsenden Menschen auf Unterstützung und Anregung aus seiner Umwelt angesprochen wird, betont der (nur in der deutschen Sprache gebräuchliche) Begriff Bildung die im Menschen angelegte Fähigkeit, ein „Bild" von der Welt aufzubauen (zu „konstruieren"), sich die physische und geistige Welt anzueignen, den Dingen Sinn und Bedeutung zu verleihen. Diese grundlegende (angeborene und lebenslang wirksame) Fähigkeit heißt „Bildsamkeit" oder – auch in andere Sprachen übersetzbar – „Lernfähigkeit".

Die Kennzeichnung von Bildung als selbsttätiger Prozess der Aneignung (in weitgehender Übereinstimmung mit dem Begriff/Konzept „Lernen") zieht sich durch die ganze Geschichte der Bildungstheorie. So hat beispielsweise Heinrich Roth in seinem klassischen Werk zur Pädagogischen Anthropologie Bildung wie folgt definiert:„Der Begriff Bildung meint sowohl den Prozeß der Erkenntnis und Aneignung, den inneren Vorgang der Formierung, als auch das Resultat, das Verfügenkönnen über das, was zu eigen geworden ist, also Wissen und Erkenntnis als Inhalt meines Bewusstseins und als Können. Ein Sich-Verstehen auf Leben und Welt, eine innere geistige Ordnung für unsere Erlebnisse und Erfahrungen, unsere Erkenntnisse und unser Handeln ist gemeint" (Roth 1966, S. 26).

An diese Tradition schließt die Kommission für den Zwölften Kinder- und Jugendbericht der Bundesregierung an, indem sie Bildung umschreibt als „umfassende Aneignung derjenigen Fähigkeiten und Fertigkeiten, jenes Wissens und Könnens, das zu einer eigenständigen Lebensführung im Erwachsenenalter notwendig ist ... Bildung ist ein aktiver Prozess, in dem sich das Subjekt eigenständig und selbsttätig in der Auseinandersetzung mit der sozialen, kulturellen und natürlichen Umwelt bildet. Bildung des Subjekts in diesem Sinne braucht folglich Bildungsgelegenheiten durch eine bildungsstimulierende Umwelt und durch die Auseinandersetzung mit Personen" (Bundesministerium 2005, S. 48 und 83).

Die besondere Bedeutung und Fruchtbarkeit, welche den Bildungsbegriff auszeichnen und ihm im Vergleich zum Begriff des Lernens (und den auf diesen bezogenen Theorien) einen aufklärerischen, emanzipatorischen Charakter verleihen, lassen sich u. a. an den folgenden Aspekten der Bildungstheorie aufzeigen:

- Bildung wird als ein selbstreflexiver lebensgeschichtlicher Prozess verstanden, der nicht nur die empirisch-konkrete Person, sondern gleichermaßen das epistemische, das idealisierte autonom handlungsfähige und mit sich identische Subjekt betrifft (Oevermann 1976, S. 39).
- Bildung meint die selbstreflexive und selbstbestimmte geistige und sittliche Verortung des Individuums in der „Welt" und assoziiert mit „Welt" nicht allein die nationalen Kontexte von Gesellschaft und Kultur, sondern die Idee der Menschheit, die Achtung des Fremden und den Umgang mit Andersartigkeit (vgl. z. B. Benner 1999; Liegle 1998, 2006).
- Bildung wird als ein dialektischer Prozess verstanden; Bildungsprozesse führen einerseits zur Anpassung der Individuen an die im Bildungssystem institutionalisierten gesellschaftlichen Erwartungen und Anforderungen, andererseits ermöglichen sie den Erwerb von Selbstbestimmung/Autonomie im Denken und Handeln. Bildungsprozesse stehen im Spannungsfeld von Anpassung und Selbstbestimmung, Herrschaft und (geistigem) Widerstand (vgl. Heydorn 1970; Horkheimer/Adorno 1969; Pfeiffer 1999).
- Im pädagogischen Bildungsbegriff wird „die Erinnerung daran bewahrt, dass der Mensch dem Menschen nicht voll verfügbar ist, nicht einmal sich selbst" (Schwenk 1989, S. 220f.).

Ebenso wie der Begriff der Erziehung bezieht sich der Begriff der Bildung auf die individuale, soziale, kulturell-sittliche und metaphysische Dimension des Menschen (vgl. 2.1). Dementsprechend muss er in didaktischer Perspektive ausdifferenziert und konkretisiert werden. Und ebenso wie für Erziehungsprozesse können für Bildungsprozesse zwei Merkmale als konstitutiv gelten: ihr sozialer Charakter und ihr Bezug auf ein „Drittes", d. h. auf Themen/Gegenstände/Inhalte des Alltagslebens und der Kultur sowie auf (für die Lebensführung notwendige) Verhaltensweisen/Fähigkeiten/Regeln (vgl. 2.1). Die in Bildungsprozessen angelegte Aneignungstätigkeit braucht sozusagen einen „Stoff" und konstituiert an diesem den „Weltbezug" des heranwachsenden Kindes. Der Aufbau dieses Weltbezugs wird heute übereinstimmend als aktive Konstruktionsleistung des Kindes aufgefasst, eine Sichtweise, die ihre Wurzel in der kognitiven Entwicklungspsychologie Piagets hat. Didaktik reflektiert die Auswahl des „Stoffs" und gibt in Gestalt von Curricula/Bildungsprogrammen Orientierung für die Unterstützung und Anregung von Bildungsprozessen in den für relevant erachteten Feldern/Bereichen der Bildung.

Der soziale Charakter von Bildungsprozessen ergibt sich daraus, dass der Aufbau des Weltbezugs und die Entwicklung der Person vermittels der Erfahrung in und mit der sozialen (und freilich auch räumlichen, dinglichen und kulturellen) Umwelt vonstatten gehen. Das Erleben, die Gestaltung und die innere Repräsentation interpersoneller Beziehungen stellen die wichtigste Voraussetzung für die in Bildungsprozessen angelegte (konstruktive) Aneignung der Grundlagen der Handlungsfähigkeit dar; das beste Beispiel dafür bietet der Erwerb der Muttersprache. Den wichtigsten sozialen Ort für die Ermöglichung von Bildungsprozessen (ganz entsprechend der Ermöglichung von „Erziehung", vgl. 2.1) stellen die gelebten und erlebten Beziehungen zwischen Älteren und Jüngeren (Generationenverhältnis) dar. Für das Verständnis der Bildungsprozesse in der frühen Kindheit ist in diesem Zusammenhang das Konzept der „Bindung" wichtig geworden (vgl. Ahnert 2004). Die einschlägige Forschung hat gezeigt, dass die Erfahrung einer sicheren Bindung einen entscheidenden Faktor dafür darstellt, dass Kinder die Motivation entwickeln und aufrechterhalten, aktiv ihren Weltbezug aufzubauen (vgl. z. B. Grossmann/Grossmann 2006).

2.3 Exkurs: „Ko-konstruktive" Bildungsprozesse

Zur Kennzeichnung des sozialen Charakters von Bildungsprozessen wird in der frühpädagogischen Fachsprache auch das Konzept „Ko-Konstruktion"

EFP nach PISA!

herangezogen (vgl. z. B. Fthenakis 2003). Die Brisanz und besondere Fruchtbarkeit dieses Konzepts liegt nach meiner Auffassung – und damit im Gegensatz zu seiner gängigen Anwendung auf alle für Bildungsprozesse relevanten Beziehungen – darin, dass es eine bestimmte Kategorie von Beziehungen in den Blick nimmt, die bereits zur Erläuterung des Erziehungsbegriffs kurz erwähnt wurde, die aber im Hinblick auf Bildungsprozesse eine ausführlichere Erläuterung verdient: die intragenerationalen Beziehungen – also die Beziehungen zwischen Kindern – und die in diesen angelegten Bildungspotentiale. Der Ausgangspunkt des Konzepts liegt in der von Piaget begründeten und heute allgemein anerkannten Auffassung von Entwicklung und Lernen (und, wie wir ergänzen können: Bildung) als konstruktive Leistung im Sinne des aktiven Aufbaus des Weltbezugs bzw. eines „Weltbilds". In dieser sozial-konstruktivistischen Sichtweise ist es für Lernprozesse kennzeichnend, dass sie nicht von außen (d. h. durch Erwachsene) determiniert werden können und dementsprechend in ihrem Ergebnis offen sind; dies bedeutet, dass Kinder, in Abhängigkeit vom Entwicklungsstand ihrer kognitiven Strukturen, auch solche Weltbilder (z. B. „magische" oder „animistische") aufbauen, die nicht mit dem Weltbild der Erwachsenen übereinstimmen. In seinen frühen Untersuchungen hat sich Piaget insbesondere für die spezifischen Entwicklungs- und Lernpotentiale interessiert, die in den gemeinsamen Tätigkeiten der Kinder (z. B. Murmelspiel) im Rahmen von Gleichaltrigengruppen angelegt sind. Er hat diese Potentiale in den Prinzipien der Gleichrangigkeit und Gegenseitigkeit (die in den Beziehungen zwischen Erwachsenen und Kindern nicht gelten) und in den Chancen des gemeinsamen Aufbaus von diesen Prinzipien entsprechenden Strukturen des Denkens (und Handelns) entdeckt, z. B. in der Entwicklung einer „kooperativen", auf Gegenseitigkeit beruhenden Moral. Die Orientierung an den Prinzipien der Gleichrangigkeit und Gegenseitigkeit und an den Chancen der Entstehung von Neuem in den Lernprozessen innerhalb der selbstorganisierten Sozialwelt der Kinder bildet auch den Ausgangspunkt für das Konzept der „Ko-Konstruktion", das Youniss (vgl. zusammenfassend in deutscher Sprache Youniss 1994) im ausdrücklichen Anschluss an Piaget formuliert und zur Grundlage seiner insbesondere auf Kinderfreundschaften bezogenen Untersuchungen gemacht hat. Entsprechendes gilt beispielsweise für die am sozialen Konstruktivismus von Piaget und Youniss orientierten empirischen Studien von Corsaro (1997) über Ausdrucksformen der „Kinderkultur" in Tageseinrichtungen für Kinder. Zur Analyse seiner Befunde führt Corsaro das Konzept der „interpretativen Reproduktion" ein. Damit ist gemeint, dass Kinder ihresgleichen brauchen, um in Prozessen gemeinsamen Handelns und Denkens sowie in Akten der Sinnge-bung/Interpretation eine Kultur zu schaffen, die rückbezogen ist auf die „ererbte" Kultur der Erwachsenengesellschaft und gleichzeitig eine eigene, eigenständige Kultur repräsentiert. In diesem Sinne meint „Reproduktion" nicht einfach Übernahme/Nachahmung/Wiederholung, sondern produktive Aneignung und Neu-Erschaffung.

Wenn man Erwachsene als „Ko-Konstrukteure" der kindlichen Ent-wicklungs- und Bildungsprozesse betrachtet, macht dies, wie die vorausge-henden Überlegungen zeigen, nur unter der Voraussetzung Sinn, dass die Erwachsenen das festgefügte (und weithin „objektive", d. h. wissenschaft-lich verifizierte) Weltbild, über das sie verfügen, vergessen und sich dafür öffnen, zusammen mit den Kindern ein „anderes", „neues" Weltbild zu er-arbeiten. Ansonsten könnte man auch sagen: Es steht uns Pädagogen gut an, den Kindern ihre eigene Kultur der Ko-Konstruktionn zu belassen bzw. die-se zu ermöglichen, zu beachten und anzuerkennen.

2.4 Erziehung und Bildung – Erziehung als Aufforderung zur Bildung

Bildung und Erziehung sind als komplementäre Begriffe zu verstehen: Bil-dung als Aneignungstätigkeit hätte keinen Gegenstand und keine Entfal-tungschancen ohne die unterstützende und stimulierende Vermittlung von Seiten der Umwelt; Erziehung als vermittelnde Tätigkeit müsste ins Leere laufen, könnte sie nicht auf die Aneignungsfähigkeit und Aneignungsbereit-schaft der Kinder setzen. Erziehungsbedürftigkeit und Bildsamkeit (Lernfä-higkeit) konstituieren in ihrem unauflösbaren Wechselwirkungszusammen-hang die „Natur" und das Entwicklungspotential des Menschen. Die (in systematischer Hinsicht verfehlte) Begriffsverwendung im KJHG interpre-tiere ich als eine Verlegenheitslösung, die dadurch zustande gekommen ist (und auch sonst immer wieder zustande kommt), dass es in der deutschen Fachsprache keinen geeigneten, dem im Bereich der Schule etablierten Begriff Unterricht entsprechenden Begriff für die Anregung von Bildungs-prozessen in Einrichtungen und Maßnahmen der Kinder- und Jugendhilfe gibt (vgl. Einleitung und Punkt 1).

Die Argumentation der voraufgehenden Abschnitte läuft darauf hinaus, Erziehung als Vermittlungstätigkeit und Bildung als Aneignungstätigkeit zu begreifen. In dieser Perspektive analysiert Dietrich Benner in seiner „All-gemeinen Pädagogik" das Verhältnis zwischen Erziehung(stheorie) und Bildung(stheorie) dahingehend, dass die Aufgabe von Erziehung als „Auf-

forderung zur Selbsttätigkeit" bestimmt wird (Benner 2001). In Übereinstimmung mit dieser Verhältnisbestimmung hat Marion Blank ihrer Darstellung des dialogpädagogischen Ansatzes in der Frühpädagogik den Titel
„Teaching Learning in the Preschool" gegeben (Blank 1983). Die wörtliche
Übersetzung „Lernen lehren" wäre innerhalb der Schulpädagogik unproblematisch. Innerhalb der Frühpädagogik hingegen wirkt sie befremdlich. In
der Terminologie der deutschen Frühpädagogik müsste die Übersetzung
„Anregung/Anleitung von Bildungsprozessen" oder „Erziehung zur Bildung" oder – und dafür habe ich mich entschieden – „Aufforderung zur
Bildung" lauten. Diese Umschreibung der Relation von vermittelnder und
aneignender Tätigkeit vermeidet das traditionelle Denken in den Kategorien
von Ursache und Wirkung und wird Befunden der Lehr-Lern-Forschung
und dialektischen Ansätzen der Erziehungstheorie gerecht: „Wissen kann",
wie der Hirnforscher Gerhard Roth (2004, S. 497) sagt, „nicht übertragen
werden; es muss im Gehirn eines jeden Lernenden neu geschaffen werden".
Nach Ricken (2000) hat pädagogisches Handeln seinen Bezugsrahmen in
Bezogenheit, Angewiesenheit und daraus resultierender Verletzbarkeit; dabei ist Selbsttätigkeit immer schon vorausgesetzt und vorauszusetzen; pädagogisches Handeln erhält den Charakter des „Ermöglichens von Anders-
werden" (Ricken 2000, S. 39).

Die theoretische Reflexion und empirische Erforschung sowie die Erzeugung eines praxisrelevanten Orientierungswissens im Hinblick auf die
Ziele, Inhalte und Wege/Methoden der Aufforderung zur Bildung konstituieren den Gegenstandsbereich der Didaktik (vgl. 2.5). Die Qualitätsmerk-
male der Aufforderung zur Bildung haben, wie die Qualitäts- und Wir-
kungsforschung gezeigt hat, erhebliche Auswirkungen auf die Qualität der
Bildungsprozesse der Kinder im Sinne des Erwerbs bzw. der Aneignung
von Kompetenzen (vgl. z. B. Tietze 1998; Roßbach 2005).

2.5 Betreuung

Der Begriff Betreuung umschreibt, was Pestalozzi „allseitige Besorgung"
genannt hat, also die umfassende Sorge für das leibliche und seelische
Wohl und das Wohlbefinden der Kinder, Zeit für Kinder, Aufmerksamkeit
auf ihre Signale und Bedürfnisse, Zuwendung und Anerkennung. Im angelsächsischen Sprachbereich lautet der entsprechende Begriff „care" bzw.
„caring"; er ist mittlerweile auch in die deutsche Wissenschaftssprache eingegangen. Im Untertitel der internationalen vergleichenden Studie „Starting
strong" der OECD (2001) stehen die Begriffe education und care.

Betreuung – als zunächst elterliche und sodann auch professionell wahrgenommene Aufgabe – antwortet auf die anthropologische Tatsache, dass Kinder, um überleben und im Lebenslauf ihre Anlagen entwickeln zu können, auf den Schutz, die Pflege, Zuwendung und Sorge erwachsener Bezugspersonen angewiesen sind.

Systematisch betrachtet stellt Betreuung (Sorge, care) einen integralen Teil der „Erziehung" dar. Insofern schließt Didaktik als Theorie (professionellen) erzieherischen Handelns auch eine Didaktik der Betreuung ein. Und entsprechend umfasst die Orientierung des Handelns im Rahmen von Curricula (Erziehungs- und Bildungsprogrammen) sowie im Rahmen der Lehrpläne/Lehrbücher für die Ausbildung auch Aufgaben der Betreuung. Ein gutes Beispiel dafür bietet das Lehrbuch von Tassoni/Beith (2002), das in einem eigenen Kapitel „foundations to caring" (z. B. providing a hygienic/safe/stimulating/reassuring and secure environment und care and protection of skin, hair, feet and oral hygiene) und in einem weiteren Kapitel „health and community care" beschreibt.

2.6 Didaktik

In der Neuzeit wird Erziehung als Königsweg zur „Verbesserung" bzw. Vervollkommnung des Menschen(geschlechts) begriffen. Im Horizont dieser Vision hat die neuzeitliche, aus der Theologie und der Philosophie hervorgegangene Pädagogik eine „Kunstlehre" des erzieherischen Handelns ausformuliert. Diese betraf die häusliche Erziehung, wie z. B. in Comenius' Schrift zur „Mutterschul" oder Pestalozzis Schrift „Wie Gertrud ihre Kinder lehrt". Insbesondere aber galt sie der beruflich wahrgenommenen Erziehung im öffentlichen Schulwesen. Comenius' „Große Didaktik" und Pestalozzis Schriften zur „Elementarmethode" sind hier ebenso zu nennen wie Rousseaus „Emile", Kants Vorlesung über Pädagogik, Schleiermachers Erziehungstheorie und ein Teil der Schriften Herbarts. Innerhalb der Schulpädagogik haben didaktische Theorie und Forschung bis heute einen zentralen Stellenwert behalten. Im Ganzen jedoch hat die Pädagogik/Erziehungswissenschaft im Zuge ihrer „empirischen Wende" ein breites Spektrum von Themen entwickelt, in welchem didaktische Fragen eher eine Randstellung einnehmen.

In den historischen Anfängen der Didaktik hat Comenius in seiner „Großen Didaktik" die drei Prinzipien „Omnes – omnia – omnino" (Allen Alles auf allumfassende Weise zu lehren) erläutert. „Allen" (omnes) verweist auf die Adressaten des pädagogischen Handelns, bei Comenius also alle Menschen, unabhängig von Geschlecht, Herkunft etc.; mit Blick auf Tageseinrichtungen für Kinder gibt es hier eine aufs Lebensalter bezogene Begrenzung, also auf die Kinder bis zum Zeitpunkt der Einschulung. „Alles" (omnia) verweist auf die Inhalte/Themen, die gleichsam den Stoff definieren, an welchem Kinder sich bilden sollen; bei Comenius betrifft dies, wie sein „Orbis pictus" zeigt, den gesamten Kosmos; im Falle der Tageseinrichtungen für Kinder gibt es für die Auswahl der Inhalte seit kurzem verbindliche Richtlinien in Gestalt von Bildungs- und Erziehungsprogrammen. „Auf allumfassende Weise" (omnino) verweist auf die Wege/Methoden, die dafür geeignet erscheinen, die Bildungsprozesse der Kinder zu unterstützen und anzuregen; sie betreffen das ganze Ensemble erzieherischer Handlungsformen (s. die Punkt 3 und 4).

Aus der von Comenius entwickelten Trias „Adressaten – Inhalte – Methoden" ist im Laufe der Geschichte die Trias „Ziele – Inhalte – Methoden" hervorgegangen. Die Bestimmung der Ziele für Erziehung und Bildung und deren Legitimation ist in den Vordergrund getreten, während der Adressatenbezug zu einem die neue Trias übergreifenden Kriterium im Sinne der Entwicklungsangemessenheit geworden ist (vgl. Punkt 4).

Die erste Aufgabe der Didaktik sehe ich in der theoretischen Reflexion und empirischen Untersuchung der komplexen Zusammenhänge zwischen Erziehung (professionelle wahrgenommene Vermittlungstätigkeit) und Bildung (Aneignungtätigkeit). Aus dieser im engeren Sinne wissenschaftlichen Aufgabe der Didaktik, die auch mit den Begriffen Curriculumtheorie und Curriculumforschung beschrieben wird, geht als zweite Aufgabe die Erzeugung eines Orientierungswissens für Ausbildung und Praxis hervor, das geeignet ist, die Aufforderung zur Bildung im Hinblick auf Ziele, Inhalte und Wege/Methoden des professionellen erzieherischen Handelns anzuleiten. Dieses Orientierungswissen wird in Lehrplänen für die Ausbildung der Fachkräfte sowie in Bildungsprogrammen/Curricula für die pädagogische Arbeit in den Bildungseinrichtungen niedergelegt.

3. Grundlagen und Ansatzpunkte der frühpädagogischen Didaktik

Eine systematische, theoretisch begründete und empirisch geprüfte Didaktik hat die Pädagogik der frühen Kindheit bislang nicht hervorgebracht. Stattdessen gibt es eine Vielzahl von Beiträgen zur Theorie und Empirie der Profession bzw. der Professionalisierung sowie der pädagogischen Qualität (vgl. zum Überblick die Einführungswerke von Fried u. a. 2003; Fried/Roux 2006); sie beinhalten häufig auch zentrale Aspekte einer systematischen Didaktik. Sehr viel stärker entwickelt ist die Didaktik der Erziehung in früher Kindheit im Hinblick auf das Orientierungswissen. Dies gilt zum einen für die Beschreibung, Analyse und z. T. auch empirische Untersuchung/Evaluation der „Programmatik" in Ausbildung und Praxis, d. h. der etablierten Konzepte und Lehrpläne in der Erzieherinnenausbildung sowie der in den Tageseinrichtungen für Kinder verbreiteten pädagogischen Konzepte und didaktischen Ansätze als disziplinärer Gegenstand der Pädagogik der frühen Kindheit. Zum anderen betrifft dies die Entwicklung, Erprobung und Evaluation neuer Konzepte und Programme für die Ausbildung, wie beispielsweise die Initiative „Profis in die Kita" der Robert Bosch Stiftung, und für die Praxis, wie z. B. im Hinblick auf die neuen Bildungsprogramme in allen Bundesländern. Die Diskrepanz zwischen Systematik und Pragmatik im Feld der Pädagogik der frühen Kindheit, auf welche diese Stichworte hinweisen, kann auch durch die folgende Skizze nicht überwunden werden. Sie gilt dem Versuch, in handlungsorientierten pädagogisch-didaktischen Ansätzen systematische Aspekte zur Geltung zu bringen.

Didaktische Ansätze entwickeln und begründen Prinzipien des pädagogischen Sehens, Denkens und Handelns. Diese Prinzipien dienen nicht allein der Konstruktion eines „Programms", für das in erster Linie die Aufgliederung der Bildungsprozesse in Bereiche, Felder bzw. Dimensionen maßgeblich ist. Vielmehr zielen sie auf die Professionalisierung des erzieherischen Handelns im Sinne der Sensibilisierung und Qualifizierung derjenigen Erwachsenen, die Verantwortung für Kinder übernehmen. Dafür lassen sich insbesondere drei Aspekte benennen:

3.1 Pädagogisches Sehen

Dies meint eine professionelle „Haltung" gegenüber den Kindern und gegenüber dem einzelnen Kind, die von Achtung und Anerkennung geprägt ist; eine Haltung, die um Verstehen bemüht ist, ohne sich anzumaßen, die „Andersheit" von Kindern und die unverwechselbare Eigenart des einzelnen Kindes vollständig verstehen zu können; eine Haltung, die man auch als „Hören" bezeichnen könnte, in dem Sinne, dass die Erwachsenen (die Fachkräfte) nach angemessenen Antworten auf Signale, Fragen, Bedürfnisse und Interessen der Kinder bzw. des einzelnen Kindes suchen. In der Qua-

litätsforschung (vgl. z. B. Tietze 1998) wird dieser Aspekt mit dem Begriff
„Orientierungsqualität" umschrieben.

3.2 Pädagogisches Denken

Dies meint professionelles Wissen über die vorschulische Kindheit, über
lebensphasenspezifische Entwicklungs- und Bildungsprozesse, über die
Bedeutung verschiedener Erfahrungen (z. B. der Erfahrungen von Bindung
und Autonomie) und Tätigkeiten (z. B. Spiel und „Arbeit") für die Unterstützung und Anregung dieser Prozesse, aber auch über die Lebenslagen der
Kinder und ihrer Familien. Dieser Aspekt kann ebenfalls mit dem Begriff
„Orientierungsqualität" umschrieben werden.

3.3 Didaktik des erzieherischen Handelns

Die Professionalität des erzieherischen Handelns – in der Qualitätsforschung wird sie mit dem Begriff „Prozessqualität" umschrieben (vgl. dazu
auch 1.2) – lässt sich unter vier miteinander verbundenen, aber in verschiedenen Konzepten unterschiedlich gewichteten Aspekten kennzeichnen.

Pädagogik und Didaktik des Vorbilds

Sie betont auf Seiten der Erzieherin die Bedeutung von Selbstbeobachtung
und Selbsterziehung und auf Seiten der Kinder das Lernen durch Nachahmung und Identifizierung. Bereits Fröbel (1839) hat gefordert, dass jeder,
der den Ausbildungskurs für den Erzieherberuf beginnt, zunächst eine Skizze seines eigenen Werdegangs schreiben und vorlegen soll, „um so sich
seinen ganzen bisherigen Entwicklungsgang übersichtlich zum Bewußtseyn
zu bringen". Der Beruf der Erzieherin fordere „eine stets prüfende Selbst-
beachtung und ein Hinzugezogenseyn zu den Kleinen". Nachahmung, Identifizierung und Bindung erweisen sich als zentrale Faktoren der Bildungsprozesse der Kinder; der Spracherwerb bietet dafür ein Beispiel (vgl. 2.2).

Pädagogik und Didaktik der indirekten Erziehung

Sie betont die Rolle der Erzieherin als Regisseurin einer anregenden Umwelt und setzt auf die Wirksamkeit jener Bildungsprozesse, die aus den
vielfältigen Formen der Selbsttätigkeit der Kinder (Spiel, „Arbeit", Malen,
Musik, Tanz, Experimente etc.) hervorgehen. Die Pädagogik der indirekten
Erziehung hat Fröbel mit dem Begriff des „zufälligen Unterrichts" und Ma-

ria Montessori mit dem Begriff der „vorbereiteten Umgebung" beschrieben, sie bildet aber auch den Kern der meisten frühpädagogischen Konzepte.

Pädagogik und Didaktik des Dialogs

Sie betont die Bedeutung des einfühlsamen und verantwortungsvollen Umgangs zwischen Erzieherin(nen) und Kind(ern) für die Unterstützung und Anregung von Bildungsprozessen und setzt auf vielfältige Formen des kommunikativen pädagogischen Handelns, wie z. B. Aufforderung zur Selbsttätigkeit, Zeigen, Üben oder die Auswertung von Projekten; auch die Pädagogik des Dialogs bildet ein wichtiges Element aller pädagogischen Konzepte.

Didaktik der Felder der Bildung

Da Erziehungs- und Bildungsprozesse immer auf ein „Drittes", d. h. auf Themen/Gegenstände/Inhalte Bezug nehmen (vgl. 2.1 und 2.2), muss die allgemeine Didaktik des Dialogs im Hinblick auf Felder der Bildung ausdifferenziert und konkretisiert werden. Dabei geht es um die Auswahl dieser Felder sowie um die Beschreibung der Ziele, Inhalte und Wege/Methoden, welche das Handeln der Fachkräfte im Sinne der Aufforderung zur Bildung innerhalb der einzelnen Felder (z. B. im Feld der Sprache/literacy) sowie in felderübergreifenden Projekten bestimmen. Ansätze einer Didaktik der Felder bestimmen beispielsweise das „Feldkonzept" in der reformierten Erzieherinnenausbildung und die neuen Bildungsprogramme der Bundesländer.

Die Entwicklung, Begründung und beispielhafte Erläuterung der genannten Prinzipien bilden das Profil aller frühpädagogischen Konzepte, freilich in je besonderer Ausprägung. Mit diesen Prinzipien wird die Professionalität der Fachkräfte ins Zentrum gerückt. Und Professionalität wird so verstanden, dass Sehen (und Hören), Denken sowie die verschiedenen Formen des Handelns bezogen sind auf das Kind als „ganze" Person. Das heißt: Die Bildungsprozesse der Kinder werden als Tätigkeits- und Ausdrucksformen ihrer individuellen und sozialen Existenz, Lern- und Lebensgeschichte verstanden. Nicht die Aufgliederung der Bildungsprozesse nach Bereichen/Fächern/Feldern bildet den Ausgangs- und Zielpunkt für Professionalität, sondern deren wechselseitiger Zusammenhang – z. B. in den Perspektiven der „Spielpflege" bei Fröbel, der „vorbereiteten Umgebung" bei Montessori oder der „hundert Sprachen" in der Reggiopädagogik –, der durch die Person des Kindes erlebt und gestaltet wird.

Die unterschiedlichen Formen des erzieherischen/didaktischen Handelns (vgl. oben) erweisen sich als unterschiedlich relevant bzw. wirksam hinsichtlich der Unterstützung und Anregung verschiedener Aspekte der Bildungsprozesse der Kinder. Lilian G. Katz und Silvia C. Chard (2000) unterscheiden auf jeder Stufe der Erziehung vier Arten von Lernzielen: Wissen, Fertigkeiten, Dispositionen und Gefühle. Das Lernen in diesen vier Zielkategorien wird auf verschiedenen Wegen erleichtert:

„Im Falle von Wissen und Fertigkeiten kann das Lernen durch aktives Forschen und Studieren, durch angemessene Instruktion und viele andere Prozesse gefördert werden. Allerdings können Dispositionen und Gefühle nicht durch Studieren, durch direkten oder systematischen Unterricht gelehrt werden. Dispositionen scheinen von Modellen übernommen und durch wiederholtes Auftreten und Wertschätzen verstärkt zu werden. Sie werden schwächer, wenn sie nicht ausreichend häufig gezeigt, bestätigt oder wirksam eingesetzt werden. Gefühle werden eher beiläufig als Nebenprodukte der Erfahrung gelernt, nicht durch Unterricht. Sowohl Dispositionen als auch Gefühle kann man insofern als zufällige Lernergebnisse betrachten, als sie die Prozesse des Erwerbs von Kenntnissen und Fähigkeiten begleiten" (Katz/Chard 2000, S. 214).

4. Profil der frühpädagogischen Didaktik – zum Prinzip der Entwicklungsangemessenheit

Die Frage nach einem besonderen Profil der frühpädagogischen Didaktik verweist auf das (Selbst-)Verständnis des Kindergartens als erste Stufe des Bildungswesens und das in Deutschland besonders belastete Verhältnis zwischen Kindergarten und Grundschule (vgl. Punkt 1). Es gibt nach meiner Überzeugung gute Gründe dafür, in der Perspektive der Didaktik Beides zu postulieren: die lebensgeschichtliche Kontinuität in den Bildungsprozessen sowie in grundlegenden Formen der Aufforderung zur Bildung und gleichzeitig den Wandel in den Wegen und Formen der Bildung sowie in den Wegen und Formen der Aufforderung zur Bildung im Hinblick auf verschiedene Lebens- und Entwicklungsphasen der Kinder.

Zum Aspekt der Kontinuität verweise ich auf die allgemein anerkannte Auffassung von Lernen/Bildung im Sinne einer aktiven Konstruktionsleistung des Kindes sowie auf die systematische Nähe zwischen den „Feldern" der Bildung im Kindergarten und den Fächern im Lehrplan für die Grundschule (vgl. 2.2 und 3.3).

Den Aspekt des Wandels illustriere ich an zwei Beispielen. Das erste Beispiel betrifft die zentrale Bedeutung des Spiels als Medium der Bildung in der vorschulischen Kindheit (s. Punkt 1). Das zweite Beispiel betrifft die Unterstützung und Anregung der Bildungsprozesse der Kinder mit Blick auf die Schlüsselkompetenz Sprache. Es liegt auf der Hand, dass es für die Formen der Aufforderung zur sprachlichen Bildung einen Unterschied macht, ob es dabei, wie im Anfangsunterricht der Schule, um die Einführung in die „Kulturtechnik" des Lesens und Schreibens geht oder, wie im Kindergarten, um die Beachtung und Anregung der sog. Vorläuferfähigkeiten für den Erwerb der Schriftsprache (z. B. „phonetische Bewusstheit").
Unter anderem an diesem Beispiel wäre der Frage nachzugehen, ob die pragmatischen Lösungen, die in den derzeitigen Ansätzen zur Akademisierung der Erzieherinnenausbildung angelegt sind und die darauf hinauslaufen, die didaktische Ausbildung in den Fachdidaktiken innerhalb der Schulpädagogik oder der Fachdisziplinen anzusiedeln, dem besonderen Anforderungsprofil einer Didaktik der Erziehung in der frühen (vorschulischen) Kindheit gerecht werden können (vgl. dazu z. B. Hugoth 2007).
Das besondere Profil der frühpädagogischen Didaktik ist bereits bei Fröbel angelegt; Varianten dieses Profils lassen sich in fast allen pädagogischen Konzepten bzw. didaktischen Ansätzen der Vergangenheit und der Gegenwart entdecken (vgl. oben sowie 1.1). Sie alle beschreiben Wege zur Unterstützung, Anregung und Herausforderung von selbsttätigen, spielerischen und erkundenden Lernprozessen, von Lernprozessen, in welchen alle Sinne aktiviert werden, und von Lernprozessen, die an die Neugier und Lernlust der Kinder sowie an ihr Bedürfnis, Selbstwirksamkeit zu erfahren, anschließen. Sie alle repräsentieren eine Didaktik, die – ganz im Sinne der Befunde der psychologischen Lernforschung – vom Vorrang der Formen des impliziten und zufälligen Lernens in der Lebensphase der frühen Kindheit ausgehen: Zwischen Vorschulkindern und Schulkindern gibt es gravierende Unterschiede in der Art und Weise, wie sie lernen; etwa ab dem 6. Lebensjahr, dem klassischen Einschulungsalter, finden wichtige Entwicklungsschritte in den kognitiven Voraussetzungen („phonologisches Arbeitsgedächtnis") und in den davon abhängigen Lernstrategien der Kinder statt; neben die bis dahin vorherrschenden Formen des impliziten und zufälligen Lernens (durch Spiel, Erkundung, Nachahmung etc.) treten nun Formen des expliziten, bewussten und gezielten Lernens (durch eigene Kontrolle, Steuerung und Regulation der kognitiven Funktionen, durch wiederholtes Üben, Unterweisung etc.); auf diese Fähigkeit zum „intentionalen" und „strategischen" Lernen setzt der Unterricht in der Schule; zwar kann auch schon bei

4- bis 6-jährigen Kindern strategisches Lernen angebahnt werden, allerdings nur mit einem hohen Grad der Anleitung und mit zweifelhaftem Erfolg (vgl. Hasselhorn 2005).

Die Grundschuldidaktik hat in Geschichte und Gegenwart Ansätze hervorgebracht und Verfahren beschrieben, die eine Übereinstimmung mit den skizzierten Grundsätzen der frühpädagogischen Didaktik zeigen. Andererseits jedoch können und müssen die Lehrkräfte in der Grundschule an die Potentiale der Kinder zum intentionalen und strategischen Lernen anknüpfen und mit dem „elementaren" systematischen Unterricht beginnen. Das schließt beispielsweise die Unterweisung in Gestalt des Frontalunterrichts ein.

Auf diesem Hintergrund scheinen mir die Chancen einer verstärkten Kooperation zwischen Kindergarten und Grundschule zunächst darin zu liegen, dass die Kenntnis und wechselseitige Anerkennung der unterschiedlichen Lernkulturen und didaktischen Ansätze in den Einrichtungen zur Gewährleistung kontinuierlicher Bildungsprozesse beitragen kann. Darüber hinaus kann im Rahmen einer verstärkten Kooperation und auch in Formen der Verzahnung oder partiellen Integration von Kindergarten und Grundschule – und Entsprechendes gilt für Ansätze und Konzepte der Integration der Aus- und Weiterbildung für Grundschullehrer/innen und Erzieherinnen (vgl. z. B. Carle/Wehrmann 2006 sowie die Initiative „Profis in die Kita" der Robert Bosch Stiftung) – eine behutsame Verbindung von Ansätzen der frühpädagogischen und der Grundschuldidaktik erprobt werden. Dabei denke ich in erster Linie daran, dass mit Blick auf Grundschulkinder der Stellenwert und das Gewicht der Grundsätze der frühpädagogischen Didaktik (z. B. die Verbindung von Spielen und Lernen) verstärkt werden. Es ist aber auch denkbar – beispielsweise im Sinne der Überlegungen von Gerhard Friedrich (2005) –, dass mit Blick auf die Kinder im Vorschulalter Prinzipien der Grundschuldidaktik adaptiert werden. Friedrich spricht in diesem Zusammenhang davon, „den Lerngegenstand in seiner gesamten Breite in die Lebenswelt der Kinder einzubetten". Die Orientierung an der „ganzen Sache" – z. B. Zahlen und Mengen oder Schriftsprache – sollte jedoch einhergehen mit der Berücksichtigung der skizzierten Eigenlogik der lebensphasenspezifischen Lernprozesse.

Die vorgetragenen Argumente lassen sich wie folgt zusammenfassen: Der frühpädagogischen Didaktik kommt insofern ein besonderes Profil zu, als sie vor die Herausforderung gestellt ist, für das pädagogische Sehen, Denken und Handeln der Fachkräfte in Tageseinrichtungen für Kinder ein Orientierungswissen hervorzubringen, das dem Prinzip der Entwicklungs-

angemessenheit Rechung trägt (vgl. z. B. Ahnert 2005). Dieses Prinzip bezieht sich nicht allein auf durchschnittliche Entwicklungsparameter in verschiedenen Entwicklungsphasen, sondern auch auf die Variationsbreite der
individuellen Entwicklungsverläufe; und es bezieht sich nicht allein auf den
jeweils beobachtbaren Entwicklungsstand, sondern auch auf die Entwicklungspotentiale der Kinder und die jeweils anstehenden Entwicklungsaufgaben.

Dieses Resümee gibt Anlass, noch einmal die anfängliche Konfrontation
der Frühpädagogik in Deutschland mit der Frühpädagogik im angelsächsischen Sprachraum aufzugreifen. Die in Washington angesiedelte „National
Association for the Education of the Young" (NAEYC) hat in einem
Grundlagenwerk (Bredekamp/Copple 1997) Empfehlungen für eine „Developmentally appropriate practice in early childhood programs" formuliert.
Die Empfehlungen betreffen die gesamte Altersspanne zwischen Geburt
und 8 Jahren. Innerhalb dieses Gesamtrahmens sind die Empfehlungen allerdings in Teile aufgegliedert, die jeweils einer bestimmten Altersgruppe
und der für diese maßgeblichen Kriterien einer entwicklungsangemessen
Erziehungspraxis gewidmet sind: den Kindern in den ersten 3 Lebensjahren, den 3- bis 5-Jährigen und den 6- bis 8-Jährigen. Auf die naheliegende
Frage, worin die Gründe für die Ausdifferenzierung des Prinzips der Entwicklungsangemessenheit nach den Kriterien des Lebensalters liegen, gehen die Herausgeberinnen mit den folgenden kritischen Reflexionen ein: Es
sei ein wesentliches Anliegen der Empfehlungen, „to respond to a growing
trend toward more formal, academic instruction of young children – a trend
characterized by a downward escalation of public school curriculum". Derzeit legten viele frühpädagogische Programme eine „undue emphasis on
rote learning and whole-group instruction of narrowly defined academic
skills at the expense of more active learning approaches based on a broader
interpretation of children's educational needs and abilities". Auch über die
gesamte Altersspanne der frühen Kindheit (0 bis 8 Jahre) hinweg sei Be-
sorgnis über entwicklungsangemessene Praktiken angebracht, denn „in-
creasing numbers of infants and toddlers were being served in group care
settings where expectations and practices more appropriate fort he older
children were too often imposed on them" (Bredekamp/Copple 1997, S. V).

Diese kritischen Reflexionen zeigen: Die Entwicklung sowie die faktische Durchsetzung von professionellen Standards für eine frühpädagogische Praxis, die Anschlussfähigkeit und Kontinuität der Bildungsprozesse
der Kinder beim Übergang in die Schule zum Ziel hat, gleichzeitig aber
dem Erfordernis entwicklungsangemessener Formen der Aufforderung zur

Bildung in den verschiedenen Lebensphasen der Kinder gerecht wird, stellen nicht nur in Deutschland ein virulentes und bislang ungelöstes Problem dar.

Literatur

Ahnert, L. (Hrsg.) (2005): Frühe Bindung. Entstehung und Entwicklung. München u. Basel.

Ahnert, L. (2005): Entwicklungspsychologische Erfordernisse bei der Gestaltung von Betreuungs- und Bildungsangeboten im Kleinkind- und Vorschulalter. In: Ahnert, L. u. a. (2005): Bildung, Betreuung und Erziehung von Kindern unter sechs Jahren. (Materialien zum Zwölften Kinder- und Jugendbericht, Band 1). München, S. 9-54.

Ahnert, L. u. a. (2005): Bildung, Betreuung und Erziehung von Kindern unter sechs Jahren. (Materialien zum Zwölften Kinder- und Jugendbericht, Band 1). München.

Barres, E. (1972): Erziehung im Kindergarten. Eine empirische Untersuchung – zugleich ein hochschuldidaktischer Versuch. Weinheim und Basel.

Benner, D. (1999): „Der Andere" und „Das Andere" als Problem und Aufgabe von Bildung und Erziehung. In: Zeitschrift für Pädagogik, 45. Jg. (1999), S. 315-327.

Benner, D. (2001): Allgemeine Pädagogik. Weinheim u. München.

Bittner, G. (1979): Tiefenpsychologie und Kleinkinderziehung. Paderborn.

Bittner, G./Schmid-Cords, E. (Hrsg.) (1983): Erziehung in früher Kindheit. Pädagogische, psychologische und psychoanalytische Texte. München.

Blank, M. (1983): Teaching learning in the preschool. A dialogical approach. Cambridge, MA.

Böhm, W. (2000[15]): Wörterbuch der Pädagogik. Stuttgart.

Bredekamp, S./Copple, C. (Eds.) (1997): Developmentally Appropriate Practice in Early Childhood Programs. Revised Edition. Washington, D.C.

Bundesministerium für Familie, Senioren, Frauen und Jugend (Hrsg.) (2005): Zwölfter Kinder- und Jugendbericht. Berlin.

Carle, U./Wehrmann, I. (2006): Gemeinsame Aus- und Weiterbildung von Grundschullehrerinnen und Erzieherinnen. In: Diller, A./Rauschenbach, T. (Hrsg.) (2006): Reform oder Ende der Erzieherinnnenausbildung. Beiträge zu einer kontroversen Fachdebatte. München, S. 197-207.

Cochran, M. (Ed.) (1993): International handbook of child care policies and programs. Westport, CT.

Corsaro, W. A. (1997): Children's peer cultures and interpretive reproduction. In: Corsaro, W A. (1997): The Sociology of Childhood. Thousand Oaks, CA., S. 95-115.

Dau, R. (1975): Der Beitrag des Kindergartens zur frühkindlichen Sozialisation. Ein Bericht über die Ergebnisse empirischer Untersuchungen. In: Neidhardt, F. (Hrsg.) (1975): Frühkindliche Sozialisation. Theorien und Analysen. Stuttgart, S. 373-395.

Deutsches PISA-Konsortium (Hrsg.) (2001): PISA 2000. Basiskompetenzen von Schülerinnen und Schülern im internationalen Vergleich. Opladen.

Dollase, R. (Hrsg.) (1978): Handbuch der Früh- und Vorschulpädagogik. 2 Bände. Düsseldorf.

Flitner, A. (1967): Der Streit um die Vorschulerziehung. In: Zeitschrift für Pädagogik, 13. Jg. (1967), S. 515-538.

Fried, L. u. a. (2003): Einführung in die Pädagogik der frühen Kindheit. Weinheim.

Fried, L./Roux, S. (Hrsg.) (2006): Pädagogik der frühen Kindheit. Weinheim u. Basel.

Friedrich, G. (2005): Bedarf die Elementarpädagogik der Schulpädagogik? In: Online-Handbuch Kindergartenpädagogik (Habilitationsvortrag am 13.07.2005 an der Universität Bielefeld).

Fröbel, F. W. A. (1982): Brief an Cantor Carl (1839). In: Zeitschrift für Pädagogik, 28. Jg. (1982), Stuttgart, S. 177-192.

Fröbel, F. W. A. (1986): Brief an T. Brunswick (1842). In: Fröbel, F. W. A.: „Kommt, lasst uns unsern Kindern leben!". Aus dem pädagogischen Werk eines Menschenerziehers. Band III. Berlin, S. 208-232.

Fthenakis, W. E. (2003): Zur Neukonzeptualisierung von Bildung in der frühen Kindheit. In: Fthenakis, W. E. (Hrsg.) (2003): Elementarpädagogik nach PISA. Freiburg i. Br. u. a., S. 18-37.

Fthenakis,, W. E./Textor, M. R. (Hrsg.) (1998): Qualität von Kinderbetreuung. Weinheim und Basel.

Fthenakis, W. E./Textor, M. R. (Hrsg.) (2000): Pädagogische Ansätze im Kindergarten. Weinheim u. Basel.

Grossmann, W. (1974): Vorschulerziehung. Historische Entwicklung und alternative Modelle. Köln.

Hasselhorn, M. (2005): Lernen im Altersbereich zwischen 4 und 8 Jahren. In: Guldimann, T./Hauser, B. (Hrsg.) (2005): Bildung 4-8-jähriger Kinder. Münster, S. 77-88.

Heinsohn, G. (1974): Vorschulerziehung in der bürgerlichen Gesellschaft. Geschichte, Funktion, aktuelle Lage. Frankfurt a. Main.

Hentig, H. von (1997): Bildung. Ein Essay. Darmstadt.

Heydorn, H. J. (1970): Über den Widerspruch von Bildung und Herrschaft. Frankfurt a. Main.

Höltershinken, D. (Hrsg.) (1971ff.): Vorschulerziehung. Eine Dokumentation. 3 Bände. Freiburg i. Br.

Horkheimer, M./Adorno, T. (1969): Dialektik der Aufklärung. Frankfurt a. Main.

Hugoth, M. (2007): Lehrerinnen in Miniausgabe? In: Welt des Kindes, 85. Jg. (2007), Heft 5, S. 28.

Hurrelmann, K. (Hrsg.) (1976): Sozialisation und Lebenslauf. Empirie und Methodik sozialwissenschaftlicher Persönlichkeitsforschung. Reinbek.

Katz, L. G./Chard, S. C. (2000): Der Projekt-Ansatz. In: Fthenakis, W.
    E./Textor, M. R. (Hrsg.) (2000): Pädagogische Ansätze im Kindergarten.
    Weinheim u. Basel, S. 209-223.
Laewen, H.-J. (2006): Funktionen der institutionellen Früherziehung: Bildung,
    Erziehung, Betreuung, Prävention. In: Fried, L./Roux, S. (Hrsg.) (2006): Pä-
    dagogik der frühen Kindheit. Weinheim u. Basel, S. 96-107.
Laewen, H.-J./Andres, B. (Hrsg.) (2002): Bildungsprozesse in der frühen Kind-
    heit – Bausteine zum Bildungsauftrag von Kindertageseinrichtungen. Wein-
    heim.
Liebau, E./Wulf, C. (Hrsg.) (1996): Generation. Versuche über eine pädago-
    gisch-anthropologische Grundbedingung. Weinheim.
Liegle, L. (1998): Das Verstehen und die Achtung des Fremden als Aufgabe
    von Bildung und Erziehung und als Lernprozess. In: Neue Sammlung, 38.
    Jg. (1998), S. 343-360.
Liegle, L. (2000): Geschwisterbeziehungen und ihre erzieherische Bedeutung.
    In: Lange, A./Lauterbach, W. (Hrsg.) (2000): Kinder in Familie und Gesell-
    schaft zu Beginn des 21. Jahrhunderts. Stuttgart, S. 105-130.
Liegle, L. (2006): Weltgesellschaft als Erwartungshorizont für Generationen-
    lernen und Generationenpolitik. In: Lettke, F./Lange, A. (Hrsg.) (2006): Ge-
    nerationen, Familien und Gesellschaft. Interdisziplinäre Annäherungen an
    Spannungsfelder der Gegenwartsgesellschaft. Frankfurt a. Main, S. 69-95.
Liegle, L./Lüscher, K. (2004): Das Konzept des Generationenlernens. In: Zeit-
    schrift für Pädagogik, 50. Jg. (2004), S. 38-55.
Lückert, H. R. (1970): Das Kind in der Lerngesellschaft. Hamburg (Deutsche
    UNESCO-Kommission).
Lüscher, K./Liegle, L. (2003): Generationenbeziehungen in Familie und Ge-
    sellschaft. Konstanz.
Ministerium für Kultus, Jugend und Sport Baden-Württemberg (2006): Orien-
    tierungsplan für Bildung und Erziehung für die baden-württembergischen
    Kindergärten. Pilotphase. Weinheim u. Basel.
Mörsberger, H. (Hrsg.) (1978): Der Kindergarten. Handbuch für die Praxis in
    drei Bänden. Freiburg i. Br. u. a.
Müller, C. W (2005[4]): Didaktik. In: Kreft, D./Mielenz, I. (2005): Wörterbuch
    Soziale Arbeit. Weinheim u. München, S. 197.
Neidhardt, F. (Hrsg.) (1975): Frühkindliche Sozialisation. Theorien und Analy-
    sen. Stuttgart.
OECD (2001): Starting Strong. Early Childhood Education and Care. Paris.
Oevermann, U. (1976): Programmatische Überlegungen zu einer Theorie der
    Bildungsprozesse und zur Strategie der Sozialisationsforschung. In: Hurrel-
    mann, K. (Hrsg.) (1976): Sozialisation und Lebenslauf. Empire und Metho-
    dik sozialwissenschaftlicher Persönlichkeitsforschung. Reinbek, S. 34-52.
Reyer, J. (2006): Einführung in die Geschichte des Kindergartens und der
    Grundschule. Bad Heilbrunn. ✓

Ricken, N. (2000): „Ab hier, wie überhaupt, kommt es anders, als man glaubt". Kontingenz als pädagogische Irritation. In: Masschelein, J. u. a. (Hrsg.) (2000): Erziehungsphilosophie im Umbruch. Weinheim, S. 25-45.

Riley, J. (Ed.) (2003): Learning in the early years. A guide for teachers of children 3-7. London u. a.

Roßbach, H.-G. (2005): Effekte qualitativer guter Betreuung, Bildung und Erziehung im frühen Kindesalter auf Kinder und ihre Familien. In: Ahnert, L. u. a. (2005): Bildung, Betreuung und Erziehung von Kindern unter sechs Jahren. (Materialien zum Zwölften Kinder- und Jugendbericht, Band 1). München, S. 55-174.

Roth, G. (2004): Warum sind Lehren und Lernen so schwierig? In: Zeitschrift für Pädagogik, 50. Jg. (2004), S. 496-520.

Roth, H. (1966): Pädagogische Anthropologie. Band 1. Berlin u. a.

Samuelsson, I. P. (2004): Das lernende, spielende Kind in der frühkindlichen Erziehung. In: Diskowski, D./Hammes-DiBernardo, E. (Hrsg.) (2004): Lernkulturen und Bildungsstandards. Kindergarten und Schule zwischen Vielfalt und Verbindlichkeit. Baltmannsweiler, S. 172-204.

Schavan, A. (2007): Weg mit den alten Zöpfen. In: Die Zeit, Nr.35, vom 23.08.2007, S. 35.

Schwenk, B. (1989): Bildung. In: Lenzen, D. (Hrsg.) (1989): Pädagogische Grundbegriffe. Reinbek, S. 208-221.

Tassoni, P./Beith, K. (2002): Diploma in Child Care and Education. Halley Court, Jordan Hill. Oxford.

Tietze, W. (Hrsg.) (1998): Wie gut sind unsere Kindergärten? Eine Untersuchung zur pädagogischen Qualität in deutschen Kindergärten. Neuwied u. a.

Wimmer, M. (1996): Intentionalität und Unentscheidbarkeit. Der Andere als Problem der Moderne. In: Masschelein, J./Wimmer, M. (Hrsg.) (1996): Alterität, Pluralität, Gerechtigkeit. Randgänge der Pädagogik. Sankt Augustin u. Leuven, 59-85.

Youniss, J. (1994): Soziale Konstruktion und psychische Entwicklung. Frankfurt a. Main.

Zimmer, J. (Hrsg.) (1973): Curriculum-Entwicklung im Vorschulbereich. 2 Bände. München.

Fabienne Becker-Stoll

Welche Bildung brauchen Kinder?

Zu den theoretischen Grundlagen einer Pädagogik der frühen Kindheit – Eine entwicklungs-psychologische Perspektive

Seit Kurzem liegen in allen sechzehn Bundesländern Bildungsprogramme, -pläne oder Empfehlungen zur Bildung von Kindern im vorschulischen Bereich vor. Diese Bildungspläne fußen auf verschiedenen theoretischen Ansätzen und verwenden unterschiedliche Bildungsbegriffe. Im Folgenden sollen die wesentlichen Bildungsansätze aufgezeigt und aus entwicklungspsychologischer Perspektive beleuchtet werden. Dabei wird sich zeigen, dass entwicklungspsychologische Konzepte die Aufmerksamkeit zurücklenken auf die Grundbedürfnisse von Kindern und die rasanten Veränderungen ihrer Entwicklung in den ersten sechs Lebensjahren verdeutlichen. Aus diesen entwicklungspsychologischen Erkenntnissen lassen sich für die Theorie und Praxis der Frühpädagogik wichtige Ergänzungen ableiten.

1. Frühpädagogische Ansätze und Bildungsbegriffe

Die unterschiedlichen Bildungsansätze für den Elementarbereich lassen sich im Wesentlichen auf drei frühpädagogische Orientierungen zurückführen: Den Selbstbildungsansatz (vgl. Schäfer 2002; 2005), den Situationsansatz und den Sozialkonstruktivismus (vgl. Bruner 1997; Fthenakis 2003). Die „Selbstbildung" versteht frühkindliche Bildung in erster Linie als Eigenaktivität des Kindes, als selbstständige und aktive Aneignung der Welt. Beim Situationsansatz steht das Lernen an Schlüsselsituationen im Vordergrund, im Sinne einer ganzheitlichen Unterstützung der Handlungs-, Bildungs- Leistungs- und Lernfähigkeit von Kindern unter Berücksichtigung ihrer kulturellen Werte. Der soziale Kokonstruktivismus stellt den Grundsatz der Interaktion ins Zentrum des Bildungsprozesses. Seine Grundannahme ist, dass die Vermittlung jedes Wissens und jeder Fähigkeit einen sozialen Austausch voraussetzt.

Auch wenn die bestehenden Bildungsprogramme sich bezüglich ihrer theoretischen Fundierung unterscheiden und je nach frühpädagogischen Orientierungen einen anderen Bildungsbegriff verwenden, so überwiegen dennoch die Gemeinsamkeiten. In allen Bildungsprogrammen oder -plänen wird das Kind als einzigartige Persönlichkeit in den Mittelpunkt gestellt. Das Kind wird als aktiver Gestalter seines eigenen Bildungsprozesses verstanden und Lernen wird als ganzheitlicher Prozess definiert. Jedes Kind wird dabei im Kontext seiner Familie, der anderen Kinder seines Umfeldes, seiner Nachbarschaft und insgesamt seiner Lebenslage gesehen (vgl. Urban 2006).

Unterschiede lassen sich jedoch in den Bildungszielen finden. Die internationale Diskussion um Bildungs-Curricula in der Vorschule führt zur Frage nach dem Bildungsauftrag von Kindertageseinrichtungen und damit zur Frage nach den Bildungszielen. Welche Kompetenzen und Schlüsselqualifikationen sollen ab welchem Alter im Elementarbereich vermittelt werden? Mit welchen Wissensbereichen oder Themen sollen Kinder bereits vor der Schule vertraut gemacht werden? In Bezug auf die Frage nach dem Ziel der Sozialisation von Kindern unterscheiden sich die frühpädagogischen Ansätze allerdings deutlich. Während der Selbstbildungsansatz die Selbstbestimmung des Kindes bei seiner Bildung in den Vordergrund stellt, werden teilweise im Situationsansatz und deutlicher im Kokonstruktivismus konkrete Bildungsziele in Form von zu erwerbenden Basiskompetenzen oder Wissensthemen benannt. Die Frage ob Kinder bereits vor Schulantritt bestimmte Kompetenzen erwerben sollen und mit konkreten Wissensbereichen vertraut gemacht werden müssen und vor allem, wie dies geschehen soll, führt zur Frage nach dem, was Kinder in den ersten Lebensjahren brauchen, um sich optimal entwickeln zu können und für ihre Zukunft gerüstet zu sein.

2. Physische und psychische Grundbedürfnisse

Seit den Untersuchungen von René Spitz (1945) zum Hospitalismus wissen wir, dass die Befriedigung der physischen Grundbedürfnisse (Hunger,

Durst, körperliche Hygiene, Schutz vor Kälte oder Hitze) nicht ausreicht, um eine gesunde Entwicklung von Kindern zu gewährleisten. Vielmehr ist eine angemessene Befriedigung der psychischen Grundbedürfnisse die Voraussetzung für eine gesunde Entwicklung. Neugeborene, Säuglinge und Kleinkinder sind ganz auf die Befriedigung der Grundbedürfnisse durch ihre soziale Umwelt angewiesen. Nach den beiden amerikanischen Motivationsforschern Deci und Ryan (1995) unterscheiden wir die drei psychischen Grundbedürfnisse Bindung, Kompetenz und Autonomie.

Das Grundbedürfnis nach Bindung steht für das Bedürfnis, enge zwischenmenschliche Beziehungen einzugehen, sich sicher gebunden fühlen und sich als liebesfähig und liebenswert zu erleben. Dem Grundbedürfnis nach Kompetenz liegt der Wunsch nach einer effektiven Interaktion mit der Umwelt zugrunde, durch die positive Ergebnisse erzielt und negative verhindert werden können. Autonomie steht für das Grundbedürfnis nach freier Bestimmung des eigenen Handelns und selbstbestimmte Interaktion mit der Umwelt (Deci/Ryan 1992). Der Mensch hat die angeborene motivationale Tendenz, sich mit anderen Personen in einer sozialen Umwelt verbunden zu fühlen, in dieser Umwelt effektiv zu wirken (zu funktionieren) und sich dabei persönlich autonom und initiativ zu erfahren.

In den ersten Lebensjahren sind Kinder darauf angewiesen, dass auch ihre psychischen Grundbedürfnisse von ihrer unmittelbaren sozialen Umwelt befriedigt werden. Das Grundbedürfnis nach Bindung wird zunächst von den Eltern beantwortet. Elterliches Engagement steht für eine Beziehung zum Kind, die von Freude und Interesse am Kind geprägt ist, in welcher Gefühle offen ausgedrückt werden können und die Bezugsperson emotional und zeitlich verfügbar ist. Fehlendes elterliches Engagement reicht von mangelnder Feinfühligkeit bis zu Vernachlässigung und Misshandlung. Struktur ist notwendig, um die Kompetenz eines Kindes zu fördern, sie umfasst an den Entwicklungsstand angepasste Herausforderungen, aber auch Hilfestellung beim Erwerb von neuen Strategien. Das Gegenteil von Struktur – Chaos – ist charakterisiert von Unvorhersagbarkeit, Über- oder Unterstimulation, einem Mangel an Kontrolle und an Unterstützung beim Erreichen von Zielen (Skinner/Wellborn 1991). Autonomie unterstützendes Verhalten beinhaltet die Gewährung von Freiheit und Wahlmöglichkeiten bei einem Minimum an Regeln, so dass eigene Ziele erkannt und verfolgt werden können. Autonomie wird auch als Entwicklungsschritt verstanden, als Übergang zu selbst-reguliertem Verhalten (Deci/Ryan 1995), welcher jedoch nicht unabhängig von der Umwelt geschehen kann und somit sehr beeinflussbar ist (Ryan u. a. 1997). Die Unterstützung von Autonomie ist demnach ein wichtiger Punkt im Verhalten von Bezugspersonen (Ryan u. a. 1995). Die Hemmung von Autonomiebestrebungen kann durch übermäßige Kontrolle, Manipulation oder Strafen geschehen.

Werden die Grundbedürfnisse nach Bindung, Kompetenz und Autonomie ausreichend befriedigt, kann das Kind sich aktiv mit seiner Umwelt auseinandersetzen und die alterstypischen Entwicklungsaufgaben gut bewältigen.

3. Entwicklung als gelungene Bewältigung von altersspezifischen Entwicklungsaufgaben

Das Aufeinandertreffen von innerer Entwicklung und äußeren Anforderungen wird durch das Konzept der altersspezifischen Entwicklungsaufgaben erfasst, das ursprünglich 1972 von Havighurst publiziert wurde. Havighurst geht davon aus, dass es in jeder Phase des Lebenslaufes kulturabhängige Aufgaben gibt, mit denen sich jeder Mensch auseinandersetzen muss. Diese zu bewältigen ist nötig, um Kompetenzen zu entwickeln und die Bewältigung des Lebens in einer Gesellschaft zu ermöglichen. Quellen dieser Entwicklungsaufgaben sind sowohl die physische Reifung, die gesellschaftlichen Erwartungen an den Einzelnen als auch individuelle Ziele und Werte (Fend 2000). Innerhalb der Lebensspanne gibt es Zeiträume, die für bestimmte Lernprozesse oder Entwicklungsaufgaben besonders geeignet erscheinen, sogenannte „sensitive Perioden". Zwar bilden Entwicklungsaufgaben keine in sich abgeschlossenen zeitlichen Einheiten – sie können auch zu einem früheren oder späteren Zeitpunkt bearbeitet werden und greifen zeitlich ineinander –, aber in den sensitiven Perioden geschieht die Bearbeitung mit dem geringsten Aufwand.

Nach Spangler und Zimmermann (1999) lassen sich in den ersten Lebensjahren folgende alterstypischen Entwicklungsaufgaben definieren:

- 0-6 Monate: Grundlegende Regulierung (Schlaf-Wach-Rhythmus, Hunger-Sättigung etc.)
- 6-12 Monate: Aufbau einer sicheren Bindungsbeziehung, motorische Selbstkontrolle
- 1-3 Jahre: Sprachentwicklung, Exploration, Autonomie
- 3-6 Jahre: Impulskontrolle, Beziehungen zu Gleichaltrigen
- 6-10 Jahre: Körperliche, Leistungs- und soziale Kompetenz

- Jugendalter: Identitätsentwicklung, Vertiefung der Beziehungen zu Gleichaltrigen, Autonomie

Die gelungene Bewältigung von Entwicklungsaufgaben in einem Lebensabschnitt schafft die Grundlage für günstigere Entwicklungsbedingungen in den folgenden Lebensabschnitten (Sroufe 1989). Voraussetzung dafür, dass die alterstypischen Entwicklungsaufgaben gut bewältigt werden, ist jedoch die Erfüllung der seelischen Grundbedürfnisse, im ersten Lebensjahr vor allem des Grundbedürfnisses nach Bindung.

4. Am Anfang steht das Grundbedürfnis nach Bindung

Zu Lebensbeginn entsteht zwischen Kind und Mutter eine enge Beziehung, deren Ziel es ist, die Nähe zwischen beiden aufrechtzuerhalten, um damit dem Kind möglichst hohen Schutz zu geben. Kinder verfügen von Geburt an über ein Verhaltenssystem, das es ihnen ermöglicht, Bindungsverhalten gegenüber einer oder einigen wenigen Personen zu zeigen. Dabei ist das Kind aktiv und hat die Initiative bei der Bildung von Bindung. Es bindet sich nicht nur an die Mutterperson, die es füttert und seine leiblichen Bedürfnisse befriedigt, sondern auch an andere Personen, die einfach mit ihm spielen und interagieren (Ainsworth 1974/2003), also z. B. auch an die Tagesmutter oder die Erzieherin in der Krippe.

In den ersten Lebensmonaten zeigen Säuglinge einfach strukturierte Verhaltensmuster wie Weinen, Nähe-Suchen und Anklammern. Im Laufe des ersten Lebensjahres wird das Bindungsverhalten zunehmend komplexer. Das dem Bindungsverhalten zugrunde liegende Bindungssystem wird durch Fremdheit, Unwohlsein oder Angst ausgelöst und die Erregung wird durch Wahrnehmung der Bindungsperson, besonders durch Nähe und liebevollen Körperkontakt zu ihr und Interaktion mit ihr, beendet.

Die meisten Kinder entwickeln in den ersten neun Lebensmonaten Bindungen gegenüber Personen, die sich dauerhaft um sie kümmern. Auch wenn das Kind zu mehreren Personen Bindungsbeziehungen entwickelt, so sind diese eindeutig hierarchisch geordnet, d. h., es bevorzugt eine Bindungsperson vor den anderen. Hat ein Kind eine Bindung zu einer bestimmten Person aufgebaut, so kann diese nicht ausgetauscht werden. Längere Trennungen oder gar der Verlust dieser Bindungsfigur führen zu schweren Trauerreaktionen und großem seelischen Leid. Neben dem Bindungsverhaltenssystem gibt es nach Bowlby (1987/2003) ein komplementäres Explorationsverhaltenssystem, das die Grundlage für die Erkundung der Umwelt bietet. Mit beiden Verhaltenssystemen ist das Kind von Geburt an ausgestattet; beide Verhaltenssysteme werden durch Mangel aktiviert und durch Sättigung beruhigt. Hat das Kind zu einer Person eine Bindung aufgebaut, so kann es von dieser aus seine Umwelt erkunden und Explorationsverhalten zeigen. Kommt es dann bei seinen Erkundungsversuchen in eine Überforderungssituation (Erschrecken, Angst, Müdigkeit, Schmerz, Hunger, Unwohlsein), wird sein Bindungsverhalten aktiviert, und es wird zur „sicheren Basis" der Bindungsperson zurückkehren.

Wie Mütter auf die Bindungs- und Explorationsbedürfnisse ihres Kindes reagieren, ist sehr unterschiedlich und hängt weitgehend mit ihren eigenen Kindheitserfahrungen zusammen. Mary Ainsworth hat dieses mütterliche Antwortverhalten als Feinfühligkeit beschrieben (Ainsworth 1978/2003). Feinfühligkeit von Bindungspersonen gegenüber den Signalen des Kindes bedeutet, sich in die Lage des Kindes versetzen zu können und es als eigenständige Person mit eigenen Bedürfnissen und Absichten anzuerkennen.

Feinfühliges Verhalten gegenüber einem Kleinkind ist die Voraussetzung für den Aufbau einer emotional vertrauensvollen und tragfähigen Beziehung und beinhaltet, die Signale des Kindes wahrzunehmen, richtig zu interpretieren und prompt sowie angemessen darauf zu reagieren.

Neuere Untersuchungen zur Rolle des Vaters und zur väterlichen Feinfühligkeit legen nahe, dass diese für eine sichere Exploration für das Kind eine ebenso bedeutende Rolle spielt, wie die mütterliche Feinfühligkeit für eine sichere Bindungsorganisation (Kindler/Grossmann 2004). Das Konzept der „feinfühligen Herausforderung im Spiel" geht davon aus, dass der erwachsene Spielpartner in seiner Interaktion mit dem Kind nicht nur feinfühlig auf die Bindungsbedürfnisse des Kindes eingeht, sondern ebenso die Neugier, die Exploration und die Tüchtigkeit des Kindes unterstützt und fördert. Bei feinfühliger Herausforderung lässt das Kind den Beobachter deutlich erkennen, dass es das Werk selbst gemacht und so gewollt hat. Untersuchungen (vgl. Kindler/Grossmann 2004) zeigen, dass feinfühlige Unterstützung kindlicher Exploration der Bereich ist, von dem aus sich väterliche Einflüsse auf zentrale Aspekte der sozial-emotionalen und Bindungsentwicklung über Zeiträume bis zum 22. Lebensjahr entfalten.

Eine gesunde Entwicklung über den Lebenslauf braucht sowohl die Sicherheit der Exploration als auch die Sicherheit der Bindung. Feinfühliges Verhalten gegenüber einem Kind fördert somit die Befriedigung der drei psychischen Grundbedürfnisse nach Bindung, Kompetenz und Autonomie.

5. Neurobiologische Grundlagen von Bildung

Neuere Erkenntnisse aus der Neurobiologie und Gehirnforschung (Braun u. a. 2002) zeigen, wie sich frühe Bindungserfahrungen auf die Entwicklung im Gehirn auswirken. Das kindliche Gehirn erfährt in den ersten Lebensjahren nicht nur ein enormes Wachstum (ca. 400g bei Geburt und ca. 1000g im Alter von 2 Jahren), sondern auch eine starke Verdichtung der neuronalen Netzwerke. Damit neue Vernetzungen entstehen können, müssen bestimmte Areale im Gehirn gleichzeitig stimuliert werden, denn nur das gleichzeitige Aktivieren von verschiedenen Nervenzellen führt zu bleibenden Strukturveränderungen. Dies kann durch feinfühlige Interaktionen einer Bezugsperson mit dem Kind erreicht werden. Im Gehirn des Kindes werden primäre und sekundäre Sinnes- und Bewegungszentren, das Limbische System (wichtiges Areal für die Entstehung von Gefühlen) und Regionen im präfrontalen Kortex stimuliert. Die Stimulation dieser drei Hirnregionen führt zu neuen Vernetzungen. Nach Braun u. a. (2002) beeinflussen die frühkindlichen emotionalen Erfahrungen die funktionelle Entwicklung des Gehirns und führen zur Entstehung von neuen (sensorischen, motorischen und limbischen) Schaltkreisen im Gehirn, die eine optimale Leistungsfähigkeit und Anpassung an die Umwelt ermöglichen. Fehlt eine entsprechende Stimulation (z. B. bei Deprivation), dann entwickeln sich diese hochkomplexen Strukturen im Gehirn nur unzureichend und erschweren somit die Anpassung an die Herausforderungen alterstypischer Entwicklungsaufgaben. Die Qualität des emotionalen Umfeldes und der Grad der frühkindlichen geistigen Förderung beeinflusst die späteren intellektuellen und sozio-emotionalen Fähigkeiten eines Kindes.

6. Schlussfolgerungen für die Frühpädagogik

Nach Rainer Dollase (2006, S. 92) befindet sich die Frühpädagogik in einem entwicklungspsychologischen Dilemma: Einerseits ist die frühe Lernfähigkeit des kleinen Kindes ein lange bekanntes Faktum, andererseits ist sie mit der aktuellen Schulpädagogik nicht einzulösen – zu massiv sind die empirisch nachgewiesenen Kontraeffekte einer frühen Einschulung.

Welche Bildung brauchen Kinder und wann kann frühkindliche Bildung gelingen? Frühkindliche Bildung gelingt dann, wenn Kinder als aktive Lerner betrachtet werden, die Erzieherin auf die individuelle Entwicklung des einzelnen Kindes eingeht, Spielen als wertvolle Aktivität des Kindes verstanden wird und Lerngelegenheiten sinnvoll in den Alltag der Kinder und ihrer Initiativen eingebunden werden. Diese Forderungen entsprechen den vorliegenden frühpädagogischen Ansätzen, spiegeln sich in den verschiedenen Bildungsprogrammen und -plänen und sind darin präzise gefasst.

Am Anfang eines jeden Bildungsprozesses steht die emotionale Geborgenheit in der sicheren Erzieher-Kind-Beziehung. Solche sicheren und verlässlichen Erzieher-Kind-Beziehungen entstehen in Kindergruppen, in denen die Gruppenatmosphäre durch ein empathisches Erzieherverhalten bestimmt wird, das gruppenbezogen ausgerichtet ist und die Dynamik in der Gruppensituation reguliert.

Welche Theorie brauchen wir in der Frühpädagogik? Wir brauchen eine frühpädagogische Theorie, die stärker die Erkenntnisse der Entwicklungspsychologie berücksichtigt und nutzbar macht, sich also an den Grundbedürfnissen von Kindern und an ihren altersspezifischen Entwicklungsaufgaben orientiert. Wir brauchen eine Frühpädagogik, deren Konzepte empirisch überprüfbar sind und die sich an der positiven Entwicklung von Kindern messen lässt. Wir brauchen eine Frühpädagogik, die eine integrative Kraft hat, die theoretische Grabenkämpfe überwindet und die die Praxis der Frühpädagogik nachhaltig bereichert.

Literatur

Ainsworth, M. D. S. (1974/2003): Muster von Bindungsverhalten, die vom Kind in der Interaktion mit seiner Mutter gezeigt werden. In: Grossmann, K. E./Grossmann, K. (Hrsg.) (2003): Bindung und menschliche Entwicklung. John Bowlby, Mary Ainsworth und die Grundlagen der Bindungstheorie. Stuttgart, S. 102-111.
Ainsworth, M. D. S. (1978/2003): Skalen zur Erfassung mütterlichen Verhaltens: Feinfühligkeit versus Unempfindlichkeit gegenüber den Signalen des Babys. In: Grossmann, K. E./Grossmann, K. (Hrsg.) (2003): Bindung und menschliche Entwicklung. John Bowlby, Mary Ainsworth und die Grundlagen der Bindungstheorie. Stuttgart, S. 411-413.
Bowlby, J. (1987/2003): Bindung. In: Grossmann, K. E./Grossmann, K. (Hrsg.) (2003): Bindung und menschliche Entwicklung. John Bowlby, Mary Ainsworth und die Grundlagen der Bindungstheorie. Stuttgart, S. 22-28.
Braun, A. K. u. a. (2002): Frühe emotionale Erfahrungen und ihre Relevanz für die Entstehung und Therapie psychischer Erkrankungen. In: Strauss, B./Buchheim, A./Kächele, H. (Hrsg.) (2002): Klinische Bindungsforschung – Methoden und Konzepte. Stuttgart, S. 121-128.
Bruner, J. (1997): Sinn, Kultur und Ich-Identität. Heidelberg.

Deci, E. L./Ryan, R. M. (1992): The initiation and regulation of intrinsically motivated learning and achievement. In: Boggiano A. K./Pittman T. S. (Eds.): Achievement and motivation: a social-developmental Perspective. Cambridge, S. 9-36.

Deci, E. L./Ryan, R. M. (1995): Human autonomy: The basis for true self-esteem. In: Kernis, M. (Ed.): Efficacy, agency, and self-esteem. New York, S. 31-49.

Dollase, R. (2006): Möglichkeiten und Grenzen der Früherziehung aus entwicklungspsychologischer Sicht. In: Fried, L./Roux, S. (Hrsg.) (2006): Pädagogik der frühen Kindheit. Weinheim, S. 85-96.

Fend, H. (2000): Entwicklungspsychologie des Jugendalters. Opladen.

Fthenakis, W. (2003): Auf den Anfang kommt es an! Perspektiven zur Weiterentwicklung des Systems der Tageseinrichtungen für Kinder in Deutschland. Herausgegeben vom Bundesministerium für Familie, Senioren, Frauen und Jugend (BMFSFJ). Weinheim.

Havighurst, R. J. (1972): Developmental tasks and education. New York.

Kindler, H./Grossmann, K. (2004): Vater-Kind-Bindung und die Rollen von Vätern in den ersten Lebensjahren ihrer Kinder. In: Ahnert, L. (Hrsg.) (2004): Frühe Bindung. München.

Ryan, R. M. u. a. (1995): Autonomy, relatedness and the self: Their relation to development and psychopathology. In: Cicchetti, D./Cohen, D. J. (Eds.): Development and psychopathology, Vol. 1: Theory and methods). Oxford, S. 618-655.

Ryan, R. M. u. a. (1997): Nature and autonomy: An organizational view of social and neurobiological aspects of self-regulation in behavior and development. In: Development and Psychopathology, 9, 701-728.

Schäfer, G. E. (Hrsg.) (2005): Bildung beginnt mit der Geburt – Ein offener Bildungsplan für Kindertageseinrichtungen in Nordrhein-Westfalen (2. Auflage). Weinheim.

Skinner, E. A./Wellborn, J. G. (1991): Coping During Childhood and Adolescence: A Motivational Perspective. In: Featherman, D. L. u. a.: Life-Span Development and Behavior. Hilldale.

Spangler, G./Zimmermann, P. (1999) Bindung und Anpassung im Lebenslauf: Erklärungsansätze und empirische Grundlagen für Entwicklungsprognosen. In: Oerter R. u. a. (Hrsg.) (1999): Lehrbuch der klinischen Entwicklungspsychologie.Weinheim, S. 170-194.

Spitz, R. A. (1945): Hospitalism. In: Psychoanalytic Study of the Child, 1, 53-74.

Sroufe, L. A. (1989): Relationships, self, and individual adaptation. In: Sameroff A. J/Emde R. N. (Eds.): Relationship disturbances in early childhood. A developmental approach. New York, S. 70-94.

Urban, M. (2006): Professionalisierung und Qualitätsentwicklung im System. In PiK, www.profis-in-kitas.de. http://www.profis-in-kitas.de/hochschulen/rahmen-curriculum/folder.2006-02-2.8097633140/s-urban, Zugriff 18.1.2008.

Gerd Schäfer

Bildung in der frühen Kindheit

1. Die Grenzen pädagogischer Einwirkung und ihre Folgen

Die Einwirkungen von Erwachsenen auf Kinder enden an deren Körpergrenzen. Alles was danach geschieht, entzieht sich direkten Einwirkungsmöglichkeiten und liegt in der Kompetenz des Kindes. Daraus ergibt sich: Bei allen Lern- und Bildungsprozessen, die Kinder nicht von sich aus eingehen, muss man die Mitwirkung des Kindes erreichen. Das einzige, was man pädagogisch beeinflussen und gestalten kann, sind daher die Kommunikationsprozesse. Ihre Möglichkeiten liegen zwischen zwei Polen: dem Pol der Möglichkeit, sich mit dem Kind über ein gemeinsames Ziel zu verständigen und dem Gegenpol, seine Beteiligung an den pädagogischen Zielsetzungen mehr oder weniger durch Druck zu beeinflussen. Eine normativ orientierte Pädagogik – gleichgültig, ob sie sich auf empirische Normen (z. B. Standards) beruft oder ethische – neigt dazu, Druck auszuüben, selbst wenn diese Normen durch Einsicht erfasst werden können.

Eine kindorientierte Pädagogik bemüht sich um Verständigung. Sie setzt notwendig ein „Zuhören" voraus und die Möglichkeit des Kindes, selbstorganisiert tätig zu werden. Dass Kinder beim Lernen selbst tätig sind, ist trivial. Es geht auch nicht darum, dass ihr Lernen von einem tätigen Handeln begleitet wird, um es effektiver zu gestalten. Vielmehr spielt die Frage eine zentrale Rolle, inwieweit es pädagogisch zugelassen und unterstützt wird, dass Kinder den unvermeidlichen Anteil ihrer Selbstorganisation beim Lernen auch tatsächlich produktiv einsetzen dürfen. Das Bildungsverständnis des Bildungsansatzes, bemüht sich, diesen selbstorganisierten Anteil des kindlichen Lernens explizit wahrzunehmen, aufzugreifen, zu unterstützen und kulturell herauszufordern. Es ist die innere Verarbeitung, die Tätigkeit des Kopfes, die diese Selbstorganisation zustande bringt.

Was von den selbstorganisierten Anteilen frühkindlichen Lernens geht tatsächlich in Forschung und pädagogisches Handeln ein? Im alltäglichen Handeln hängt es davon ab, was von den Pädagoginnen und Pädagogen aufmerksam wahrgenommen wird. In die empirische Forschung gehen sie bislang so gut wie nicht mit ein. Das hängt mit dem vorherrschenden empirischen Forschungsparadigma zusammen, das sich immer noch an einem traditionellen, naturwissenschaftlichen Verständnis orientiert. Es ist hier nicht der Ort, eine ausführliche Kritik dieses Verständnisses für den Bereich der Human- und Sozialwissenschaften vorzulegen. Um aber die wichtigsten Perspektiven eines frühkindlichen Bildungsverständnisses zu skizzieren, ist es notwendig, die Begrenzung des traditionellen Empirie-Verständnisses und einen möglichen Ausweg anzusprechen; dies umso mehr, als eine traditionelle Empirie in der Frühpädagogik einen wissenschaftlichen Alleinvertretungsanspruch erhebt. Das bedeutet, dass der Anspruch eines Bildungsansatzes, wie er hier vertreten wird, nur mit einem erweiterten Empirie-Verständnis gedacht werden kann.

2. Probleme strenger Empirie

Der Atomphysiker Hans-Peter-Dürr (2000) erzählt ein Gleichnis des britischen Astrophysikers Sir Arthur Eddington aus dessen 1939 erschienenem Buch „The Philosophy of Physical Science": Der Naturwissenschaftler gleicht „einem Ichthyologen (…), der das Leben im Meer erforschen will. Er wirft dazu sein Netz aus, zieht es an Land und prüft seinen Fang nach der gewohnten Art eines Wissenschaftlers. Nach vielen Fischzügen und gewissenhaften Überprüfungen gelangt er zur Entdeckung von zwei Grundgesetzen der Ichthyologie:

1. Alle Fische sind größer als fünf Zentimeter.

2. Alle Fische haben Kiemen."

Offensichtlich ist der Schluss „alle Fische sind größer als fünf Zentimeter" auf die gesamte Wirklichkeit der Fische nicht zulässig, denn die Wirklichkeit ist weiter, als sie das Netz des Forschers zum Vorschein bringen kann. Das mag für einen, der nur forscht, bedeutungslos sein. Es macht aber deutlich, dass Schlüsse aus der Forschungswirklichkeit für die alltägliche Wirklichkeit nur eingeschränkt aussagekräftig sind. Keinesfalls können sie als Beweis für die „wirkliche" Wirklichkeit gelten.

Strenge Empirie ist in den Bereichen, die sie wahrnimmt, sehr genau. Deshalb ist sie auch notwendig. Sie ist aber außerhalb ihres eigentlichen Forschungsinteresses blind. Ihre Ergebnisse gleichen eher Laternen, die einen Teilaspekt hell beleuchten und alles andere im Dunkeln lassen. Deshalb eignen sich ihre Ergebnisse nicht als unhintergehbare Vorgaben für pädagogisches Handeln, denn dieses ist komplexer als die Blickwinkel der Empirie. Es muss stets eine Vielfalt von Möglichkeiten einbeziehen, auch solche, die nicht auf klassische Weise empirisch abgesichert werden können.

- Empirische Ergebnisse im traditionellen Sinn kommen für praktisches Handeln meist zu spät. Sie setzen bereits ein Handeln voraus, das überprüft werden kann. Sie können also nicht zur Begründung dieses Handelns herangezogen werden.
- Per definitionem können empirische Forschungsergebnisse auch nicht hinreichend spezifiziert sein, um die Besonderheiten einzelner Fälle zu erfassen, was aber für das situationsspezifische alltägliche Handeln unerlässlich ist.
- Strenge Empirie kann zwar einzelnen Phänomenen relativ genau nachgehen. Da sie diese aber aus ihrem Kontext heraus nehmen muss, um sie zu untersuchen, kann sie nicht die Bedeutungen erfassen, die diese Phänomene durch die Komplexität der Alltagszusammenhänge bekommen. Phänomene haben keine kontextunabhängige Bedeutung.
- Insbesondere kann (und will) die klassische Empirie nicht den einzelnen subjektiven Beitrag eines Kindes im Alltagsgeschehen in seiner Eigenleistung erfassen; ja sie macht – stützt man sich ausschließlich auf sie – genau für diesen Beitrag sogar blind.

Ergebnisse der strengen Empirie sind also ausschnitthaft, isoliert, ohne Kontextbezug, und unindividuell. Sie lassen sich für pädagogisches Alltagshandeln lediglich normativ verwenden. Als Grundlage unmittelbaren Handelns sind sie also nur eingeschränkt brauchbar. Sie sind aber nicht nutzlos, vielmehr geben sie eine Orientierung für langfristige – in gegebenen soziokulturellen Kontextbedingungen – stabile Tendenzen. Pädagogisches Handeln findet jedoch nicht nur in langfristig stabilen Kontexten statt, sondern unterliegt auch situativ wechselnden Kontextbedingungen. Für pädagogisches Handeln werden deshalb zusätzliche empirische Verfahren benötigt, die

- einzelne Phänomene nicht isoliert voneinander, sondern in alltäglichen Zusammenhängen untersuchen: Es ist z. B. ein Unterschied, ob ich früheste Formen eines mathematischen Denkens experimentell erfasse und nachweisen kann oder ob ich frage, auf welche Weise ein solches Wissen in Alltagszusammenhängen erscheint und tatsächlich von Kleinkindern verwendet wird,

- hinreichend genau situative und individuelle Alltagserfahrungen in ihren Kontexten wahrnehmen und der Reflexion zugänglich machen,
- keine normativen Vorgaben machen, sondern dialogische Formen der Verständigung ermöglichen.

Will man nun den von den Kindern selbst organisierten, spezifischen Beitrag zur ihren Lernprozessen erfassen, so ist man auf diese weitergehenden empirischen Verfahren angewiesen. Eine subjektorientierte frühkindliche Bildungsforschung muss daher über den Rahmen einer traditionellen empirischen Forschung hinausgehen, da diese den subjektiven Anteil in seiner eigenen Qualität ausschließt.

3. Wenn die traditionelle Empirie für das pädagogische Handeln unzureichend ist, was dann?

Es scheint sinnvoll, zwischen Empirien unterschiedlicher Reichweiten zu unterscheiden, die unterschiedliche Methoden verwenden und unterschiedliche Gültigkeitskriterien erfüllen: Empirien

- großer,
- mittlerer und
- kurzer Reichweite.

Allgemeine Entwicklungszusammenhänge psychischer oder sozialer Art innerhalb eines kulturellen Zusammenhangs, generelle Wirkungsweisen pädagogischer Traditionen lassen sich gut mit Ergebnissen strenger Empirie absichern. Empirien mittlerer Reichweite stützen sich auf komplexe, eher qualitative Forschungsverfahren, die stärker die situativen Kontexte mit einbeziehen. Deshalb sind ihre Ergebnisse vielleicht nicht so stabil. Sie gleichen diesen Nachteil jedoch durch höhere Differenziertheit und Spezifität der Aussagen aus.

Empirien kurzer Reichweite sind Verfahren, die unmittelbar im alltäglichen Handeln angesiedelt sind. Sie erweitern die Wahrnehmung der pädagogisch Handelnden; sie machen Phänomene wahrnehmbarer, die allzu leicht im alltäglichen Geschehen untergehen. Beobachtungsverfahren und Dokumentation gehören hierzu.

Die Zuverlässigkeit der Verfahren nimmt dabei (von oben nach unten) graduell ab, die Gültigkeitskriterien verändern sich von der Reproduzierbarkeit der Ergebnisse hin zu interpersoneller, dialogischer Überprüfbarkeit. Die damit verbundenen Einschränkungen werden teilweise dadurch kompensiert, dass Folgerungen aus dieser Empirie kurzfristig – von Tag zu Tag – verändert und korrigiert werden können.

Um zur Parabel Eddingtons zurück zu kehren: Traditionelle empirische Forschung gleicht der Netzforschung. Sie kann durch Netze unterschiedlicher Maschengröße verfeinert werden, behält aber den Nachteil, dass sie nur untersuchen kann, was sie mit ihren Netzen einfängt. Sie weiß wenig vom Ort des Geschehens und nichts über Bereiche, die sich nicht mit ihren Netzen fangen lassen. Die qualitativen Verfahren mittlerer und kurzer Reichweite hingegen sind in der Lage, Phänomene am Ort ihres Geschehens und in ihrer Verflochtenheit in den Kontext wahrzunehmen. Sie gleichen eher U-Booten, mit welchen man die Ereignisse am Ort ihres Geschehens genauer erfassen und analysieren kann.

4. Worauf stützt sich der Bildungsansatz?

Es sieht also so aus, als benötigte die Erziehungswissenschaft sowohl die Netz- wie auch die U-Boot-Forschung, um Aussagen machen zu können, die in pädagogisches Handeln umsetzbar sind. Der Bildungsansatz bezieht daher die Wahrnehmungs-, Forschungs- und Theoriebezüge aller drei empirischen Ebenen mit ein.

4.1 Empirien großer Reichweite

Selbstverständlich wird von Ergebnissen einer klassischen empirischen Forschung ausgegangen. Um jedoch die Nachteile des begrenzten Blickwinkels auf der Ebene der strengen Empirie großer Reichweite ein Stück weit auszugleichen, stützt sich der Bildungsansatz nicht nur auf Forschungsergebnisse einer Wissenschaftsdomäne. Neben Ergebnissen der Lehr- und Lernforschung werden Forschungsergebnisse der Entwicklungspsychologie und insbesondere der Kognitionsforschung (einschließlich Neurobiologie oder – wo erforderlich – der Linguistik) als theoretische

Grundlegungen einbezogen.[1] Daraus ergibt sich ein zusätzliches Gültig-
keitskriterium. Vergleichbare Ergebnisse aus unterschiedlichen Wissen-
schaftsdomänen sind vermutlich realistischer als Einzelergebnisse ohne eine derartige vielperspektivische Validierung. Schlüsse werden nicht aus
einzelnen Theorien abgeleitet, sondern aus dem mehrperspektivischen Vergleich.

4.2 Empirie mittlerer Reichweite

Auf der Ebene einer Empirie mittlerer Reichweite werden Beobachtungen
in Alltagszusammenhängen aus der Säuglings- und Kleinkindforschung herangezogen (vgl. Schäfer 2008). Ausgangspunkt vieler Überlegungen sind
die entwicklungspsychologischen Arbeiten von Katherine Nelson (1996,
2007), deren theoretische Konzeptualisierungen und empirisches Vorgehen.
Es wird in unserer Arbeitsgruppe in den Bereich des Naturwissens von
Kindern in Alltagszusammenhängen übertragen und dementsprechend mo-
difiziert bzw. weiter gedacht.

Für eigene Forschungen haben wir aus diesen Ansätzen das Konzept einer „ethnografischen Bildungsforschung" (vgl. Schäfer/Staege 2008) entwickelt, das einem (nicht nur, aber auch, sozial-) konstruktivistischen Er-
kenntnisparadigma Rechnung trägt. Neben der direkten Beobachtung beziehen wir Foto-, Video- und Sprachdokumentationen mit ein.

4.3 Empirie kurzer Reichweite

Für eine Empirie kurzer Reichweite konnten wir auf keine vorhandenen
Ansätze zurückgreifen, sondern haben dafür das Konzept des „beobachtenden Wahrnehmens" erarbeitet (vgl. Arbeitsgruppe Professionalisierung
frühkindlicher Bildung 2005). Dieses Konzept wird kontinuierlich weiter
entwickelt. Im Augenblick steht ein Beobachtungsleitfaden zur Verfügung,
der auch als Grundlage für empirische Untersuchungen mittlerer Reichweite erprobt wird.

---

1   Wegen der Vielzahl der Literaturverweise wird hier auf detaillierte Nachweise und
    Titelnennungen verzichtet. Nachweise finden sich in Schäfer (2008).

5. Der Wissensbegriff des Bildungsansatzes

5.1 Frühkindliches Wissen als Herausforderung der Lern- und Bildungsforschung[2]

Frühkindliches Wissen ist in allererster Linie Handlungswissen, Wissen, welches daraus hervorgeht, dass das Kind sich in der Welt orientiert und orientieren muss, in der es lebt.

Man schränkt den Wissensbegriff zu sehr ein, wenn man unter Wissen nur das Wissen versteht und in Erwägung zieht, welches von einer Generation auf die andere übertragen wird. Dabei wird nämlich das alltägliche Hintergrundwissen übersehen, welches notwendig ist, damit dieses kulturelle Wissen überhaupt verstanden werden kann. Die Bedeutung dieses Alltags- und Hintergrundwissens, sowie seine Entstehung, sind die Herausforderung, vor welche die Frühpädagogik die Erforschung kindlicher Lern- und Bildungsprozesse stellt. Es entsteht – als Erfahrungswissen – weitgehend durch das Handeln der Kinder in der ihnen gegebenen Umwelt und wird in der Regel nicht intentional durch Erwachsene vermittelt. Die Erwachsenenwelt schafft allerdings die Rahmenbedingungen, unter welchen dieses Handeln stattfindet.

5.2 Ein dynamisch-konstruktives Wissensmodell für die frühe Kindheit

Es wird hier zwischen einem Wissen unterschieden, das den eigenen Erfahrungen entspringt, und einem Wissen, das von anderen – bereits vorstrukturiert – übernommen wird. Letzteres muss mit vergleichbaren Erfahrungen verknüpft werden, soll es einen individuellen Sinn bekommen. Ersteres muss vom Kind selbst geordnet, strukturiert und gedacht werden – gegebenenfalls mit Hilfe anderer Kinder oder der Erwachsenen. Beiden Wissensformen liegen also völlig unterschiedliche Lernprozesse zugrunde. Geht man nun vom Erfahrungswissen aus, so sollen hier wenigstens in Kurzform einige Bestimmungsmerkmale skizziert werden (vgl. Schäfer 2008):

- Weiter Wissensbegriff: Unter Wissen wird hier alles gefasst, was im Gehirn als strukturierte Reaktion auf vergangenes Handeln repräsentiert ist. Es umfasst ein differenziertes Wahrnehmen, ein Handelnkönnen in Zu-

---

2 Ausführlicher werden diese Zusammenhänge dargestellt in Schäfer (2005/2007; 2008).

sammenhängen, die Repräsentation von Welt im Zentralen Nervensystem und mit seiner Hilfe, sowie deren interne Verarbeitung oder Umstrukturierungen durch alle Arten von Gedanken.

- Wissen entsteht durch Interaktion: Wissen wird dadurch immer wieder neu und im Augenblick erzeugt, dass Kontexte einer äußeren Welt mit Kontexten der subjektiven inneren Welt interagieren. Was dabei im Kontext der inneren Welt bedeutsam wird, entscheidet das Subjekt.
- Wissen ist situiert: Es entsteht in einem Handeln, das auf eine Situation bezogen ist. Dabei sind am Handeln subjektive, soziale und sachliche Dimensionen – bewusst oder unbewusst – mitbeteiligt.
- Wissen ist dynamisch: Wissen ist nicht in einem Speicher vorhanden und wird von dort abgerufen, sondern wird im Augenblick hervorgebracht. Das Gedächtnis beteiligt sich daran mit Teilen von Erinnerung. Diese werden durch die aktuelle Situation wachgerufen und – bezogen auf diese – neu organisiert oder entsprechend den augenblicklichen Notwendigkeiten ergänzt und/oder variiert.
- Wissen ist verkörpert: Es verbindet den Sachbezug mit einem Selbstempfinden. Dieses entspringt den jeweiligen Körperzuständen und ihrer Regulation, schließt die Emotionen mit ein und leitet die Handlungsmotorik.
- Wissen ist deshalb komplex:
  - Es besteht aus sachlichen Kompetenzen sowie individuellen und sozialen Handlungsmustern,
  - es wird durch emotionale Beziehungsmuster strukturiert,
  - es enthält domänenspezifische und domänenübergreifende Anteile und
  - steht in Beziehung zum kontextuellen Hintergrundwissen.
- Wissen entsteht kumulativ: Früheres Wissen wird durch darauf folgendes Wissen umgeschrieben. Von daher ist früheres Wissen immer auch der Hintergrund, vor dem neues Wissen entsteht.
- Wissen wird transformiert: Zu jedem Wissen gehört ein Vor-Wissen, das nicht unbedingt auf der gleichen Denkebene liegen muss.

6. Transformationen kindlichen Wissens

Am Beispiel des Naturwissens von kleinen Kindern sollen im Folgenden wesentliche Transformationen frühkindlichen Wissens – von Geburt an – skizziert werden.[3]

6.1 Entwicklungswege des Erfahrungswissens

Das Erfahrungswissen der Kinder entsteht aus der Ausbeutung ihrer sinnlichen Erfahrungen in Alltagszusammenhängen. Indem sie erfassen, wie die Dinge zusammenhängen, in welchen Kontexten sie sich im allgemeinen befinden, wie sie üblicherweise geformt und wozu sie gebraucht werden können, entsteht in ihren Köpfen eine sinnliche Ordnung der Wirklichkeit, mit der Kinder bereits denken, bevor sie überhaupt sprechen. Diese Erfahrungen durchlaufen Umwandlungen, bis sie schließlich symbolisch gefasst und sprachlich gedacht werden können. Vier Formen einer solchen Umwandlung konnten bisher heraus gearbeitet werden.

- konkretes Denken
- aisthetisches Denken
- narratives Denken
- theoretisches Denken (vgl. Nelson 1996, 2007; vgl. auch Schäfer 2008).

Ihnen ist der Grundgedanke gemeinsam, dass jede Erfahrung, die kleine Kinder neu machen, von einem konkreten Handeln innerhalb einer gegebenen Situation ausgeht. Diese „Handlungsmuster" können weiter gedacht werden. In der Vorstellung lösen sie sich von der konkreten Situation. Sie können als Vorstellungen im Kopf oder mit Hilfe von Spiel und Gestaltung auch außerhalb des Kopfes verändert, variiert oder manipuliert werden (aisthetisches Denken). In der dritten Transformation werden die szenischen oder bildhaften Zusammenhänge in Sprache gefasst. Es entstehen zunächst Erzählungen des situativen Handelns, die im Prozess des Sprechens und des Dialogs umgewandelt, erweitert, präzisiert und geprüft werden können. Aus diesen Erzählungen heraus können Theorien entstehen, die die wesentlichen Gesichtspunkte einer Erfahrung nun unabhängig von der erlebten Situation erfassen.

---

3 Die folgenden Überlegungen geben, teilweise gekürzt und etwas überarbeitet, die wesentlichen Gedanken aus Schäfer u. a. (2008), Kapitel 6 wieder.

6.2 Konkretes Denken: Denken durch Handeln und Bewegung

Mit konkretem Denken wird hier das Denken mit den Mitteln des Körpers bezeichnet, Denken als Bewegen und Handeln.[4] Es ist an diese Handlungen zunächst gebunden, bevor es sich als ein inneres Handeln auch in der Vorstellung vollziehen kann.

Das konkrete Denken verbindet motorisches Handeln mit dem Spektrum sinnlicher Eindrücke, emotionalen Erlebens und sozialer Beziehungen einer gegebenen Situation. Dabei geht es nicht um einen momenthaften Eindruck, sondern um einen Prozess, in dem Vielfältigkeit, Qualitäten und Nuancen wahrnehmend, empfindend und fühlend erschlossen werden.

Durch Bewegen und Handeln macht der Körper seine ersten Erfahrungen von der Materialität der Welt. Indem Dinge in Handlungen miteinander verknüpft werden, heben sie sich als Handlungsmuster aus dem unendlichen Fluss der Ereignisse heraus. Sinnlich erfahrene Handlungszusammenhänge bilden daher die Grundlage einer Ordnung des kindlichen Wissens.

6.3 Aisthetisches Denken

Aisthetisches Denken ist ein Denken mit bildlichen Mitteln, ein Denken mit Hilfe von Vorstellungen, Phantasien, unterschiedlichen Weisen des Gestaltens und des Spiels. Hierzu einige Beispiele:

Sammeln und Ordnen ist eine elementare Weise über neue Erfahrungen nachzudenken. Die Kategorien des Ordnens müssen nicht den Kategorien der Erwachsenenwelt entsprechen. Es sind auch nicht unbedingt abstrakte, rein sachbezogene Kategorien, sondern Kategorien, die aus individuellen Handlungszusammenhängen entstehen.

Gestaltend Nach-Sinnen ist ein Nach-Denken mit sinnlichen Mitteln. Indem die Kinder ihre Erlebnisse mit Stift und Papier reflektieren, drücken sie auch aus, was an diesen Ereignissen für sie bedeutsam ist: Kinder waren morgens im Gelände und kletterten an den steilen Lehmwänden mit Hilfe der Seile. Nachmittags, in der Werkstatt, greifen sie zu Stiften und bringen ihre Erfahrungen zu Papier.

Bauen und Konstruieren: Gesammelte Materialien kann man in neuen Zusammenhängen verwenden. Man kann mit ihnen bauen und konstruieren, neue Welten entstehen lassen, die entweder die Realität der Kinder variierend rekonstruieren oder ihren Vorstellungen und Phantasien Ausdruck ge-

---

4   Vgl. die Ausführungen über „embodied cognition" in Schäfer (2008), Kapitel 10.

ben: Aus gesammelten Hölzern entsteht eine Brücke. Gesammelte Steine werden zum Material für vielerlei Bauwerke. Bei einem Brückenbau, mit verschiedenen rechtwinkligen und gerundeten Steinen, finden und „erfinden" die Kinder deren Konstruktionsprinzipien.

Denken in Vorstellungen fügt den Zusammenhängen und Ordnungen des konkreten Handelns neue – aisthetische – Ordnungen hinzu. Diese Ordnungen verinnerlichter Bilder und Szenen, Ordnungen des Spielens und Gestaltens, bilden eine zweite Dimension einer vorsprachlichen Ordnung des Denkens. Mit seiner Hilfe können die Naturerfahrungen der Kinder gedacht, in einer fiktiven Wirklichkeit ausgetestet und in neue Zusammenhänge eingefügt werden. Von diesen szenischen und bildhaften Gedankenwelten geht ein Denken in Geschichten, das narrative Denken, aus.

6.4 Narratives Denken

Erzählend werden Bilderszenen in Sprache verwandelt. Es entstehen Geschichten. Sie repräsentieren, was wahrgenommen, empfunden und in erinnerbaren Erlebnissen zusammengefasst werden konnte.

Das narrative Denken markiert den Übergang von der bildhaft-szenischen Repräsentation zur sprachlichen und damit auch von einer performativen Logik zu einer sprachlichen logischen Ordnung. Die Beobachtung von Kindern bei ihren eigenen Denkbewegungen in der Lernwerkstatt zeigt dabei, dass die Bilder und Szenen auch im sprachlichen Denken zunächst die Hauptrolle spielen. Vor allem durch diese Versprachlichung wird Können und Wissen bewusst. Dabei verwandelt sich Wissen von einem impliziten zu einem expliziten Wissen.

In Metaphern denken

Kinder benutzen erlebte Bilder und Szenen, um Dinge, die ihnen unbekannt sind, zu beschreiben. Sie bezeugen, wie genau und intensiv sie ihre Welt wahrnehmen. Sie belegen aber auch, dass sie ständig darüber nachdenken, was diese Dinge bedeuten.

Wie Lakoff und Johnson (1999) dargestellt haben, bilden diese Raum-, Bewegungs- und Handlungsmetaphern auch die Grundlage der abstrakten Begriffssprache. Sie folgern daraus, dass die Organisation des abstrakten Denkens auf der Grundlage eines konkreten Umgangs mit der Wirklichkeit erfolgt.

Von daher wird verständlich, dass ohne ausreichende und differenzierte Erfahrungen von der belebten oder nichtbelebten materiellen Welt das Interesse an Natur und Naturwissenschaft nicht unterstützt wird. Darüber hinaus fehlt ein wichtiger Grundstein für eine differenzierte Sprachwelt. Hierzu drei Beispiele:

- Kinder waten mit ihren Gummistiefeln durch einen Sumpf. Dabei bleiben sie im Matsch stecken und kommentieren: „Die Erde schmilzt".
- Ein Junge spielt mit einer grünen Wäscheklammer: „Das ist ein Krokodilschiff. Mein Krokodilschiff schwimmt auf alle Fälle, weil – Krokodile schwimmen ja auch!"
- Kinder denken über Schnecken nach: „Die Schnecken haben an den Bäumen fest geklebt. Da haben wir die gefunden und abgemacht. Wie können die denn da kleben?" – „Die machen in ihrem Körper so etwas ähnliches wie Kleber, und das ist ihr Schneckenschleim."

Ist-Wie-Erklärungen

Kinder leiten aus den erlebten Bildern und Szenen Erklärungen ab, finden Gründe, warum die Dinge so sind, wie sie sind: Das Wissen ist wie in Einmachgläsern gespeichert, der Schatten ist wie der Abend am Tag, der Mond ist wie ein Ball. Das ist die Grundlage für das, was heute in der Entwicklungspsychologie "naive" oder "intuitive" Theorien genannt wird. Sie beruhen auf der sinnlichen Ausbeutung der kindlichen Welterfahrung, gedacht in Bildern, die in Sprache verwandelt und dann der sozialen Welt zu Ohren gebracht, mit anderen geteilt – ihnen mitgeteilt – wird.

Übergänge zum theoretischen Denken

Der Weg zum Naturwissen – und erst recht zur Naturwissenschaft – führt nun darüber, dass Kinder die Vielfalt möglicher Erlebnis- und Erfahrungskontexte nicht mehr beliebig einsetzen, sondern es lernen, sich auf einen kulturell bestimmten, theoretischen Kontext – den biologischen, physikalischen, chemischen oder mathematischen – zu beziehen und zu beschränken.

Das theoretische Denken übernimmt alle Vorzüge, die durch die Versprachlichung des Wissens im narrativen Denken gewonnen werden können. Der wesentliche Unterschied zwischen dem narrativen und dem theoretischen Denken besteht nun darin, dass das narrative Denken sich an den subjektiven inneren Überzeugungen orientiert, während das theoretische Denken darüber hinaus kulturell gegebene Theorien und Wahrheitskriterien mit einbezieht. Im narrativen Denken geht es um eine subjektiv überzeugende, innere Wahrheit, im theoretischen Denken um sachlich und interpersonell nachprüfbare, objektivierbare Kriterien, an welchen sich die eigene Überzeugung messen kann. Das theoretische Denken verlässt auch den narrativen Handlungszusammenhang zugunsten abstrakter, logisch begründeter, kausaler Folgen. Dabei können Zwischenformen entstehen, in welchen sich das theoretische und das narrative Denken in unterschiedlichen Mischungsverhältnissen miteinander verbinden:

> *Die Kinder überlegen, wie die Rehe die steilen Lehmhänge hoch kommen:*
> *„Wie machen das die Rehe? Die rutschen nicht."*
> *„Haben Rehe Hufeisen an den Füßen? Vielleicht ist da Magnetismus. Vielleicht haben die magnetische Füße mit Hufeisen."*
> *„Wir müssen den Rehen morgen auf die Füße gucken!"*

Pferde haben Hufeisen, das scheinen die Kinder zu wissen. Aber sie sehen diese nicht als eine Art Laufsohle an, sondern als Hufeisenmagnet, der eine Klebrigkeit zum Untergrund herstellt. Es ist der Magnetismus, der die Pferde nicht ausgleiten lässt. Bei Rehen könnte das dann genauso sein. Sie klettern wie Pferde: magnetisch, mit Hilfe ihrer Hufeisen. Man bemerkt: In diese Erklärung geht bereits eine ganze Menge von Vorwissen ein, das für dieses Kind bekannt war. Erwachsene müssen diesen möglichen Kontext rekonstruieren, um den Sinn der Aussagen dieser Kinder zu erfassen.

7. Zusammenfassung

Den Weg der Kinder ins Naturwissen könnte man nun knapp und abstrakt als einen Weg beschreiben, der von den Naturerfahrungen im Alltags- und Handlungskontext zu den Beschreibungen dieser Naturerfahrungen mit Hilfe abstrakt theoretischer Symbolsysteme führt.

- Handlungs- und Sinneserfahrungen sind der Ausgangspunkt von Erfahrungswissen.
- Sie werden in Bildern und Szenen gelebten Lebens arrangiert, gespeichert und gedacht.
- Diese verbinden sich mit Erinnerungen zu neuen Szenen.
- Die Sprache hebt sie ins Bewusstsein und macht sie der bewussten Bearbeitung zugänglich.
- Sie ist aber auch das wichtigste Einfallstor für die Gedanken anderer, die nun, ebenfalls bewusster als vorher, in die eigenen Vorstellungs- und Denkwelten eingebaut werden können.

- Mit den versprachlichten Szenen und Bildern entstehen erste Theorien, die sich aus subjektiven Überzeugungen speisen.
- Verknüpft mit dem Wissen aus den kulturellen Speichern können sie an dem überprüft werden, was sich im Laufe der Geschichte an Überzeugungen angesammelt hat. Dadurch gewinnen sie soziale Verbindlichkeit.
- Dazu ist es notwendig, dass den Kindern alternative Denkmodelle zur Verfügung stehen.
- Im Verlauf des Wandels vom konkreten zum theoretischen Denken findet eine Kontextwechsel statt: vom Handlungskontext zum Theoriekontext.

Das so gewonnene Erfahrungswissen, von der lebenden und von der unbelebten materiellen Welt, bildet die Grundlage allen Naturwissens bis hin zum naturwissenschaftlichen Wissen.

8. Zurück zum Bildungsverständnis

Am Beispiel einiger Entwicklungsschritte des Naturwissens von Kindern sollte dem Anteil selbstorganisierter Denkprozesse der Kinder bei ihrem Bildungsprozess nachgegangen werden. Das alleine reicht jedoch für nachhaltige Bildungsprozesse nicht aus. Selbstbildung meint nicht „Von-selbst-Bildung", wie das einige Kritiker des Selbstbildungsbegriffes unterstellen, sondern beschreibt den Anteil der Selbsttätigkeit des Kindes innerhalb einer Lern-Kultur mit dem Ziel, dem Kind eine Partizipation an der Kultur zu ermöglichen, in die es hineinwächst.

Das Neue an diesem Bildungsverständnis – Selbstbildungsprozesse in einer Kultur des Lernens – liegt darin, dass wir uns nicht mehr nur an die Stelle der Kinder setzen, um zu sagen, was kindgemäß ist (wie es bisher die Didaktik bestenfalls macht), oder es der Entwicklungspsychologie überlassen, uns ein wissenschaftliches Bild vom Allgemeinkind vorgeben zu lassen. Wir sind vielmehr dazu übergegangen, darüber hinaus nach Verfahren zu suchen, die es erlauben, in der konkreten Praxis auf die Kinder selbst zu hören, ihnen die Möglichkeit zu geben, uns in den Bildern, die wir uns von ihnen gemacht haben, irritieren zu lassen. Denn ihre subjektive Besonderheit besteht ja in dem, womit sie von den Allgemein- und Standardkindern abweichen. Aus einer sozialkonstruktivistischen Perspektive betrachtet bedeutet diese Auffassung, dass wir nicht nur annehmen, dass Menschen Produkte sozialkonstruktiver Prozesse sind, sondern dass wir die Kinder als soziale Konstruktionspartner unseres Bildes vom Kind tatsächlich in professionelles pädagogisches Handeln mit einbeziehen. Und da stehen wir erst am Anfang.

Literatur

Arbeitsgruppe Professionalisierung frühkindlicher Bildung (2005): Beobachtung und Dokumentation in der Praxis. Kronach.

Dürr, H.-P. (2000): Das Netz des Physikers. München.

Lakoff, G./Johnson, M. (1999): Philosophy in the Flesh. New York.

Nelson, K. (1996): Language in Cognitive Development. Cambridge.

Nelson, K. (2000): Young Minds in Social Worlds. Cambridge.

Schäfer, G. E. (Hrsg.) (2007): Bildung beginnt mit der Geburt. Weinheim.

Schäfer, G. E. (2008): Lernen im Lebenslauf. Expertise für die Enquetekommission „Chancen für Kinder" des Landtags Nordrhein-Westfalen. Düsseldorf.

Schäfer, G. E./Alemzadeh, M./ Eden, H./ Rosenfelder, D. (2008): Die Natur als Werkstatt – Über Anfänge von Biologie, Physik und Chemie im Naturerleben von Kindern. Berlin u. Weimar.

Schäfer, G. E./Staege, R. (Hrsg.) (2008): Ethnografische Bildungsforschung. Köln (MS).

Schäfer, G. E./Strätz, R. (Hrsg.) (2008): Frühkindliche Bildung – Ein Handbuch für die Professionalisierung der Fachkräfte in der Praxis. Berlin u. Weimar.

Lilian Fried

Bildung und didaktische Kompetenz

Welche Bildung brauchen Kinder und welche didaktischen Kompetenzen brauchen Professionelle in der Pädagogik der frühen Kindheit?

Der Stellenwert frühpädagogischer Bildung scheint derzeit unumstritten. Nicht nur die Fachwelt, sondern zunehmend auch die Öffentlichkeit anerkennen, dass Kinder bereits in jungen Jahren bildungsfähig und -bedürftig sind. Eine den aktuellen Erkenntnisstand widerspiegelnde Antwort auf die Frage, wie die Professionellen mit dem sich daraus ergebenden Bildungsanspruch umgehen sollen, bleibt die Pädagogik der frühen Kindheit allerdings noch weitgehend schuldig. So fehlt nicht zuletzt eine wissenschaftlich fundierte ausgearbeitete Kindergartendidaktik, aus der sich ableiten ließe, welche didaktische Kompetenz Erzieherinnen für die Bildungsarbeit im Kindergarten brauchen. Vor diesem Hintergrund wird im Beitrag thematisiert, welches Bildungsverständnis für junge Kinder angemessen scheint und von welcher Art die Bildungsangebote im Kindergarten demnach sein sollten. Des Weiteren werden Überlegungen angestellt, welche didaktische Kompetenz Professionelle in der Pädagogik der frühen Kindheit demnach brauchen. Dies wird am Beispiel des Bildungsbereichs „Sprache" konkretisiert.

1. Bildungsverständnis

1.1 Historische Vorläufer

Die Antwort auf die Frage, welche Bildung junge Kinder brauchen, soll vor dem Hintergrund einer Grundfigur des historischen Bildungsverständnisses gegeben werden: Laut den u. a. von Nipkow (1977), Tenorth (1986) und Wehnes (1991) vorgelegten Rekonstruktionen historisch-spekulativer Begriffe können vor allem folgende Momente als konstitutiv für Bildung gelten: Der Mensch muss sich von Anfang an aus dem Zustand der „Un-Bildung" befreien (Mündigkeit bzw. Emanzipation), um seinem „Wesen Wert und Dauer zu verschaffen" (Humboldt in Figal 1981, S. 10). Das erfordert die freie tätige Entwicklung (Selbstentfaltung) und Formung (Kultivierung) der inneren Kräfte (Natur) durch Auseinandersetzung mit der mannigfaltigen äußeren Welt (u. a. Gesellschaft); Ziel ist dabei die stets fortschreitende Erkenntnis von und Teilhabe an Wahrheit (Vernunft, Tugendhaftigkeit), unter Vermeidung der Gefahr zu früher Verzweckung (berufliche Eingepasstheit, gesellschaftliche Nützlichkeit).

Demnach müssen Bildungsangebote so beschaffen sein, dass sie die freie tätige Auseinandersetzung eines jungen Kindes mit einer mannigfaltigen äußeren Welt nicht nur erlauben, sondern so unterstützen und herausfordern, dass es seine inneren Kräfte nicht nur entfalten, sondern auch ausformen kann, indem es der Wahrheit immer deutlicher bzw. klarer gewahr wird. Die Nähe dieser „Kurzformel" zu aktuellen sozialkonstruktivistischen Lernvorstellungen ist unverkennbar. Aus der sozialkonstruktivistischen Perspektive sticht nämlich hervor, dass alles, was wir an Erkenntnis gewinnen bzw. an „Selbst-Formung" erringen, mit unserer Individualität, deren biografischer Gewordenheit sowie deren situativer Einbettung verbunden ist (Werning 1989, S. 39). So betrachtet sind Bildungsangebote der „Versuch der Anregung" von Lernenden, die gemäß ihrer eigenen Logik operieren, indem ihnen Möglichkeiten nahegebracht werden, die eigenen Erkenntnisstrukturen „zu hinterfragen, zu überprüfen, weiterzuentwickeln, zu verwerfen, zu bestätigen usw." (ebd., S. 40). Wie genau das erreicht werden kann, ist aber noch kaum geklärt, weil „die empirische Basis" der konstruktivistischen Betrachtungsweise „noch sehr schmal" ist (vgl. z. B. Dubs 1995, S. 889).

1.2 Bildung als Dialog

Hier hilft ein erneuter Rückgriff auf historisch-spekulative Bildungsbegriffe weiter. Demnach ist „Bildung als Antwort auf Welt" anzusehen (vgl. Lenzen 1989, S. 1129). Damit ist „Bildsamkeit (…) nie einfach gegeben, nie einfach vorhanden als Möglichkeit des Kindes, als gleichsam abstrakt verfügbare Potenz. Sie zeigt sich nur als Antwort auf Herausforderungen, als Ergebnis pädagogischer Beziehungen und Erwartungen ebenso wie kultureller Angebote und Aufgaben". Bildung ereignet sich also nach Humboldt ganz wesentlich „im Medium des Dialogs" (vgl. Figal 1981, S. 14), welcher vom Erwachsenen und vom Kind „in möglichster Zusammenstimmung" (Schleiermacher 1983, S. 34), in „gemeinsamem Verständnisvollzug" (Meyer-Drawe 2000, S. 45) gestaltet werden muss. Dann kann es passieren, dass beim Kind Denken „provoziert und angestiftet wird durch ein vernehmendes Denken, das vom Erwachsenen herrührt" (Meyer-Drawe 2000, S. 45). Dieses Zusammenspiel ist laut Schleiermacher – als „Augenblickserleben", als „reines in-der-Gegenwart-sein" zu denken. Dies ist ein „rein pädagogischer Moment" (Schleiermacher 1983, S. 46); oder wie Copei (1924) es ausdrückt, ein „fruchtbarer Moment"; der sich – gemäß Meyer-Drawe und Waldenfels (1988, S. 276) – in den „Modalitäten des Hörens und Sprechens" vollzieht. Bildung ereignet sich also ganz wesentlich im Verlauf sprachlicher Interaktionen zwischen Erwachsenem und Kind.

Das wirft die Frage auf, wie genau die sprachlichen Interaktionen zwischen Erzieherin und Kind beschaffen sein müssen, um dem Kind möglichst optimale Bildungschancen in Form von pädagogischen bzw. fruchtbaren Momenten zu eröffnen. Eine zufriedenstellende Antwort darauf geben die spekulativ-theoretischen Bildungsbegriffe nicht her. Dazu sind sie zu „ganzheitlich", also zu allgemein und abstrakt (vgl. z. B. Merkens 2006); oder umgekehrt ausgedrückt: zu undifferenziert und unkonkret. Hier kommt man nur weiter, wenn man die spekulativ-theoretischen Bildungsbegriffe schritt- bzw. bruchstückweise in empirische Bildungsbegriffe überführt. Auf diesem Weg können Indikatoren bestimmt bzw. operationalisiert werden, die dann als Ausgangspunkt für didaktische Überlegungen zu dienen vermögen.

In Bezug auf das „Hören und Sprechen" zwischen Erzieherin und Kind gibt es schon erste Ansätze. So haben insbesondere Sylva et al. (2003, 2004) in ihrer empirischen Untersuchung die „langandauernden geteilten Denkprozesse" („sustained shared thinking") zwischen Erwachsenen und Kindern als wesentlichen Indikator für „pädagogische bzw. fruchtbare Momente" identifiziert. Des Weiteren haben sie herausgearbeitet, dass derartige Momente nur zu erwarten sind, wenn die Erwachsenen über dementsprechende didaktische Kompetenz verfügen. Und sie sind zu dem Schluss gekommen, dass diese Kompetenz im Alltag der englischen vorschulischen Einrichtungen noch nicht genügend zutage tritt. König (2006), die an diesen Vorarbeiten anknüpft, kommt in Bezug auf den Alltag in deutschen Kindergärten zu ähnlichen Befunden.

Damit ist ein erster Schritt zur empirischen Bestimmung der didaktischen Kompetenz(erfordernisse) von Erzieherinnen gemacht. Das reicht a-
ber nicht aus, denn das „sustained shared thinking" ist nur eine, wenn auch
wesentliche Komponente des didaktischen Registers. Wir brauchen also
weiterführende empirische Untersuchungen, die ein breiteres Spektrum didaktischer Kompetenzen in den Blick nehmen.

Hier setzt eine eigene empirische Pilotstudie an. Zweck dieser Forschung ist es – zugespitzt auf den Bildungsbereich „Sprache" im Kindergarten – zu klären, welche Komponenten didaktischer Kompetenz sich in den
Mustern der alltäglichen sprachlichen Erzieher-Kind-Interaktionen im Kindergarten zu erkennen geben; und ob und wieweit die ermittelten Muster
dafür sprechen, dass den Kindern hinreichend „Bildungschancen" in Form
von „pädagogischen bzw. fruchtbaren Momenten" eröffnet werden.

Die Pilotstudie wurde von Fried und Briedigkeit (2007) umfassend dokumentiert. Im Weiteren wird – aus Platzgründen – nur über ausgewählte
Merkmale und Befunde berichtet.

2. DO-RESI: eine Pilotstudie

2.1 Theoretische Grundlagen

Wenn man die didaktische Kompetenz von Erzieherinnen im Hinblick auf
den „Bildungsbereich: Sprache" (Sprachförderung) näher bestimmen will,
braucht man wissenschaftlich fundierte Kenntnisse, welche Merkmale sich
besonders günstig bzw. nachhaltig auf die sprachliche Entwicklung junger
Kinder auswirken. Hinweise dazu finden sich in verschiedenen Wissen-
schaftsdisziplinen bzw. Forschungsbereichen. Dementsprechend wurde zunächst die einschlägige interdisziplinäre internationale Forschungsliteratur

- zur pädagogischen Prozessqualität in Kindergärten (Qualitätsforschung),
- zu Einflüssen der Eltern-Kind-Dialoge auf die Sprachentwicklung bzw.
  Gesamtentwicklung von Kindern (entwicklungspsychologische, entwick-
  lungslinguistische Forschung),
- zur Interaktion im Alltag von Kindergärten (soziolinguistische Institutio-
  nenforschung) sowie
- zur Interaktion im Rahmen der Bildungsarbeit in Kindergärten und
  Grundschulen (elementar- und primarpädagogische Bildungs-
  /Curriculumforschung)

ausgewertet (vgl. Fried/Briedigkeit 2007). Die Einzelbefunde wurden kumuliert und relationiert. Die dabei sichtbar werdende Erkenntnistextur bildete den Ausgangspunkt einer Modellkonstruktion. Die u. a. faktorenanalytisch bestimmte Endform des Modells weist folgende Dimensionen bzw. Ausprägungen auf:

Tab. 1:   Qualitätsdimensionen

Organisation der Bildungsangebote	Emotionale Beziehung	Adaptive Unterstützung	Sprachlich-kognitive Herausforderung
Planung/Routinen	Nähe	Sensitivität	Zusammenhänge erklären/ hinterfragen
Pädagogischer Überblick	Kongruenz	Anregung	Themen verbinden
Spezieller Bedarf	Empathisches Zuhören	Engagiertheit	Themen entdecken
Spezielle Routinen	Kontrolle	Verständnissicherung	Vielfalt des Wortschatzes
Gesprächsförderung		Informationen Berichte einholen	Grammatisch komplexer Input
		Handlungen verbalisieren	Offene Fragen
		Lernmöglichkeiten aufzeigen	
		Instruktionswechsel	

Tabelle: Konstruktionsmodell

2.2 Instrumentenentwicklung

Ausgehend von diesem Modell wurde ab Mitte 2004 bis Anfang 2007 das Forschungsinstrument entwickelt: die Dortmunder Ratingskala zur Erfassung sprachentwicklungsrelevanter Interaktionen, im Folgenden als DO-RESI bezeichnet. Damit ließen sich die nachfolgend berichteten Ergebnisse der eigenen empirischen Pilotstudie ermitteln.

Um sicherzustellen, dass diese Daten auch wirklich belastbar sind, wurden erhebliche Anstrengungen unternommen, um die Messgüte von DO-RESI zu gewährleisten. Das umfasste folgende Schritte:

• Rekonstruktion des theoretischen Modells

- Erstellen eines umfassenden Pools relevanter Beobachtungsgesichtspunkte (Globalitems); Basis: sechs Explorationsstudien bzw. Qualifizierungsarbeiten
- Operationalisierungen zu jedem Globalitem; Basis: zahlreiche (bereits vorhandene oder eigens erstellte) Videomitschnitte des Kindergartenalltags (mit Fokus auf den Umgang der Erzieherinnen mit den Kindern)
- Einschätzungen von FachkollegInnen zur Einstufung der Beobachtungsmerkmale (Qualitätsstufen von 1 [unzureichend] bis 7 [exzellent]).

Die so entstandene Vorform von DO-RESI (DO-RESI-V1) wurde einer Aufgabenanalyse unterzogen. Diese erfolgte in zwei Schritten: In der Zeit vom Frühjahr 2005 bis Herbst 2006 wurden im Rahmen von Diplomarbeiten bzw. Staatsexamensarbeiten mehrere Einzelfallanalysen durchgeführt. Insgesamt waren 12 Kindergärten einbezogen. Parallel zu DO-RESI-V1 wurden zwei international bewährte Qualitätsinstrumente eingesetzt. Außerdem wurden (auf der Basis von Audio- und Videografien) Mitschriften angefertigt. Mit Hilfe all dieser externen Maßstäbe konnte die Passung von Itemformulierungen und Praxisabläufen durch mikroanalytische Einzelfallstudien subtil gegengeprüft werden. Dabei wurde sichtbar, an welchen Stellen die Itemformulierungen noch nachgebessert werden mussten. So entstand DO-RESI-V2.

Dem folgten quantitative Analysen. Zunächst wurden 38 Erzieherinnen (durch je zwei RaterInnen) mit DO-RESI-V2 eingeschätzt. Auf dieser Datenbasis wurde ermittelt, ob die Indikatoren, die ja verschiedenen Qualitätslevels entsprechen, tatsächlich immer die unterstellten, aufeinander aufbauenden Anforderungsgrade repräsentierten. Zu diesem Zweck wurde nach Indikatoren gesucht, die erwartungswidrig angekreuzt waren. Diese Fälle wurden – nach eingehenden Diskussionen mit WissenschaftlerInnen und PraktikerInnen – entweder sprachlich überarbeitet oder einem anderen Qualitätslevel zugeordnet. So entstand DO-RESI-V3.

Diese Variante wurde anhand der Einschätzungen von 82 Erzieherinnen daraufhin gecheckt, ob die Häufigkeit, mit der die Indikatoren angekreuzt wurden, die Qualitätslevel in dem Sinne abbilden, dass Indikatoren der Stufe 3 immer häufiger als Indikatoren der Stufe 5, und diese wiederum immer häufiger als Indikatoren der Stufe 7 markiert wurden. Hier ließen sich dann nur noch wenige Ausreißer finden (4 Indikatoren). Davon wurden zwei nochmals umformuliert und zwei eliminiert. Schließlich wurde DO-RESI-V3 anhand der Daten von 103 Erzieherinnen einer empirischen Aufgabenanalyse unterzogen. Die dabei ermittelten Kennwerte belegen, dass die Items den messmethodischen Standards voll entsprechen. Deshalb wurde diese Variante als Endform akzeptiert (DO-RESI).

2.3 Gütekriterien

Ein wissenschaftlich fundiertes Instrument muss nachweisen können, dass es objektiv, zuverlässig und gültig misst. Diese Nachweise werden nachfolgend ganz knapp skizziert. Rechenbasis sind die Einschätzungen von 103 Erzieherinnen.

Die Durchführung der Datenerhebung wurde – außer von den Trainern selbst – durch Studenten aus den Bereichen der Psychologie und Pädagogik geleistet, die in einem einwöchigen Kurs geschult worden waren. Trainingsinhalte waren die technischen Charakteristika der Instrumente. Diese wurden anhand von Dias und Videomaterial eingeübt. Außerdem fand eine praktische Anwendung des Instrumentes in der Praxis durch die direkte Anleitung der Trainer statt. Als Ergänzung zu diesem Training wurde eine eigenständige Anwendung jeweils zu Paaren durch die Studenten durchgeführt. Die drei Trainingsstufen wurden immer erst als beendet betrachtet, sobald eine hinreichende Interraterreliabilität (Cohen`s Kappa > 79) vorlag.

Um sicher zu sein, dass Objektivität gegeben ist, wurde die sogenannte Beobachterübereinstimmung berechnet. Dazu schätzten jeweils zwei Beobachter insgesamt 13 ErzieherInnen nach einer gemeinsamen vierstündigen Beobachtung unabhängig voneinander mit DO-RESI ein. Anschließend ließ sich die prozentuale Übereinstimmung in Bezug auf die Einschätzung für jedes gemeinsam beobachtende Paar pro Erzieherin berechnen. Die Übereinstimmung kann als gut gelten, weil sie im Durchschnitt über 85% lag.

Die Zuverlässigkeit wurde in Form einer internen Konsistenzschätzung ermittelt. Die berechneten Koeffizienten dokumentieren, dass DO-RESI sehr zuverlässig misst (Gesamtskala: 0.92; Teilskalen: Min: 0.75; Max: 0.86; MW: 0.81).

Die Gültigkeit wurde in Form einer Übereinstimmungsvalidität geprüft. Bei einer Stichprobe von 74 aus 103 Erzieherinnen wurden – neben DO-RESI – zwei international bewährte Qualitätsinstrumente eingesetzt (zehn ausgewählte Items der ECERS-R sowie alle Items der CIS). Dabei ergaben sich Werte, die von einer mittleren bis hohen Übereinstimmung zeugen (Min: .51; Max: .79).

2.4 Ergebnisse

Mit der solchermaßen wissenschaftlich fundierten DO-RESI ließen sich in
den Daten von 103 Erzieherinnen die nachfolgend veranschaulichten Muster aufspüren.

Grobprofil der
Didaktischen Kompetenz

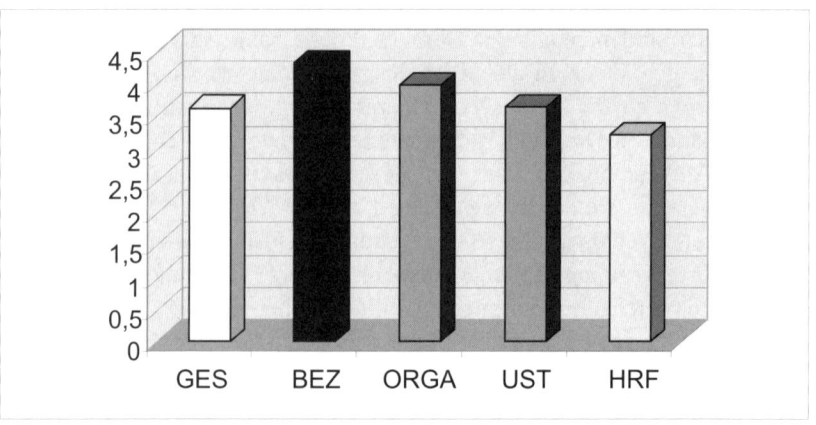

0 = unzureichend 2 = minimal   4 = gut   6 = exzellent

Das Grobprofil der didaktischen Kompetenz der Erzieherinnen führt folgendes vor Augen: Insgesamt (GES) bewegen sich die Erzieherinnen auf
einem Qualitätsniveau, das zwischen mäßig und gut anzusiedeln ist, wobei
es zwischen den einzelnen Qualitätsdimensionen deutliche Unterschiede
gibt. Am positivsten stellt sich die Beziehungsqualität (BEZ) dar. Hier wird
ein Niveau erreicht, das die Marke „gut" leicht in Richtung „exzellent" ü-
berschreitet. Die Organisationsqualität (ORGA) gestaltet sich nicht ganz so
günstig, erreicht aber auch fast die „gut"-Marke. Demgegenüber pendelt
sich das Verhalten der Erzieherinnen in Bezug auf die „adaptiven Unter-
stützungsstrategien" (UST), vor allem aber in Bezug auf die „sprachlich-
kognitiven Herausforderungsstrategien" (HRF) auf einem Niveau unterhalb
der Marke „gut".

Die Ergebnisse lassen somit sichtbar werden, dass die didaktische
Kompetenz der Erzieherinnen noch ausbaufähig ist. So interagieren die Erzieherinnen zwar, was die „Beziehungsqualität" betrifft, bereits auf hohem

Niveau; aber es hapert ausgerechnet an den Strategien, die am ehesten gewährleisten, dass „pädagogische bzw. fruchtbare Momente" begünstigt bzw. provoziert werden, sich also sozialkonstruktivistische Bildungssituationen konstituieren können.

3. Ausblick

Diese Kluft zwischen Anspruch (sozialkonstruktivistisches Bildungsverständnis) und Realität (tatsächliches didaktisches Kompetenzprofil) gilt es zu bearbeiten. Woran dabei angesetzt werden sollte, kann den nachfolgend veranschaulichten Ergebnissen zum Feinprofil der „Herausforderungs-" Kompetenz der Erzieherinnen entnommen werden.

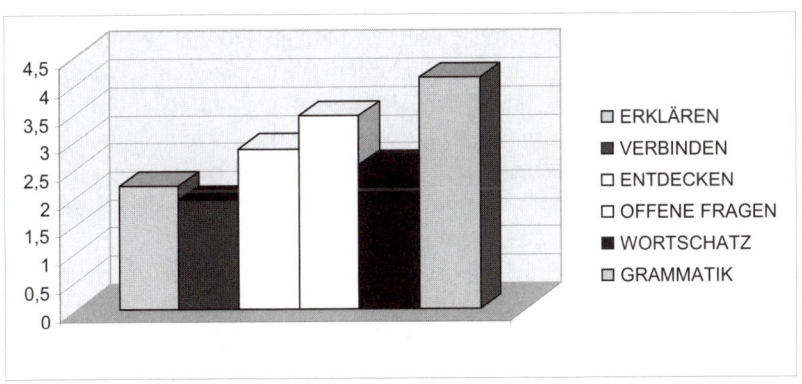

Feinprofil der „Herausforderungs"-Kompetenz

0 = unzureichend 2 = minimal   4 = gut   6 = exzellent

Demnach sollte Erzieherinnen vermittelt werden, ihr eigenes Sprachmodell als didaktisches Potenzial zu begreifen und dementsprechend zu schulen sowie bewusst einzusetzen. Dabei sollte der Sprachinput nicht etwa möglichst einfach, sondern möglichst anspruchsvoll sein; nämlich so, dass sie das Kind veranlassen, sich all seiner Möglichkeiten zu bedienen.

Noch wichtiger scheint, die Erzieherinnen darin zu unterstützen, sich all die professionellen Strategien anzueignen, mit denen junge Kinder darin bestärkt bzw. dazu provoziert werden können, sich im Rahmen ihrer Möglichkeiten aktiv mit der Welt auseinanderzusetzen und die dabei gemachten Erfahrungen kognitiv auszuwerten. Das bedeutet zu lernen, wie man es schaffen kann, den Kindern immer nur so viel zu vermitteln, zu verdeutlichen, bewusst zu machen usw., wie notwendig scheint, damit diese den nächsten selbstaktiven Schritt vollziehen können. Das setzt voraus, dass Erzieherinnen u. a. über eine hochentwickelte Beobachtungs- und Beurteilungskompetenz sowie über ein umfassendes Repertoire an Gesprächsführungs- bzw. Lehrstrategien verfügen. Und das wiederum erfordert Qualifizierungsangebote, in denen Theorie und Praxis permanent miteinander verwoben bzw. an- und durcheinander geschärft werden.

In diese Richtung zielt der von Fried und Briedigkeit (vgl. 2008) entwickelte Ansatz zur Weiterentwicklung von „Sprachförderkompetenz". Es handelt sich dabei um eine multimediale Selbst- und Teamqualifizierungseinheit für Erzieherinnen, Fachberatung und Ausbildung. Sie beinhaltet sowohl visuelle (DVD), als auch schriftliche Informationen (Buch), die drei unterschiedlichen Zwecken dienen. Als erstes wird erläutert, was die Wissenschaft zur Sprachförderkompetenz und deren Auswirkung auf die Sprachentwicklung junger Kinder herausgefunden hat. Des Weiteren wird vermittelt, wie DO-RESI auf dieser Grundlage entwickelt und wissenschaftlich abgesichert worden ist. Außerdem wird ausgeführt, welche Prinzipien hinter DO-RESI stehen, wie das Instrument aufgebaut ist, welche Regeln beim Umgang damit beachtet werden sollten, wie sich der Umgang damit anschaulich und schrittweise einüben lässt und wann bzw. wie es angemessen scheint, sprachförderrelevante Situationen in Kindertageseinrichtungen allein oder im Team differenziert zu beobachten und einzuschätzen. Schließlich wird verdeutlicht, wie man die authentischen Praxisbeispiele (DVD und Buch) nutzen kann, um die eigene Wahrnehmungs-, Kommunikations- und Reflexionsfähigkeit zu schulen und welche Möglichkeiten bestehen, entsprechend diesem Modell selbst Filmsequenzen herzustellen sowie – allein oder im Team – darauf abgestimmte Wahrnehmungs-, Kommunikations- und Reflexionsübungen durchzuführen.

Literatur

Copei, F. (1960⁵): Der fruchtbare Moment im Bildungsprozess. Heidelberg.

Dubs, R. (1995): Konstruktivismus: Einige Überlegungen aus der Sicht der Unterrichtsgestaltung. In: Zeitschrift für Pädagogik, 41. Jg. (1995), S. 889–903.

Figal, G. (1981): Bildung und Gesellschaft. In: Zeitschrift für erziehungswissenschaftliche Forschung, 15. Jg., S. 3–19.

Fried, L./Briedigkeit, E. (2007): DO-RESI. Grundlegung, Entwicklung und Evaluation einer Skala zur Einschätzung der Qualität sprachförderrelevanter Interaktionen im Kindergarten, Forschungsbericht. Dortmund: Technische Universität Dortmund, Lehrstuhl Pädagogik der frühen Kindheit.

Fried, L./Briedigkeit, E. (2008): Sprachförderkompetenz – Erweiterung des Könnensrepertoires. Selbst- und Teamqualifizierung für Erzieherinnen, Fachberatung und Ausbilder. DVD und Buch. Berlin.

König, A. (2006): Dialogisch-entwickelnde Interaktionsprozesse zwischen ErzieherIn und Kind(-ern). Aachen.

Merkens, H. (Hrsg.) (2006): Bildungsforschung und Erziehungswissenschaft. Wiesbaden.

Meyer-Drawe, K. (2000): Ästhetische Emanzipation. Suchbewegungen. In: Dietrich, C./Müller, H.-R. (Hrsg.) (2000): Bildung und Emanzipation. Weinheim, S. 43–48.

Meyer-Drawe, K./Waldenfels, B. (1988): Das Kind als Fremder. In: Vierteljahresschrift für wissenschaftliche Pädagogik, 64. Jg. (1988), S. 271–287.

Nipkow, K. E. (1977): Bildung und Entfremdung. Überlegungen zur Rekonstruktion der Bildungstheorie. In: Zeitschrift für Pädagogik, 14. Jg. (1977), S. 205–230.

Schleiermacher, F. E. D. (1983): Pädagogische Schriften, Bd. 1: Die Vorlesungen aus dem Jahre 1826. Frankfurt a. Main.

Sylva, K. et al. (2003): The Effective Provision of Pre-School Education Project. Findings from the pre-school period, Research Report. London: University London, Institute of Education.

Sylva, K. et al. (2004): The Effective Provision of Pre-School Education Project – Zu den Auswirkungen vorschulischer Einrichtungen in England. In: Faust, G. u. a. (Hrsg.) (2004): Anschlussfähige Bildungsprozesse im Elementar- und Primarbereich. Bad Heilbrunn, S. 154–167.

Tenorth, E. (Hrsg.) (1986): Allgemeine Bildung. Weinheim.

Wehnes, F.-J. (1991): Theorien der Bildung – Bildung als historisches und aktuelles Problem. In: Roth, L. (Hrsg.) (1991): Pädagogik. Handbuch für Studium und Beruf. München, S. 256–270.

Werning, R. (1998): Konstruktivismus. Eine Anregung für die Pädagogik!? In: Pädagogik, 1998, Heft 7-8, S. 39–41.

Detlef Diskowski

Bildungsstandards und Bildungssteuerung

Einwürfe, Anmerkungen und Empfehlungen

Während das Thema für den Schul- und Hochschulbereich umfassend bearbeitet ist, stellt sich die Frage der Standardsetzung und der Steuerung für die Kindertagesbetreuung relativ neu. Es lässt sich also kaum an Standardwerken anknüpfen, so dass im Rahmen eines Aufsatzes kaum mehr als „Einwürfe, Anmerkungen und Empfehlungen" zu erwarten sind. Zudem macht die besondere Verfasstheit der Kinder- und Jugendhilfe – und um ein Teil dieses Aufgabenfeldes handelt es sich bei der Kindertagesbetreuung – die Diskussion von Standard- und Steuerungsfragen zu einer besonderen Herausforderung. Ebenfalls der Kürze geschuldet muss ich sehr leichtfertig mit dem Bildungsbegriff umgehen und will daher hier die Frage vernachlässigen, ob wir es in Anlehnung an Laewen und Andres (2002) nicht eher mit „Erziehungsstandards" als mit „Bildungsstandards" zu tun haben.[1] Ich betrachte also hier die Bemühungen der Erwachsenen zur Förderung frühkindlicher Bildung und meine dies, wenn im Folgenden von „Bildung" hinsichtlich der Stan dardsetzung oder Steuerung die Rede ist.

1. Traditionell zurückhaltende Steuerung

Ein kurzer Blick zurück hilft zu verstehen, wieso Steuerung, als zielgerichtete Einflussnahme zur Erreichung beabsichtigter Wirkungen, im Feld der

---

1 Jedenfalls wäre dies so, wenn man Bildung als die Tätigkeit der Kinder betrachtet und Erziehung als die beantwortende und herausfordernde Aktivität der Erwachsenen (vgl. Laewen/Andres 2002).

Kindertagesbetreuung unterentwickelt ist und die jüngst entwickelten Bildungsstandards einen so radikalen Entwicklungsschritt darstellen.

Hinsichtlich ihrer Rechts- und Organisations-Strukturen (wie auch des Fachkräftestatus und einiger fachlicher Sichtweisen) kann die Kindertagesbetreuung ihre Herkunft aus der Fürsorge nicht verbergen. Sie hat immer noch mit dem Missverständnis zu kämpfen, als Hilfe für solche Familien verstanden zu werden, die ihre ureigenste Aufgabe nicht selbst erfüllen können. Noch relativ neu ist die Zuschreibung der Kita als Einrichtung der Bildung, Erziehung und Betreuung für alle Kinder.[2] Finanzausstattung, Verantwortungsstrukturen, Ausbildung und Bezahlung der Fachkräfte und andere Entwicklungshemmnnisse sind Erbschaften der Herkunft aus der Fürsorge. Wo nur den Bedürftigen, den Mühseligen und Beladenen geholfen und die Unzulänglichkeiten ihrer Familien auszugleichen waren, hatte sich der Staat[3] immer zurückgehalten und die Verantwortung, die Zuständigkeit und die fachliche Kompetenz der Wohlfahrt und ihren Organisationen übertragen. Dieser zurückhaltende Staat nimmt seine Verantwortung wahr als (finanzielle) Förderung; er begleitet die eigenverantwortliche Arbeit der freien Träger durch fachliche Impulse in Form von Modellprojekten, Veröffentlichungen und Fachveranstaltungen und sichert Minimalvoraussetzungen ab durch das Erfordernis einer Betriebs- oder Pflegeerlaubnis nach den §§ 43 und 45 SGB VIII.

Diese Zurückhaltung bringt schon der Begriff „Förderung" zum Ausdruck, mit dem die Finanzbeteiligung des Staates an der Kindertagesbetreuung bezeichnet wurde.[4] Haushaltsrechtlich ist eine Förderung die freiwillige finanzielle Beteiligung an einem Vorhaben, für das der freie Träger die inhaltliche und auch die finanzielle Verantwortung trägt. Der Staat „gibt etwas dazu", weil ihm das Engagement des freien Trägers „förderungswür-

---

2 Selbst der erst 1992 bundesweit bestimmte Rechtsanspruch auf Kindertagesbetreuung, mit dem der Übergang zum allgemeinen Angebot vollzogen wurde, beruhte im Kern noch auf der Bedürftigenhilfe. Er sollte Schwangerschaftsabbrüche vermeiden helfen, keineswegs aber allen Kindern ein Bildungs- und Erziehungsangebot machen.

3 Eine nächste unvermeidbare Unschärfe: Staat sind nach unserem Verfassungsverständnis eigentlich die Bundesländer, die den Bund bilden und die kommunal gegliedert sind. Sofern nicht ausdrücklich auf eine bestimmte staatliche Ebene Bezug genommen wird, ist das Staatswesen, „res publica", die verfasste Öffentlichkeit gemeint.

4 Das SGB VIII kannte nur die Förderung oder Platzgeldfinanzierung, bis das TAG durch die Einfügung des § 74a diesen Anachronismus beseitigte (Diskowski 2004, S. 76ff.).

dig" erscheint. Bei dieser Finanzierungsart ist i.d.R. eine Vollfinanzierung ausgeschlossen (schließlich hat ja nicht der Staat, sondern der freie Träger das Hauptinteresse und die Verantwortung) und bis heute gibt es – trotz Rechtsanspruch – die Erwartung an eine nicht unerhebliche Eigenleistung des Trägers für die Bereitstellung einer gesetzlich verbürgten Leistung. Gleichsam als Gegenleistung hierfür ist ihm die inhaltliche Kompetenz, die Nichteinmischung in die Art seiner Aufgabenerfüllung und sogar der Vorrang vor öffentlichen Angeboten zugesichert.[5]

Auch rechtlich hielt sich der Staat zurück. In den 1970iger Jahren gab es gerade in zwei Bundesländern überhaupt Regelungen unterhalb des SGB VIII zum Kindergarten, die sich zudem als Bildungsgesetze und nicht als Ausführungsgesetze zum SGB VIII verstanden, und in den 1980iger Jahren verabschiedeten gerade einmal drei weitere Länder Kindergartengesetze.[6] Trotz dieser langen rechtlichen Unbestimmtheit, der fachlichen Zurückhaltung und dem Primat der freien Träger wurde – kontrastierend zu dieser unbestreitbaren Unterregulierung – dem Bereich vielfach eine Überregulierung zugeschrieben. Diese Auffassung wurde und wird immer noch gerne durch vielfältige Anekdoten über die Normierung des Abstands der Handtuchhalter und der Höhe der Toilettenbecken illustriert. Befragt auf ihren Ursprung offenbaren sich „Gespenstervorschriften", die zwar jeder kennt, die aber nicht belegbar sind. Bestenfalls offenbaren sich hinter solchen Beispielen vermeintlicher Überregulierung Einzelfälle aus der Tätigkeit der Landesjugendämter im Rahmen der Erlaubniserteilung. Diese Erlaubniserteilung, ausgeformt als vorsorgliche Prüfung von einigen Rahmenbedingungen, soll das Wohl der betreuten Kinder gewährleisten und war der einzig zulässige Eingriff in das freie Gestaltungsrecht des Trägers.

Ob sich in der Erlaubniserteilung der Landesjugendämter tatsächlich eine Überregulierung ausdrückt, möchte ich eher bezweifeln. Tatsache ist jedenfalls, dass immer noch die weit überwiegende Anzahl der Vorgaben, die das Erlaubnisverfahren bestimmen, nicht pädagogische sind, sondern anderen Rechtsgebieten (Brandschutz, Baurecht, Hygieneregelungen etc.) entstammen. Sie sind i.d.R. nicht auf Kinder und Kindertagesbetreuung bezogen oder hierfür bestimmt, sondern entstammen dem allgemeinen Baurecht, dem allgemeinen Brandschutz oder den Bestimmungen für Gemeinschaftseinrichtungen. Pädagogisch begründete Standards gab und gibt es dagegen

---

5 Vgl. § 4 SGB VIII.

6 Bayern 1972; Saarland 1975; Baden-Württemberg 1983; Hamburg 1984; Hessen 1989.

relativ wenig. So gelten keineswegs in allen Ländern verbindliche Personal- oder Raumstandards. Stattdessen galt lange Jahre die Maxime der Deregulierung, des Abbaus von Normen und Standards, der Dezentralisierung von Verantwortung – und gleichzeitig die zentrale Verantwortungslosigkeit. Prozess-Standards oder fachliche Ziele als verbindliche Vorgaben waren nicht vorhanden. Fthenakis u. a. (2003,S. 17ff.) ist vorbehaltlos zuzustimmen, wenn sie diese Steuerungsmängel als Innovationshemmnis angriffen und insbes. auf Landesebene eine stärkere und neue Steuerung anmahnten.

Seit den 1990er Jahren findet ein Umdenken statt, in dem neben den quantitativen Bedarfslücken auch die Qualität und die Ergebnisse der Kindertagesbetreuung ins Blickfeld gerieten.[7] Die Diskussion um die „neue Steuerung" und die Forderung nach Output- statt Inputsteuerung, das Wirken der OECD, des Forums Bildung, die für Deutschland blamablen Ergebnisse von Schulleistungsstudien spitzten sich zu und ließen auch öffentlich und politisch die Frage stellen: „Wie gut sind unsere Kindergärten?" (vgl. Tietze u. a. 1998).

In diesen letzten 20 Jahren fand eine dynamische Entwicklung von erheblichem Ausmaß statt; und wenn man manchmal über das Tempo des Fortschritts verzweifeln möchte, so mag man sich erinnern,

- dass noch zur Wende die Krippen für ein sozialistisches Kinderzerstörungsinstrument gehalten wurden;
- dass 1992 der Rechtsanspruch für 3- bis 6-Jährige noch einen erheblichen Grundsatzstreit verursacht hatte;
- dass im Westen noch in den 1980iger Jahren das Thema „frühe Bildung" als eine dem Kindergarten von der Schule aufgezwungene Frage erschien;
- dass zuvor Kindertagesbetreuung in der Hochschule als Thema kaum vorkam;
- dass sogar die Sozialpädagogen-Ausbildung das größte Aufgabenfeld der Kinder- und Jugendhilfe systematisch vernachlässigte;
- und hatte man von der Jugendministerkonferenz zur Frage der Kindertagesbetreuung vor dem Beschluss zur „Weiterentwicklung der Struktur

---

7 Zuweilen wird diese Entwicklung nur als Wiederholung der steckengebliebenen Reform der 1970er Jahre betrachtet. Ich meine, dass eine solche Betrachtung, die im Aktuellen nur das Vergangene wieder zu entdecken vermag, nicht nur die veränderte gesellschaftlich-politische Situation sowie die weiterentwickelte konzeptionelle Diskussion vernachlässigt, sondern sie kann offenbar nicht wahrnehmen, dass hinzukommende 5 ½ neue Länder in vielerlei Hinsicht die Situation für ganz Deutschland verändert haben.

der Ausbildung von Erzieherinnen und Erziehern" schon etwas gehört? (vgl. 1998 JMK in Kassel).

Inzwischen ist die Konzeptualisierung der Frühpädagogik und insbes. der frühen Bildungsförderung wichtige Schritte vorangekommen. Das wirklich Wichtige und Neue aber ist der insbes. durch die Bildungspläne eingeleitete Abschied von der Unverbindlichkeit. Vor nicht sehr langer Zeit hielten wir noch die aus der uneingeschränkten Trägerhoheit resultierende Vielfalt für eine Stärke der (west-)deutschen Kindertagesbetreuung und die DDR-Bildungspläne für ein typisches Beispiel von reglementierendem Zentralismus. Heute betrachten wir die andere Seite der Vielfalt, die Beliebigkeit, kritischer und diskutieren unaufgeregter Themen, die noch vor wenigen Jahren nicht „politisch-pädagogisch korrekt" waren. Sowohl die grundsätzliche Messbarkeit von pädagogischer Qualität, die Berechtigung einer fachlichen Einflussnahme des Staates und das Erfordernis einer Überprüfung der Wirkungen pädagogischer Angebote sind verhandelbar. In Fachwissenschaft und Praxis nimmt die Angst ab zur „Vor-Schule" zu werden, wenn wir uns mit Anforderungen der kognitiven Entwicklung befassen. Wir trauen uns „Bildungsbereiche" in den Bildungsplänen zu benennen, ohne reflexhaft das Aufkommen von Schulfächern in der Kita zu befürchten. Dass Kindertagesbetreuung von der Kultur-/Frauenseite der Zeitschriften in den Wirtschaftsteil gewandert ist und frühe Bildung auch als ökonomische Zukunftsfrage diskutiert wird, ist inzwischen eher Quelle von Selbstbewußtsein als von Identitätskrisen. Damit ist der Weg frei, in der Fachwelt selbstbewusst Steuerungsfragen zu diskutieren.

2. Ebenen von Zuständigkeit und Einflussnahme

Wollen wir der Steuerungsfrage näher kommen, müssen wir die unterschiedlichen Ebenen betrachten, um Einflussnahmen und ihr Mit- oder häufiger Gegeneinander erkennen zu können. Der Einfluss dieser Ebenen ist jeweils verfassungs- oder bundesrechtlich bestimmt und Ausdruck gewichtiger Traditionen und Grundsätze.

Wir neigen dazu, von „unten" zu reden, wenn wir die Empfänger von Leistungen oder die konkret handelnde Praxis bezeichnen – und von „oben", wenn wir zentrale Einflüsse beschreiben. Dieses Bild einer Pyramide sollten wir uns abgewöhnen, wenn wir das Rechts-/Einfluss-System der Kindertagesbetreuung verstehen wollen, und nichts wäre falscher, als die

Eltern unten anzusiedeln. Tatsächlich ist ihr Erziehungsrecht die bestim-
mende Grundlage der Kindertagesbetreuung (Art. 6 Grundgesetz). In ihr
Erziehungsrecht darf nur im Einzelfall und bei konkretem elterlichem Versagen aufgrund richterlicher Entscheidung eingegriffen werden. Eine eigenständige, von Eltern unabhängige Erziehungs- und Bildungsaufgabe bei
Träger, Kommune oder Staat gibt es (im Gegensatz zum Schulwesen) nicht.
Dem Träger des Kindertagesbetreuungsangebots wird von den Eltern qua
Betreuungsvertrag die Aufgabe zeitweise übertragen. Seine Selbstständig-
keit und Freiheit in Zielsetzung und Durchführung seiner Aufgabe ist von
der öffentlichen Jugendhilfe zu achten und seine Tätigkeit ist zu fördern (§§
3, 4 SGB VIII). Die (politische) Gemeinde, bei der nach Art. 28 Abs. 2 die
Allzuständigkeit für die Angelegenheiten der örtlichen Gemeinschaft liegt,
kommt dagegen im SGB VIII praktisch gar nicht vor. Bemerkenswert und
unter Steuerungsaspekten fatal ist also die Gemeinde als Kern unseres
Staatswesens aus einer Jugendhilfesicht eine Leerstelle.

Die grundsätzliche Gesamtzuständigkeit für die Jugendhilfe liegt i.d.R.
beim Landkreis oder der kreisfreien Stadt, also der Gebietskörperschaft, die
aus kommunalrechtlicher Sicht in erster Linie ein Zusammenschluss der
Gemeinden ist. Nach den §§ 79 (1) und 85 (1) SGB VIII liegt dort die Ge-
samtverantwortung einschließlich der Planungsverantwortung und dorthin
richten sich auch die Leistungsansprüche.[8]

Bei den Ländern, die nach unserem Verfassungsverständnis eigentlich
„der Staat" sind, liegt eine relativ unbestimmte Anregungs- und Förde-
rungsaufgabe sowie die Verpflichtung, auf einen gleichmäßigen Ausbau der
Einrichtungen und Angebote hinzuwirken (§ 82 SGB VIII).

An der Spitze, beim Bund, ist im Grunde die Spitze der Unzuständigkeit
erreicht. Neben einer ebenfalls äußerst unbestimmten Anregungs- und För-
derungsaufgabe liegt hier nur die Zuständigkeit für Angelegenheiten von
überregionaler Bedeutung oder solche, die ihrer Art nach nicht durch ein
Land allein wirksam gefördert werden kann (§ 83 SGB VIII).

In diesem horizontal stark gegliederten System entspricht häufig der tatsächlich ausgeübte Einfluss keineswegs der rechtlich zugewiesenen Rolle
und nicht durchgängig sind die verliehenen Kompetenzen widerspruchsfrei
bestimmt. Für die Rolle der Gemeinde war dies bereits angesprochen; eben-

---

8 Auch hier könnten Spezifika aufgezeigt werden, wie die vielen kreisangehörigen
   Städte in NRW mit Jugendamt; die mehr oder weniger erfolgreichen landesrecht-
   lichen Bemühungen, die Leistungsverpflichtung oder zumindest weitergehende Pla-
   nungs- und Finanzierungsaufgaben für Kindertagesbetreuung auf die Gemeinden zu
   übertragen (Thüringen, Sachsen-Anhalt, Brandenburg, Bayern).

so gilt dies aber auch z. B. für das Verhältnis von Eltern und Trägern zueinander. Ihre Rechte sind jeweils auf die öffentliche Jugendhilfe hin bestimmt. Wie sich aber diese Rechte zueinander verhalten, in welchem Verhältnis z. B. das Wunsch- und Wahlrecht zum Vorrang freier Träger und ihrem Selbstbestimmungs- und -gestaltungsrecht steht, lässt das SGB VIII offen.

Zu der horizontalen Gliederung hinzu kommen weitere Einflüsse, Standardsetzungen, Steuerungsbemühungen z. B. als Folge der bereits angesprochenen starken Rolle der Wohlfahrtsverbände und Kirchen oder durch die kommunalrechtlich einzigartige Konstruktion eines Jugendhilfeausschusses, der von den freien Trägern stark bestimmt, zugleich Teil der öffentlichen Jugendhilfe ist.

Dass sich hieraus ein kaum durchschaubares Geflecht wechselseitiger Einflussnahme entwickelt, ist die fast zwangsläufige Folge. Auch ist nicht davon auszugehen, dass sich die Hoffnung erfüllt auf ein vertrauensvolles Miteinander der freien und öffentlichen Jugendhilfe oder der kommunalen Ebenen untereinander oder der kommunalen Seite zum Land oder der Länder mit dem Bund. Zuweilen scheint das heimliche Ziel der Handelnden eher in der Herstellung einer stabilen und damit bewegungslosen Balance von Einfluss zu liegen, wozu eine aufmerksame Beobachtung der Machtansprüche Anderer und die rechtzeitige Zurückdrängung von Einflussnahmen dienen. Insofern kann man davon ausgehen, dass zwar eine Vielzahl von Steuerungsimpulsen auf die Kindertagesbetreuung erfolgen, die allerdings in ihrer Gesamtheit eher unabgestimmt, gegenläufig oder diffus wirken. Am deutlichsten erfahrbar und wirksam ist dabei die Steuerung des Trägers; der Rest ist eher graues Rauschen.

Umso bemerkenswerter ist eine neue Entwicklung, für die es auf allen Ebenen und von allen Handelnden nur Wohlwollen, Unterstützung oder zumindest Duldung gibt. Seit ein paar Jahren erleben wir eine direkte fachliche Steuerung oberhalb der Trägerebene durch die öffentliche Jugendhilfe. Dies drückt sich am deutlichsten in den Bildungsplänen der Länder aus.

3. Was darf der Staat? Was soll er dürfen?

Man muss noch einmal die traditionell bedingte zurückhaltende Rolle des Staates in der Kinder- und Jugendhilfe betrachten, um sich der Radikalität des Vorhabens bewusst zu werden. Ohne einen eigenen Bildungs- und Erziehungsauftrag ausgestattet wie im Schulwesen, ohne die Gesamtverant-

wortung für das Angebot wie der Landkreis/die kreisfreie Stadt, ohne Allzuständigkeit für die Belange der örtlichen Gemeinschaft reklamieren die
Bundesländer eine öffentliche Verantwortung für Inhalte und für Ergebnisse der Kindertagesbetreuung.

Die zurückhaltende Bestimmung der Rolle des Staates war eine Abwehr
gegen die Eingriffe eines autoritären Staates – angesichts der deutschen Geschichte aus nachvollziehbaren Gründen. Es ist aber immer weniger zu ü-
bersehen, dass die Annahme einer grundsätzlichen Deckung von Eltern-
recht und Kindesrecht nicht haltbar ist. Der Rückzug von Eltern aus der Er-
ziehungsverantwortung ist kein Phänomen von Randgruppen. Immer stärker zeigt sich, dass die Privatisierung der Sorge für die nachfolgende Generation schon aus demografischen Gründen kaum zukunftsfähig ist. Wenn
die Annahme eines Bildungsbeginns mit dem Schuleintritt sich als so
gründlich falsch erweist, ist die Konzentration der öffentlichen Verantwortung auf die Schulzeit nicht länger begründbar. Ein Staat, der in der Bildung
die ersten Lebensjahre vernachlässigt, riskiert die Bildungschancen benachteiligter Kinder im Besonderen und die Zukunftschancen aller Kinder im
Allgemeinen. Anklänge für eine erforderliche Neubestimmung staatlicher
Verantwortung finden sich im 11. Bundesjugendbericht, in dem „die Kommission ein neues Verständnis von öffentlicher Verantwortung für das
Aufwachsen von Kindern und Jugendlichen (fordert): Staat und Gesellschaft müssen die Lebensbedingungen von Kindern und Jugendlichen so
gestalten, dass die Eltern und die jungen Menschen für sich selbst und für
einander Verantwortung tragen können" (vgl. BMFSFJ 2001, S. 42). Aufwachsen in öffentlicher Verantwortung war dort verstanden als Verantwortung für Rahmenbedingen. Der 12. Bundesjugendbericht geht hier einen
Schritt weiter und thematisiert die anstehenden Fragen der Qualitätssiche-
rung sowie der Steuerungssysteme (vgl. BMFSFJ 2005, insbes. S. 347ff.).

4. Bildungspläne der Länder – ein Steuerungsinstrument der Kinder- und Jugendhilfe

Die in wenigen Jahren in allen Bundesländern entstandenen Bildungspläne
weisen bemerkenswerte Ähnlichkeiten auf, obwohl sie eher parallel als aufeinander bezogen entwickelt wurden. Sie zeigen weitgehend eine Übereinstimmung hinsichtlich des Bildungsverständnisses, und zentrale Bestandtei-
le aller Pläne sind als wichtig erachtete Inhaltsbereiche, die die Kinder in
der Kindertagesbetreuung erfahren sollen. Unterschiede zwischen den Plä-

nen zeigen sich in Umfang und Detailtiefe sowie in ihrem rechtlich-strukturellen Charakter. Der jetzt erreichte Entwicklungsstand dieses neuen Steuerungsinstruments verweist auf der einen Seite auf den breiten fachlichen Konsens in Deutschland und auf der anderen Seite den Mangel in der fachpolitischen Diskussion, die viel von Geld und Betreuungsstandards, wenig von Steuerung handelt. Für eine solche Diskussion wird es höchste Zeit, denn es gibt nach meiner Auffassung ein paar grundlegende Fragen, die nicht nur bisher unbeantwortet sind, sondern noch nicht einmal als Fragen begriffen wurden[9]:

• Es ist bislang ungeklärt, ob Bildungspläne normative Grundsätze darstellen oder ein umfassendes pädagogisches Gesamtkonzept anbieten sollen.

• Sind Bildungspläne ein Instrument zur Verbesserung der pädagogischen Arbeit oder in erster Linie eines zur Standardsicherung?

• In welcher Form und in welchem Ausmaß sind Bildungspläne als Eingriffe in Rechte von Eltern und Träger zulässig?

• Wie verhält sich ein Bildungsplan zur Vielfalt, die die Kinder- und Jugendhilfe auszeichnet (§ 3 SGB VIII); wie verhält sie sich ein Plan zum Konzept der Selbstbildung sowie welchen Grad an Konkretheit verträgt ein Bildungsplan und welchen braucht er?

Diese Fragen stehen zueinander in Beziehung und ihre Beantwortung ist hier allenfalls vage anzureißen. Vielmehr bedarf sie der gründlichen Diskussion aus vielfältigen Perspektiven: Sie braucht die praktisch-pädagogische und die konzeptionelle Perspektive, um Orientierungswirkung von Plänen gegen die Gefahr von Engführung in der Praxis abzuwägen. Die Diskussion braucht die theoretische Perspektive, um zu klären, was ein Bildungsplan seinem Charakter nach eigentlich ist. Mir scheinen Bildungspläne gesellschaftlich bestimmte Erziehungsziele zu formulieren. Als solche sind sie Orientierungsrahmen für die Aufgabenwahrnehmung; sie stellen einen normativen Rahmen dar, an dem sich die Fachkräfte auszurichten haben, der zu beachten ist, der aber selbst kein pädagogisches Handlungskonzept darstellt. Und sie braucht auch die rechtlich-politische Perspektive, um zu klären, unter welchen Voraussetzungen, in welchem Umfang was bestimmt werden darf und überhaupt sollte. Es gibt m. E. ernstzunehmende Auffassungen, die im Erhalt umfassender Freiwilligkeit einen

---

9 Hierzu habe ich an anderen Stellen versucht, eine gründlichere und den einzelnen Vorhaben angemessenere Darstellung abzuliefern (vgl. z. B. Diskowski 2004a).

hohen Wert und eine wichtige Ressource sehen.[10] Ich denke allerdings, dass ein für die individuellen und gesellschaftlichen Zukunftschancen so wichtiger Bereich nicht der Beliebigkeit und nicht dem freiwilligen Konsens der dort Handelnden überlassen bleiben darf. Auch unter Achtung der Rechte von Eltern und Trägern muss es dem Staat erlaubt sein, die Vergabe öffentlicher Mittel mit der Einhaltung von Essentials der frühen Bildungsarbeit zu verknüpfen. Nach meiner Vision würde ein zukünftiger Bildungsplan

- für alle Einrichtungen aller (öffentlich finanzierten) Träger verbindliche Vorgaben machen,
- sich darauf beschränken, den für alle Einrichtungen, alle Träger und alle pädagogischen Richtungen gemeinsamen Kern zu beschreiben,
- deutlich zwischen Pflicht und Kür unterscheiden und
- wäre ein deutscher Bildungsplan und kein landesspezifischer.

5. Evaluation – Qualitätscheck – Systemmonitoring

Eine weitere Entwicklung von Steuerung im System der Kindertagesbetreuung ist bemerkenswert. Nicht nur der Abschied der normativen Unverbindlichkeit ist eingeläutet, sondern es breitet sich ebenfalls – und hiermit verbunden – auch das Einverständnis aus, dass Ergebnisse pädagogischer Arbeit grundsätzlich überprüfbar und Wirkungen messbar sind. Damit wird der vielbeschworene Wechsel von der Input-Steuerung zur Output-Steuerung eine mögliche und diskutierbare Perspektive. Im Moment leidet die Diskussion noch unter derselben Krankheit, die schon die Qualitätsdiskussion teilweise unerträglich gemacht hat: Es geht bunt durcheinander (vgl. Diskowski 2000). Dabei gilt es die jeweils verfolgten Ziele und die dabei angewendeten Mittel zu klären und Unterschiedliches auch auseinanderzuhalten. Evaluation kann unterschiedliches bedeuten, beispielsweise:

- Die Selbstvergewisserung eines Kita-Teams z. B. durch Kinder- oder Elternbefragungen;
- die mehr oder weniger formalisierte Überprüfung der Einhaltung von Verabredungen oder Standards;

---

10 So verstehe ich z. B. Xenia Roth in ihren Thesen und Diskussionsbeiträgen (vgl. Diskowski/Hammes-Di Bernardo 2004, S. 48ff. und S. 72ff.).

- der Wunsch, durch ein Gütesiegel gegenüber Eltern, Trägern und Öffentlichkeit Qualität zu demonstrieren oder Wettbewerbsvorteile zu erlangen;
- die Überprüfung von Teams oder Mitarbeitern durch den Träger wegen der Feststellung von Entwicklungsbedarfen, erfolgter Beschwerden oder im Rahmen der tarifvertraglich bestimmten Leistungsentlohnung;
- die Überprüfung des Entwicklungsstandes von Kindern zur evtl. Einleitung von Fördermaßnahmen[11];
- die Feststellung von pädagogischer Qualität oder von Entwicklungsverläufen von Kindern zu Forschungszwecken oder als Systemmonitoring.

Gemeinsam ist diesen Feststellungs- oder Überprüfungsmaßnahmen die Auffassung, dass man trotzdem relevante Ergebnisse erhält, wenn man sich nur auf Ausschnitte und Einzelaspekte konzentriert. Gemeinsam ist die Übereinstimmung, dass es weder unethisch noch erkenntnistheoretisch unzulässig ist, die Ganzheitlichkeit, Situations- und Personenbezogenheit, Subjektivität und Einmaligkeit pädagogischer Situationen zu zerstückeln, zu objektivieren, um Ergebnisse kommunizierbar zu machen. Behält man die grundsätzlich unterschiedlichen Ziele im Auge, so liegt es auf der Hand, dass die Erreichung dieser Ziele auch verschiedene Mittel braucht. Sowohl Ziele wie auch die Mittel sind legitimationsbedürftig, aber sie sind auch nicht grundsätzlich illegitim. Vor allem aber sind sie nicht gegeneinander diskutierbar: Oder macht die Überprüfung der veinbarten Verfahrensweisen einer Kita ein Systemmonitoring überflüssig? Oder ist eine Elternbefragung einer Messung pädagogischer Qualität überlegen? Oder ist eine Zange besser als eine Säge? Weil auch diese Fragen in der Kindertagesbetreuung neu sind, verbietet sich m. E. Aktionismus ebenso wie den Kopf in den Sand zu stecken. Aber ein Entwicklungsbedarf zeigt sich:

Seit dem internationalen (Schul-)Leistungsvergleich hat der Kindergarten „den Buddelkasten verlassen und spielt bei den Großen mit". Die gewachsene Wertschätzung ist aber zwangsläufig mit gestiegenen Erwartungen verbunden. Der Einsatz entsprechender materieller Ressourcen muss sich nicht nur durch abstrakt beanspruchte Bedeutung, sondern durch reale Leistungen legitimieren. Das macht eine beständige Qualitätsbeobachtung des Systems erforderlich. Zudem müssen wir wissen (und nicht länger nur vermuten oder glauben), welche Konzepte funktionieren. Wir müssen die Energie, die in ideologischen Debatten verbraucht wird, darauf lenken, mehr zu wissen. Wir brauchen eine Überprüfung der pädagogischen An-

---

11 Hiermit ist ausdrücklich nicht die beständige Entwicklungsbeobachtung von Kindern, die Grundlage erzieherischen Handelns ist, gemeint.

nahmen und Vorschläge und wir müssen sicherstellen, dass alle Entwicklungsrisiken bei Kindern auch erkannt werden. Unsicher bin ich hinsichtlich der Vorteile und Risiken des Einsatzes von Evaluationsverfahren für Belohnungen wie für negative Sanktionen. Einerseits ist die Situation schwer erträglich, dass es für Mitarbeiter oder Teams in fast jeder Hinsicht gleichgültig ist, ob sie hervorragende oder unzulängliche Arbeit machen, dass Schließungen von Einrichtungen in der Regel unabhängig von der Qualität der Arbeit erfolgen und das Hauptkritierium für Kündigungen die Dauer der Betriebszugehörigkeit und die Familiensituation sind. Andererseits müssten Überprüfungsverfahren auf einem breiten Konsens beruhen oder wissenschaftlich begründet sein, um zu Ergebnissen zu führen. Einen solchen Stand haben wir m. E. noch nicht erreicht. Nichts spricht gegen Gütesiegel o. ä., die ihre Bewertungskriterien offen legen, die Eltern Orientierung und Entscheidungshilfe geben, die guter Praxis zumindest die immaterielle Bestätigung ihrer Anstrengungen geben und die insgesamt die öffentliche Aufmerksamkeit auf die Art und die Güte des Angebots lenken.Es gilt, die weit offenstehenden Entwicklungsfenster zu nutzen. Es gibt keinen Grund, sich selbstzufrieden zurückzuhalten – ebensowenig wie für pessimistische Resignation. Die Zukunft ist offen, deshalb ist Optimismus Pflicht.

Literatur

Bundesministerium für Familie, Senioren, Frauen und Jugend (Hrsg.) (2001): 11. Kinder- und Jugendbericht. Berlin.

Bundesministerium für Familie, Senioren, Frauen und Jugend (Hrsg.) (2005): 12. Kinder- und Jugendbericht. Berlin.

Diskowski, D. (2000): „Irgendwas mit Qualität machen" – Acht Thesen zur gegenwärtigen Debatte. In: klein & groß, 2000, Heft 3, S. 6-13.

Diskowski, D. (2004): Finanzierung der Kindertagesbetreuung. In: Diller, A. u. a. (Hrsg.) (2004): Kitas und Kosten. München.

Diskowski, D. (2004a): Das Ende der Beliebigkeit? In: Diskowski D./Hammes-Di Bernardo (Hrsg.) (2004): Lernkulturen und Bildungsstandards. Hohengehren.

Fthenakis, W. (2003): Perspektiven zur Weiterentwicklung des Systems der Tageseinrichtungen für Kinder in Deutschland – Zusammenfassung und Empfehlungen. Hrsg. BMFSFJ. Berlin.

Laewen, H.-J./Andres, B. (Hrsg.) (2002): Bildung und Erziehung in der frühen Kindheit. Weinheim, Berlin u. Basel.

Tietze, W. u. a. (Hrsg.) (1998): Wie gut sind unsere Kindergärten? Neuwied, Kriftel u. Berlin.

Hans Rudolf Leu

Beobachtung von Bildungs- und Lernprozessen in der frühpädagogischen Praxis

Beobachtung gilt von jeher als eine grundlegende Aufgabe von Erzieherinnen. Ein wichtiger Ausgangspunkt ihrer pädagogischen Arbeit ist immer auch die Beobachtung der Kinder mit ihren Besonderheiten, Fähigkeiten und Interessen. Mit dem Situationsansatz wurde dieser Beobachtungsauftrag ausdrücklich ausgedehnt: Von den Fachkräften wird erwartet, aufgrund von Situationsanalysen den ökologischen Kontext des Lernens der Kinder in den Blick zu nehmen und bei der Gestaltung des pädagogischen Alltags sowohl von den kindlichen Interessen als auch von den Besonderheiten des familialen Umfeldes auszugehen, in dem die Kinder aufwachsen.

Allerdings hat eine Untersuchung von Mayr und Ulich (1998) erbracht, dass Beobachtungen trotz ihrer großen Bedeutung bis vor wenigen Jahren in der Regel nur selten systematisch und für alle Kinder vorgenommen und aufgezeichnet wurden. Verbreitet war vielmehr eine „anlassbezogene" Praxis. Als Anlässe für Beobachtungen galten besondere Probleme, die die Fachkräfte mit einem bestimmten Kind hatten oder auch ein bevorstehendes Elterngespräch, bei dem über das Kind und seine Entwicklung berichtet werden sollte. Demgegenüber wird in den inzwischen für alle Bundesländer erarbeiteten Rahmenvereinbarungen und -plänen für den frühkindlichen Bereich eine systematische Beobachtung aller Kinder eingefordert.

1. Bildung und Lernen im Fokus von Beobachtung

Ein wichtiger Grund für die große Bedeutung, die heute dem Bildungsauftrag von Kindertagesstätten beigemessen wird, ist die (Neu-)Entdeckung, dass grundlegende Lernprozesse bereits in den frühen Jahren stattfinden. Nicht zuletzt vor dem Hintergrund des Ergebnisses der PISA-Studie, dass der Bildungserfolg von Jugendlichen in Deutschland besonders eng mit der sozialen Herkunft verknüpft ist, hat dies zu enormen Erwartungen an Kindergärten als frühkindliche Bildungseinrichtungen geführt. Die Unterstützung von Lernprozessen bereits in frühen Jahren soll dazu betragen, die bislang weitgehend fehlende Chancengerechtigkeit zu erhöhen.

Dass in diesem Kontext Beobachtungs- und Dokumentationsverfahren ein besonderes Gewicht bekamen, hängt auch mit Ergebnissen der Säuglings- und Kleinkindforschung der letzten 15 Jahre zusammen. Die früher eher normativ geprägte Behauptung, dass Kinder von Geburt an bereits eine Reihe von Fähigkeiten und Kompetenzen mitbringen, wird durch diese Forschungen eindrucksvoll und differenziert belegt. Sie zeigen, dass sich bereits Kleinstkinder aktiv mit ihrer Umwelt auseinandersetzen und sie zu verstehen versuchen. Die Metapher „Forschergeist in Windeln" (vgl. Gopnik u. a. 2000) bzw. die Rede vom „kompetenten Säugling" (vgl. Dornes 1993) bringen das pointiert, wenn auch nicht gerade präzise zum Ausdruck. Von daher liegt es nahe, dass eine gezielte Unterstützung und Förderung von frühkindlichen Bildungs- und Lernprozessen an bereits vorhandenen Kompetenzen und Fertigkeiten ansetzen muss. Beobachtungsverfahren sind dafür bei Kleinkindern das Verfahren der Wahl.

Um diesem Auftrag professionell gerecht zu werden, ist es wichtig, um die Untiefen und Fallstricke zu wissen, in die man dabei geraten kann. Viernickel und Völkel (2005, S. 66ff.) sprechen in diesem Zusammenhang von „Beobachtungs-‚Fallen'" und nennen dabei u. a. die Gefahr, dass vorschnell interpretiert bzw. Beobachtung und Interpretation vermischt werden, dass ein „vorherrschender Eindruck" von einem Kind eine differenzierte Wahrnehmung verhindert oder die Tendenz, nur das wahrzunehmen, was man bereits kennt. Zu diesem breiten Spektrum von Beobachtungsaufgaben und auch den damit verbundenen Problemen gibt es umfangreiche Literatur, wobei die Zahl der Publikationen gerade zu Fragen von Beobachtung und Dokumentation in den letzten Jahren enorm gewachsen ist (vgl. Tietze 2006; Leu 2006). Damit verbunden ist die ebenfalls deutlich gestiegene Erwartung, dass die pädagogischen Fachkräfte nicht nur ihr Handeln an solchen vielfältigen Beobachtungen orientieren, sondern auch dokumentieren, was sie beobachtet haben.

Grundlegend ist dabei für jede professionelle Beobachtung die Einsicht, dass Beobachtungen „gemacht werden", d. h. nie einfach Abbild von äußeren Gegebenheiten, sondern immer durch die Selektions- und Interpretationsleistungen des Beobachtenden geprägt sind (vgl. Martin/Wawrinowski 2003). Von daher ist die Klärung der Aufgabenstellung bzw. Zielsetzung von Beobachtung eine wichtige Voraussetzung der professionellen Arbeit. Diesbezüglich lassen sich bei den im Umfeld von Bildungs- und Lernprozessen eingesetzten Beobachtungsverfahren im Wesentlichen zwei Gruppen unterscheiden: Zum einen Verfahren, die darauf zielen, Kompetenzen und Fertigkeiten der Kinder zu erfassen und an Altersnormen zu messen, um den Entwicklungs- oder Lernstand von Kindern festzustellen, zum anderen Verfahren, welche die Aktivitäten und Lernprozesse der Kinder in den Mittelpunkt stellen und damit eine Grundlage für deren individuelle Förderung und die pädagogische Planung in der Kindertageseinrichtung schaffen. Auf letztere wird im Folgenden näher eingegangen.

2. Gegenstand und Ziele prozessorientierter Beobachtungsverfahren

Gegenstand prozessorientierter Beobachtungsverfahren sind alltägliche Tätigkeiten von Kindern und deren Interpretation. Ihre Bedeutung für das Verständnis und eine professionelle Förderung frühkindlicher Lernprozesse verdanken sie der allgemein akzeptierten Annahme, dass das Lernen von Kleinkindern im Wesentlichen beiläufig geschieht, gewissermaßen die Kehrseite ihres Alltagshandelns ausmacht (vgl. Hasselhorn 2005, S. 86). Einer konstruktivistischen Sicht auf Lernen folgend ist dieses Lernen als Konstruktionsleistung der Kinder zu verstehen, in dessen Vollzug sie sich ein zunehmend differenzierteres Bild von ihrer Umwelt machen und Konzepte und Deutungsmuster entwickeln, um sich in ihrer Umgebung zu orientieren und gezielt handeln zu können. Individuelle Grundlage sind dabei die ihnen jeweils verfügbaren Kompetenzen, Fertigkeiten und Wissensbestände.

Ziel der prozessorientierten Beobachtung ist es wahrzunehmen, welche Anliegen und Interessen Kinder mit ihren Aktivitäten verfolgen, welche Fähigkeiten, Kompetenzen und Verstehensmuster darin zum Ausdruck kommen und welche Lernformen und -strategien der Kinder sich dabei zeigen. Ohne dass der Blick auf die Fähigkeiten der Kinder unwichtig würde, geht es im Unterschied zur Feststellung des Entwicklungsstandes von Kindern nicht darum, Kompetenzen und Fähigkeiten unterschiedlicher Kinder zu vergleichen oder an einer Altersnorm zu messen. Im Mittelpunkt steht vielmehr der Blick auf das einzelne Kind und die Situation, in der es han-

delt und wie es seine Kompetenzen und seinen Verstehenshorizont erweitert. Es geht um das Verstehen von Handlungsmustern und Lernstrategien
mit dem Ziel, durch „responsives" Handeln, das sich an der individuellen
Bedeutsamkeit kindlichen Handelns orientiert, die individuellen Bildungs-
und Lernprozesse zu unterstützen. Fachkräfte sollen für frühkindliche Bildungsprozesse sensibilisiert werden. Dazu gehört auch, dass sie eine neu-
gierige, beobachtende Haltung einüben und sich des hypothetischen Charakters ihrer Beobachtungsinterpretationen bewusst sind.

3. Arbeitsschritte einer prozessorientierten Beobachtung

Im Folgenden werden die Arbeitsschritte dargestellt, mit denen eine prozessorientierte Beobachtung in der Praxis umgesetzt wird. Bezüglich dieser
Arbeitsschritte gibt es große Gemeinsamkeiten bei unterschiedlichen Verfahren, die zurzeit in Kindertageseinrichtungen in Deutschland mit diesem
Schwerpunkt praktiziert werden. Zu nennen sind hier insbesondere das
frühpädagogische Konzept von infans (vgl. Andres/Laewen 2005), das aus
der Tradition der englischen Early Excellence Centres übernommene Konzept der Schemas (vgl. Athey 1990; Hebenstreit-Müller/Kühnel 2004) und
die im Deutschen Jugendinstitut ausgearbeiteten „Bildungs- und Lerngeschichten", eine Adaption der „learning stories" von Margaret Carr (2001)
aus Neuseeland (vgl. Leu u. a. 2007).

3.1 Offene Beobachtung

Am Anfang steht bei diesen Verfahren die „offene Beobachtung" einer Tätigkeit des Kindes. Im Projekt „Bildungs- und Lerngeschichten" hat es sich
bewährt, dafür eine Zeitspanne von fünf bis zehn Minuten vorzuschlagen.
Die Fachkraft hält diese Beobachtung schriftlich (meist in Stichworten) fest
und fügt auch Informationen zum Kontext hinzu, innerhalb dessen die beobachtete Tätigkeit stattgefunden hat (zu welcher Tageszeit, in welchem
Raum, mit welchen Kindern, gegebenenfalls auch Hinweise darauf, welche
vorangegangene Tätigkeit das betreffende Kind in der Beobachtungssituation fortführt).
    Als Beobachtungsgegenstand kommen die unterschiedlichsten Aktivitä-
ten von Kindern in Frage. Einiges spricht dafür, Tätigkeiten zu wählen, an
denen Kinder interessiert sind und sich vertieft mit etwas beschäftigen. Man
kann davon ausgehen, dass damit eine erhöhte Aufmerksamkeit und diffe-

renzierte Wahrnehmung verbunden ist, die ihrerseits Lernprozesse begünstigen. Allerdings darf nicht übersehen werden, dass auch scheinbar „ziellose" Tätigkeiten wie beispielsweise das Umherstreifen durch den Raum wichtige Elemente der Umweltaneignung und Formen von Lernstrategien sein können.

Die Bezeichnung der Beobachtung als „offen" meint, dass bei der Aufzeichnung weder Checklisten noch ein Katalog von Kriterien eingesetzt werden, mit denen die beobachteten Aktivitäten und Äußerungen des Kindes bereits im Zuge der Aufzeichnung kategorisiert und in bestimmter Weise bewertet werden. Aufgabe der Beobachtung ist es, möglichst genau und differenziert die Handlungen und Äußerungen des Kindes festzuhalten und auf Bewertungen zu verzichten, die sich vor allem durch den Gebrauch von Adjektiven (freundlich, aggressiv, eifrig usw.) einschleichen. Ganz im Sinne der oben mit Bezug auf Viernickel und Völkel (2005) genannten Beobachtungsfallen der Vermischung von Beobachtung und Interpretation und der vorschnellen Verallgemeinerung geht es in diesem ersten Schritt darum, das Kind „vorurteilsfrei" wahrzunehmen und Erwartungen, Vorstellungen und Zuschreibungen zurückzustellen, die die beobachtende Person im Laufe der Arbeit mit diesem Kind erworben hat. Die Erfahrung zeigt, dass diese Form der offenen Beobachtung für viele Fachkräfte eine besondere Herausforderung ist, oft aber auch einen Einstieg in eine neue Wahrnehmung des Kindes eröffnet.

3.2 Auswertung der Beobachtung

Als nächstes wird die Beobachtung mit Bezug auf theoretische Konzepte ausgewertet. Im Rahmen dieses Beitrags wird das anhand des Konzeptes der Lerndispositionen kurz erläutert, das für die Analyse von „Bildungs- und Lerngeschichten" grundlegend ist. Als Disposition wird ein Handlungsmuster bezeichnet, das vom Handelnden ohne äußeren Druck eingesetzt wird und mit dem er situativ gegebene Handlungsmöglichkeiten nutzt bzw. auf Anforderungen reagiert.[1] Lerndispositionen sind dementsprechend charakteristische Formen, auf situativ gegebene Lernmöglichkeiten zu reagieren bzw. sich Lernmöglichkeiten zu schaffen. Sie bezeichnen die Motiviertheit einer Person, die lernrelevanten Aspekte von Situationen wahrzu-

---

1 Vgl. Katz (1995, S. 63): „A disposition is a pattern of behavior exhibited frequently and in the absence of coercion, and constituting a habit of mind under some conscious and voluntary control, and that is intentional and oriented to broad goals."

nehmen, aufzugreifen und dabei die eigenen Fertigkeiten und das Wissen
weiter zu entwickeln.

Carr (2001) differenziert diesen allgemeinen Begriff in fünf einzelne
Dispositionen aus, die sich zwei Gruppen zuordnen lassen. Als für Lernen
wichtige Dispositionen werden auf der einen Seite die Fähigkeit und Möglichkeit genannt, sich interessiert einer Sache zuzuwenden, sich intensiv
und vertieft mit etwas zu beschäftigen[2] und trotz Schwierigkeiten und Unsicherheiten an einem Anliegen festzuhalten und es weiter zu verfolgen.
Dazu gehört die Bereitschaft, an die Grenzen dessen zu gehen, was jemand
bisher schon mit sicherem Erfolg zu leisten vermochte und Neues auszu-
probieren. Unübersehbar sind hier Bezüge sowohl zum Konzept der „nächsten Zone der Entwicklung" nach Wygotsky (1969, S. 236 ff.; vgl. auch
Bodrova/Leong 2007; Broadhead 2006). Mit Bezug auf den sozialen Kontext geht es zum einen um die Fähigkeit und Möglichkeit, Ansichten, Ideen
und Gefühle auszudrücken, dabei auch einen eigenen Standpunkt zu entwickeln und zu äußern, zum anderen um die Bereitschaft und Möglichkeit,
mit anderen gemeinsam zu handeln und Verantwortung zu übernehmen,
Dinge auch von einem anderen Standpunkt aus zu sehen und eine Vorstellung von Gerechtigkeit und Unrecht zu entwickeln.

Mit den Formulierungen „Fähigkeit und Möglichkeit" bereits angedeutet wird die Besonderheit von Lerndispositionen, dass sie nicht im Sinne
von stabilen Persönlichkeitsmerkmalen, sondern im Sinne einer Tendenz zu
verstehen sind, in einer bestimmten Weise auf bestimmte Situationen zu reagieren. Thematisiert wird die wechselseitige Beziehung zwischen dem Individuum und seiner Umwelt, die nicht abgelöst von bestimmten Merkmalen der jeweiligen Situation zu denken ist. Entsprechend sind schwach ausgeprägte Lerndispositionen nicht einfach Ausdruck eines individuellen
Mangels. Sich vertieft mit etwas beschäftigen können Kinder nur, wenn sie
nicht von außen immer wieder mit neuen Angeboten und Anforderungen
konfrontiert werden, sondern Raum haben, einen eigenen Zeitrhythmus zu
entwickeln. Eigene Ansichten und Positionen entwickeln sie vor dem Hintergrund der Erfahrung, dass sie auch gehört und beachtet werden. Verantwortung übernehmen setzt voraus, dass ihnen Verantwortung zugetraut o-

---

2   Carr knüpft dabei explizit am Ansatz von Ferre Laevers an, der in Engagiertheit und
    Wohlbefinden wichtige Voraussetzungen für gelingende Lernprozesse sieht (vgl.
    Laevers 1997, Mayr/Ulich 2003; unübersehbar ist an dieser Stelle auch der Bezug
    zum Konzept der „Themen der Kinder", die herauszufinden und zu vertiefen ein
    wichtiges Anliegen der Arbeit nach dem Ansatz von INFANS ist (vgl. Lae-
    wen/Andres 2002a, S.139ff.).

der zugemutet wird, dass Partizipation und Beteiligung wichtige Merkmale der Gestaltung des Kindergartenalltags sind. Eine weitere Besonderheit liegt darin, dass sich die genannten Lerndispositionen unabhängig vom Inhalt einer Tätigkeit beobachten lassen. Ob es dabei um ein Rollenspiel, um Malen, Bauen, körperliche Geschicklichkeit oder noch etwas anderes geht, ist unwesentlich. Bei jeder dieser Beschäftigungen lassen sich die genannten Lerndispositionen beobachten. Mit Blick auf das Bemühen, den spezifischen und individuell oft sehr unterschiedlichen Interessen und Kompetenzen der Kinder Rechnung zu tragen, ist diese Möglichkeit, mit dem gleichen Konzept die unterschiedlichsten Tätigkeitsbereiche zu erfassen, ein großer Vorteil.

Aufgabe der Analyse der Beobachtungsaufzeichnungen ist es festzustellen, inwiefern und in welcher individuell besonderen Form diese Lerndispositionen im Handeln der Kinder zum Ausdruck und zur Geltung kommen. Dazu gehört auch die Frage, welches Wissen und welche Fähigkeiten die beobachtete Aktivität erkennen lässt. Die Ausprägung der beschriebenen Lerndispositionen ist nicht unabhängig vom Wissen und den Fähigkeiten der Kinder zu verstehen.

3.3 Prüfung des Bezugs zu Bildungsplänen und Erziehungszielen

Im nächsten Arbeitsschritt geht es darum zu prüfen, inwiefern die in der beobachteten Tätigkeit wahrgenommenen Fähigkeiten, Kenntnisse und Handlungsstrategien einen Bezug zu den für die Einrichtung geltenden Bildungsplänen oder -vereinbarungen bzw. Erziehungszielen haben. Zumindest in Teilen ergibt sich die Antwort auf diese Frage auch bereits aus den Ergebnissen der vorangegangnen Analyse der Tätigkeit, weil mit den Lerndispositionen Tätigkeitsaspekte thematisiert werden, die in den vorliegenden Plänen als Basiskompetenzen, lernmethodische Kompetenzen o. ä. aufgeführt sind.[3] Ergänzend dazu haben sich die Fachkräfte hier zu fragen, inwiefern die unterschiedlichen Bildungsbereiche und das dort thematisierte Wissen und Können in den Aktivitäten der Kinder zum Ausdruck kommt. Dabei ist mit Blick auf die beobachteten Aktivitäten und Äußerungen nicht

---

3 So finden wir im Baden-Württembergischen Orientierungsplan den beschriebenen Lerndispositionen sehr ähnlich unter der Überschrift „Motivation des Kindes" die drei Bereiche „die Welt entdecken und verstehen", „sich ausdrücken" und „mit anderen leben". In anderen Vorlagen ist von sozialem Lernen, lebenspraktischen Fähigkeiten (Niedersachsen), von Ich-Kompetenzen, sozialen und lernmethodischen Kompetenzen (Berliner Bildungsprogramm) die Rede.

nur die Frage zu stellen, was das Kind dabei als Können gezeigt hat, sondern auch, was die äußeren Bedingungen der Situation dem Kind ermöglicht bzw. von ihm gefordert haben.

3.4 Austausch über die Beobachtung

Der Austausch über die Beobachtung ist ein weiterer Schritt bei der Arbeit mit diesem Verfahren. Im Austausch mit den Kolleginnen und Kollegen geht es darum, die dokumentierte Beobachtung abzugleichen mit den Erfahrungen und Beobachtungen, die die anderen Fachkräfte mit dem Kind gemacht haben. Dadurch werden die individuellen Erfahrungen und subjektiven Einschätzungen mit bzw. von dem Kind erweitert. Im Austausch mit dem Kind kann geprüft werden, ob es gelungen ist, dessen Sicht auf sein Handeln zu erfassen. Der Austausch mit den Eltern gibt diesen einen Einblick in die Erfahrungen und Lernschritte ihres Kindes in der Kindertageseinrichtung (vgl. auch Brown-DuPaul u. a. 2001). Zugleich werden Eltern auf wichtige Aspekte und Grundlagen des kindlichen Lernens aufmerksam gemacht und können auch ihrerseits berichten, ob sie im Kontext der Familie Ähnliches beobachten oder dort andere Interessen und Fähigkeiten des Kindes zum Ausdruck kommen. Gleichzeitig ist dieser Austausch zwischen allen Beteiligten ein Beitrag zur Validierung der Beobachtung.

Ein spezielles Format zur Unterstützung des Austauschs bilden die „Lerngeschichten", in denen die Beobachtungen in einer für die Kinder verständlichen Weise aufbereitet werden. Ziel dieser Geschichten ist es, Aktivitäten und Situationen zu dokumentieren, in denen das Kind erfahren hat, dass es lernen kann und Lernen etwas Wichtiges und positiv Besetztes ist. Erfahrungsgemäß werden diese Geschichten von den Kindern außerordentlich geschätzt.

Ein weiterer Schritt ist eine umfassendere Dokumentation von Beobachtungen und Materialien über die Lernprozesse und -erfolge der Kinder. Die Lerngeschichten bilden dabei eine zentrale Komponente. Sie werden ergänzt durch Dokumente, die die Kinder erstellt haben, gegebenenfalls ergänzt mit (von den Erwachsenen aufgezeichneten) Kommentaren der Kinder und durch Fotos. Aufgabe dieser Dokumentationen ist es, Bildungs- und Lernprozesse zu veranschaulichen, den Austausch darüber anzuregen, einen bestimmten Erkenntnisstand des Kindes festzuhalten und zugleich den Weg zu öffnen für neue Erkenntnisse (vgl. Kazemi-Veisari 2004).

3.5 Planung „nächster Schritte"

Schließlich geht es auch darum, aus der Beobachtung „nächste Schritte" für die Arbeit mit dem Kind herauszuarbeiten. Die Fachkräfte tauschen sich dazu über die derzeitigen Interessen des Kindes aus, seine individuellen Lernstrategien, Fähigkeiten und Potentiale, auch über deren Bezug zu den in den Rahmenrichtlinien vorgesehenen Bildungsbereichen und prüfen, wie sie bisher darauf bereits reagiert haben und welche zusätzlichen Anregungen das Kind weiter fördern könnten. Dabei geht es auch darum, Anknüpfungspunkte zu den Interessen anderer Kinder zu finden. So können beispielsweise Ideen für kleinere oder größere Projekte entstehen.

Als allgemeine Zielrichtung und zugleich als optimalen Weg der Förderung der Lerndispositionen sieht Carr eine aktive Partizipation am Alltagsgeschehen im jeweiligen Lebensumfeld. Dahinter steht die Annahme, dass Lernen und Entwicklung durch Teilhabe an immer komplexeren Aktivitäten und Mustern wechselseitiger Interaktion unterstützt werden, bei schrittweiser Verminderung der Machtbalance zwischen Erwachsenem und Kind und unter Übernahme unterschiedlicher Rollen in einer wachsenden Zahl verschiedenartiger Kontexte (vgl. Carr 2001, S. 17).

Dass solche aufwändigen Beobachtungen und Auswertungsschritte nur exemplarisch für wenige Situationen gemacht werden können, versteht sich von selbst. Die Fachkräfte sind in ihrem Arbeitsalltag immer wieder gefordert, auf Anfragen der Kinder in sich ständig wandelnden Situationen zu reagieren. Man kann aber davon ausgehen, dass solche exemplarisch durchgeführten Arbeitsschritte sich auch in einer differenzierteren und reflektierteren Alltagspraxis niederschlagen.

4. Der Nutzen prozessorientierter Beobachtung für die Beteiligten

Ein zentrales Ziel prozessorientierter Beobachtung ist es, einen fachlichen Austausch unter den Kolleginnen und Kollegen, aber auch Gespräche mit den Kindern und mit den Eltern über Lernen und Bildung in Gang zu bringen. Dementsprechend wird der Nutzen, den die Beteiligten aus diesem Beobachtungsverfahren ziehen, im Folgenden entlang dieser unterschiedlichen Gesprächskonstellationen dargestellt.

Die Aufzeichnungen der pädagogischen Fachkräfte bilden die Grundlage zunächst für einen fachlichen Austausch mit den Kolleginnen und Kollegen und bringen Gespräche in Gang, in denen unterschiedliche Perspektiven auf gleiche Kinder und unterschiedliche Interpretationen vergleichbarer Aktivitäten ausgetauscht werden. Die Erweiterungen und Korrekturen des Blicks auf Kinder und ihr Tun und ihre Lernprozesse, die dadurch zustande kommen, sind eine der wichtigsten und positivsten Erfahrungen, die aus der Arbeit mit Bildungs- und Lerngeschichten berichtet werden. Gleichzeitig unterstützen solche Gespräche auch die Reflexion der eigenen Praxis und sind eine Hilfe bei der Planung bildungs- und entwicklungsförderlicher Maßnahmen. Nachdem Lerndispositionen nicht einfach als Eigenarten der Persönlichkeit verstanden werden, sondern immer auch die spezifische Situation in den Blick zu nehmen und zu fragen ist, ob eine bestimmte Disposition nicht zum Tragen kommt, weil die situativen Gegebenheiten dem entgegenstehen, ist mit der Auswertung von Aktivitäten unter dem Blickwinkel von Lerndispositionen immer auch ein Stück „interner Evaluation" der pädagogischen Arbeit durch die Fachkräfte verbunden.

Die Gespräche mit den Kindern über Beobachtungsnotizen und Lerngeschichten dienen auf der einen Seite der Korrektur und Erweiterung von Deutungen, mit denen die Fachkräfte die beobachteten Tätigkeiten interpretiert haben und erhöhen so die Validität der Deutungen. Auf der anderen Seite erleben Kinder dadurch eine besondere Beachtung und Wertschätzung ihres Tuns. Eine systematische Anwendung dieses Beobachtungsverfahrens stellt sicher, dass diese Aufmerksamkeit allen Kindern zuteil wird und alle die damit verbundene Anerkennung ihrer Stärken, Interessen, Bedürfnisse und Fortschritte erfahren. Gleichzeitig findet in diesen Gesprächen ein Austausch über Lernen und darüber statt, woran Lernfortschritte erkennbar sind. Dazu gehört auch, dass die Kinder beteiligt werden, wenn es darum geht, die Dokumentation ihrer Lerngeschichten anzureichern und mit Bildern oder Fotos auszuschmücken. Solche Gespräche und Rückmeldungen legen bei den Kindern Grundlagen für die Fähigkeit, die Ergebnisse des eigenen Handelns und ihre Anstrengungen zu bewerten und sich selber realistische Handlungsziele vorzunehmen und anzustreben, Fähigkeiten, die in manchen Rahmenrichtlinien als „lernmethodische Kompetenzen" bezeichnet werden.[4] Das Gespräch mit dem Kind über seine Lerngeschichte trägt auch dazu bei, dass sowohl die für die Förderung des „Lernen lernens" wichtige Inhalte getroffen als auch der Entwcklungsstand des Kindes beachtet werden (vgl. dazu Gisbert 2004).

---

4   So etwa im Bayerischen und im Hessischen Bildungs- und Erziehungsplan oder im Berliner Bildungsprogramm.

Schließlich sind diese Aufzeichnungen über die Lernprozesse der Kinder auch eine ausgezeichnete Brücke für eine fruchtbare Zusammenarbeit mit den Eltern. Sie sind an Informationen über die Entwicklungs- und Lernfortschritte ihrer Kinder besonders interessiert, wie in einer umfangreichen Untersuchung in Rheinland-Pfalz festgestellt wurde (vgl. Honig u. a. 2004, S. 39ff.). Die für die prozessorientierte Beobachtung charakteristische Ressourcenorientierung, welche die Stärken der Kinder und ihre individuellen Lernstrategien in den Mittelpunkt stellt, ist für viele Eltern noch wenig vertraut, für eine Unterstützung des Lernens der Kinder aber besonders wichtig. Hilfreich ist dabei, dass die beschriebenen Lerndispositionen zumindest in Ansätzen auch ohne vertiefte Fachkenntnisse verstanden und beobachtet werden können. Das bedeutet, dass Eltern auch berichten können, was sie in ihrem häuslichen Umfeld bei den Kindern an Interesse und Engagiertheit, an Äußerungsvermögen und Kooperation feststellen. Die Berichte der Eltern gewinnen dadurch an Bedeutung. Sie sind wichtige Ergänzungen zu dem, was Fachkräfte beobachten und lassen sich aufgrund einer vergleichbaren Begrifflichkeit auch gut aufeinander beziehen. Mit Blick auf die Entwicklung einer Erziehungspartnerschaft zwischen pädagogischem Fachpersonal und Eltern ist dies ein wichtiger Schritt. Vor allem für die Förderung von Kindern aus benachteiligten Familien ist es wichtig, dass eine solche Kooperation zustande kommt und gelingt.

Mit Blick auf die Zukunft kann die Dokumentation von „Bildungs- und Lerngeschichten" auch einen Beitrag zur Kooperation zwischen Kindergarten und Schule leisten. Die Lehrkräfte erhalten durch diese Dokumentationen wichtige Hinweise auf Interessen und Stärken der Kinder, an denen anzuknüpfen auch für die pädagogische Arbeit in der Grundschule hilfreich ist und dazu beitragen kann, auch in der Grundschule die Orientierung an den Lernprozessen der Kinder zu verstärken. Erste Versuche für eine solche Kooperation von Kindertageseinrichtungen und Grundschulen gibt es bereits in verschiedenen Bundesländern.

5. Qualifikationsanforderungen prozessbezogener Beobachtung

Eine zentrale Anforderung für eine qualifizierte Arbeit mit einem an Lernprozessen orientierten Beobachtungsverfahren ist die Fähigkeit, die Aktivitäten von Kindern genau und ohne vorschnelle Bewertungen und Einordnung des Beobachteten in vertraute Schemata zu beobachten und aufzuzeichnen. Grundlegend dafür ist eine Haltung von Neugier und Interesse für die Vielfalt von Bedeutungen, die mit den Aktivitäten von Kindern verbunden sein können. Die Rede von „Erzieherinnen als Forscherinnen" bringt das gut zum Ausdruck, wobei klar ist, dass der darin angesprochene Begriff von Forschung nicht mit den Ansprüchen wissenschaftlicher Untersuchungsverfahren zu verwechseln ist. Konstitutiv ist aber die Offenheit für Neues, Unerwartetes und das Bemühen, eigene eingefahrene Sichtweisen und Vorstellungen von den Kindern und ihrem Verhalten in Frage zu stellen.

Ebenfalls erforderlich sind eine ausgeprägte Kommunikationskompetenz und die Bereitschaft zur kritischen Reflexion der eigenen Tätigkeit. Nur so können Fachkräfte von ihrem Austausch mit ihren Kolleginnen und Kollegen profitieren. Mit besonderen Anforderungen verbunden ist auch der Austausch mit den Kindern. Ziel ist ein partnerschaftlicher Austausch auf der Basis „wechselseitiger Anerkennung" (vgl. Leu 1999). Das bedeutet, dass nicht nur Kinder vom Erfahrungs- und Wissensvorsprung der Erwachsenen profitieren, sondern umgekehrt auch die Erwachsenen die Ideen und Sichtweisen der Kinder als echte Bereicherung erfahren. Dasselbe gilt für den Dialog mit den Eltern. All das sind unabdingbare Grundlagen, wenn die „konsensuelle Validierung", die Überprüfung und der Abgleich unterschiedlicher Interpretationen der jeweiligen Beobachtungssituation, gelingen sollen.

Eine weitere wichtige Voraussetzung ist, dass die Fachkräfte über solide Kenntnisse von kindlichen Entwicklungsprozessen verfügen. Das ist bereits von Bedeutung, wenn es um die Interpretation kindlicher Aktivitäten geht. Welche Interessen Kinder haben und wie bestimmte Verhaltensweisen zu verstehen sind, ist immer auch beeinflusst durch den jeweiligen Entwicklungsstand der Kinder. Besonders wichtig sind solche Kenntnisse aber, wenn es um Überlegungen für „nächste Schritte" geht. Dabei geht es nicht darum, Kinder entsprechend ihrem Entwicklungsstand bestimmten Entwicklungsstufen zuzuordnen. Gefragt ist vielmehr ein Verständnis für die „Zone nächster Entwicklung", die Entdeckung dessen, was bei Kindern die „nächsten Schritte" sind, die sie selbständig gehen können, was sich ihrem Verstehen als nächstes erschließt, welche Kenntnisse sie „nahezu" zur Hand haben. Über solche entwicklungstheoretischen Kenntnisse zu verfügen und trotzdem für die Vielfalt individueller Unterschiede im Entwicklungsverlauf offen zu sein, d. h. die Kinder nicht einfach bestimmten Stufen- oder Phasenvorstellungen zuzuordnen, macht in diesem Kontext die Professionalität von Fachkräften aus.

6. Voraussetzungen und Grenzen prozessorientierter Beobachtungsverfahren

Die voranstehend beschriebenen Qualifikationsanforderungen bilden eine Seite der erforderlichen Voraussetzungen für eine qualifizierte Begleitung kindlicher Bildungs- und Lernprozesse mit einem Verfahren wie den „Bildungs- und Lerngeschichten". Ähnlich wie bei den Lerndispositionen gilt aber auch hier, dass es neben den Qualifikationen der Fachkräfte auch auf die Rahmenbedingungen der Arbeit ankommt. Der Einsatz eines solchen Beobachtungs- und Dokumentationsverfahren setzt voraus, dass Fachkräfte Verfügungszeit haben, in der sie Beobachtungen nachbereiten können und der Austausch mit Kolleginnen und Kollegen, mit Kindern und mit Eltern möglich ist, und nicht zuletzt auch Zeit, um die für „nächste Schritte" erforderlichen Rahmenbedingungen für die Kinder vorzubereiten (vgl. dazu auch Leu u. a. 2007, S. 31f.).

Als Grenze ist ausdrücklich festzuhalten, dass ein solches Verfahren in keiner Weise beansprucht, den Entwicklungsstand unterschiedlicher Kinder zu vergleichen bzw. ihn an irgendwelchen Altersnormen zu messen. Dafür sind standardisierte und normierte Beobachtungsverfahren erforderlich, die den Kriterien von Objektivität, Validität und Reliabilität genügen (vgl. dazu Tietze 2006). Solche Verfahren sind unverzichtbar, wenn es beispielsweise darum geht, Entwicklungsrisiken abzuklären. Das gleiche gilt für Forschungsprojekte, mit denen die Konsequenzen unterschiedlicher pädagogischer Settings für das Lernen der Kinder untersucht werden sollen. Ohne interindividuell vergleichbare Messungen von Kompetenzen ist das nicht möglich.

Im Unterschied dazu ist ein wichtiges Ziel der hier vorgestellten prozessorientierten Beobachtung, dass die Fachkräfte sich untereinander und mit den Kindern und Familien über individuelle Lernformen und -fortschritte austauschen und gemeinsam die pädagogische Praxis überdenken. Damit verbunden ist auch die weitere Qualifizierung der Fachkräfte für eine differenzierte Wahrnehmung der unterschiedlichen Lerninhalte, -formen und -strategien, mit denen sich Kinder ihre Umwelt aneignen. Das ist eine wichtige Grundlage für eine einfühlsame, „responsive" Gestaltung der Interaktionen mit dem Kind, die laut den Annahmen einer konstruktivistischen Sicht von Lern- und Entwicklungsverläufen entscheidend zu deren Förderung beiträgt.

Literatur

Andres, B./Laewen, H.-J. (2005): Elementare Bildung. Handlungskonzepte und Instrumente. In: Pesch, L. (Hrsg.) (2005): Elementare Bildung, Band 2. Weimar u. Berlin. www.brandenburg.de/sixcms/media.php /1234/uebersicht.

Athey, C. (1990): Extending Thought in Young Children: A Parent-Teacher Partnership. London.

Bodrova, E./Leong, D. J. (2007): Tools of the Mind. The Vygotskian Approach to Early Childhood Education. Pearson Prentice Hall.

Broadhead, P. (2006): Developing an understanding of young children´s learning through play: the place of observation, interaction and reflection. In: British Educational Research Journal, Vol. 32 (2006), No. 2, pp. 191-207.

Brown-DuPaul, J./Keyes, T./Segatti, L. (2001): Using Documentation Panels To Communicate With Families. In: Childhood Education, Vol. 77 (2001), No. 4, pp. 209-213.

Carr, M. (2001): Assessment in Early Childhood Settings. Learning Stories. London u. a.

Dornes, M. (1993): Der kompetente Säugling. Die präverbale Entwicklung des Menschen. Frankfurt a. Main.

Fried, L./Roux, S. (Hrsg.) (2006): Pädagogik der frühen Kindheit. Handbuch und Nachschlagewerk. Weinheim u. Basel.

Gisbert, K. (2004): Lernen lernen. Lernmethodische Kompetenzen von Kindern in Tageseinrichtungen fördern. Weinheim und Basel.

Gopnik, A. u. a. (2000), Forschergeist in Windeln. Wie Ihr Kind die Welt begreift. Kreuzlingen u. München.

Hasselhorn, M. (2005): Lernen im Altersbereich zwischen 4 und 8 Jahren: Individuelle Voraussetzungen, Entwicklung, Diagnostik und Förderung. In: Guldimann, T./Hauser, B. (Hrsg.) (2005): Bildung 4- bis 8-jähriger Kinder. Münster u. a., S. 77-88.

Hebenstreit-Müller, S./Kühnel, B. (Hrsg.) (2004): Kinderbeobachtung in Kitas. Erfahrungen und Methoden im ersten Early Excellence Centre in Berlin. Berlin.

Honig, M. S. u. a. (2004): Was ist ein guter Kindergarten? Theoretische und empirische Analysen zum Qualitätsbegriff in der Pädagogik. Weinheim und München.

Katz, L. G. (1995): Talks with Teachers of Young Children. A Collection. Norwood, New Jersey.

Kazemi-Veisari, E. (2004): Kinder verstehen lernen: Wie Beobachten zu Achtung führt. Seelze-Velber.

Laevers, F. (Hrsg.) (1997): Die Leuvener Engagiertheits-Skala für Kinder. LES-K. Erkelenz.

Laewen, H.-J./Andres, B. (Hrsg.) (2002): Forscher, Künstler, Konstrukteure. Werkstattbuch zum Bildungsauftrag von Kindertageseinrichtungen. Neuwied, Kriftel u. Berlin.

Leu, H. R. (1999): Wechselseitige Anerkennung – eine Grundlage von Bildungsprozessen in einer pluralen Gesellschaft. In: kita-aktuell, 1999, Heft 9, S. 172-176.

Leu, H. R. (2006): Beobachtung in der Praxis. In: Fried, L./Roux, S. (Hrsg.) (2006): Pädagogik der frühen Kindheit. Handbuch und Nachschlagewerk. Weinheim u. Basel, S. 232-243.

Leu, H. R. u. a. (2007): Bildungs- und Lerngeschichten. Bildungsprozesse in früher Kindheit beobachten, dokumentieren und unterstützen. Weimar u. Berlin.

Martin, E./Wawrinkowski, U. (2003[4]): Beobachtungslehre. Theorie und Praxis reflektierter Beobachtung und Beurteilung. Weinheim u. München.

Mayr, T./Ulich, M. (1998): Kinder gezielt beobachten. Teil 1: Der Stellenwert von Beobachtung im Alltag. In: KiTa-aktuell, 1998, Heft 10, S. 205-209.

Mayr, T./Ulich, M. (2003): Die Engagiertheit von Kindern. Zur systematischen Reflexion von Bildungsprozessen in Kindertageseinrichtungen. In: Fthenakis, W. E. (Hrsg.) (2003): Elementarpädagogik nach PISA. Wie aus Kindertagesstätten Bildungseinrichtungen werden können. Freiburg i. Br., S. 169-189.

Tietze, W. (2006): Frühpädagogische Evaluations- und Erfassngsinstrumente. In: Fried, L./Roux, S. (Hrsg.) (2006): Pädagogik der frühen Kindheit. Handbuch und Nachschlagewerk. Weinheim u. Basel, S. 243-253.

Viernickel, S./Völkel, P. (2005): Beobachten und dokumentieren im pädagogischen Alltag. Freiburg, Basel u. Wien.

Wygotsky, L. S. (1969): Denken und Sprechen. Frankfurt a. Main.

Soziale Ungleichheiten, Heterogenität und Differenz

Peter Büchner

Der Zugang zu hochwertiger Bildung unter Bedingungen sozialer, kultureller und individueller Heterogenität

Über die Bedeutung des Bildungsorts Familie

In diesem Beitrag soll der Frage nachgegangen werden, welche wissenschaftlichen Erkenntnisse es zu beachten gilt, wenn in Deutschland eine qualitativ hochwertige Bildung für alle Kinder von Anfang an nachhaltig gefördert wird, ohne dass es dabei zu Beeinträchtigungen von Bildungschancen – und damit Lebenschancen – aufgrund von nachteiligen Rahmenbedingungen kommt. Mir geht es in den folgenden Überlegungen vor allem um herkunftsbedingte Zugangsbarrieren zu umfassender Bildung für die nachwachsende Generation. Dabei stütze ich mich auf einen neueren Strang der sozialen Ungleichheitsforschung, der von einer Kulturalisierung der sozialen Ungleichheit ausgeht (vgl. u. a. Berger 1994). Ähnliche Überlegungen finden sich in der Tradition der englischen Jugendforschung des Centre of Contemporary Cultural Studies (Willis 1979), das die Ebene des Kulturellen (und die kulturellen Formen) bei der Reproduktion von sozialer Ungleichheit empirisch untersucht hat.

Für den folgenden Beitrag ist der Ausgangspunkt meiner Überlegungen die weit verbreitete These, dass die Familie in Sachen Bildung und Kultur vielfach versage. Weil am privaten Bildungsort Familie keine hinreichende Bildung ermöglicht werde, müsse der Bildungsort Familie durch Bildungsorte im öffentlichen Bildungs- und Erziehungswesen substituiert werden. Mehr öffentlich veranstaltete Bildung, so lautet die Forderung, weil die Erfolglosigkeit des Bildungsgeschehens in der Privatheit vieler Familien mehr als offenkundig sei. Aber – so meine Frage – kann man tatsächlich von einer einfachen Substituierbarkeit der Bildungsorte ausgehen oder muss man nicht gerade das komplizierte Wechselwirkungsverhältnis von Familie und öffentlichen Bildungs- und Erziehungseinrichtungen genauer in den Blick nehmen? Ist nicht der Zugang zu hochwertiger Bildung im öffentlichen Bildungssektor sehr voraussetzungsvoll, ebenso wie die (potentiellen) Rückwirkungen solcher Bildungsprozesse nicht ohne Folgen für das Privatleben einer Person bleiben, so dass das Ob und Wie des Zugangs zu hochwertigen Bildungs- und Erziehungsangeboten in Abhängigkeit von der sozialen Herkunft eines Kindes keineswegs nur auf die Alternative öffentlich oder privat zugespitzt werden darf?

Wenn ich im Folgenden Überlegungen über den Zugang zu mehr und besserer Bildung unabhängig von sozialer Herkunft und Geburt anstelle, habe ich allerdings nicht nur die formale Bildungslaufbahn eines Kindes im Blick. Vielmehr geht es mir um die Gewährleistung der kulturellen Teilhabe- und sozialen Anschlussfähigkeit eines jeden Kindes, was z. B. mehr ist als lediglich ein mehr oder weniger qualifizierter Berechtigungserwerb in öffentlichen Bildungsinstitutionen als Voraussetzung für die (qualifizierte) Teilhabe am beruflichen Erwerbsleben. Insofern dürfen Kinder mit ihren ganz unterschiedlichen Lebensvoraussetzungen und Lebensperspektiven nicht nur pauschal als Arbeitsbürger der Zukunft und als Objekte eines verengten sozialinvestiven Denkens und Handelns gesehen werden. Bei der derzeit forcierten Wiederbelebung des Elitären und der damit verbundenen Wettbewerbsrhetorik wird zwar mit dem Blick auf das Gebot der political correctness vermieden, von Exklusivität zu sprechen, aber unter Konkurrenzbedingungen kann es trotzdem nur dann Gewinner geben, wenn es auch Verlierer gibt. Insofern haben wir die Gefahr der sozialen Schließung auch und gerade der Bildungsmärkte für junge Menschen auf der Agenda, wobei diese Gefahr nicht nur für formale Bildungszusammenhänge, sondern auch und besonders für informelle Bildungsanliegen gegeben ist. Soziale Marginalisierung und soziale Exklusion droht – so die These – nicht nur auf dem Bildungs- und Arbeitsmarkt, sondern auch im Hinblick auf kulturelle Teilhabe und soziale Anschlussfähigkeit einer nachwachsenden Generation.

1. Distinktion durch Bildung

Vor diesem Hintergrund lautet meine Frage: Ist die vorbehaltlose Euphorie hinreichend begründet, mit der der Ausbau der öffentlichen Bildungs-, Erziehungs- und Betreuungsangebote empfohlen wird, um die herkunftsbedingte Ungleichheit der Bildungschancen und die damit verbundene Gefahr der sozialen Schließung der Bildungsmärkte zu bekämpfen? Oder ist die Diagnose vom Versagen der Familie nicht zu pauschal und empirisch viel zu undifferenziert begründet? Immerhin zeigen unsere eigenen Forschungsergebnisse, dass die Familie nach wie vor als maßgeblicher Ort der Akkumulation und Weitergabe von Humanvermögen bzw. von kulturellem und sozialem Kapital gesehen werden muss (Büchner/Brake 2007). Die in der Familie stattfindende Ermöglichung von kultureller Teilhabe und sozialer Anschlussfähigkeit ist auch weiterhin als wichtige und originäre familiale Bildungsleistung zu begreifen, die übrigens nicht nur für das Erwachsenwerden, sondern auch für das Erwachsensein von großer Bedeutung ist. Dem habitualisierten Tun in familialen Alltagsroutinen ist vor allem auch dann weiterhin ein hoher Stellenwert zuzumessen, wenn es dort um die Aneignung von Daseinsqualifikationen bzw. Lebensführungsqualifikationen geht (vgl. Fünfter Familienbericht 1994).

Die kollektiv gelebte Alltagskultur am Bildungsort Familie hat mit einer gewissen Unausweichlichkeit über die Generationen hinweg eine hohe Bildungsrelevanz. Immerhin finden sich genügend Belege dafür, dass vorhandene soziale Disparitäten zwischen verschiedenen Familien auf dieser Grundlage perpetuiert werden. Und auch die formale Bildungsbeteiligung ist weiterhin stark herkunftsabhängig (Baumert u. a. 2001). Aber es gilt darüber hinaus zu beachten, dass wir es nicht nur mit kollektivistischen, sondern zunehmend auch mit individualistischen Ausschließungsformen zu tun haben, selbst wenn diese nach wie vor sozialräumlich eingebettet sind (vgl. dazu Parkin 1983): Insbesondere die Tatsache, dass sich vor allem privilegierte Familien dafür einsetzen, dass die sich (aus der Geburt in eine solche Familie) ergebenden Vorteile auch künftig fortbestehen, deutet darauf hin, dass vor allem diesen Familien die Bedeutung der Familie bei der Reproduktion von Stand und Status bewusst ist. Es lohnt sich somit (zumindest aus dieser Sicht), in die Bildung der nachwachsenden Generation zu investieren.

Die fortbestehende Verteidigung des Elternrechts zeigt: Der Familie (und eben gerade nicht den öffentlichen Bildungsinstitutionen) wird das entscheidende Steuerungspotenzial für die individuelle Habitusentwicklung und für entsprechende Bildungsbiographieverläufe zugeschrieben, so dass vor allem Eltern, die ihrer Familie in Sachen Bildung und Kultur einiges zutrauen, besonders nachhaltig für ihren möglichst weitgehenden elterlichen Vertretungsanspruch kämpfen und Eingriffe des Staates abzuwehren versuchen (vgl. dazu Büchner/Brake 2006). Die Diagnose des Versagens der Familie in Sachen Bildung wird deshalb gerade von diesen Eltern in Konkurrenz und anklagend gegenüber „den anderen" Eltern vorgetragen, deren kulturelle Alltagspraxis mit den erwarteten Bildungsstandards nicht kompatibel ist. Als Zwischenergebnis ist somit festzuhalten: Als Bildungsort versagt die Familie nicht als solche, sondern es gibt Familien mit unterschiedlicher Bildungswirksamkeit, der unterschiedliche soziale Anerkennung zugemessen wird.

Im Nationalen Aktionsplan „Für ein kindergerechtes Deutschland" (2005) der Bundesregierung haben sich Bund und Länder verpflichtet, eine kindergerechte Welt zu schaffen, in der die Grundsätze der Demokratie, der Gleichberechtigung, der Nichtdiskriminierung, des Friedens und der sozialen Gerechtigkeit die Grundlage für eine nachhaltige menschliche Entwicklung bilden, die das Wohl des Kindes berücksichtigt. Wenn dieses Ziel erreicht werden soll, muss allerdings berücksichtigt werden, dass die herkunftsbedingte Ungleichheit der Bildungschancen eines Kindes in keinem anderen vergleichbaren Land eine derart entscheidende Bedeutung für dessen Bildungsbiographieverlauf hat. Deshalb muss die Familie als Bildungsort differenzierter in den Blick gerückt werden und insbesondere das Beziehungsverhältnis zwischen den vielen Familien in ihrer jeweiligen Heterogenität und ihrer jeweils unterschiedlichen, um nicht zu sagen ungleichen Bildungswirksamkeit genauer reflektiert werden. Nicht das schlichte Konstatieren von Unterschieden (Ungleichheiten) bei familialen Bildungsleistungen, sondern erst die Untersuchung der komplexen Beziehungsverhältnisse zwischen den vielen Familien mit unterschiedlichen Bildungsvorstellungen und Bildungsleistungen im Kontext von (öffentlich propagierten) sozialen Anerkennungsverhältnissen kann dazu beitragen, das Problem der weiter fortbestehenden, herkunftsbedingt ungleichen Bildungsbeteiligung besser zu verstehen.

Aus der Ungleichheitsperspektive betrachtet lautet somit eine wichtige Frage: Gibt es eine begründete Chance, der vermeintlichen Schicksalhaftigkeit seiner Herkunftsfamilie (zumindest teilweise) zu entkommen? Bis in die frühe Neuzeit hinein galt die „selbstverständliche" Regel der Statusvererbung durch Abstammung, die erst allmählich im Zuge der Aufklärung durch den Grundsatz „des sozialen Aufstiegs durch individuelle Verdienste" abgelöst wurde. Insbesondere der „Aufstieg durch Bildung" wurde dabei zum Programm für die Herstellung einer neuen sozialen Ordnung.

In der sozialen Realität zeigt sich allerdings bis heute eine tiefe Kluft zwischen Soll- und Ist-Zustand: „Gerade das (heutige) Bildungsbürgertum räsoniert meritokratisch, fühlt und handelt jedoch ständisch, einst wie heute." Volker Reinhardt (2006) nennt das eine mentale Suspendierung des Ungleichheitsdenkens. Insofern findet sich in vielen Familien eine über Generationen andauernde regelrechte Schizophrenie des gegen die eigenen ethischen Maßstäbe vorangetriebenen sozialen „Fäden-Knüpfens" im Feld von Bildung und Kultur, um den eigenen Nachkommen möglichst gute Startchancen ins Leben zu sichern. Dieses „Fäden-Knüpfen" beginnt bereits im kindlichen Vorschulalter und setzt sich fort, wenn es um die Suche nach einer „richtigen" Schule und die Festlegung einer „richtigen" Schullaufbahn geht. Dabei geht es nicht nur um den schulischen Berechtigungserwerb, sondern auch und besonders um den möglichst exklusiven Erwerb von Daseins- und Lebensführungsqualifikationen als Voraussetzung für kulturelle Teilhabe- und soziale Anschlussfähigkeit.

Dass beim allgemeinen Fäden-Knüpfen vor Ort meistens individualistische Ausschließungsmechanismen im Spiel sind, die im Lebensalltag beim Kampf um soziale Anerkennung durch gezielte Sympathiebekundungen oder durch geeignete Distanzierungsbemühungen gegenüber bestimmten anderen kulturellen Praxisformen wirksam werden, lässt sich in unserem selbst erhobenen Fallmaterial deutlich nachweisen (vgl. z. B. Krah/Büchner 2006; Wahl 2006). Das dichte, aber fragile Netz gesellschaftlicher Anerkennungsbeziehungen enthält somit neben Chancen zur gesellschaftlichen Integration immer auch Risiken der sozialen und kulturellen Exklusion und Marginalisierung (Habermas 2005, S. 25). Schon Sighard Neckel (1991, S. 177) hat unter Bezug auf Norbert Elias darauf verwiesen, dass hinter der schönen Fassade des souveränen Individuums zumeist die soziale Angst vor gesellschaftlicher Degradierung und Unterlegenheit lauert. Ich schlage vor diesem Hintergrund vor, Bildungsprozesse und den Zugang zu Bildung unter Bedingungen von sozialer und kultureller Heterogenität auch anerkennungstheoretisch zu begründen. Es kommt darauf an, das Investitionsverhalten in Bildung und Kultur als Ausdruck des Strebens nach sozialer Anerkennung offen zu legen.

Als Motiv für das Streben nach sozialer Anerkennung und eine entsprechende Stilisierung der selbst erbrachten Bildungs- und Kulturleistungen gilt dabei nicht nur die Hoffnung auf die bessere Erreichbarkeit von und den Zugang zu sozialen und kulturellen Gütern und/oder sozialen Positionen, sondern gleichzeitig auch die zumindest latente Angst vor sozialer Schwäche, vor Prestigeverlusten und vor sozialer Unterlegenheit bzw. sozialer Degradierung, falls sich die notwendige Investitionsarbeit in Bildung und Kultur als unzureichend oder gar als Fehlinvestition erweisen sollte (vgl. Neckel 1991, S. 177). Insofern wird die Erzeugung von sozialer Über-

legenheit zu einem ständig neu zu stilisierenden kulturellen Distinktions-
mittel, das im Rahmen von subtilen sozialen und kulturellen Konkurrenz-
mechanismen zum Tragen kommt. Neben Abwehrgefechten gegen nach-
drängende soziale Gruppierungen mit Geschmacksformen und Standards
der Lebensführung, die unter Abwertungsdruck stehen, finden auch Kämpfe
um Anerkennung zwischen einzelnen (rivalisierenden) Akademikerfraktio-
nen statt, die ebenfalls darauf abzielen, eine erreichte soziale Vormachtstel-
lung und kulturelle Deutungshoheit gegenüber der Konkurrenz zu behaupten.[1]

Mir kommt es in diesem Zusammenhang darauf an zu betonen, dass bei
diesen Kämpfen um Anerkennung dem Bildungsort Familie bei der Aneignung eines sozial anerkennungsfähigen Habitus (als Ergebnis von vorange-
henden Bildungsprozessen) ein erheblicher Stellenwert zukommt.

Ist es doch vor allem die Familie, in der

- souveränes Auftreten und persönliche Ausstrahlung,
- angemessene Umgangsformen und passendes Outfit,
- gute Allgemeinbildung und zukunftsweisende Lebenseinstellung, kurz
- passende inkorporierte bzw. habitualisierte und zugleich exklusive Formen der Lebensführung und der kulturellen Praxis

vermittelt und angeeignet werden, die überdies einhergehen mit sozialen
und kulturellen Abgrenzungs- und Schließungsansprüchen gegenüber nach-
drängenden sozialen Gruppen (den sog. Herausforderern). Immerhin sind es
erst die vielfältigen, teilweise sehr subtilen Auf- und Abwertungsvorgänge
von Habitusformen und dem, was eine „gebildete" Persönlichkeit ausmacht,
was aus kulturellen Differenzen im Kontext von sozialen Anerkennungsverhältnissen letztlich soziale Ungleichheiten werden lässt. Damit verbundene geeignete Verhaltensrepertoires gilt es im Medium formaler, aber eben
auch non-formaler und informeller Bildungsprozesse im Lebensalltag individuell immer wieder neu herzustellen und situationsangemessen zu verändern, wobei dieser Herstellungsprozess in familiale und weit über die Familie hinausreichende Anerkennungsarenen mit einer eigenen Entwicklungsdynamik eingebettet ist.

Mit einem Beispiel sei in diesem Zusammenhang angedeutet, womit wir
es zu tun haben, wenn wir vom notwendigen Streben nach Anerkennung

---

1 Hier sei beispielhaft an den sogenannten. hessischen Kulturkampf in den 1970er
   Jahren um die Einführung der Gesamtschule oder an die aktuellen Auseinanderset-
   zungen um die außerhäusliche Kleinkinderbetreuung erinnert.

reden: Spätestens seit der Bildungsexpansion reicht bekanntlich formale Bildung allein als Bildungsnachweis nicht mehr aus. Um heute als gebildet gelten und anerkannt werden zu können, muss man sich vor allem als gebildet präsentieren können. Das setzt Arbeit an einem entsprechenden Habitus voraus, der vor allem in informellen Bildungszusammenhängen in der Familie und mit Unterstützung der Familie ausgebildet wird. Um als gebildet anerkannt zu werden, muss Bildung und Kultur strategisch inszeniert und kommuniziert werden, denn als Subjekt braucht man vor allem gegenüber relevanten Anderen Reputation (vgl. Voswinkel 2001), die als individualistische Form der sozialen Ausschließung beim Kampf um soziale Anerkennung eine große Rolle spielt. Um die eigene kulturelle Überlegenheit ebenso wie die Distanz zu den weniger distinktiven Lebensweisen anderer sozialer Statusgruppen unter Beweis stellen zu können, muss – weil die Grundlagen für Anerkennung unsicherer geworden sind – Reputation erzeugt werden, die zu einer Art persönlichem Kapital wird; in diesem Sinne ist Reputation als reflexive Anerkennungsform der Moderne zu verstehen, die sich auf die Wertung einer Person bezieht (vgl. Voswinkel 2001, S. 119). Anerkannt und belohnt wird z. B. ein Investitionsverhalten nicht nur in formale Bildung, die sich weitgehend an den in akademischen Abschlüssen normierten Bildungsstandards orientiert, sondern gleichermaßen in nonformale und informelle Bildung mit entsprechenden Implikationen für die jeweiligen Lebensstile und kulturellen Praxisformen. „Reputation wird in dem Maße Anerkennung aus dritter Hand, indem sie nicht durch unmittelbare Beobachtung und Vertrautheit entsteht, sondern kommuniziert werden muss" (Voswinkel 2001, S. 119).

Beate Krais und Sandra Beaufays haben das veranschaulicht und herausgearbeitet, wie bedeutsam eine anerkennungstheoretische Sicht gerade für informelle Bildungszusammenhänge ist: „Man ist ein guter Historiker nicht, weil man ein guter Historiker ist, sondern weil die anderen sagen, dass man ein guter Historiker ist. Wenn ich mich selber hinstelle und sage, ich bin ein guter Historiker, lachen alle anderen guten Historiker. Wenn ein anderer guter Historiker sagt, der Charlie P. ist ein guter Historiker, dann nicken alle anderen guten Historiker, zumindest" (lacht) „wenn sie aus dessen Schule stammen" (Beaufays/Krais 2005, S. 89). Hier zeigt sich, wie soziale Distinktion durch Bildung über Reputation als kommunizierte Anerkennungsform funktioniert. Wären doch bewusst eingeschlagene Strategien der sozialen Abhebung, also Selbstinszenierungen von Distinktion, geradezu kontraproduktiv, insofern sie den um Distinktion Bemühten gerade an

den sozialen Ort zurückverweisen, dem er durch ostentative Distinktion
entkommen wollte.

Jeder Akteur, der für sich Anerkennung als Gebildeter in Anspruch
nimmt, stellt mit diesem Anliegen eine Verbindung her zu anderen Gebildeten. Zwar kann dieser Anspruch erhoben werden, aber die Gruppe der Gebildeten akzeptiert diesen Anspruch oder weist ihn zurück. In der Akzeptanz liegt das begründet, was den „wirklich" Gebildeten ausmacht. Bil-
dungseliten (ebenso wie Bildungsarme auf der anderen Seite der Meßlatte)
begegnen uns also nie losgelöst von Akteuren, und zwar jenen, die sie repräsentieren auf der einen Seite und jenen, die anderen eine Zugehörigkeit zu
ihr zuschreiben oder abschreiben. Die soziale Anerkennung von Bildung
stellt sich in diesem Sinne auch über ein ständiges „Normalitäts-
Management" her, indem spezifische kulturelle Praxisformen mit dem Anspruch in entsprechende Anerkennungsarenen treten, dort jeweils als normal und gegenüber anderen Arenen als besonders anerkannt zu werden.
Dabei gilt es, Reputation nicht nur zu bewahren und (z. B. gegen Provoka-
tionen) zu verteidigen, sondern sie auch immer wieder neu zu erwerben,
nachdem Anerkennung nicht mehr von Geburt an oder von Amts wegen als
gegeben anzunehmen ist.[2]

2. Bildungsarmut und die Abwertung informeller Bildungsleistungen

Solche Überlegungen sind nun allerdings keineswegs nur dann von großer
Bedeutung, wenn es um Strategien der kulturellen und sozialen Distinktion
im Kreise von „Gebildeten" geht. Auch für die Frage, wie die Reproduktion
von Bildungsarmut verhindert werden kann, spielen anerkennungstheoretisch begründete Überlegungen eine wichtige Rolle (Büchner/Wahl 2005).
Unsere Einblicke in die Mechanismen der Entstehung und sozialen Verer-
bung von Bildungsarmut machen deutlich, dass auch bei der Reproduktion

---

2   Voswinkel (2001, S. 127) spricht in diesem Zusammenhang von Reputationsproben,
    zu denen man von anderen herausgefordert wird, die aber auch selbst initiiert wer-
    den können, um die Anerkennungswürdigkeit unter Beweis zu stellen. Insofern ist
    von Reputationskämpfen auszugehen, die es zu bestehen gilt und die darauf hindeu-
    ten, dass Reputation als moderne Anerkennungsform durchaus eine prekäre Variante
    der Anerkennung darstellt, die immer wieder zur Inszenierung von Reputationspro-
    ben antreibt, um Aufmerksamkeit zu erzeugen und möglichst nachhaltige Beachtung
    zu erreichen.

von Bildungsarmut eine anerkennungstheoretisch begründete Sicht helfen kann, den Bildungsort Familie in Verbindung mit den jeweiligen Interaktionsbeziehungen zu anderen Familien und zu anderen Bildungsorten zu sehen, um zu verstehen, wie in derartigen Zusammenhängen familiale Bildungsleistungen in sog. bildungsarmen Familien letztlich in der familialen Außenwelt gesellschaftlich abgewertet werden.

Soziale Anerkennung lässt sich in derartigen Handlungskontexten als performative Reaktion auf die Lebensäußerungen anderer Personen in interaktiven Beziehungsverhältnissen verstehen. Über die Bestätigung von positiv erlebten Eigenschaften, also über Bewunderung, Ehrerbietung oder Nachahmungsbereitschaft wird z. B. soziale Inklusion vollzogen. In anderen Handlungssituationen kommt es zu sozialer Exklusion, wenn wir es mit einer gezielten Missachtung von Personen (und deren Eigenschaften) oder einfach nur mit einer selektiven Blindheit gegenüber bestimmten kulturellen Praxisformen und Geschmacksvarianten zu tun haben[3]. Soziale Konflikte und kulturelle Segregation sind somit als Folge der Nicht-Anerkennung von familialen Bildungsleistungen bzw. deren Inkompatibilität mit (außerhalb von Familien existierenden) Bildungsnormen zu sehen.

Auch hier ist zu beachten, dass Bildungsarmut nicht nur bedeutet, dass zu einem bestimmten Zeitpunkt keine Schulreife vorliegt oder formale Bildungsabschlüsse nicht erreicht werden. Vielmehr ist Bildungsarmut mit dem Risiko einer nachhaltigen sozialen Benachteiligung im Lebensalltag verbunden, weil wichtige Grundvoraussetzungen für eine verständige kulturelle Teilhabe- und soziale Anschlussfähigkeit fehlen. Aus individueller Lebensverlaufsperspektive bedeutet das biographische Verwundbarkeit und sich wiederholende Beeinträchtigung von Lebenschancen; sozialstrukturell führt Bildungsarmut zu verwehrten Erreichbarkeiten und Zugängen zu sozialen und kulturellen Gütern und Positionen (vgl. Böhnisch/Schröer 2004).

So ist einerseits der Ausbau der außerfamilial organisierten Bildung, also z. B. der Ausbau der öffentlichen Bildungseinrichtungen für das Vorschulalter, zu begrüßen. Werden doch damit Gelegenheitsstrukturen und Gestaltungschancen zur Aneignung von basalen Kompetenzen und elementaren Kulturtechniken bereitgestellt, die nicht in allen sozialen Milieus angemessen weitergegeben und angeeignet werden können. Andererseits darf jedoch nicht übersehen werden, dass spätestens die Schule als öffentliche

---

3 Eine präzise, theoretisch aufgeklärte Beobachtung des Erzieherinnenverhaltens im Kindergarten oder des Lehrer- und Schülerverhaltens in entsprechenden Gruppenkontexten liefert immer anschauliche Beispiele für derartige Zusammenhänge.

Bildungsinstitution in vielerlei Hinsicht keineswegs nur Chancengleichheit fördert, sondern vielfach auch Chancenungleichheit besonders im Feld der informellen Bildung verstärkt, indem sie ein anerkennungsfähiges Investitionsverhalten in Bildung und Kultur behindert, weil dort Verschiedenheit eben keineswegs immer anerkannt wird (vgl. dazu auch Krais 2004). Unsere Fallstudien zeigen z. B. ein bestehendes soziales Abwertungsdilemma in derartigen Kontexten: Formale, aber eben auch informelle Bildungsnormen werden in öffentlichen Bildungsinstitutionen propagiert, die der außerschulischen Lebenspraxis der Schüler nicht wirklich entsprechen. Das führt zu ständiger Degradierung der außerhalb der Schule erbrachten Bildungsleistungen, verbunden mit einem entsprechenden sozialen Marginalisierungsdruck, wobei zu beachten ist, dass gerade diese Schüler besonders auf schulische Bildungsangebote angewiesen sind (vgl. Büchner/Wahl 2005). Die in solchen Handlungszusammenhängen (z. B. besonders in Hauptschulen) entstehende „gelebte Gegenkultur" (Willis 1979) enthält eindeutige Elemente der „Selbsteliminierung", also von sozialen Selbstauschließungsmechanismen, wie sie Willis für seine „lads" in englischen Hauptschulen so anschaulich herausarbeitet.

3. Familienförderung als Bildungsanliegen

Die Diagnose des Familienversagens in Sachen Bildung und die Skepsis gegenüber den Fähigkeiten von Eltern, im Rahmen des gelebten Familienlebens angemessen in die Zukunft ihrer Kinder investieren zu können, darf sich der Tatsache gegenüber nicht verschließen, dass nach wie vor wichtige, vor allem informelle Bildungsleistungen am Bildungsort Familie erbracht werden, die nicht zuletzt auch für die angemessene Gestaltung des Lebensalltags notwendig sind, um kulturelle Teilhabe und soziale Anschlussfähigkeit zu ermöglichen. Insofern müssen – so meine Schlussfolgerung – derartige Bildungsleistungen ermöglicht und durch familienpolitische, kinderpolitische und sozialpolitische Maßnahmen gezielt gefördert werden. Haben doch das gelebte Familienleben und die damit verbundenen familialen Lebensäußerungen auch weiterhin eine hohe Bildungsrelevanz. Denken wir nur an bildungsrelevante Tätigkeiten wie gemeinsames Essen und Trinken, an Urlaub, Gesundheitshandeln und Körperpflege oder an Formen der Wochenendgestaltung als Anlässe des kulturellen Erlebens und Gestaltens. Im Rahmen von geeigneten Erziehungs- und Bildungspartnerschaften und in zu schaffenden Bildungsorte-Netzwerken muss informelle Bildung in einer

Weise ermöglicht werden, wie dies die lokalen Gegebenheiten notwendig machen. Entsprechende Gelegenheitsstrukturen und Möglichkeitsräume dafür sind aber nur unter Einbeziehung des Bildungsorts Familie vorstellbar. Bei aller Skepsis über die Leistungsfähigkeit der Familie wird deren Bildungsbedeutsamkeit also auch in Zukunft eine wichtige Rolle spielen, so dass eine gezielte Familienförderung als wichtiges ungleichheitsrelevantes Bildungsanliegen anzusehen ist. Insofern bleibt auf dem Programm, was bereits der 10. Kinder- und Jugendbericht gefordert hat: Die Schaffung einer „Kultur des Aufwachsens", in deren Rahmen es auf ein kindbezogenes Zusammenwirken der Beteiligten bei privat und öffentlich organisierten Bildungsprozessen ankommt. Die erhoffte, weitgehend problemlose Substituierbarkeit des Bildungsortes Familie durch andere öffentlich kontrollierte Bildungsorte lässt sich in Anbetracht von bisher vorliegenden empirischen Forschungsergebnissen also nicht einfach voraussetzungslos postulieren. Es lohnt sich, differenzierte Modelle dafür zu erproben, wie nicht zuletzt informelle Bildung für möglichst alle Kinder in entsprechenden Bildungsorte-Netzwerken jeweils individuell gefördert werden kann (vgl. dazu Wissenschaftlicher Beirat für Familienfragen 2002).

Literatur

Baumert, J. u. a. (Hrsg.) (2001): PISA 2000. Opladen.

Beaufays, S./Krais, B. (2005): Doing Science – Doing Gender. In: Feministische Studien, 23. Jg. (2005), S. 82-99.

Berger, P. A. (1994): „Lebensstile" – strukturelle oder personenbezogene Kategorie? In: Blasius, J./Dangschat, J. (Hrsg.): Lebensstile in Städten. Konzepte und Methoden. Opladen, S. 137-149.

Böhnisch, L./Schröer, W. (2004): Stichwort: Soziale Benachteiligung und Bewältigung. In: Zeitschrift für Erziehungswissenschaft, 7. Jg. (2004), S. 467-478.

Büchner, P./Brake, A. (2007): Die Familie als Bildungsort: Strategien der Weitergabe und Aneignung von Bildung und Kultur im Alltag von Mehrgenerationenfamilien. In: Zeitschrift für Soziologie der Erziehung und Sozialisation, 27. Jg. (2007), S. 197-213.

Büchner, P./Brake, A. (Hrsg.) (2006): Bildungsort Familie. Transmission von Bildung und Kultur im Alltag von Mehrgenerationenfamilien. Wiesbaden.

Büchner, P./Wahl, K. (2005): Die Familie als informeller Bildungsort. Über die Bedeutung familialer Bildungsleistungen im Kontext der Entstehung und Vermeidung von Bildungsarmut. In: Zeitschrift für Erziehungswissenschaft, 8. Jg. (2005), S. 356-373.

BMFSFJ (Hrsg.) (2005): Nationaler Aktionsplan. Für ein kindergerechtes Deutschland 2005-2010. Berlin.

Fünfter Familienbericht (1994): Familien und Familienpolitik im geeinten Deutschland. Bonn.

Habermas, J. (2005): Zwischen Naturalismus und Religion. Frankfurt a. Main.

Krah, K./Büchner, P. (2006): Habitusgenese und Religiosität in Mehrgenerationenfamilien. In: Büchner, P./Brake, A. (Hrsg.): Bildungsort Familie. Transmission von Bildung und Kultur im Alltag von Mehrgenerationenfamilien. Wiesbaden, S. 109-141.

Krais, B. (2004): Zur Einführung in den Themenschwerpunkt. In: Zeitschrift für Soziologie der Erziehung und Sozialisation, 24. Jg. (2004), S. 115-123.

Neckel, S. (1991): Status und Scham. Zur symbolischen Reproduktion sozialer Ungleichheit. Frankfurt a. Main u. New York.

Parkin, F. (1983): Strategien sozialer Schließung und Klassenbildung. In: Kreckel, R. (Hrsg.): Soziale Ungleichheiten. Soziale Welt (Sonderband 2). Göttingen, S. 121-168.

Reinhardt, V. (2006): Ganz ohne Gott und Teufel. In: Frankfurter Rundschau vom 28.2., S. 26.

Voswinkel, St. (2001): Anerkennung und Reputation. Konstanz.

Wahl, K. (2006): Soziale Gebrauchsweisen von Informationsquellen am Bildungsort Familie. In: Büchner, P./Brake, A. (Hrsg.) (2006): Bildungsort Familie. Transmission von Bildung und Kultur im Alltag von Mehrgenerationenfamilien. Wiesbaden, S. 225-254.

Willis, P. (1979): Spaß am Widerstand. Frankfurt a. Main.

Wissenschaftlicher Beirat für Familienfragen (2002): Die bildungspolitische Bedeutung der Familie. Folgerungen aus der PISA-Studie. Stuttgart u. a.

Hannelore Faulstich-Wieland

Begleitung frühkindlicher Bildungsprozesse und Geschlechterdifferenz

Für die Erörterung des Themas möchte ich den Genderaspekt herausgreifen, weil nicht erst seit dem Anspruch des Gender Mainstreaming die Forderung nach geschlechterbewusster oder gendersensibler Pädagogik erhoben wird – sondern auch weil dies häufig explizit mit der Betonung einhergeht, wie wichtig dafür gerade die frühkindlichen Bildungsprozesse seien. Relativ ungeklärt ist dabei, was überhaupt geschlechtsbewusste oder gendersensible Pädagogik meint. Es handelt sich eher um einen Sammelbegriff für verschiedene Ansätze, die sich in der Regel auf eine Begleitung kindlicher Entwicklung beziehen, bei der eine geschlechtliche, d. h. weibliche oder männliche Identität erreicht werden soll – wobei das jedoch nicht mit den traditionellen Einengungen einhergehen sollte. Damit unterliegen diese Ansätze jedoch Vorstellungen von Geschlechterdifferenzen, die aus den dichotomen Zuschreibungen der Zweigeschlechtlichkeit nicht oder nur schwer herausführen. Vor allem explizit geschlechterdifferenzierende Ansätze, die einerseits aus der Mädchenförderung entstanden sind, andererseits zunehmend als Notwendigkeit für Jungenarbeit in Kindertagesstätten propagiert werden, stellen die jeweiligen „Besonderheiten" der Geschlechter in den Vordergrund. Alle Ansätze (vgl. Faulstich-Wieland 2006) – auch jene, die nicht auf Differenzkonzepte setzen – implizieren mindestens vier Schritte zur Veränderung der Praxis zu einer geschlechtsbewussten Erziehung:

- Selbstreflexion: bei sich selbst anfangen
- Kenntnisse: mehr über Mädchen und über Jungen wissen
- Gezielte Veränderungen: den Alltag bewusst gestalten
- Innovationen: neue Wege einschlagen.

Gemeinsam ist allen Ansätzen auch, dass sie in der Sensibilisierung der Erzieherinnen den zentralen Hebel für Veränderungen sehen – den ersten Schritt also für den entscheidenden halten, ohne den die anderen nicht realisierbar sind. Entsprechend finden sich in den vorliegenden Materialien der Konzepte in erster Linie Vorschläge und Anweisungen, wie im Rahmen von Fortbildungen oder in der Praxis Sensibilisierungen bei den Erzieherinnen erreicht werden können. Beispielsweise kann angesichts der anhaltenden Forderung nach Männern als Erzieher eine Übung „Erfahrungsaustausch über Männer in Kindertagesstätten" dazu dienen, die Chancen einer solchen Veränderung auszuloten. Die Teilnehmerinnen sollen in Kleingruppen über ihre Erfahrungen, aber auch ihre Wünsche und Befürchtungen gegenüber Männern im Kindergarten sprechen und beispielsweise auf Fragen wie diese antworten: „Will ich überhaupt, dass mehr Männer als bisher im Kindergarten arbeiten? Warum? Warum nicht? Was habe ich zu erwarten bzw. was befürchte ich, wenn ich mehr als bisher mit Männern zusammenarbeiten muss?" (Rohrmann/Thoma 1998, S. 88).

In allen praktischen Erprobungen zeigt sich, dass die Arbeit mit der Geschlechterthematik oft konflikthaft verläuft. Sie wird vom Umfeld häufig abgewertet, und sie setzt zugleich die Auseinandersetzung mit dem eigenen Verständnis von Geschlecht voraus, betrifft sie doch die eigene bisherige Lebensgestaltung in zentraler Weise. Ohne eine Unterstützung der Akteurinnen von außen, d. h. durch die Möglichkeit, professionelle Supervision in Anspruch nehmen zu können, oder die Unterstützung von oben durch Vorgesetzte ist es schwer, geschlechterbewusste Arbeit zu realisieren.

Auch der zweite Schritt – mehr über Jungen, aber auch über Mädchen zu wissen – ist Bestandteil aller Konzepte. So zeigt sich in Forschungen ein Wahrnehmungsbias bei den Erzieherinnen. Sie neigen dazu, Jungen sympathischer zu finden und positiv zu bewerten, gleichzeitig messen sie das Sozialverhalten der Jungen an dem der Mädchen, wodurch Jungen unangenehm auffallen. Andererseits wünschen sie sich Mädchen aufmüpfiger, sind sich aber nicht bewusst, wie wichtig integrierendes und ruhiges Verhalten mindestens eines Teils der Kinder – und mehr Mädchen als Jungen leisten dies – für die alltägliche Arbeit ist. Viele Erzieherinnen können mit den Lieblingsfiguren von vielen Jungen wenig anfangen (vgl. Musiol 2000). So zeigt Marion Musiol auf, dass sie die Spielfiguren des zurzeit ihres Forschungsprojektes vor allem bei Jungen beliebten Pokemon-Spiels nicht reizvoll und schon gar nicht pädagogisch wertvoll fanden. Insofern waren sie auch wenig bereit, sich mit dem Sinn des Spiels – die Stärken der eingefangenen Pokemons für sich zu nutzen und so Anerkennung zu gewinnen –

vertraut zu machen und sich zu vergegenwärtigen, was die Jungen dabei erfahren. Diese wiederum lernen aus der Missachtung oder gar dem Verbot ihrer Spiele, ihre „Jungenspiele" gegen Frauen durchzusetzen – womit nicht nur die Geschlechteropposition, sondern auch die Hierarchie erneut hergestellt wird. Insgesamt bieten die Erzieherinnen damit eher eine Abgrenzungsfolie für Jungen und zugleich keine Vorbildfunktion für Mädchen. Mehr über die Kinder zu wissen, heißt aber zu akzeptieren, was ihnen wichtig ist, wie sie Bedeutungen erfahren und entwickeln. Differenzierte Beobachtungen sollen helfen, den Alltag bewusster zu gestalten und dabei zugleich Veränderungen bei den Kindern zu ermöglichen.

Zu den neuen Wegen, die es einzuschlagen gilt, gehören vor allem Versuche, die Rahmenbedingungen der Arbeit in Kindertagesstätten so zu verändern, dass sie weniger geschlechtsstereotyp angelegt ist. Die Bereitstellung von geeigneten Bilderbüchern bildet dabei ein wichtiges Element für geschlechtsbewusste Erziehung. In den Handreichungen finden sich eine Reihe von Empfehlungen für Bilderbücher (vgl. Rohrmann/Thoma 1998, S. 211ff.; Walter 2000, S. 123ff.), die Identifikationsangebote oder Auseinandersetzungsmöglichkeiten für Mädchen, für Jungen oder auch für beide Geschlechter bieten. Allerdings nutzt die schlichte Bereitstellung von „emanzipatorischen" Büchern wenig, da gerade Mädchen oft keineswegs mit einer Umkehr der traditionellen Märchenvarianten einverstanden sind – wie Bronwyn Davies eindrucksvoll an Beispielen wie „Prinzessin Pfiffigunde", „Die Tütenprinzessin" und ähnlichen Büchern zeigen konnte (vgl. Davies 1992). Hier bedarf es der sensiblen Arbeit an Erwartungen, Orientierungen und Einschränkungen durch Gendervorstellungen.

Weiterhin wird in den Handlungsempfehlungen zur gendergerechten Arbeit über Regeln und Vereinbarungen beim Erledigen verschiedener Aufgaben berichtet, um partnerschaftlichen Umgang zwischen Jungen und Mädchen zu fördern. Die Einbeziehung der Eltern ist in vielfacher Hinsicht ein wichtiges Arbeitsfeld, da im allgemeinen davon ausgegangen wird, dass die Geschlechtersozialisation in der Familie nur bedingt durch die Erziehung im Kindergarten verändert werden kann. Insofern soll in ähnlicher Weise mit Eltern gearbeitet werden, wie dies auch mit Erzieherinnen geschieht.

Eine Umstrukturierung der Räume und des Materialangebotes sind wesentliche Maßnahmen, um flexibleres Verhalten zu fördern. Kindergartenkonzeptionen der sec1960er Jahre sahen in der Raumgestaltung die Einrichtung einer „Puppenecke" und eines „Bauplatzes" vor und hielten dabei eine „Begrenztheit des Platzes" für die Puppenecke durchaus für vertretbar,

während der Bauplatz „möglichst großzügig zu bemessen" sei (Klees-
Möller 1997, S. 158). Veränderte Raum- und Materialangebote beeinflussen die Aushandlungsthemen und Strategien unter Kindern. Eine Umgestal-
tung der Bau- und Puppenecke zu weniger mit Geschlecht assoziierten
Raumgestaltungen lässt Mädchen wie Jungen andere Angebote wahrnehmen. Gisela Dittrich u. a. berichten aus ihren Untersuchungen in Kindergärten: „Ein großes Bällchenbad, unzählige Würfel, Decken, Hängematten, attraktive Verkleidungsmaterialien, die auch Männer tragen, u. a. m. können
dazu beitragen, dass Jungen wie Mädchen neue Spielanregungen bekommen und so auch zu neuen Spielinhalten und -formen finden können. Mädchen, die mit vier Jahren in ihrem Kindergarten lernen können, Fahrrad zu
fahren, die dafür den Raum bekommen und das Rad dazu, muss man nicht
lange zu großräumigerem Spielen motivieren. Sie fahren Rad, lernen, aufeinander zuzufahren, einander auszuweichen, immer wieder und mit großem Genuss. So, wie die Jungen auch" (Dittrich/Dörfler/Schneider 2001, S.
199).

So wichtig es für eine geschlechtsbewusste Erziehung ist, einen ge-
schlechtsdifferenzierenden Blick zu entwickeln, um unbewussten Wahr-
nehmungsverzerrungen auf die Spur zu kommen und damit einhergehende
Einengungen von Mädchen wie von Jungen zu vermeiden, so leicht entsteht
durch die „Geschlechterbrille" die Gefahr, die Dualismen der Geschlechter-
stereotype festzuschreiben statt aufzuheben.

Für die Entwicklung einer geschlechtsbewussten Erziehung ist vor allem eine theoretische Fundierung der praktischen Arbeit notwendig. Die
den bisherigen Ansätzen zugrunde liegenden Identitätskonzepte bleiben
problematisch, weil sie aus den dichotomen Zuschreibungen der Zweigeschlechtlichkeit nicht wirklich herausführen können. Explizite oder implizite Androgynitätsvorstellungen reproduzieren durch ihre Bezugnahme auf
„weibliche" und „männliche" Anteile immer wieder die Dualismen der
Zweigeschlechtlichkeit. Zwar hat eine kritische Reflexion stattgefunden,
indem man erkannt hat, dass die vermeintliche Gleichheit der Geschlechter
eine Illusion ist. Der Blick auf die Unterschiedlichkeiten allerdings riskiert
nun umgekehrt, die Gemeinsamkeiten und vor allem die individuellen Unterschiede aus den Augen zu verlieren. Wenn ich nicht von vornherein
„weiß", wie die Mädchen und die Jungen sind, dann nehme ich wahr, dass
es eine große Bandbreite des Verhaltens bei beiden Geschlechtern gibt. Die
Unterschiede zwischen Mädchen und zwischen Jungen können durchaus
größer sein als die zwischen Mädchen und Jungen. Ein handlungsorientier-
ter Ansatz, der den Konstruktionsprozessen des doing gender (Faulstich-

Wieland 2004) nachgeht, erlaubt, den aktiven Part aller Beteiligten an der Konstruktion von Geschlecht zu erfassen und die Gewinne, aber auch die Verluste, die damit verbunden sind, in den Blick zu nehmen (vgl. für den Schulbereich Faulstich-Wieland/Weber/Willems 2004).

Alltägliches Verhalten unterliegt einem ständigen Bewertungsprozess, durch den Interaktionspartner wechselseitig Einfluss aufeinander nehmen und die soziale Ordnung ebenso wie die individuelle Entwicklung produzieren und reproduzieren. Gerade kleine Kinder legen einerseits auf die Bewertung ihres Verhaltens als angemessen für ein Mädchen oder einen Jungen großen Wert, brauchen sie das doch als Orientierungshilfe. „Geschlechtsadäquate" Verhaltensweisen sind insbesondere für die Gleichaltrigen sehr wichtig. Kinder lernen, dass es gefährlich ist, Verhaltensweisen zu erproben, die dem anderen Geschlecht zugeschrieben sind – gefährlicher für Jungen als für Mädchen. Die Gefahr liegt nämlich darin, als „Baby" abqualifiziert zu werden (Fagot 1995, S. 26). Meine Vermutung ist jedoch, dass es nicht in erster Linie die Kinder selbst sind, die diese Unterscheidung erfunden haben, sondern dass diese Differenzierung von den Erwachsenen genutzt und von den Kindern übernommen wird. D. h. wenn Erwachsene keine Dramatisierung der Geschlechtszugehörigkeit praktizieren, könnte auch für die Kinder die individuelle Persönlichkeit mit ihren vielfältigen Einstellungen, Kompetenzen usw. stärker in den Vordergrund rücken.

Durch die Dramatisierung allerdings reduzieren sich mit der Übernahme von „gender labels" auch die gegengeschlechtlichen Kontakte zugunsten der eigengeschlechtlichen – und diese verstärken die als geschlechtstypisch angesehenen Einstellungen und Verhaltensweisen.

Kinder sind in vieler Hinsicht andererseits offen für Dinge, die sie gerne tun würden, und sie sind bereit zu erkämpfen, dass Mädchen oder Jungen etwas „auch tun" dürfen, von dem sie befürchten oder erfahren, es sei nicht angemessen. Insofern gilt es für Erzieherinnen, sich ihre eigenen Anteile an diesem doing gender der Kinder – nämlich z. B. ihre Rückmeldungen über „Geschlechtsadäquatheit" – bewusst zu machen, wenn sie Stereotypisierungen verringern wollen.

An folgendem Beispiel aus einem Projekt von Uta Meier-Gräwe, Universität Gießen, lässt sich zeigen, wie Grenzen ausloten von beiden Geschlechtern erprobt wird und wie die Erzieherinnen mit einer Genderbrille eine eingeschränkte Wahrnehmung riskieren. Es wird berichtet: Jasper kommt an seinem Geburtstag in den Kindergarten, obwohl er noch etwas krank ist. Er hat sich aber seit Wochen so auf die Geburtstagsfeier im Kindergarten gefreut, dass die Mutter ihn für die Zeit der Feier dort hinbringt.

Vor der Feier muss das Geburtstagskind zusammen mit seinem Freund
Theo und seiner Freundin Sabine auf dem Flur warten. Jaspers Aufgeregt-
heit steckt die beiden anderen an:
„Auf dem Flur scheint es schon hoch her zu gehen. Der Geräuschpegel
steigt. Endlich, auf ein Zeichen hin darf er mit seinen FreundInnen wieder
reinkommen. Es ist dunkel, die Geburtstagskerzen leuchten und alle Kinder
singen. Jasper ist außer sich vor Freude, und die Auserwählten, die nun neben ihm und in seiner Nähe sitzen dürfen, werden auch immer aufgeregter.
Es wird immer lauter und übermütiger. Bald fliegen die Brötchen, das Ket-
chup und die Tetrapacks durch die Luft. In erster Linie sind es Jasper und
Theo, die werfen. Die Erzieherin beschäftigt sich ausschließlich mit den
beiden Jungen. Doch genauere Beobachtungen zeigen auf, dass Simone und
ihre Freundin Elena die Idee zu dem Regelbruch hatten, eine entsprechende
Aufforderung formulierten, die Bestätigung gaben und ihre Freude an dem
Tohuwabohu hatten" (Meier/Ohrem 2003, S. 16).

Die Reaktion der Erzieherin entspricht dem üblichen Schema, wonach
die Jungen die Aktiven und diejenigen sind, die gegen Regeln verstoßen.
Sie werden entsprechend sanktioniert. Der Part der Mädchen bleibt uner-
kannt, sie gelten weiterhin als die Braven. Die Autorinnen vermuten: „Eine
solche Reaktion beendet den akuten Konflikt, verstärkt jedoch geschlechts-
konformes Verhalten und ebnet so den Weg für einen vergleichbaren Konflikt in kurzer Zeit" (Meier/Ohrem 2003, S. 16). Reflexivität als „Gender-
sensibilität" hätte erfordert, den aktiven Part beider Geschlechter an den Interaktionen wahrzunehmen, entsprechend alle beteiligten Kinder „ins Boot
(zu) nehmen" (Meier/Ohrem 2003, S. 16), d. h. mit ihnen die Situation zu
besprechen. Genaues Beobachten ist eine Grundvoraussetzung für ein ver-
ändertes doing gender. Man sieht dann nicht nur aktive Jungen, die Schwierigkeiten mit Emotionalität und Beziehungen haben, oder empathische
Mädchen, die eigene Bedürfnisse zurückstellen. Man sieht mehr und anderes: „Stimmt also einerseits die Tendenz, dass Jungen ihre Aktivitäten um
andere Interessen herum organisieren als Mädchen, so zeigen die Beispiele
aber auch, dass dies eben nur einen Teil des Ganzen ausmacht. [...] Die
sachbezogene Auseinandersetzung zwischen den Jungen schließt mitnich-
ten den Beziehungsaspekt aus. [...] Die Aushandlungen der Mädchen zeigen, wie sie mit dem Thema Macht und Einfluss umgehen. [...] Dieses
komplexe Geschehen kann man nicht allein auf den Beziehungsaspekt reduzieren. [...] Schaut man sich den Verlauf der Aushandlungsbeispiele an,
dann verschwimmen die geschlechtsspezifischen Unterschiede. Sie bleiben
zwar als Farbmuster erkennbar, gehen jedoch mit anderen Farben neue

Verbindungen ein und ergeben am Ende ein verschwommenes, vielfarbiges Bild" (Dittrich u. a. 2001, S. 202ff.).

Meiner Einschätzung nach ist es hilfreich, sich einerseits über die stereotypisierenden Aspekte klar zu werden – also „dramatisierend" vorzugehen, andererseits im konkreten Umgang mit den Kindern Geschlecht eher zu „entdramatisieren", es nicht ständig in den Vordergrund und als wichtiges Bewertungskriterium zu nutzen. Hinweise wie „Mädchen können das auch" oder „Jungen dürfen das ebenfalls" verbleiben im Rekurs auf Stereotype. Eine individuelle Ermutigung dagegen könnte hier Verhaltensmöglichkeiten verbreitern helfen. Der Blick auf die Heterogenität aller Kinder und die Individualität jedes Kindes verhilft weit mehr, Bildungsprozesse zu unterstützen als eine Vereinheitlichung auf der Basis von Geschlecht.

Literatur

Davies, B. (1992): Frösche und Schlangen und feministische Märchen. Argument Sonderband 202. Hamburg.

Dittrich, G./Dörfler, M./Schneider, K. (2001): Wenn Kinder in Konflikt geraten. Eine Beobachtungsstudie in Kindertagesstätten. Neuwied.

Faulstich-Wieland, H. (2004): Doing Gender: Konstruktivistische Beiträge. In: Glaser, E./Klika, D./Prengel, A. (Hrsg.): Handbuch Gender und Erziehungswissenschaft. Bad Heilbrunn/Obb., S. 175–191.

Faulstich-Wieland, H. (2006): Geschlechtsbewusste Erziehung. In: Fried, L./ Roux, S. (Hrsg.): Pädagogik der frühen Kindheit. Handbuch und Nachschlagewerk. Weinheim, S. 223–229.

Faulstich-Wieland, H./Weber, M./Willems, K. (2004): Doing Gender im heutigen Schulalltag. Empirische Studien zur sozialen Konstruktion von Geschlecht in schulischen Interaktionen. Weinheim.

Klees-Möller, R. (1997): Kindertageseinrichtungen: Geschlechterdiskurse und pädagogische Ansätze. In: Friebertshäuser, B./Jakob, G./Klees-Möller, R. (Hrsg.): Sozialpädagogik im Blick der Frauenforschung. Weinheim, S. 155–170.

Meier, U./Ohrem, S. (2003): Geschlechtsspezifische Gewaltprävention in Kindertagesstätten der Universitätsstadt Gießen. Lehrstuhl für Wirtschaftslehre des Privathaushalts und Familienwissenschaft. Institut für Wirtschaftslehre des Haushalts und Verbrauchsforschung. Universität Gießen.

Musiol, M. (2000): Mädchen sind anders – Jungen auch! In: Arbeitsstab Forum Bildung (Hrsg.): Erster Kongress des Forum Bildung am 14. und 15. Juli 2000 in Berlin. Bonn, S. 640–647.

Rohrmann, T./Thoma, P. (1998): Jungen in Kindertagesstätten. Ein Handbuch zur geschlechtsbezogenen Pädagogik. Freiburg i. Br.

Walter, M. (2000): Qualität für Kinder – Lebenswelten von Mädchen und Buben in Kindertagesstätten. Pädagogisches Rahmenkonzept der geschlechterdifferenzierenden Pädagogik zur Weiterentwicklung der Kindergarten-, Hort- und Tagesheimpädagogik. Herausgegeben vom Schul- und Kultusreferat – F5. München.

Isabell Diehm

Pädagogik der frühen Kindheit
in der Einwanderungsgesellschaft

Pädagogik ist, seit wir sie als ‚neuzeitlich' bezeichnen, d. h. eingeordnet in
eine Kontinuität, die von den Didaktikern Wolfgang Ratke, Johann Amos
Comenius und August H. Francke des 17. Jahrhunderts über die Philoso-
phen Jean J. Rousseau und Immanuel Kant des 18. Jahrhunderts bis heute
reicht, unweigerlich mit Politik verwoben. Genauer: Sie ist aufzufassen als
Instrument und Scharnierstelle zwischen Individuum und Gesellschaft, zwischen dem einzelnen homo educandus und den je gültigen Vorstellungen
einer ‚guten Ordnung' des sozialen Gemeinwesens. Dies ist auch unter den
politischen Bedingungen von kontinuierlicher Einwanderung, wie sie die
Bundesrepublik Deutschland seit den 1950er Jahren kennt, nicht anders: An
Pädagogik knüpfen sich in diesem Zusammenhang direkte Aspirationen auf
die gesellschaftliche Eingliederung der Neuankömmlinge durch Erziehung
und Bildung – ganz gleich welchen Alters sie sind.

   Wechselnde Integrationspolitiken haben auch im Bereich der Früh- und
vor allem der Kindergartenpädagogik während der vergangenen drei Jahrzehnte richtungweisend Wirkung entfaltet. Analog zu den jeweiligen integrationspolitischen Maß- und Vorgaben lassen sich frühpädagogische Entwicklungen rekonstruieren, aus denen unterschiedliche Auffassungen von
Integration und mithin unterschiedliche pädagogische Umgangsweisen mit
Einwanderung sprechen.

1. Von der Kompensatorik zum Fordern und Fördern

In der Ausländerpädagogik der 1970er und -80er Jahre spiegelte sich eine Integrationspolitik wider, welche die vormals angeworbenen Arbeitsmigranten und ihre Familien mit einseitigen Assimilationsanforderungen konfrontierte. Problematisiert wurden deren „sprachliche Defizite", die durch eine kompensatorische Maßnahmenpädagogik abgebaut werden sollten, um auf diesem Wege die Voraussetzungen für die erhoffte und erwartete Anpassung an die sprachlich und kulturell als homogen definierte Mehrheitsgesellschaft zu schaffen. Der Kindergarten galt als diejenige pädagogische Institution, an die sich in diesem Zusammenhang besonders hohe Erwartungen knüpften, weil die sogenannte ‚Frühe Prägungsannahme' (Oelkers 1996), die auf dem Argumentationsmuster eines ‚Je früher – desto besser' beruht, auch im Kontext von sprachlicher Assimilation und Integration selbstverständlich zu Grunde gelegt wurde – daran hat sich im Übrigen bis heute nichts verändert. Hinzu kamen sozialisationstheoretische Untersuchungen, welche die Eingliederungschancen von Kindern modellhaft entwickelten und ein möglichst frühes Einwanderungsalter als Voraussetzung für deren Gelingen behaupteten (vgl. Schrader u. a. 1976)[1]. Ausgangsort für die unter großem Problemdruck eher spontan entstandene und als „administrativ-organisatorische Ad-hoc-Lösung" bezeichnete Ausländerpädagogik (vgl. Diehm/Radtke 1999, S. 135) war zwar die Schule, denn hier wurden die Sprachdefizite der „Gastarbeiterkinder" im Deutschen[2] allererst als dramatisch erlebt. Jedoch erschien die Vorfeldinstitution Kindergarten nicht zuletzt durch die ihr zugewiesene Funktion eines Propädeutikums als besonders geeignet, die infrage kommenden Kinder durch gezielte Sprachtrainings auf die Schule vorzubereiten. Sprachförderung für „Gastarbeiterkinder" im Vorschulalter wurde damals in Anlehnung an jene längst überholte, weil empirisch als ineffizient erkannte kompensatorische Vorschulerzie-

---

1   Die Konstruktion einer „kulturellen Basispersönlichkeit", die hier auf spezifischen Enkulturations-, Akkulturations- und Assimilationsvorstellungen beruhte, stieß ab Mitte der 1980er Jahre zwar auf heftige Kritik, dennoch war der Einfluss der Studie fatalerweise enorm. Sie untermauerte ein Denken in starren nationalkulturell verengten Mustern im Zusammenhang von Migrations- und Integrationsprozessen.

2   In der Folge des sogenannten „Anwerbestopps" von 1973 und der daran geknüpften Politik der Familienzusammenführung stieg der Anteil der ausländischen Wohnbevölkerung, sprich: insbesondere der Anteil an Frauen und an Kindern im schulpflichtigen Alter, drastisch an, so dass ausländische Kinder ab Mitte der 1970er Jahre in den Schulen als Problemgruppe wahrgenommen wurden.

hung der 1960er und -70er Jahre konzipiert. Diese erfuhr im Kontext ihrer ausländerpädagogischen Anwendung also eine Prolongierung, insofern sie entgegen dem damaligen Erkenntnisstand mit den „Ausländerkindern" weiterhin praktiziert wurde. Die Ausländerpädagogik fokussierte in erster Linie die sprachlichen Fähigkeiten der zugewanderten Kinder in der Verkehrssprache Deutsch und organisierte Sprachförderangebote in Form separater Trainings außerhalb der alltäglichen Spiel- und Handlungszusammenhänge in den Kindergruppen. Die Adressierung der (Sprach-)Fördermaßnahmen wird rückblickend als einseitig bezeichnet, denn sie richteten sich allein an die Kinder der Zuwanderer. Darüber hinaus waren sie allermeist als Maßnahmen außerhalb der Regelpraxis organisiert und ihre flächendeckende Implementation wurde niemals erreicht bzw. war nie vorgesehen. Ausländerpädagogik im Kindergarten war, wenn sie denn vorkam, projekt- oder modellversuchsförmig angelegt – in Form von separaten Sprachtrainings oder von sozialpädagogischen Einschulungshilfen für Fünfjährige parallel zur regulären Kindergartenpraxis, für das Personal gab es entsprechend vereinzelt Fortbildungsangebote.

In der Ausländerpädagogik, wie sie auch im Kindergarten und Vorschulbereich zum Tragen kam, lässt sich die Unentschiedenheit der damaligen Integrationspolitik der Bundesrepublik ablesen. Die Folgen der gezielten Anwerbung von Arbeitskräften wurden als eine zeitlich befristete Angelegenheit betrachtet, von der Rückkehr der „Gastarbeiterfamilien" in ihre Herkunftsländer wurde ausgegangen, gleichwohl sollte eine reibungslose, in erster Linie sprachliche Anpassung der „Gäste" an das „Gastland" – so der damalige Sprachgebrauch – für die Zeit ihres Aufenthaltes über das Instrument: Teilhabe durch Bildung und Chancengleichheit, das noch aus der Zeit der Bildungsreform der 1960er und -70er Jahre stammte, sichergestellt werden. Dies zu erreichen wurde aber weder konsequent noch umfassend verfolgt, vielmehr ist mit Bade (2007, S. 34) von einer „konzeptionslosen deutschen Integrationspolitik" zu sprechen, die sich im Bereich von Erziehung und Bildung fortsetzte. Dass frühpädagogische Ansätze zur Integration von Zuwandererkindern auch im Kindergarten allererst als kompensatorische Maßnahmen konzipiert wurden, lässt sich über die genannten politischen Ursachen hinaus mit dem Selbstverständnis des Kindergartens als einer familienergänzenden und mithin immer auch kompensatorisch ausgerichteten und Hilfe gewährenden Institution erklären. Die unentschiedene Integrationspolitik stieß hier auf entgegenkommende Strukturen, insofern die Funktion des Kindergartens als einer Betreuungs- oder einer Bildungseinrichtung ebenfalls als unentschieden gelten muss. Erst im Verlauf der

1970er Jahre verstand er sich – eben als Folge der Bildungsreform und ablesbar an der Implementation des situationsorientierten Curriculums – zunehmend mehr als eine Bildungseinrichtung.

Die ab Anfang der 1980er Jahre formulierte Kritik an der Ausländerpädagogik als defizitorientiert und mithin stigmatisierend, zugleich aber ineffektiv, was ihre Integrationserfolge gemessen an der Bildungsbeteiligung der Migrantenkinder betraf, leitete ihre Ablösung ein – angestoßen durch linksliberale gesellschaftliche Kräfte, die sich in Anlehnung an Entwicklungen in den klassischen Einwanderungsländern vom Modell einer Multikulturellen Gesellschaft leiten ließen. Dementsprechend sollten Bildung und Erziehung in Form einer Interkulturellen Pädagogik so früh wie möglich auf ein friedliches Zusammenleben vorbereiten. Von nun an wurde das gemeinsame Lernen von Kindern aus Mehrheit und Minderheitengruppen proklamiert, Toleranz und gegenseitige Akzeptanz avancierten zu den herausragenden Lern-, Erziehungs- und Bildungszielen. Der tolerierende und anerkennende Umgang mit kultureller Differenz durch die Kinder, ganz gleich welchen Alters, stand jetzt im Mittelpunkt der pädagogischen Bemühungen. Im Gegensatz zur Defizitorientierung der Ausländerpädagogik, zeichnete sich die Interkulturelle Pädagogik durch ihre Fokussierung gruppenbezogener Differenzen aus – seien sie kultureller, sprachlicher, religiöser oder phänotypischer Art. Pädagogik, so lautete die programmatische Vorgabe, sollte auf die jeweiligen Identitäten der Kinder eingehen, diese anerkennen, schützen und sogar ins Bewusstsein der Heranwachsenden holen. Auch wenn die programmatischen Ansprüche der Interkulturellen Pädagogik ab Anfang den 1990er Jahre vielerorts Eingang in die pädagogischen Konzeptionen der einzelnen Kindergärten fanden, so kann auch für sie nicht von einer flächendeckenden Aufnahme in die pädagogische Regelpraxis der Kindergärten gesprochen werden. Interkulturelle Pädagogik kam, wenn sie nicht von vornherein im Programmatischen stecken blieb, ähnlich wie zuvor die Ausländerpädagogik vor allem in gesonderten Projekten oder in Modellversuchen zur Anwendung – allermeist in Form folkloristischer Unternehmungen: mal ein internationales Sommerfest unter Beteiligung der Eltern mit Speisen aus den verschiedenen Herkunftsländern, mal die Thematisierung der verschiedenen religiösen Feste und Rituale in den Kindergruppen. Im Rahmen ihres Programms „Deutsche und Ausländer im Stadtteil – Integration durch den Kindergarten" förderte beispielsweise die Robert Bosch Stiftung ab 1980 drei Projekte in Berlin, München und Stuttgart, die mit Handreichungen für die pädagogische Arbeit versorgt wurden; sie führten Interkulturelle Erziehung explizit im Titel (vgl.

Pfriem/Vink 1980)[3]. Weitere groß angelegte und finanziell zum Teil recht üppig ausgestatte Modellversuche, etwa der Berliner Modellversuch „Sozialisationshilfen für ausländische Kinder im Kindergarten" (1979-1983) (vgl. Akpinar/Zimmer 1984), verweisen auf viel Engagement und Reformwillen, doch konnten sie die Kindergartenpädagogik weder konzeptionell noch im Hinblick auf eine umfassende Professionalisierung des Personals substanziell verändern.

Schaut man auf die vergangenen fast dreißig Jahre zurück, so wird eines deutlich: An Modellprojekten und -versuchen zur Interkulturellen Pädagogik im Kindergarten auf allen politischen Ebenen – der Bundesebene, der Länderebene oder kommunalen Ebene – mangelte es nicht, ebenso wenig an Fort- und Weiterbildungsprogrammen oder an Fördermaßnahmen, die sogar Mütter mit Migrationshintergrund einbezogen, etwa das Konzept „Mama lernt Deutsch". Aber dabei handelte es sich um eine Art Ausnahmepädagogik, die programmatisch verankert war und mitunter sogar ideologisch überformt vertreten wurde. Von einer generellen Veränderung der frühpädagogischen Praxis konnte allerdings nicht die Rede sein. Vielmehr bestimmten neben den wohlklingenden Zielen der interkulturellen Pädagogik noch allzu häufig die ausländerpädagogischen Stereotype und Defizitannahmen die Vorstellungen von den migrationsbedingten Aufwachsbedingungen der Kinder. Die Integration von Kindern und Jugendlichen mit Migrationshintergrund in den Bildungsbereich ist – wie alle Bildungsstatistiken belegen – auch mithilfe der Interkulturellen Pädagogik nicht gelungen.

Die der Interkulturellen Pädagogik zugrunde liegende Konzeption einer multikulturellen Einwanderungsgesellschaft entsprach bis vor kurzem nicht der offiziellen Politik. Angesichts der bereits erwähnten Unentschiedenheit im Politischen erscheint Interkulturelle Pädagogik zwangsläufig im Rang einer symbolischen Politik, die integrationspolitischen Unwillen und Indifferenz semantisch und in Form von unkoordinierten Einzelmaßnahmen[4] ab-

---

3   Meines Wissens taucht der Begriff der ‚Interkulturellen Erziehung' in diesem Material überhaupt zum ersten Mal auf, d. h. nicht im schulischen Kontext, sondern im Kindergarten nahm dieser programmatische Ansatz seinen Ausgang. Darüber hinaus können die Handreichungen in ihrem Gegenstandbezug rückblickend als ungewöhnlich problembewusst gelten, was sie angesichts ihres frühen Erscheinungsdatums als relativ avanciert ausweist.

4   Es wäre unsachgemäß zu behaupten, dass es in den vergangenen drei Jahrzehnten im Bereich der Frühpädagogik keine Integrationshilfen gegeben hätte. Vielmehr ist eine unüberschaubare Anzahl an Fördermaßnahmen zu verzeichnen, die außerhalb der Regelpraxis mit viel Engagement der Beteiligten und unter beträchtlichen finanziel-

federt und thematisiert. Dabei ist zu betonen, dass dies während der zurückliegenden Jahre – ob als Ausländerpädagogik oder als Interkulturelle Pädagogik – eingebettet in das gültige sozialpolitische Selbstverständnis des
„fürsorgenden" Wohlfahrtsstaates geschah. Demgegenüber werden unter
dem zunehmenden Einfluss neo-liberaler Politik und des „aktivierenden
Wohlfahrtsstaates" (vgl. Bommes 2006, S. 5) der Anspruch und die Gewährung sozialer Leistungen wie auch der Leistungen im Bildungsbereich verstärkt an Forderungen nach Eigenverantwortlichkeit gebunden. Unter dem
Motto „Fordern und Fördern" steht für diese Umsteuerungsstrategie im Bereich der Integrationspolitik die Einführung verbindlicher Sprachtests für
Einwanderer. Mit dem Inkrafttreten eines erstmals verabschiedeten Zuwan-
derungsgesetzes am 1. Januar 2005 hat die Bundesrepublik die soziale Integration von Einwanderern als eine gesellschaftliche Aufgabe anerkannt,
die sich dauerhaft stellt. Im Anschluss daran formuliert sie zugleich Bedingungen und Erwartungen, die sich an die Neuankömmlinge richten – so die
Anforderung, ihre Integrationswilligkeit durch das Erlernen der Verkehrssprache Deutsch unter Beweis zu stellen. Die Koppelung von Integration
und zweitsprachlichen Kenntnissen erweist sich im deutschen Kontext von
Migration nicht erst neuerdings als extrem bedeutsam, diesem Zusammenhang kam schon vor dreißig Jahren hohe Relevanz zu – wenn auch die
Problembeschreibungen damals andere waren als heute. Die Problematik
der Sprachförderung nimmt daher in den Fachdebatten der Frühpädagogik
damals wie heute einen breiten Raum ein. Durch die internationalen Vergleichstudien der OECD, insbesondere die PISA-Studie, wurden sie im
Sinne der aktuellen Prämisse: ‚Fordern und Fördern' weiter angeschoben.
Mit flächendeckenden Sprachtests für alle Kinder sollen nun in allen Bundesländern spätestens ein halbes Jahr vor der Einschulung Sprachförderbe-
darfe festgestellt werden, um auf dieser Basis dann entsprechende Angebote
zu organisieren. Diese Praxis, wenn sie denn schon existiert, wurde ebenso
wie das Vorhaben zum Teil heftig kritisiert. Apeltauer (2007, S. 4) spricht
in diesem Zusammenhang auch von einer „Frühförderungsideologie", die
über weite Strecken auf ungeklärten Prämissen, auf spracherwerbstheoreti-
schen Fehleinschätzungen und mangelnder Evaluation beruhte.

Eine Frühpädagogik, die sich einem integrativen Bildungsauftrag in einer Einwanderungsgesellschaft verpflichtet fühlt, kann sich in diesem Zu-

---

len Aufwendungen der öffentlichen Hand durchgeführt wurden. Inwiefern sie jedoch
die Integration von Kindern mit Migrationshintergrund insgesamt vorangebracht haben, lässt sich kaum abschätzen und ist nirgendwo evaluiert worden.

sammenhang sicherlich nicht auf Sprachförderung reduzieren lassen. Vielmehr stellt der professionelle Umgang mit sprachlicher Differenz, mit Zwei- oder Mehrsprachigkeit eine Herausforderung unter anderen dar.

2. Professionalisierungs- und Forschungsbedarf

Die Quote der deutschen und nicht-deutschen Kinder, die einen Kindergarten besuchen, hat sich in den vergangenen Jahrzehnten sukzessive angenähert. Der Kindergarten wird als Betreuungs-, Erziehungs- und Bildungseinrichtung von zugewanderten Eltern inzwischen fast ebenso angenommen wie von den Eltern ohne Migrationshintergrund (78% zu 86%). Rund 90% aller Fünfjährigen besuchen einen Kindergarten, herkunftsbedingte Unterschiede lassen sich hier statistisch kaum noch ausmachen (vgl. Konsortium Bildungsberichterstattung 2006, S. 38). Die überwiegende Mehrzahl der Eltern hält also einen Kindergartenbesuch ihrer Kinder spätestens ein Jahr vor der Einschulung für unumgänglich.

Die angeregte Fachdebatte, die innerhalb der Sozialpädagogik seit Mitte der 1990er Jahre um den Bildungsauftrag des Kindergartens geführt wird und durch die internationalen Vergleichstudien der OECD bildungspolitisch weiter vorangetrieben wurde, hat mittlerweile dazu geführt, dass in allen Bundesländern Bildungspläne für die pädagogische Arbeit in den Kindergärten erarbeitet wurden. Sie entsprechen Rahmencurricula, die einen recht offenen programmatischen Orientierungsrahmen für die pädagogische Praxis darstellen sollen. Es liegen Pläne vor, die detaillierter einzelne Entwicklungsbereiche der Kinder und „verschiedene kulturelle Hintergründe" in den Blick nehmen, also zum Beispiel sowohl den Bereich Sprache allgemein als auch den der Zweitsprache der Kinder mit Migrationshintergrund (Hessen); andere Bildungspläne bleiben eher allgemein und adressieren alle Kinder gleichermaßen, ohne auf spezifische pädagogische Problemstellungen wie die Einwanderungssituation einzugehen (NRW). Mit der Entwicklung dieser Bildungspläne ist bildungspolitisch eine Curriculumreform in Gang gesetzt, die zugleich Qualifizierungs- und Professionalisierungsbedarfe auf Seiten der Erzieherinnen offenkundig macht, denn sie sind es, die die offenen Rahmenvorgaben der Bildungspläne konzeptionell-inhaltlich, also praktisch-pädagogisch zu füllen haben.

Hierfür bedarf es der fallbezogenen und wissensbasierten Reflexions- und Urteilsfähigkeit. Professionalisierungstheoretisch heißt dies, dass Erzieherinnen eines Zugangs zum aktuellen Stand wissenschaftlicher Erkenntnis bedürfen. Im thematischen Feld von Migration, Integration und Erziehung müssen sie den zurückliegenden wie den aktuellen pädagogischen Umgang mit ethnisch codierter Differenz kritisch nachvollziehen können, müssen erkennen, wo Pädagogik die hehren Ziele einer Interkulturellen Pädagogik eher konterkariert als realisiert hat (vgl. Diehm 2000), müssen in der Lage sein zu beurteilen, ob unter den gesellschaftlichen Bedingungen von Mehrsprachigkeit die ‚konzeptionelle Schriftlichkeit' in einer Familie ausgeprägt ist oder nicht (vgl. Schroeder 2007), um daraus entsprechende pädagogische Konsequenzen abzuleiten. Erzieherinnen müssen informiert mit Diskriminierungserfahrungen der Kinder und Eltern umzugehen wissen, müssen ausreichend Differenzsensibilität und Vorurteilsbewußtsein ausbilden, um Fehler der Vergangenheit nicht zu wiederholen oder zu perpetuieren.

Vor dem Hintergrund solcher Erwartungen an Professionalität bedarf es dringend – auch im Anschluss an den internationalen Stand – der Akademisierung der Ausbildung von Erzieherinnen (vgl. Rauschenbach 2007). Denn die eingangs formulierte Feststellung, dass der migrationsbedingte Wandel von einer nationalhomogenen zu einer ethnisch pluralen Gesellschaft die Bildungsinstitutionen der Bundesrepublik bislang substanziell unberührt gelassen habe, trifft die Institution Schule in besonderem Maße – was die Ausbildungsstätten der Erzieherinnen, die Fachschulen, ebenso einschließt.

Die Forderung nach einer dringend gebotenen Akademisierung der Ausbildung verbindet sich mit einem weiteren Bedarf: dem nach mehr empirischer Forschung im Bereich der Frühpädagogik – auch im Kontext von Migration und Integration. Abgesehen von den Befunden, die im Hinblick auf Spracherwerb und -entwicklung unter Bedingungen von Zweit- und Mehrsprachigkeit vielleicht nicht in ausreichendem Maße, so doch eher vorliegen, sind Desiderata dort zu beklagen, wo es um empirisch fundiertes Wissen zu Sozialisationsprozessen im institutionellen Kontext des Kindergartens (vgl. Dippelhofer-Stiem 2000) ebenso wie zum selbstgesteuerten interaktiven Umgang der jungen Kinder mit ethnischen Unterscheidungen geht (vgl. Diehm/Kuhn 2006). Interkulturelle Pädagogik war im Grunde nie mehr als Programmatik, ihre empirische Fundierung ist daher längst überfällig. Es bedarf also enormer Anstrengungen von Seiten der Forschung, um dasjenige Wissen bereitstellen zu können, das zur Professionalisierung des Personals in den Kindergärten benötigt wird.

Fachwissenschaftlich ist die Forderung nach einer Akademisierung der Ausbildung im Bereich der Frühpädagogik nicht zu unterlaufen, wird sie im

Laufe der nächsten Jahre nicht realisiert, wäre dies dann allein politischem Unvermögen und Unwillen zuzurechnen.

Literatur

Akpinar, Ü./Zimmer, J. (Hrsg.) (1984): Von wo kommst'n du? – Interkulturelle Erziehung im Kindergarten. Bd. 1-4. München.

Apeltauer, E. (2007): Sprachliche Frühförderung von Kindern mit Migrationshintergrund. In: Info DaF 34, 1 (2007), S. 3-36.

Bade, K. J. (2007): Integration: versäumte Chancen und nachholende Politik. In: Aus Politik und Zeitgeschichte (APuZ) 22-23/2007, S. 32-38.

Bommes, M. (2007): Integration – Gesellschaftliches Risiko und politisches Symbol. In: Aus Politik und Zeitgeschichte (APuZ) 22-23 (2007), S. 3-5.

Diehm, I. (2000): Erziehung und Toleranz. Handlungstheoretische Implikationen Interkultureller Pädagogik. In: Zeitschrift für Pädagogik, 46. Jg. (2000), Heft. 2, S. 251-274.

Diehm, I./Kuhn, M. (2006): Doing Race/Doing Ethnicity in der frühen Kindheit. (Sozial-) Pädagogische Konstruktionen vom Kind und ihre Irritation durch Empirie. In: neue praxis, Sonderheft 8 (2006), S. 140-151.

Diehm, I./Radtke, F.-O. (1999): Erziehung und Migration. Eine Einführung. Stuttgart.

Dippelhofer-Stiem, B. (2000): Die vorschulische Bildungsinstitution als Kontext frühkindlicher Sozialisation. In: Grundmann, M./Lüscher, K. (Hrsg.): Sozialökologische Sozialisationsforschung. Konstanz, S. 227-242.

Konsortium Bildungsberichterstattung (2006): Bildung in Deutschland. Ein indikatorengestützter Bericht mit einer Analyse zu Bildung und Migration. Im Auftrag der Ständigen Konferenz der Kultusminister der Länder in der Bundesrepublik Deutschland und des Bundesministeriums für Bildung und Forschung. Bielefeld.

Oelkers, J. (1996): Ästhetische Moderne und Erziehungstheorie. Heilsame Destruktion. In: Combe, A./Helsper, W. (Hrsg.): Pädagogische Professionalität. Untersuchungen zum Typus pädagogischen Handelns. Frankfurt a. Main, S. 842-886.

Pfriem, R./Vink, J. (1981): Materialien zur Interkulturellen Erziehung im Kindergarten, hrsg. von der Robert Bosch Stiftung. Stuttgart.

Rauschenbach, Th. (2007): Rahmencurriculum „Frühkindliche Bildung". Beitrag unter: http://www.profis-in-kitas.de/hochschulen/rahmencurriculum/folder.2006-02-22.8097633140, zuletzt eingesehen am 23. 09. 2007.

Schrader, A. u. a. (1976): Die Zweite Generation. Sozialisation und Akkulturation ausländischer Kinder in der Bundesrepublik. Königstein/Ts.

Schroeder, Ch. (2007): Integration und Sprache. In: Aus Politik und Zeitgeschichte (APuZ) 22-23/2007, S. 6-12.

Karl Dieter Schuck

Begleitung frühkindlicher Bildungsprozesse unter Bedingungen von sozialer, kultureller und individueller Heterogenität

Meine Perspektive ist die der besonderen Förderung von behinderten und von Behinderung bedrohten Kindern in der Zeit vor Beginn der Schulpflicht. Ich folge Ina Schubert (2003, S. 702f.), die aus behindertenpädagogischer Perspektive diese Zeit der frühen Entwicklung in zwei Abschnitte teilt, in die Zeit der Frühförderung im Alter von 0-3 Jahren und die Zeit der Elementarerziehung von 4-6 Jahren. Ich argumentiere auf dem Hintergrund meiner Erfahrungen im Schulbereich. Dort wird die Frage der Gestaltung effektiver Bildungsprozesse unter strukturellen und pädagogisch-didaktischen Gesichtspunkten diskutiert.

Strukturell stehen das gegliederte Schulsystem und die dort herrschenden Homogenitätsphantasien zur Disposition. Als Perspektive wird die ‚Inklusive' Schule verfolgt, die Verantwortung für alle Kinder eines Wohnbezirks im gesamtem Heterogenitätsspektrum trägt. Inhaltlich stellt sich die Frage, wie in inklusiven Systemen den ganz unterschiedlichen Bedürfnissen nach Entwicklungsförderung und -begleitung für alle Kinder maximal entsprochen werden kann. Hier sind strukturelle Bedingungen genauso wie didaktische Konzeptionen der Differenzierung und Anpassung gefragt. Für die Bereiche der Frühförderung und Elementarerziehung haben die einzelnen Bundesländer unterschiedliche strukturelle Bedingungen geschaffen. Für die Frühförderung beispielhaft ist der erreichte Stand in Bayern. Dort ist ein flächendeckendes Netz sozialpädiatrischer und interdisziplinärer Frühförderstellen entstanden, die sich der interdisziplinären ambulanten und auch mobilen Diagnostik und Förderung behinderter oder von Behinderung

bedrohter Kinder widmen. Favorisiert wird in den Frühförderstellen ein sys-
temischer Ansatz, der auf die Eigenaktivität und Autonomie der Kinder und
Familien setzt. Bereit gehalten wird ein vielfältiges Beratungs- und Unter-
stützungsangebot im Dienste einer breiten alltagsunterstützenden Kooperation zur Erzielung eines Maximums an entwicklungsbezogener pädagogischer Wirksamkeit unter erschwerten individuellen Bedingungen in sehr
frühen Entwicklungsabschnitten. Die regional und überregional arbeitenden
Frühförder- und Beratungsstellen wie auch die sozialpädiatrischen Zentren
arbeiten mit den Einrichtungen des Elementarbereichs zusammen (Schubert, S. 702f.). Das sind einmal zumeist sonderpädagogische Förder- und
Beratungsstellen, die an den als Förderzentren deklarierten Sonderschulen
angebunden sind, die Sonderkindergärten oder die integrativ arbeitenden
vorschulischen Einrichtungen. Ziel dieser Kooperation ist die Unterstützung
in Fragen der pädagogischen Diagnostik, die gemeinsame Erstellung von
Förderplänen und ihre Implementation und Evaluation. Mit diesen hier nur
kurz skizzierten strukturellen Ausdifferenzierungen der besonderen pädagogischen Förderung ist die Frühförderung und Elementarerziehung einerseits beispielhaft für den Schulbereich, spiegelt aber zugleich all jene Probleme, die im schulischen Entwicklungsprozess derzeit im Brennpunkt stehen. Es ist die Frage danach, unter welchen organisatorischen Bedingungen
behindertenpädagogische Fachkompetenz in einem nach Inklusion streben-
den pädagogischen System früh und effektiv zur individuellen Entwicklungsförderung und -begleitung zum Einsatz kommen kann.

Zuerst ist begrifflich zu klären, um welche Kinder es sich handelt, wenn
von ‚Behinderung' und ‚von Behinderung bedroht' gesprochen wird. Sodann sind Fragen der Förderung anzusprechen.

1. Behinderung als ein Begriff der Alltags-
und Wissenschaftssprache

Der Begriff der Behinderung gehört zum festen Inventar der deutschen All-
tags- und Wissenschaftssprache. Er wird vor allem im System der Bildung
und der sozialen Sicherung mit Überschneidungen seiner Bedeutungen mit
weiteren zentralen Begriffen z. B. des „Lernens", der „Erziehung", der
„Bildung" und der „Entwicklung" benutzt. Bezeichnet werden komplexe
Prozesse des Zusammenwirkens individueller und sozialer Bedingungen
und Möglichkeiten in der menschlichen Entwicklung zum Zweck der vorschulischen und schulischen Förderung, der sozialen Integration, der beruf-

lichen Rehabilitation und des behinderungsbedingten Nachteilsausgleiches. Behinderungsbegriffe sind ambivalent, bieten Schutz und Hilfe und können aber zugleich zu Stigmatisierung und Aussonderung führen.

Die Statistik der KMK (Sekretariat der Ständigen Konferenz der Kultusminister der Länder in der Bundesrepublik Deutschland 2005, S. XIff.) zählt nach ihren institutionell orientierten Kriterien im Schulbereich

- für das Jahr 2003 492.721 (5,56%) Schülerinnen und Schüler als behindert bzw. mit dem Etikett des ‚Sonderpädagogischen Förderbedarfs‘ versehen.
- Davon werden 63.396 (12,87%) in integrativen Einrichtungen und 429.325 (87,13%) in Sonderschulen gefördert.
- Von 1994 bis 2002 stieg die Zahl Behinderter in den Schulen von 382.330 auf 492.721 und damit die sogenannte Förderquote von 4,26% auf 5,56%.
- Für die Gesamtbevölkerung der Bundesrepublik gelten ca. 4 bis 7 Millionen Menschen als behindert.

1.1 Von der Schädigungsorientierung zu einem sozialwissenschaftlichen Behinderungsbegriff

Am Anfang des zwanzigsten Jahrhunderts tauchte im Zusammenhang mit der ‚Krüppelfürsorge‘ für Körperbehinderte ein erster Begriff von Behinderung auf. Großen Einfluss – besonders in der Sozialgesetzgebung – haben seit 1957 die Klassifikationssysteme der Weltgesundheitsorganisation (WHO). Erziehungswissenschaftliche Kontexte wurden durch Behinderungsbegriffe des Deutschen Bildungsrates (1973) und der Kultusministerkonferenz der Länder geprägt. Allgemein hat sich der zunächst defektologisch am medizinischen Modell orientierte und nach ätiologischen Kategorien suchende Begriff zu einem sozialwissenschaftlichen und finalen Behinderungsbegriff entwickelt.

Die Klassifikationssysteme der WHO

Die WHO unterschied in ihrem ersten Klassifikationssystem, im ICIDH 1 drei Aspekte: (1) ‚impairment‘ (Schädigungen von Organen oder Funktionen), (2) ‚disability‘ (die daraus entstehende Lebensbeeinträchtigung, Fähigkeitsstörung oder soziale Beeinträchtigung) und (3) ‚handicap‘ (Benachteiligung bzw. Behinderung in der sozialen Wirklichkeit) (vgl. z. B. Jochheim/Matthesius 1995). Mit der ICIDH 2 von 1997 wird die defektologische zugunsten einer sozialaktiven Einstellung aufgegeben. Klassifiziert wird nach Funktionen und Beeinträchtigungen sowie nach den möglichen Aktivitäten und Handlungen und der davon abhängigen Teilhabe am gesellschaftlichen Leben. Aufgenommen sind umweltbezogene und personale Rahmenbedingungen der Entwicklung. Die Partizipation steht zwar im Mittelpunkt, geblieben ist aber eine Zentrierung auf einen regelwidrigen körperlichen Zustand und auf das ätiologische, defektorientierte Paradigma. Der schädigungsorientierten Klassifikation des ICIDH 1 folgend wurde nach 1972 das Sonderschulwesen in neun Sonderschultypen untergliedert.

Sozialwissenschaftliche Behinderungsbegriffe

Die Definition des Deutschen Bildungsrates von 1973 (S. 32) wird als Wegmarke in der Entwicklung von Behinderungsbegriffen verstanden: „Als behindert im erziehungswissenschaftlichen Sinne gelten alle Kinder, Jugendliche und Erwachsene, die in ihrem Lernen, im sozialen Verhalten, in der sprachlichen Kommunikation oder in ihren psychomotorischen Fähigkeiten so weit beeinträchtigt sind, daß ihre Teilhabe am Leben der Gesellschaft wesentlich erschwert ist." Es konnten sich jedoch weder die Vorschläge der WHO noch die des Bildungsrates vollständig durchsetzen, und zwar auf Grund der Relativität und Relationalität der Phänomene (vgl. Bleidick 2000, S. 128f.). Denn was als biologischer Mangel, Defekt, Krankheit und Schädigung, als körperliche und psychische Beeinträchtigung und schließlich als individuelle oder soziale Benachteiligung angesehen wird, ist relativ und das Ergebnis einer konstruierenden Aktivität im Kontext gesellschaftlicher Interaktion. Als heuristische Prinzipien dienen Behinderungsbegriffe der Deutung der Wirklichkeit und wirken darauf zurück. In ihnen spiegelt sich ein Verständnis über das Zusammenwirken des Organischen und des Sozialen im Entwicklungsgeschehen. Die klassische Vorstellung eines linearen Zusammenhangs zwischen einer Schädigung ist zugunsten der Betonung des Sozialen und des Subjektstandpunktes längst aufgegeben. So entwickelte Jantzen sein Konzept der ‚Isolation' mit dem die scheinbaren psychischen Folgen des Defekts, als „zweckhafte Konstruktionen unter Bedingungen des Defekts und einer unter diesen Bedingungen versagenden gesellschaftlichen Umgebung" (Jantzen 2001, S. 285f.) gedeutet werden. Behinderung ist demnach subjektlogisch „als Problematik der Emanzipation unter Bedingungen der Isolation" (Jantzen 2001, S. 286) zu begreifen. Ein sozialwissenschaftlicher, finaler Behinderungsbegriff hat danach zu klären, in welcher Weise die erschwerte gesellschaftliche Teilhabe nicht aus der Schädigung, sondern aus den Möglichkeitsräumen entsteht, die dem Subjekt zur „Gewinnung von Weltverfügung" im Sinne Holzkamps (vgl. Lemke/Schuck 2003, S. 554) zugestanden werden und daraus, welche zweckbestimmten Unterstützungsleistungen zur erweiterten Teilhabe am gesellschaftlichen Geschehen vorhanden oder nicht vorhanden sind.

Die Wendung zu einem finalen Behinderungsbegriff in der Pädagogik

Mit den KMK-Empfehlungen von 1994 (Sekretariat der Ständigen Konferenz der Kultusminister der Länder in der Bundesrepublik Deutschland 1994) wird in Überwindung des ätiologischen Paradigmas der schädigungsorientierte Begriff der Sonderschulbedürftigkeit durch den des ‚sonderpädagogischen Förderbedarfs' ersetzt, und es wird damit im schulischen Feld der inzwischen final orientierten Sozialgesetzgebung gefolgt. Ihren Ausgang nimmt die Zweckbestimmtheit der Hilfezumessung im schuladministrativen Denken im Anforderungsprofil der allgemeinen Schule, welches den sonderpädagogischen Förderbedarf als gegeben ansieht, sobald eine Förderung im Unterricht der allgemeinen Schule ohne sonderpädagogische Unterstützung nicht mehr möglich erscheint. Eine solche Umdeutung dessen, was Behinderung sein soll, erfordert erziehungswissenschaftliche Fassungen der handlungsleitenden Konstrukte der Förderung und des Förderbedarfs. „Der Begriff der pädagogischen Förderung bezeichnet pädagogische Handlungen bzw. Qualitäten, die gemäß eines impliziten oder expliziten Förderkonzepts auf die Anregung und Begleitung einer an Bildungszielen orientierten, für wertvoll gehaltenen Veränderung individueller Handlungsmöglichkeiten von Menschen in ihren Lebensgemeinschaften und an den sozialen Folgen von Benachteiligungen und Behinderungen ausgerichtet sind" (Schuck 2001, S. 63f.). Pädagogischer und sonderpädagogischer Förderbedarf ist dabei das, was ein Individuum in seinen Lern- und Lebensgemeinschaften (vgl. auch Beck 1996) an Unterstützung benötigt, um die intendierten Ziele zu erreichen.

Im Geiste der KMK-Empfehlungen ist der vorhandene sonderpädagogische Förderbedarf nach gegebenen Förderschwerpunkten per Diagnostik zu spezifizieren und zu erfüllen. Inzwischen werden in den KMK-Statistiken (Sekretariat der Ständigen Konferenz der Kultusminister der Länder in der Bundesrepublik Deutschland 2005, S. XI) folgende Förderschwerpunkte im schulischen Kontext unterschieden und die entsprechenden Auftretenshäufigkeiten relational zur Gesamtschülerzahl genannt:

Tab. 1:   Schülerinnen und Schüler mit sonderpädagogischem Förderbedarf
in Sonderschulen und allgemeinen Schulen

2003	Schülerinnen und Schüler mit sonderpädagogischem Förderbedarf			
Förder-schwerpunkte	in Sonder-schulen	in allgemeinen Schulen	Insgesamt	%-Anteil der Förderschwer-punkte
1) ‚Das Soziale'	295.318 85,1 %	51.764 14,9 %	347.082 100 %	70,44 %
2) ‚Die Schädigung'	108.972 91,2 %	10.513 8,8 %	119.485 100 %	24,25 %
Ohne Zuordnung	25.035	1.119	26.154	5,31 %
	429.325 87,13 %	63.396 12,87 %	492.721 100,00 %	

Förderschwerpunkte 1: Lernen, Sprache, emotional-soziale Entwicklung: 3,92 % in den Klassen 1 bis 10.
Förderschwerpunkte 2: Hören, Sehen, Körperliche und motorische Entwicklung, geistige Entwicklung, zusammen 1,35 % in den Klassen 1 bis 10.

Es darf davon ausgegangen werden, dass die Kinder des Förderschwerpunktes 2, bei denen eine Schädigung dominiert (ca. 1,35% eines Jahrgangs), bereits im Vorschulalter bekannt sind und in unterschiedlichen Institutionen gefördert werden. Die Kinder des Förderschwerpunktes 1, bei denen Benachteiligungen auf Grund der sozialen und/oder kulturellen Lage der Familie dominieren (3,92% eines Jahrgangs), werden in aller Regel erst in der Schule zum Problem und dort entsprechend als behindert bzw. als sonderpädagogisch förderbedürftig etikettiert. Nach allen aktuellen Vergleichsstudien darf angenommen werden, dass diese 3,92% nur die Spitze des Eisbergs von ca. 25-30% derjenigen Kinder sind, die bereits im Vorschulalter auf Grund ihrer individuellen und sozialen Lage als Risikokinder mit besonderen Bedürfnissen einer präventiven Förderung bekannt werden könnten, sofern sie überhaupt institutionell betreut werden und in den Einrichtungen eine entsprechende Sensibilität und diagnostische Kompetenz besteht. Dabei ist festzuhalten, dass die Erforschung der Bedeutung der Ausprägung und notwendigen Förderung einzelner Entwicklungsparameter ein aktuelles Desiderat darstellt.

2. Offene Fragen für den Schul- und Elementarbereich

Die Entwicklung der Behinderungsbegriffe in unterschiedlichen Kontexten folgt einem anspruchsvollen Programm. Sie ist geprägt durch ausgesprochen subjektnahe Vorstellungen menschlicher Entwicklung. Nicht mehr Schädigungen sind es, die die Entwicklung bestimmen, sondern die alltäglichen Austauschprozesse zwischen den Menschen von Lebensgemeinschaften in einer konkreten gesellschaftlichen Wirklichkeit. Behinderung ist damit kein individuelles, sondern ein soziales Verhältnis und ein gesellschaftliches Problem, welches unter einer kollektiven Verantwortlichkeit aller für behinderte, benachteiligte und randständige Menschen steht. Dieser Entwicklungsschritt im kollektiven Denken muss jedoch erst noch geleistet werden.

Im Elementarbereich hat sich der Gedanke der Homogenisierung und Gliedrigkeit noch nicht derartig verfestigt, wie es für die deutsche Schule charakteristisch ist. Die niedrige Integrationsquote von 12,87% von Schülern mit sonderpädagogischem Bedarf in allgemeinen Schulen (siehe Spalte 4 in Tab. 1) ist Ausdruck eines gesellschaftlichen Skandals. In vielen vorschulischen Einrichtungen unterschiedlicher Träger ist demgegenüber die Integration gelebte Wirklichkeit. Daneben gibt es ein dichtes Netz von Einrichtungen der Frühförderung, die sowohl Eltern als auch Institutionen bei der Entwicklungsbegleitung behinderter und von Behinderung bedrohter Kinder unterstützen. Ich erkenne im Vorschulbereich bereits zu hohen Anteilen das realisiert, was gesamtgesellschaftlich ins Bewusstsein kommen muss, nämlich Behinderung und Benachteiligung als soziales und veränderbares Problem zu interpretieren.

Vier Aspekte sind mir in diesem Kontext und unter Berücksichtigung des Fachdiskurses für die Schulzeit besonders wichtig:

(a) Heterogenität als Normalität: Soziale, kulturelle und individuelle Heterogenität ist die „Normalität" jeder Lerngruppe. Gefordert sind deshalb differenzierte und adaptive pädagogische und diagnostische Konzepte, die eine bestmögliche Entwicklung der Fähigkeiten und Fertigkeiten aller Kinder und maximale Bildungsergebnisse erwarten lassen. Konzepte der formierenden und evaluierenden Entwicklungsbegleitung sind zu entwickeln, nicht aber Strategien der diagnosegestützten Selektion und Homogenisierung.

(b) Pädagogische Förderung ist Entwicklungsanregung und Entwicklungsbegleitung. Der Begriff der Pädagogischen Förderung bezeichnet:

- Pädagogische Handlungen bzw. Qualitäten, die gemäß eines Förderkonzepts auf die Anregung und Begleitung einer an Bildungszielen orientierten, für wertvoll gehaltenen Veränderung individueller Handlungsmöglichkeiten von Menschen in ihren Lebensgemeinschaften und an den sozialen Folgen von Benachteiligungen und Behinderungen ausgerichtet sind.
- Pädagogischer Förderbedarf ist dabei das, was ein Individuum in seinen Lern- und Lebensgemeinschaften an Unterstützung benötigt, um die intendierten Ziele zu erreichen. Sonderpädagogische Förderung und sonderpädagogischer Förderbedarf sind nichts anderes.
- Jede Form der Förderung hat sich damit ihrer Ziele, ihrer Wege und ihrer institutionellen Verankerung zu vergewissern.
- Bildungstheorien, Erziehungstheorien und Theorien der Institutionen Bezugspunkte ab, die in ihrer Interpretation unter ein pädagogisches Konzept zu stellen sind (vgl. Schuck 2006).

(c) Die Erfolglosigkeit der Homogenisierungsbemühungen im Schulbereich: Es gibt eine Unzahl empirischer Untersuchungen zur Frage, ob der Homogenisierung von Lerngruppen z. B. durch schulische Selektionsprozesse als entwicklungsförderlich bezogen auf die kognitive und emotionalsoziale Entwicklung gelten kann. Der diesbezügliche Forschungsstand ist eindeutig:

- Individuelle, soziale und kulturelle Heterogenität bietet bei Nutzung der Möglichkeiten der inneren Differenzierung für die emotional-soziale und die Leistungsentwicklung der Leistungsschwachen und -starken gleichermaßen viele Vorteile. Unzuträglich sind eine Homogenisierung am unteren Ende und eine Konzentration von Kindern mit Verhaltens-, Erziehungs- und/oder Lernproblemen in einer Lerngruppe.
- Lerngruppen sind Systeme, die ihre Wirkungen nicht in der Logik von Kausalitätsmodellen entfalten. Die Gruppenmitglieder kooperieren auf dem Hintergrund ihrer je unterschiedlichen Biographien, ihrer Herkunftsmilieus und ihrer entwickelten Vorstellungen von sich selbst und ihrer Welt. Sie konstruieren alltäglich ihre Handlungsbedingungen neu. Die Kooperationsprozesse und nicht die mutmaßlichen „Bedingungen" des Handelns erklären die Entwicklung der Gruppenmitglieder.

(d) Die Kernelemente einer entwicklungsförderlichen pädagogischen Strategie: Pädagogisches Handeln trägt experimentelle Züge der Erkenntnisgewinnung und lässt sich als zyklisches Modell von Phasen der diagnostizierenden Bestandsaufnahme, der Planung der nächsten pädagogischen Aktivitäten und der Begleitung der Durchführung der pädagogischen Maßnahmen verstehen. Die Güte der Diagnostik und der daraus abgeleiteten pädagogischen Maßnahmen als Hypothesen hat sich in der Bewährung eben dieser Hypothesen für die Entwicklungsanregung zu erweisen. Nicht Gütekriterien der klassischen Testtheorie sind das Maß aller Dinge, sondern die Bewährung der mit Hilfe diagnostischer Einsichten entwickelten Handlungsorientierungen für den pädagogischen Prozess ist das ‚Wahrheitskriterium'. Nach einem solchen Modell zu verfahren, bedarf der Klärung entwicklungstheoretischer Grundlagen. Die für mich besonders erklärungsmächtigen Vorstellungen konstruktivistisch-handlungstheoretischer Modelle sind Hintergrund dessen, wie ich oben die Begriffe der Förderung und des Förderbedarfs definiert habe. Dem unterliegt die Vorstellung, dass Bewegungen in der Zone der nächsten Entwicklung nur möglich sind, wenn die Zone der aktuellen Entwicklung in verschiedenen und zentralen Entwicklungsparametern bekannt ist und daran mit allen pädagogischen Arrangements unter Berücksichtigung des Subjektstandpunktes angeschlossen wird. Eine solche Auffassung ist Programm für ausstehende Forschungsleistungen und für die Aus- und Fortbildung des Fachpersonals in vorschulischen Einrichtungen.

3. Zum Schluss

Die bereits heute in der Vorschulzeit praktizierte Förderung aller Kinder im gesamten Heterogenitätsspektrum kann durchaus als modellhaft für die Schulzeit gelten. Integration bzw. Inklusion dominieren, spezifische Einrichtungen der besonderen Förderung sind vorhanden. Es gilt sowohl das strukturelle Angebot an Betreuungsplätzen weiter auszubauen als auch die pädagogischen Konzepte weiter zu entwickeln, die die Vorteile heterogener Gruppen für die Entwicklung aller Kinder zur Geltung bringen können. Es ist unter solchen Gesichtspunkten zu begrüßen, dass der Elementarbereich zunehmend als Forschungsfeld für die erziehungswissenschaftliche und psychologische Forschung entdeckt wird.

Literatur

Beck, I. (1996): Behinderung – spezielle Erziehungsbedürfnisse – sonderpädagogischer Förderbedarf. In: Die neue Sonderschule, 41. Jg. (1996), Heft 6, S.
444-456.

Bleidick, U. (2000): Konstruktion und Perspektivität behindertenpädagogischer
Theorienbildung. In: Borchert, J. (Hrsg.) (2000): Handbuch der Sonderpädagogischen Psychologie. Göttingen, S. 127-134.

Deutscher Bildungsrat (Hrsg.) (1973): Empfehlungen der Bildungskommission:
Zur pädagogischen Förderung behinderter und von Behinderung bedrohter
Kinder und Jugendlicher. Bonn.

Jantzen, W. (2001): Behindertenpädagogik. In: Bernhard, A./Rothermel, L.
(Hrsg.) (2001²): Handbuch Kritsche Pädagogik. Weinheim, S. 280-290.

Jochheim, K.-A./Matthesius, R.-G. (1995): Zum Konzept der ICDH und zum
Stand der internationalen Diskussion. In: Matthesius, R.-G. u. a. (Hrsg.)
(1995): Teil 1: Die ICDH – Bedeutung und Perspektiven. Berlin, S. 5-12.

Lemke, W./Schuck, K. D. (2003): Symptomatologie, Ätiologie und Diagnostik
bei Beeinträchtigungen der kognitiven Entwicklung. In: Leonhardt, A./
Wember, F. B. (Hrsg.) (2003): Grundfragen der Sonderpädagogik. Bildung –
Erziehung – Behinderung. Weinheim, S. 545-576.

Peterander, F. (2003): Interdisziplinäre Frühförderung. In: Leonhardt, A./
Wember, F. B. (Hrsg.) (2003): Grundfragen der Sonderpädagogik. Bildung –
Erziehung – Behinderung. Weinheim, S. 686-701.

Schubert, I. (2003): Elementarerziehung und Schulvorbereitung. In: Leonhardt,
A./Wember, F. B. (Hrsg.) (2003): Grundfragen der Sonderpädagogik. Bildung – Erziehung – Behinderung. Weinheim, S. 702-711.

Schuck, K. D. (2001): Fördern, Förderung, Förderbedarf. In: Antor, G./Blei-
dick, D. (Hrsg.) (2001): Handlexikon der Behindertenpädagogik – Schlüs-
selbegriffe aus Theorie und Praxis. Stuttgart, S. 63-67.

Schuck, K. D. (2004): Zur Bedeutung der Diagnostik bei der Begleitung von
Lern- und Entwicklungsprozessen. In: Zeitschrift für Heilpädagogik 2004,
Heft 8, S. 350-365.

Schuck, K. D. (2006): Behinderung. In: Arnold, K.-H. u. a. (Hrsg.) (2006):
Handbuch Unterricht. Bad Heilbrunn, S. 605-608.

Sekretariat der Ständigen Konferenz der Kultusminister der Länder in der Bun-
desrepublik Deutschland (1994): Empfehlungen zur sonderpädagogischen
Förderung in den Schulen in der Bundesrepublik Deutschland. Beschluß der
Kultusministerkonferenz vom 06.05.1994. Bonn.

Sekretariat der Ständigen Konferenz der Kultusminister der Länder in der Bundesrepublik Deutschland (Hrsg.) (2005): Sonderpädagogische Förderung in
Schulen 1994 bis 2003. Dokumentation Nr. 177. Bonn.

Übergänge produktiv gestalten und bewältigen

Gabriele Faust

Übergänge gestalten – Übergänge bewältigen

Zum Übergang vom Kindergarten in die Grundschule

1. Der Übergang vom Kindergarten in die Grundschule als Strukturproblem im Bildungswesen und Thema der Bildungsforschung

Im deutschen Bildungswesen gelten die Übergänge als neuralgische Phasen, weil (1.) zu diesen Zeitpunkten unter Unsicherheit Bildungsentscheidungen zu treffen sind, die möglicherweise zu langfristigen sozialen und migrationsgekoppelten Chancenungleichheiten führen, und weil sie (2.) für die Kinder und Familien Herausforderungen mit sich bringen, die durch Anpassungsleistungen bewältigt werden müssen. Mit Blick auf das Bildungssystem lässt sich (3.) ihr Schwellencharakter hervorheben, der die Kooperation der angrenzenden Stufen erfordert.

In der pädagogischen Literatur wird der Übergang vom Kindergarten in die Schule breit diskutiert und häufig als problembehaftet betrachtet (vgl. Faust/Roßbach 2004; Roßbach 2006). So wird geäußert, dass in Deutschland etwa ein Drittel bis zur Hälfte der Kinder Übergangsprobleme hätten (Griebel/Niesel 2004, S. 108; Grotz 2005, S. 132; Beelmann 2000; zu „Schuleintrittskrisen" vgl. Knörzer/Grass 1992, S. 133ff.; vgl. Zehnter Kinder- und Jugendbericht, Bundesministerium für Familie, Senioren, Frauen und Jugend, 1998 S. 136). Eine weitere Behauptung ist, dass eine erfolgreiche Bewältigung dieses Übergangs sich positiv auf die Schulkarriere und die Bewältigung der späteren Übergänge im Lebensverlauf auswirken würde (vgl. z. B. Rimm-Kaufman/Pianta 2000). Die empirische Beleglage für diese Behauptungen ist jedoch schmal (so schon Petillon 1993, S. 26).

Eine empirische Theorie des Schulanfangs, die die beteiligten Instanzen Familie, Kindergarten und Grundschule einbeziehen und auch der Bildungsbedeutung des Übergangs gerecht würde, liegt bislang nicht vor. Nach Hartmut Hacker (1998, S. 35ff.) gehen theoretische Begründungsansätze zum Übergang entweder von den beteiligten Institutionen aus oder sie setzen an den Bedingungen der kindlichen Entwicklung an. Ein Beispiel für den ersten Ansatz stellt der Beitrag von Klaus Plake (1974) dar, in dem ein struktureller Sozialisationskonflikt zwischen Familie und Schule festgestellt, aber der Kindergarten nicht adäquat berücksichtigt wird. Das Kind im Kontext seiner Umwelten (insbesondere Familie und vorschulische Umwelt, aber auch die Schule) steht im Mittelpunkt des entwicklungsökologischen Ansatzes auf der Basis von Urie Bronfenbrenner (1981), der sowohl die differenzierte Beschreibung der Umwelten als auch ihrer Wechselbeziehungen und der aktiven Rolle des Kindes erlaubt und dadurch die Dynamik der Entwicklung erfassen kann. Horst Nickel (z. B. 1988) entwickelt auf dieser Grundlage ein weithin anerkanntes Modell der Schulfähigkeit, das ohne Bezug auf die Inhalte der Schulfähigkeit auskommt. Das Fehlen eines überzeugenden theoretischen Rahmens erschwert die Einordnung der Phänomene des Übergangs (vgl. schon Hüttenmoser 1981, S. 1).

Beim Übergang von einer Bildungsstufe in die biographisch anschließende entsteht die Frage, wie „anschlussfähig" die beiden Stufen sind: Worin sind sich abgebende und aufnehmende Stufe in ihren Struktur- und Prozessmerkmalen und in ihren pädagogischen Orientierungen ähnlich, worin unterscheiden sie sich? Dabei ist zu berücksichtigen, dass Kontinuität in den Bedingungen und Anforderungen allein die „Passung" der beiden Stufen nicht gewährleistet, da von pädagogisch genutzten Diskontinuitäten Entwicklungsanregungen ausgehen können (vgl. z. B. Griebel/Niesel 2004, S. 136f.). Ein zweiter Fragenkomplex bezieht sich auf den Übergang selbst und die Maßnahmen der abgebenden und der aufnehmenden Bildungsstufe, die den Übergang gestalten und mögliche Übergangsprobleme reduzieren sollen. In den politischen Vorgaben und Verlautbarungen und im überwiegenden Teil der Literatur wird von vornherein von der Produktivität der Kontakte ausgegangen und deren Erfolg unterstellt. Untersuchungen mit einer stärker theoretischen Perspektive stehen weitgehend noch aus. Zu fragen ist nicht nur nach der Häufigkeit und den Inhalten der Kooperationsmaßnahmen sowie den Gründen für oder gegen ihr Zustandekommen, sondern vor allem auch nach ihren kurz- und längerfristigen Auswirkungen.

2. Vorschläge zur Übergangsgestaltung

2.1 Vom Übergang zur „Transition" und deren Begleitung

Der in Deutschland vor allem von Wilfried Griebel und Renate Niesel und dem Institut für Frühpädagogik entwickelte Transitionsansatz betont den Umbruchcharakter und die soziale Eingebundenheit von biographischen Entwicklungen im Lebensverlauf. „Als Transitionen werden komplexe, ineinander übergehende und sich überblendende Wandlungsprozesse bezeichnet, wenn Lebenszusammenhänge eine massive Umstrukturierung erfahren – ein Kind z. B. vom Kindergartenkind zum Schulkind wird" (Griebel/Niesel 2004, S. 35). Im Transitionsansatz wird der entwicklungsökologische Ansatz u. a. durch Annahmen der Stressforschung (Lazarus 1995) und der Theorie der kritischen Lebensereignisse (Filipp 1995) erweitert. Der Übergang vom Kindergarten in die Grundschule erscheint so als eine Entwicklungsaufgabe für das Kind und seine Eltern, die durch das Fachpersonal in den Umwelten Kindertageseinrichtung und Schule unterstützt werden (vgl. Griebel/Niesel 2002, S. 8ff., 2003, 2004; vgl. Fabian/Dunlop 2002; allgemein Roßbach 2006). Die Veränderungen finden dabei auf der individuellen, interaktionalen und kontextuellen Ebene statt. Auf der individuellen Ebene wird das Kind zum Schulkind, erwirbt zahlreiche neue Kompetenzen oder baut vorhandene aus und bewältigt dabei Emotionen, ähnlich wie seine Eltern zu Eltern eines Schulkinds werden. Auf der interaktionalen Ebene geht es um den Neuaufbau und die Veränderung von Beziehungen, z. B. das Abschiednehmen vom Kindergarten. Auf der kontextuellen Ebene sind Familie und Schule als Lebensumwelten zu integrieren. Diese Perspektive macht außerdem darauf aufmerksam, dass die Systeme Verantwortung für den Übergang tragen (vgl. Griebel 2006).

Als Rahmentheorie des Schulanfangs ist der Transitionsansatz allerdings aus zwei Gründen ergänzungsbedürftig: Das Konzept der „Übergangsbegleitung" kann (1.) auf verschiedenartigste Übergänge innerhalb und außerhalb des Bildungssystems angewandt werden. Es ist unspezifisch für die Bildungsbedeutung und die curricularen Anforderungen des Übergangs vom Kindergarten in die Grundschule und vernachlässigt dessen kognitive und inhaltliche Dimensionen (vgl. Faust/Roßbach 2004, insbesondere S. 99ff.). Zu berücksichtigen ist (2.), dass kritische Lebensereignisse von den davon Betroffenen höchst unterschiedlich erlebt werden. Der Schuleintritt kann daher im Einzelfall eine Zeit großer innerer Veränderungen und von negativem Stress begleitet sein und sich vor allem im Rückblick als krisenhafter Übergang verstehen lassen, es ist aber fraglich, ob sich dieses Rahmenmodell dazu eignet, gruppenbezogene Veränderungen anzunehmen und vorherzusagen.

Erlebens- und Verhaltensprobleme kommen bei Kindern im Vorschulalter vor. Je nach eingesetztem Instrument (z. B. verschiedene Fragebögen), der Perspektive des Beurteilers (z. B. Mutter, Vater oder Erzieher/-in), des Verhaltenskontextes (z. B. Familie oder Kindergarten) und dem festgelegten Kriterium der Auffälligkeit unterscheiden sich die Häufigkeiten. In der Erlangen-Nürnberger Entwicklungs- und Präventionsstudie werden ca. 7% der 4- bis 6-jährigen Kindergartenkinder von beiden Eltern und den pädagogischen Fachkräften übereinstimmend als problembelastet hinsichtlich aggressiver und dissozialer Verhaltensweisen eingestuft (Lösel et al. 2005, S. 153). Diese Einstufung ist im Einjahresabstand für ca. 50% der Kinder stabil. Während die Hälfte in der Sicht mindestens eines Informanten nach einem Jahr nicht mehr zum obersten Quartil der problembelasteten Kinder gehört, „rücken" andere Kinder „nach", so dass sich die Häufigkeit insgesamt nicht ändert.

Die Modellvorstellung des Schuleintritts als kritisches Lebensereignis ließe sich nur dann auf gruppenbezogene Veränderungen fruchtbar anwenden, wenn im Umfeld der Einschulung und möglichst in inhaltlichem Zusammenhang damit über Einzelfälle hinaus „Anpassungsprobleme" neu aufträten. Dafür gibt es aber keine empirischen Belege. Grotz (2005) untersucht in einem einjährigen Längsschnitt an etwa 70 Kindern (Beginn sechs Monate vor und Ende sechs Monate nach dem Schuleintritt), ob die familiäre und institutionelle Unterstützung vor und nach der Einschulung den Kindern den Übergang erleichtern. In dieser Studie wird bei einer Varianzaufklärung von 66% die Bewältigungskompetenz des Kindes nach dem Übergang am stärksten durch das entsprechende Merkmal in der Sicht der Eltern (Betagewicht .586) bzw. in der Sicht der pädagogischen Fachkräfte im Kindergarten (Betagewicht .201) vor dem Übergang vorhergesagt. Darüber hinaus trägt nur noch die vom Kind wahrgenommene Unterstützung in Familie und Schule nach dem Übergang zur Varianzaufklärung bei (Betagewicht -.334; vgl. Grotz 2005, S. 170f.). Beelmann (2000, 2006) erhebt in einem als Querschnittstudie an jeweils ca. 60 Kindern angelegten Vergleich der drei normativen Übergänge im Kindesalter, nämlich dem Eintritt in den Kindergarten, die Grundschule und den Übergang in die weiterführende Sekundarschule, jeweils drei Monate vor und nach dem Übergang das Ausmaß von Verhaltungsproblemen in der Sicht von Eltern bzw. pädagogischen Fachkräften und Lehrern. Zahlreiche personale und soziale Faktoren werden kontrolliert, u. a. biographische Risiken und das Temperament des Kindes, dessen intellektuelle Begabung und sein Bewältigungsverhalten, die emotionale Eltern-Kind-Beziehung in der Kindersicht, elterlicher Erziehungsstil und sozioökonomischer Familienhintergrund. In der Teilstudie zum Schuleintritt entfallen im familiären Kontext 64% der insgesamt 74% betragenden Varianzaufklärung der kindlichen Verhaltensprobleme nach dem Übergang auf die Verhaltensprobleme vor dem Übergang (vgl. Beelmann 2006, S. 166 und 255). Eine zusätzliche Varianzaufklärung in Höhe von 5% leistet die „Ereignisbedingte Belastung", d. h. von den Eltern angegebene belastende Veränderungen in der Familie, den Beziehungen zu Gleichaltrigen und in der pädagogischen Betreuung im Zuge des Übergangs (vgl. Beelmann 2006, S. 93). Aus dem zuletzt in die hierarchische Regression eingehenden Block der sozialen Prädiktoren wird außerdem das Merkmal „Erziehungsverhalten" signifikant.[1] Im Kontext der Schule werden 48% der von den Lehrern wahrgenommenen kindlichen Verhaltensprobleme nach dem Übergang aufgeklärt. 15% davon entfallen auf den ersten Block der demographischen Merkmale und das Merkmal Einzelkind, durch das sich die Wahrscheinlichkeit von Verhaltensproblemen nach dem Schuleintritt erhöht. Durch den zweiten Block der von den pädagogischen Fachkräften im Kindergarten beurteilten Verhaltensprobleme vor dem Übergang erhöht sich mit dem zweithöchsten Betagewicht von .29 die Varianzaufklärung auf 33%. Einen zusätzlichen Beitrag in Höhe von 10% leistet die „Ereignisbedingte Belastung" in der Sicht der Eltern (vgl. Beelmann 2006, S. 167 und 255). Die personalen Merkmale des Kindes, d. h. intellektuelle Fähigkeiten, Temperament und Bewältigungsverhalten, sind in beiden Kontexten ohne Relevanz. Zusammenfassend ist festzuhalten, dass in beiden Studien die Autoregressoren, d. h. die Anpassungsprobleme vor dem Übergang, das entsprechende Verhalten nach dem Übergang zu einem erheblichen Anteil und entweder mit dem stärksten oder einem zumindest beträchtlichen Gewicht aufklären. Dies stimmt mit der Hypothese der amerikanischen Forschergruppe um Avshalom Caspi und Terrie E. Moffitt überein, wonach es in Phasen starker äußerer Veränderungen weniger wahrscheinlich ist, dass völlig neue Verhaltensweisen entwickelt werden, sondern dass die Personen stattdessen auf bereits vorhandene Persönlichkeitsmerkmale bzw. Verhaltensweisen zurückgreifen und darin auch von ihrer

---

1 Je weniger belohnungs- und damit stärker bestrafungsorientiert das mütterliche Erziehungsverhalten vor dem Übergang ist, desto geringer sind aus der Sicht der Eltern die Verhaltensprobleme des Kindes im familiären Kontext nach dem Übergang (vgl. Beelmann 2006, S. 167).

Umwelt bestärkt werden. Dadurch treten die Unterschiede zwischen Personen in Übergangssituationen deutlicher hervor („Akzentuierungshypothese", vgl. Caspi/Moffitt 1991, 1993; vgl. auch Beelmann 2006, S. 22f.).

Während Grotz vor dem Übergang bei knapp 10% der Kinder massive Anpassungsprobleme in Familie und Kindergarten ermittelt (2005, S. 132) und sich zur Häufigkeit nach dem Übergang nicht äußert, liegen die Raten bei Beelmann beträchtlich niedriger und entsprechen mit ca. 5% der Kinder aus Sicht der Eltern bzw. ca. 4% aus Sicht der pädagogischen Fachkräfte und Lehrer/-innen den Normierungsstichproben der entsprechenden Instrumente (vgl. Beelmann 2006, S. 152f. und 247).[2] Im Widerspruch zum erheblichen Teil der bisherigen Literatur stellt der Schuleintritt demnach für nahezu alle Kinder einen zu bewältigenden Schritt dar und es ist unangemessen, in diesem Zusammenhang von einer überfordernden Belastung oder gar Bedrohung auszugehen (Beelmann 2006, u. a. S. 200). Dass einzelne Kinder davon verstärkt belastet sein können, entspricht dem Rahmenmodell der kritischen Lebensereignisse. Nicht nur deshalb, sondern auch der höheren Risiken für Einzelkinder und Jungen wegen, sollte der Schuleintritt in einer differentiellen Perspektive betrachtet werden.

2.2 Kooperation von Kindergarten und Grundschule

Während der Bildungsreform der 1960er/70er Jahre wurden verschiedene Modelle erprobt, die die beiden Bildungsstufen Kindergarten und Grundschule strukturell verzahnen und die Frage nach der besten institutionellen Zuordnung der Fünfjährigen klären sollten. Die Ergebnisse der Evaluationsstudien, die diese Modelle mit der Förderung im Kindergarten verglichen, wurden von der Frühpädagogik und der Politik im Sinne eines Patts interpretiert, obwohl sich auch Hinweise auf gewisse Vorteile der Modellvarianten in der Grundschule finden lassen (vgl. den Forschungsüberblick bei Fried u. a. 1992). Politisch wurde zugunsten des Verbleibs der Fünfjährigen im Kindergarten und damit für das unveränderte Beibehalten der beiden Bildungsstufen Kindergarten und Grundschule entschieden.

---

2 In einer früheren Veröffentlichung zur gleichen Datenbasis hatte Beelmann noch von wesentlich höheren Raten berichtet (29% Kinder mit konstant hohen und 14% mit zunehmenden Verhaltensauffälligkeiten im familiären Kontext, vgl. Beelmann 2000, S. 73). Diese Unstimmigkeit lässt sich nicht aufklären, da in dieser Veröffentlichung zwar die CBCL (Child Behavior Checklist)-Gesamtrohwerte, nicht aber die T-Werte und deren Zuordnung zum auffälligen bzw. nicht-auffälligen Verhalten oder zum Grenzbereich mitgeteilt werden.

Danach sollte die – freiwillige – Kooperation des Personals unter Einschluss der Eltern den Übergang erleichtern und die Anschlussfähigkeit der ersten beiden Bildungsstufen sichern. Ende der 1970er Jahre – das erste Land war 1976 Rheinland-Pfalz – und im Jahrzehnt danach erließen alle alten Bundesländer Verordnungen mit Empfehlungscharakter (vgl. Huppertz/Rumpf 1983, S. 54f.; Staatsinstitut für Frühpädagogik 1985, S. 302ff.; Hössl/Lipski 1992, S. 104ff.). In mehreren Ländern fanden Modellversuche statt (vgl. Gernand/Hüttenberger 1989, S. 382ff; Hacker 1989, S. 87ff.; Staatsinstitut für Frühpädagogik 1985). Dokumentationen und Materialsammlungen erschienen (z. B. Ministerium für Kultus und Sport Baden-Württemberg 1985; Bayerisches Staatsministerium für Unterricht und Kultus 1989). Die Zusammenarbeit sollte sich dabei auf drei Gebiete beziehen: (1.) Gezielte Vorhaben für Kindergartenkinder und Schulanfänger, (2.) gemeinsame Elternarbeit und (3.) Austausch und gemeinsame Arbeit von pädagogischen Fachkräften im Kindergarten und Lehrkräften der Grundschule. In den praxisnahen Veröffentlichungen werden beschrieben: wechselseitiger Austausch von Informationen über die Arbeit in den beiden Institutionen, Beratungen über die Vorbereitung der Kinder auf den Übergang zur Schule, Besuche von Erzieherinnen in Schulklassen und von Lehrerinnen im Kindergarten, Teilnahme von Lehrkräften an Elternversammlungen im Kindergarten bzw. von pädagogischen Fachkräften in der Schule, Besuche von Kindergartengruppen in der Grundschule und von Schulkindern im Kindergarten, Treffen zwischen den Leitungspersonen, gemeinsame Feste in Kindergarten und Schule sowie gemeinsame Fortbildungen von Erzieherinnen und Lehrerinnen (z. B. Huppertz 1980; Horn 1982; Susteck 1987; Knörzer/Grass 1992, S. 41ff.; Hössl/Lipski 1992; Hense/Buschmeier 2002). Als wichtigstes Element wird die personelle Kooperation von pädagogischen Fachkräften im Kindergarten und Grundschullehrkräften angesehen.

Die mittlerweile in allen Bundesländern vorliegenden vorschulischen Bildungs-, Erziehungs- oder Orientierungspläne betonen ebenfalls einhellig die Bedeutung der Kooperation von Kindergarten und Grundschule. Gegenwärtig ist auf dieser Grundlage eine zweite Welle von Kooperationsvorhaben zu beobachten, in denen deutlicher als bisher der in Kindergarten und Grundschule zugrunde gelegte Bildungsbegriff, die Bildungsinhalte und Lernmethoden bearbeitet werden. Teilweise geht es auch um die Individualisierung der Förderung der Kinder bis hin zum flexiblen Schuleintritt und die Diagnose der Lernentwicklungen. Beispiele für Projekte sind: „TransKIGS", ein länderübergreifendes Projekt der Bund-Länder-Kommission in Berlin, Brandenburg, Bremen, Nordrhein-Westfalen und

Thüringen (vgl. http://www.blk-info.de/index.php?id=215, Abruf vom
13.4.2007), IBA, „Integrierter Bildungs-Auftrag von Kindergarten und
Grundschule", ein Modellprojekt zur systemischen Neustrukturierung des
Schulanfangs (vgl. Knauf/Schubert 2006), das in den Jahren 2003-2005
durchgeführte Bremer Projekt „Frühes Lernen, Kindergarten und Grund-
schule kooperieren" (vgl. Carle/Samuel 2006) sowie „PONTE, Kindergär-
ten und Grundschulen auf neuen Wegen", ein Projekt der Internationalen
Akademie/INA, Gemeinnützige Gesellschaft für innovative Pädagogik,
Psychologie und Ökonomie an der Freien Universität Berlin (vgl. Projekt-
skizze und Konzeption, Teil I und II, http://www.ponte-info.de/downloads,
Abruf vom 8.4.2007). Auch die Jahrestagung des Pestalozzi-Fröbel-
Verbands 2005 war diesem Thema gewidmet (vgl. Niesel u. a. 2006).

Angesichts der Hochschätzung der Kooperationsmaßnahmen über-
rascht, dass es nahezu keine Forschung dazu gab und gibt. Vereinzelt wird
zur Häufigkeit berichtet, dass die Zusammenarbeit nicht so verbreitet ist
wie erhofft (vgl. für Bayern, Hessen und Baden-Württemberg Hup-
pertz/Rumpf 1983, S. 88ff., für Nordrhein-Westfalen Mader/Roßbach 1984;
neuere Daten Griebel/Niesel 2002; Tietze u. a. 2005, S. 125ff.). Norbert
Huppertz und Joachim Rumpf untersuchen in ihrer für die baden-
württembergische Lehrerschaft repräsentativen Fragebogenuntersuchung
die Hindernisse, die der weiteren Verbreitung entgegenstehen (n=384
Erstklasslehrer/-innen, Rücklaufquote 64%). Parallel werden über 200 Er-
zieher/-innen aus Nordrhein-Westfalen befragt. Zu Beginn der 1980er Jahre
waren auf Seiten der Lehrkräfte am meisten verbreitet: selbst eingeschätzter
Zeitmangel (trotz der zwei Stunden Deputatsermäßigung, über die die
Lehrkräfte verfügen konnten, vgl. Huppertz/Rumpf 1983, S. 120), fehlendes Wissen über den Elementarbereich und die Kooperation, „mangelhafte
Einstellung" gegenüber der Aufgabe, Vermutungen über mangelnde Kompetenz und fehlendes Interesse beim Kooperationspartner, die Wahrnehmung einer tiefen Kluft zwischen der Pädagogik und Didaktik des Elemen-
tar- und Primarbereichs, die die Kooperation von vornherein wenig aus-
sichtsreich erscheinen lässt, sowie die Furcht vor Kontrolle und Einmischung. Auch die Erzieher/-innen sehen die Lehrer/-innen wenig auf die
Kooperation vorbereitet und nehmen ebenfalls tiefgreifende Unterschiede
zwischen Kindergarten und Grundschule wahr (vgl. S. 112ff. und S. 162f.).
Sie haben vor allem die Erwartung, von den Lehrkräften als Person und in
ihrer Arbeit als gleichberechtigt wahrgenommen und wertgeschätzt zu werden (vgl. S. 164ff.). Als größtes Hindernis erscheint den Lehrkräften der
Zeitmangel, gefolgt von den organisatorischen Schwierigkeiten (u. a. un-

übersichtliche Kooperationsstrukturen, Schwierigkeiten für Hospitationen im Kindergarten während der Unterrichtszeit), die Erzieher/-innen befürchten insbesondere mangelndes Interesse auf Seiten der zuständigen Grundschule(n) und mangelnde Wertschätzung bei den Lehrkräften, danach kommt auch bei ihnen Zeitmangel (vgl. S. 126ff.). Gemeinsam gestaltete Elternabende werden kaum erwähnt, obwohl die Elternarbeit ein Kooperationsschwerpunkt sein soll (vgl. S. 150).

In ihrer Dissertation untersuchen Brigitte Gernand und Michael Hüttenberger die Kooperation im Schulamtsbezirk Darmstadt (1989). Von den Kindergärten aus betrachtet ist die Anzahl der Schulen, an die sie Kinder abgeben, verhältnismäßig geringer als aus Sicht der Grundschulen die Anzahl der Kindergärten, aus denen sie Schulanfänger aufnehmen. Dies könnte dazu beitragen, dass die Initiative zur Zusammenarbeit häufiger von den Kindergärten ausgeht. Je größer die Zahlen der „gemeinsamen Schulanfänger", desto eher findet Zusammenarbeit statt, ebenso wenn die Kooperationsstrukturen gewachsenen Stadtteilstrukturen entsprechen. Die Grundschulen geben mehr Kooperationsmaßnahmen an, als von den Kindergärten bestätigt werden. Als günstige Bedingungen für den Erfolg der Kooperation werden herausgearbeitet: Einrichtung von örtlichen Arbeitsgemeinschaften, prozessorientierte und gleichberechtigte Kooperation, mit dieser Aufgabe betraute verantwortliche Personen, ein Konferenzbeschluss, die Verankerung und Absicherung der Aufgabe in den beruflichen Rahmenbedingungen sowie entsprechende Aus- und Fortbildungen (vgl. Gernand/Hüttenberger 1989, S. 380ff.; ähnlich Huppertz/Rumpf 1983, S. 132ff. und 174ff.).

Da bis auf Ausnahmen keine neueren Daten vorliegen, ist über den aktuellen Stand der Kooperation von Kindergarten und Grundschule vor allem in der Fläche und die wechselseitige Wahrnehmung von pädagogischen Fachkräften und Grundschullehrerinnen und -lehrern im Rahmen dieser Aufgabe so gut wie nichts bekannt. Darüber hinaus ist bislang kaum erforscht, welche Wirkungen die Kooperationsmaßnahmen haben. Dabei können Auswirkungen auf die Kinder und die Eltern, die jeweils in einem Schuljahr vom Kindergarten in die Grundschule übergehen, von längerfristigen Einflüssen auf die Arbeit der beiden Institutionen unterschieden werden. Effekte der Kooperation auf die Selektion beim Schuleintritt werden für Nordrhein-Westfalen und den Beginn der 1980er Jahre von Mader (1989) untersucht. Die Anzahl der Teilnehmer im Lehrer-Erzieher-Gesprächskreis und verschiedene Formen der Kooperation, die durch ein globaleres Maß erfasst werden, senken demnach die Zurückstellungen vor Schulanfang und im ersten Schulhalbjahr. Allerdings sind die Effektstärken

nicht allzu hoch (b=-.19 und -.15), und die dadurch zusätzlich aufgeklärte
Kriteriumsvarianz ist mit 4% bzw. 3% gering (Mader 1989, S. 148). Eine
reduzierende Wirkung auf die zum damaligen Zeitpunkt hohen Zurückstel-
lungsraten lässt sich für die Kooperationsmaßnahmen demnach wohl kaum
begründen.

3. Verbesserung der Anschlussfähigkeit durch domänenspezifische Kooperationsmaßnahmen

Die Einsicht, dass das schulische Lernen auf den frühen Bildungserfahrun-
gen aufbaut, und die vorschulischen Bildungs- und Erziehungspläne ermöglichen eine Ausweitung und Vertiefung des Kooperationsauftrags mit dem
Ziel, lernbereichsspezifisch zusammenzuarbeiten und die domänenspezifische Anschlussfähigkeit der Lernprozesse in Kindergarten und Grundschule
zu sichern. Dies liegt insbesondere im Interesse benachteiligter Kinder, die
die notwendigen Vorläuferfähigkeiten nicht in der Familie erwerben können. Keinesfalls soll dadurch der vorschulische Bildungsauftrag auf Schulvorbereitung eingeengt werden. Kindergarten und Grundschule sollte jedoch gemeinsam daran gelegen sein, dass alle Kinder in der Schule jeweils
von ihrem heterogenen Kompetenzstand aus starten können und nicht über-
fordert sind. Die vorschulischen Bildungs- und Erziehungspläne bieten dazu eine geeignete Grundlage. Mit dem Schwerpunkt auf der Bedeutung der
jeweiligen Domänen im aktuellen Leben der Kinder und auf der Grundlage
einer kompetenzorientierten Sicht des Kindes widmet etwa der Bayerische
Bildungs- und Erziehungsplan für Kindertageseinrichtungen vor der Schule
(Bayerisches Staatsministerium für Arbeit und Sozialordnung, Familie und
Frauen/Institut für Frühpädagogik 2007) dem Umgang mit Sprache bzw.
Schriftsprache und dem mathematischen Lernen eigene Abschnitte. Leitge-
danken regen zur Reflektion über die Bedeutung dieser Lern- und Bildungsprozesse und zur Beobachtung der darauf bezogenen Aktivitäten der
Kinder an, domänenspezifische Bildungs- und Erziehungsziele werden genannt und Anregungen und Beispiele zur Umsetzung gegeben. Die Betrachtungsweise unterscheidet sich also von den schulischen Bildungsplänen,
aber es lassen sich vertikale Verbindungen herstellen, die für längerfristige
Perspektiven im Schulalter und darüber hinaus offen sind.
    Zu vermuten ist, dass die schulischen Domänen für diese Aufgabe un-
terschiedlich günstige Bedingungen bieten. So könnte die Anschlussfähigkeit in der Anfangsmathematik relativ leicht herzustellen sein, soweit dies

auf der Basis von Interviewstudien in elf Kindertagesstätten im oberfränkischen Raum beurteilt werden kann. In Forschungen zu den wichtigsten Vorläuferfähigkeiten für das Mathematik-Lernen in der Grundschule und zur Prävention von Rechenschwäche haben sich vor allem zwei Fähigkeiten als bedeutsam erwiesen: (1.) ein grundlegendes Mengenverständnis unter besonderer Beachtung von Größenverhältnissen in Verknüpfung mit (2.) Zahlen und Zählkompetenz (vgl. Krajewski 2005). Die Förderung dieser Fähigkeiten gehört im Bayerischen Bildungs- und Erziehungsplan für Kinder in Tageseinrichtungen bis zur Einschulung zum Themenbezogenen Bildungs- und Lernbereich Mathematik (vgl. 2007, S. 251ff.). Im gültigen bayerischen Grundschullehrplan (vgl. Staatsministerium für Unterricht und Kultus 2000, S. 91ff.) kommen diese Fähigkeiten im Fachlehrplan Mathematik der ersten Klasse in den zwei Bereichen „Zahlen" und „Rechnen" vor. Der Mathematikunterricht des ersten Schuljahrs knüpft in dreifacher Form an die vorschulischen Lernerfahrungen an: (1.) Erfahrungen werden wiederholt oder (2.) erweitert, oder (3.) die Grundschule geht über das vorschulische Lernen hinaus und arbeitet an neuen Inhalten. In den Interviews zeigte sich, dass die Förderung des Mengen- und Zahlverständnisses in fast allen Kindergärten in den Alltag integriert ist. Fast alle Einrichtungen führten darüber hinaus ein- oder zweimal wöchentlich spezielle Vorschulprogramme durch. Bei der Dokumentation der Entwicklungs- und Lernfortschritte der Kinder wurden die mathematischen Fähigkeiten und Interessen allerdings nur selten als eigener Bereich, sondern überwiegend als Teil der allgemeinen kognitiven Entwicklung festgehalten (vgl. Derra 2006).

Demgegenüber ist die Zusammenarbeit beim Schriftspracherwerb, insbesondere in Bezug auf Buchstaben und Schrift, vermutlich schwieriger zu realisieren. Der Erwerb der Schriftsprache baut auf komplexen Voraussetzungen in mindestens vier verschiedenen Feldern auf: (1.) Allgemeine Sprach- und Kommunikationsfähigkeiten, z. B. ein breiter Wortschatz, (2.) Grundlagen der „Schulsprachfähigkeit", d. h. über die Alltagssprache hinausgehende Fähigkeiten im Umgang mit abstrakter, situationsabgehobener Sprache, (3.) Erfahrungen mit der Schrift- und Buchkultur („literacy") und (4.) phonologische Bewusstheit. Im Bayerischen Bildungs- und Erziehungsplan werden alle Teilbereiche berücksichtigt, wobei die „literacy"-Förderung zentral ist (vgl. Bayerisches Staatsministerium für Arbeit und Sozialordnung, Familie und Frauen/Institut für Frühpädagogik 2007, S. 207ff.). In der Grundschule ist das Lesen- und Schreibenlernen Mittelpunkt des Anfangsunterrichts (vgl. Lehrplan für die Grundschulen in Bayern, 2000, S. 78ff.) und bleibt die ganze Grundschule hindurch ein zentrales

Lernfeld. In den Interviewstudien zeigte sich, dass der Rahmen, den der Bayerische Bildungs- und Erziehungsplan für Aktivitäten rund um die Buch- und Schriftkultur setzt, in der Praxis der Kindergärten bei weitem nicht ausgeschöpft wird. Die einzige Aktivität, über die alle elf Kindergärten berichteten, war das Schreiben des eigenen Namens. Solange die Kinder allerdings ihren Namen vornehmlich als Ganzwort (logographisch) verwenden, gehen davon keine Anregungen zur Einsicht in die Laut-Buchstaben-Beziehung und damit zum Schriftspracherwerb aus. Die meisten Kindergärten nahmen zwar Initiativen von Kindern auf, regten aber selbst zu keinen schriftbezogenen Aktivitäten an. In keinem Kindergarten wurde die zunehmende Schriftkenntnis der Kinder dokumentiert und kein Kindergarten verwendete ein Diagnoseverfahren. Nur eine Einrichtung setzte ein Programm zum Umgang mit der Schrift ein. Die Erzieher/-innen waren in diesem Bereich sehr unsicher und bedauerten das Fehlen einschlägiger Fachkenntnisse. Sie hielten sich auch deshalb zurück, weil sie befürchteten, den Kindern etwas Falsches beizubringen. Ein weiterer wichtiger Grund war, dass man der Schule nichts vorwegnehmen wollte, weil sich dann die Kinder in der Schule langweilen und den Anschluss in der Klasse verpassen könnten. Teilweise lehnten auch die Lehrer/-innen den vorschulischen Umgang mit der Schrift ab. Sie sahen die Ersteinführung der Buchstaben als ihre Aufgabe an und befürchteten, dass die Schulanfänger nicht in allen Kindergärten gleichermaßen mit der Schrift vertraut gemacht würden, wodurch die Heterogenität der Schulanfänger verstärkt und ihre Arbeit erschwert würde (vgl. Fuchs 2006).

An diesen Unsicherheiten und Kenntnismängeln sind die Auswirkungen eines sich nicht darauf beziehenden fachlichen Austauschs und der mangelnden Abstimmung zwischen Kindergarten und Grundschule auf örtlicher Ebene zu erkennen. Domänenbezogene Kooperationsmaßnahmen könnten dazu führen, dass die beiden ersten Bildungsstufen besser über die wechselseitigen Aufgaben informiert sind, die Bildungspläne kennen (in den Voruntersuchungen war der schulische Bildungsplan den befragten Erzieherinnen nur mündlich bekannt, Lehrer/-innen wurden zu ihrer Kenntnis des vorschulischen Bildungsplans nicht befragt) und ihre Förderung aufeinander abstimmen. Über solche gezielten bereichsspezifischen Kooperationsmaßnahmen ist derzeit so gut wie nichts bekannt. Untersucht werden sollte, ob und falls ja, mit welcher Verbreitung und Intensität und mit welchem Erfolg diese Themen in der Kooperation von Erzieherinnen und Erziehern und Grundschullehrkräften bearbeitet werden.

Literatur

Arbeitsgruppe Deutsche Child Behavior Checklist (1993): Handbuch. Lehrerfragebogen über das Verhalten von Kindern und Jugendlichen (TRF) (Arbeitsgemeinschaft Kinder-, Jugendlichen und Familiendiagnostik, KJFD). Köln.

Arbeitsgruppe Deutsche Child Behavior Checklist (1994): Handbuch. Elternfragebogen über das Verhalten von Kindern und Jugendlichen (CBCL/4-18) (Arbeitsgemeinschaft Kinder-, Jugendlichen- und Familiendiagnostik, KJFD). Köln.

Bayerisches Staatsministerium für Unterricht und Kultus (Hrsg.) (1990): Der Übergang vom Kindergarten zur Grundschule. Frühpädagogische Hilfen und Anregungen in altersgemischten Gruppen. Donauwörth.

Bayerisches Staatsministerium für Arbeit und Sozialordnung, Familie und Frauen/Staatsinstitut für Frühpädagogik München (2007²): Der Bayerische Bildungs- und Erziehungsplan für Kinder in Tageseinrichtungen bis zur Einschulung. Berlin.

Beelmann, W. (2000): Entwicklungsrisiken und -chancen bei der Bewältigung normativer sozialer Übergänge im Kindesalter. In: Leyendecker, C./Horstmann, T. (Hrsg.): „Große Pläne für kleine Leute" – Grundlagen, Konzepte und Praxis der Frühförderung. München, S. 71-77.

Beelmann, W. (2006): Normative Übergänge im Kindesalter: Anpassungsprobleme beim Eintritt in den Kindergarten, in die Grundschule und in die weiterführende Schule. Hamburg.

Bronfenbrenner, U. (1981): Die Ökologie der menschlichen Entwicklung. Stuttgart.

Bundesministerium für Familie, Senioren, Frauen und Jugend (Hrsg.) (1998): Zehnter Kinder- und Jugendbericht. Bericht über die Lebenssituation von Kindern und die Leistungen der Kinderhilfen in Deutschland. Bonn.

Carle, U./Samuel, A. (2006): Frühes Lernen – Kindergarten und Grundschule kooperieren. Abschlussbericht der Wissenschaftlichen Begleitung. Bremen.

Caspi, A./Moffitt, T. E. (1991): Individual differences are accentuated during periods of social change: The sample case of girls at puberty. In: Journal of Personality and Social Psychology, Vol. 61, No. 1, pp. 157-168.

Caspi, A./Moffitt, T. E. (1993): When do individual differences matter? A paradoxical theory of personality coherence. In: Psychological Inquiry, Vol. 4, No. 4, pp. 247-271.

Derra, Y. (2006): Schulvorbereitung im Kindergarten. Die Abstimmung des Bayerischen Bildungs- und Erziehungsplans auf den Bayerischen Lehrplan der ersten Klasse in Bezug auf mathematische Förderung (Unveröffentlichte Zulassungsarbeit zur Ersten Staatsprüfung für das Lehramt an Grundschulen). Bamberg.

Fabian, H./Dunlop, A.-W. (Eds.) (2002): Transitions in the early years. Debating continuity und progression for young children in early education. London.

Faust, G./Roßbach, H.-G. (2004): Der Übergang vom Kindergarten in die Grundschule. In: Denner. L./Schumacher, E. (Hrsg.): Übergänge im Elementar- und Primarbereich reflektieren und gestalten. Beiträge zu einer grundlegenden Bildung. Bad Heilbrunn, S. 91-105.

Filipp, S.-H. (1993): Kritische Lebensereignisse. Weinheim.

Fried, L. u. a. (1992): Elementarbereich. In: Ingenkamp, K. u. a. (Hrsg.): Empirische Pädagogik 1970-1990. Eine Bestandsaufnahme der Forschung in der Bundesrepublik Deutschland. Band I. Weinheim, S. 197-263.

Fuchs, J. (2006): Die fiktive Stunde Null am Schulanfang. Eine qualitative Untersuchung der Schulvorbereitung im Kindergarten in Bezug auf Schrift (Unveröffentlichte Diplomarbeit im Studiengang Pädagogik in der Fakultät Pädagogik, Philosophie, Psychologie an der Otto-Friedrich-Universität Bamberg). Bamberg.

Gernand, B./Hüttenberger, M. (1989): Die Zusammenarbeit von Kindergarten und Grundschule im Bedingungsgefüge ihrer sozialgeschichtlichen Entwicklung, dargestellt am Beispiel des Schulamtsbezirks Darmstadt (Inauguraldissertation). Frankfurt a. Main.

Griebel, W. (2006): Übergänge fordern das gesamte System. In: Diskowski, D. u. a. (Hrsg.): Übergänge gestalten. Wie Bildungsprozesse anschlussfähig werden (Jahrbuch des Pestalozzi-Fröbel-Verbandes). Weimar, S. 32-47.

Griebel, W./Niesel, R. (2002): Abschied vom Kindergarten – Start in die Schule. Grundlagen und Praxishilfen für Erzieherinnen, Lehrkräfte und Eltern. München.

Griebel, W./Niesel, R. (2003): Die Bewältigung des Übergangs vom Kindergarten in die Grundschule. In: Fthenakis, W. E. (Hrsg.): Elementarpädagogik nach PISA. Wie aus Kindertagesstätten Bildungseinrichtungen werden können. Freiburg i. Br., S. 136-151.

Griebel, W./Niesel, R. (2004): Transitionen. Fähigkeiten von Kindern in Tageseinrichtungen fördern, Veränderungen erfolgreich zu bewältigen. Weinheim.

Grotz, T. (2005): Die Bewältigung des Übergangs vom Kindergarten zur Grundschule. Zur Bedeutung kindbezogener, familienbezogener und institutionsbezogener Schutz- und Risikofaktoren im Übergangsprozess. Hamburg.

Hacker, H. (1998[2]): Vom Kindergarten zur Grundschule. Theorie und Praxis eines kindgerechten Übergangs. Bad Heilbrunn.

Hense, M./Buschmeier, G. (2002): Kindergarten und Grundschule Hand in Hand. Chancen, Aufgaben und Praxisbeispiele. München.

Hössl, A./Lipski, J. (1992): Der Übergang vom Kindergarten in die Grundschule. Ergebnisse einer Studie 1991/92 (DJI-Arbeitspapier 6-043). München.

Horn, H. A. (Hrsg.) (1982): Kindergarten und Grundschule arbeiten zusammen. Konzepte und Beispiele für einen kooperativen Schulanfang. Weinheim.

Hüttenmoser, M. (1981): Sozialisation und Einschulung. Ein Beitrag zu einem neuen Verständnis der Schuleintrittsproblematik. Frankfurt a. Main und Aarau.

Huppertz, N. (1980): Zusammenarbeit von Kindergarten und Grundschule. Freiburg i. Br.

Huppertz, N./Rumpf, J. (1983): Kooperation zwischen Kindergarten und Schule. Beiträge zur Theoriebildung. München.

Knauf, T./Schubert, E. (2006): Den Übergang vom Kindergarten in die Grundschule neu gestalten. In: Diskowski, D. u. a. (Hrsg.): Übergänge gestalten. Wie Bildungsprozesse anschlussfähig werden (Jahrbuch des Pestalozzi-Fröbel-Verbandes). Weimar, S. 150-174.

Knörzer, W./Grass, K. (1992): Den Anfang der Schulzeit pädagogisch gestalten. Ein Studien- und Arbeitsbuch für den Anfangsunterricht. Weinheim.

Krajewski, K. (2005): Vorläuferfertigkeiten mathematischen Verständnisses und ihre Bedeutung für die Früherkennung von Risikofaktoren und den Umgang damit. In: Guldimann, T./Hauser, B. (Hrsg.): Bildung 4- bis 8-jähriger Kinder. Münster, S. 89-102.

Lazarus, R. S. (1995³): Stress und Stressbewältigung – ein Paradigma. In: Filipp, S.-H. (Hrsg.): Kritische Lebensereignisse. Weinheim, S. 198-232.

Lösel, F./Stemmler, M./Beelmann, A./Jaursch, S. (2005): Aggressives Verhalten im Vorschulalter. Eine Untersuchung zum Problem verschiedener Informanten. In: Seiffge-Krenke, I. (Hrsg.): Aggressionsentwicklung zwischen Normalität und Pathologie. Göttingen, S. 141-167.

Mader, J. (1989): Schulkindergarten und Zurückstellung. Zur Bedeutung schulisch-ökologischer Bedingungen bei der Einschulung. Münster.

Mader, J./Roßbach, H. G. (1984): Zusammenarbeit von Kindergarten und Grundschule – Ergebnisse einer Befragung von Schulleitern und Klassenlehrern in Anfangsklassen. In: Schule heute, 24. Jg. (1984), Heft 2, S. 12-14.

Ministerium für Kultus und Sport Baden-Württemberg (Hrsg.) (1985²): Dokumentation Bildung Nr. 1. Kooperation zwischen Kindergarten und Grundschulen. Erfahrungen, Anregungen und Hilfen für die Praxis. Stuttgart.

Nickel, H. (1988): Die „Schulreife" – Kriterien und Anhaltspunkte für Schuleingangsdiagnostik und Einschulungsberatung. In: Portmann, R. (Hrsg.): Kinder kommen zur Schule. Hilfen und Hinweise für eine kindorientierte Einschulungspraxis. Frankfurt a. Main, S. 44-58.

Niesel, R. u. a. (2006): Der Übergang als individuelles Lebensereignis und Gegenstand bildungspolitischer Aufmerksamkeit. In: Diskowski, D. u. a. (Hrsg.): Übergänge gestalten. Wie Bildungsprozesse anschlussfähig werden (Jahrbuch des Pestalozzi-Fröbel-Verbandes). Weimar, S. 216-229.

Petillon, H. (1993): Das Sozialleben des Schulanfängers. Die Schule aus der Sicht des Kindes. Weinheim.

Plake, K. (1974): Familie und Schulanpassung. Düsseldorf.

Rimm-Kaufman, S. E./Pianta, R. (2000): An ecological perspective on the transition to kindergarten: A theoretical framework to guide empirical research.

In: Journal of Applied Developmental Psychology, Vol. 21, No. 6, pp. 491-522.

Roßbach, H.-G. (2006): Institutionelle Übergänge in der Frühpädagogik. In: Fried, L./Roux, S. (Hrsg.): Pädagogik der frühen Kindheit. Handbuch und Nachschlagwerk. Weinheim, S. 280-292.

Staatsinstitut für Frühpädagogik (1985): Vom Kindergarten zur Schule. Erprobte Wege der Zusammenarbeit von Erziehern und Lehrern. Freiburg i. Br.

Staatsministerium für Unterricht und Kultus (2000): Lehrplan für die Grundschulen in Bayern. München.

Susteck, H. (1987[2]): Kindgerechter Schulanfang. Grundlagenwissen und Praxishinweise. Frankfurt a. Main.

Tietze, W. u. a. (2005): Kinder von 4 bis 8 Jahren. Zur Qualität der Erziehung und Bildung in Kindergarten, Grundschule und Familie. Weinheim.

Wilfried Griebel

Der Übergang zur Familie mit Kindergartenkind: Theorie und Empirie

Das deutsche gegliederte Bildungssystem erfordert Übergänge für das Kind und seine Familie: Übergang von der Familie in die Krippe, von der Familie in den Kindergarten, von der Krippe in den Kindergarten, von der Kindertagesstätte in die Grundschule und von dort in weiterführende Schulen, denen bislang zu wenig Beachtung geschenkt wurde (vgl. BMFSFJ 2005; Denner/Schumacher 2004a; Griebel/Niesel 2004; Schumacher 2004). Die einzelne Bildungsbiographie kann unterschiedliche Übergänge aufweisen.

Der Eintritt in den Kindergarten ist im Lichte einer Reihe von theoretischen Ansätzen untersucht worden. Diese Ansätze integrieren jeweils andere Perspektiven in unterschiedlich komplexer Form und erklären empirische Ergebnisse (vgl. Griebel/Niesel 2004; Roux 2004; Viernickel/Lee 2004). „Theoriefreie" Untersuchungen würden demgegenüber allenfalls alltagstheoretisch erklärte Ergebnisse liefern können; problematisch erscheint zum Beispiel „Kindergartenreife" oder „Kindergartenfähigkeit", worauf auch Susanna Roux (2004, S. 86) zusammenfassend hinweist. Im Folgenden wird ein Überblick über verschiedene Ansätze gegeben und der Transitionsansatz näher ausgeführt.

1. Temperament des Kindes und Goodness-of-Fit

Die Reaktionen von Kindern auf den Eintritt in ein außerfamiliales Betreuungssystem ist unter Gesichtspunkten der Temperamentstheorie diskutiert worden als „Anpassung" an andere Kinder, an erwachsene Betreuungspersonen und an die neue Umgebung (vgl. Klein 1982; Lerner 1984; Marcus

u. a. 1972; Mobley/Pullis 1991). Hierher gehören Konzepte über die Passung von Temperamentsmerkmalen des Kindes und Merkmalen der Lebensumwelt, in die es kommt („Goodness-of-Fit") (vgl. zusammenfassend Viernickel/Lee 2004, S. 77). Mit Temperamentsunterschieden von „einfachen", „langsam aufbauenden" und „schwierigen" Kindern gilt es pädagogisch in der Weise umzugehen, dass sie erkannt und akzeptiert werden und dem Kind die Unterstützung gewährt wird, die es in umschriebenen Anforderungssituationen beim Eintritt in den Kindergarten braucht (Wolfram 1997).

2. Bindungsqualität als Faktor für Eingewöhnung im Kindergarten

Die Qualität der Bindung an die primären Bezugspersonen hat Auswirkungen darauf, wie das Kind Beziehungen mit neuen Personen in seinem Lebensumfeld gestaltet. Bindungssichere Kinder im Vergleich mit Kindern, deren Bindungsqualität den anderen Klassifizierungen zugeordnet wurde, hatten im Kindergarten eine höhere soziale Kompetenz mit positiveren Spielmustern und kompetenteren Konfliktbewältigungsstrategien sowie höheres Selbstwertgefühl, bei den anderen Kindern waren sie beliebter (vgl. Süß 1987).

Karen Zweyer und Gabriele Gloger-Tippelt (2003) untersuchten die soziale und emotionale Entwicklung 3- bis 4-jähriger Kinder in den ersten beiden Wochen im Kindergarten. Eine von den Erzieherinnen als unproblematisch eingeschätzte Eingewöhnung hing zusammen mit vorangegangenen Erfahrungen des Kindes mit Fremdbetreuung, mit hilfsbereitem Verhalten des Kindes gegenüber anderen Kindern, mit einer sicheren Bindung an die Hauptbezugsperson und mit dem Gefühl, von anderen Kindern akzeptiert zu sein.

3. Eintritt in den Kindergarten als Stressor

Der Stressansatz wurde der Untersuchung von Bettina Haefele und Maria Wolf-Filsinger (1994) zum Kindergarteneintritt zugrunde gelegt. Mit ihm lassen sich kindliche Belastungsreaktionen und Bedingungen für ihr Auftreten in einen Zusammenhang bringen. Auch elterliches Verhalten in dieser

Zeit wurde unter dem Gesichtspunkt der Entstehung von Belastung für das Kind berücksichtigt: Desinteresse, Überbehütung, inkonsequenter Erziehungsstil hingen mit Belastungsreaktionen der Kinder zusammen.

4. Eintritt in den Kindergarten als ökologischer Übergang

Nach Uri Bronfenbrenners (1989) ökopsychologischer Theorie ist die Anpassung an eine Institution außerhalb der Familie als ein ökologischer Übergang definiert, der Veränderungen in der Identität, in Rollen und Beziehungen bedeutet. Der Kindergarten, in den das Kind eintritt, wird neben dem Mikrosystem Familie zum sekundären Entwicklungskontext und damit ebenfalls zum Mikrosystem. Anpassung des Kindes bezieht sich auf die – teilweise unterschiedlichen – Anforderungen der beiden Entwicklungskontexte, und diese sollten prognostischen Wert für den nächsten Übergang, nämlich in die Schule, haben (vgl. Cowan 1991; Cowan u. a. 1994; Rutter 1987; Schmidt-Denter 1985).

In der Längsschnittstudie von Anna Kienig (2002) in Polen wurde das Verhalten von 30 Kindern während des Übergangs von der Familie in den Kindergarten und später während des Übergangs in die Schule untersucht und hinsichtlich der sozialen Anpassung der Kinder ausgewertet. Entsprechend der angewandten Instrumente zur Untersuchung der normalen kindlichen Entwicklung wurden die während der Übergänge gezeigten Reaktionen als „Entwicklungsdisharmonien" interpretiert. Entwicklungsdisharmonien wurden während der Transitionsphase für einen Großteil der Kinder festgestellt sowie Zusammenhänge zwischen der Bewältigung des Eintritts in den Kindergarten und derjenigen des Wechsels in die Schule bestätigt.

In einer zweiten Untersuchung verglich A. Kienig (2001) kindliche Reaktionen beim Übergang in den Kindergarten und in die Schule in zwei unterschiedlichen Gesellschaften und Bildungssystemen: Polen und Weißrussland. Vier Stichproben von jeweils 30 Kindern wurden untersucht: 3- bis 4-Jährige in Polen, die in den Kindergarten kamen, 6- bis 7-Jährige, die in die Schule kamen, 3- bis 4-jährige Kinder der polnischen Minderheit in Weißrussland, die in den Kindergarten und 6- bis 7-Jährige, die in die Schule kamen. Alle Kinder reagierten in vergleichbarer Weise auf den Übergang in den Bereichen somatische Beschwerden, emotionale Reaktionen, soziales Kontaktverhalten und Spielaktivitäten, was sowohl in der Institution als auch zu Hause beobachtet wurde. Die kindlichen Reaktionen waren beim

Wilfried Griebel

Eintritt in den Kindergarten ausgeprägter als beim Eintritt in die Schule in beiden Ländern. Diejenigen Kinder, die mit drei Jahren Probleme in der neuen Umgebung hatten, zeigten mit erhöhter Wahrscheinlichkeit Probleme auch am Ende des Kindergartenjahres.

5. Übergang in den Kindergarten als kritisches Lebensereignis

Veränderungen größeren Ausmaßes und unterschiedlichen Inhalts im Lebenslauf und in der Lebenssituation, die besondere Herausforderungen an das Potenzial zur Bewältigung stellen und demnach Risiken und Chancen beinhalten, sind mit dem Konzept der kritischen Lebensereignisse beschrieben worden (vgl. Filipp 1995). Entscheidend ist die Art der Auseinandersetzung mit den Anforderungen, also deren Bewältigung durch den Einzelnen. Aus der Theorie sozialer Systeme wurde zur Definition von kritischen Lebensereignissen die Abfolge von Ungleichgewicht in der Passung zwischen dem Einzelnen und seiner Umwelt, der Reorganisation und Herstellung eines neuen Gleichgewichts eingeführt. Dabei spielt die Wahrnehmung und Bewertung des Ereignisses seitens der Betroffenen eine Rolle. Dies ist angelehnt an das transaktionale Konzept von Stress und Stressbewältigung von Richard Lazarus und Susan Folkman (1987). Vor dem Hintergrund dieses Konzepts untersuchte Wolfgang Beelmann (2006) an drei Stichproben den Übergang in den Kindergarten, in die Grundschule und in die weiterführende Schule. Veränderungen der Lebenssituation wurden erfasst, Art und Ausmaß der Belastungen, der Verlauf der kindlichen Anpassung sowie Bedingungsfaktoren. Die Bedeutung unterschiedlicher Bewältigungsstrategien wurde hervorgehoben. Aktives Problemlösen war danach wirksamer als der Ausgleich von emotionaler Beunruhigung (vgl. Lohaus u. a. 1997). Gefunden wurden unterschiedliche Anpassungsverläufe. Der größte Anteil der Kinder – ein Drittel – blieb konstant auf niedrigem Störungsniveau. Die zweite Gruppe – ein knappes Drittel – wies ein konstant hohes Ausmaß an Anpassungsstörungen auf, die sich zudem zu verfestigen drohten („Risikokinder"). Die drittgrößte Gruppe – ein Sechstel – schaffte die Integration und Reorganisation nicht umgehend und zeigte im Verlauf des Übergangs eine Zunahme an Anpassungsstörungen („Übergangsverlierer"). Bei einer vierten Gruppe von Kindern – ebenfalls ein Sechstel – hatten nach dem Übergang die Anpassungsschwierigkeiten abgenommen („Übergangsgewinner"). Die Bezeichnungen für diese Anpassungsverläufe spiegeln dabei den theoretischen Hintergrund Chancen/Risiken der kritischen Lebensereignisse wider.

6. Transitionsansatz

6.1 Theoretischer Hintergrund

Mit Transitionen werden komplexe, ineinander übergehende und sich überblendende Wandlungsprozesse bezeichnet, die sozial prozessierte, verdichtete und akzelerierte Phasen eines Lebenslaufs in sich verändernden Kontexten darstellen (vgl. Welzer 1993, S.37). Das Familientransitionsmodell von Philipp Cowan (1991) ist entwickelt worden, um den Übergang zur Elternschaft, zu Scheidung und Wiederheirat zu untersuchen und schließt die Perspektiven aller Familienmitglieder ein. Individuelle, familiale und Umgebungs-Ressourcen können die Bewältigung von Übergängen positiv beeinflussen. Der Transitionsansatz wird vorgeschlagen, um die Komplexität dieser Prozesse, die auf individueller, familialer und kontextueller Ebene stattfinden, zu benennen und Möglichkeiten zur gezielten Unterstützung für Kinder und Eltern, die diese benötigen, entwickeln zu können (Niesel/Griebel 2007).

Der Transitionsansatz geht über herkömmliche Ansätze von Stress und Krise hinaus und hebt das subjektive Erleben der Beteiligten und ihre Entwicklung hervor. Unterscheidungen von vertikalen und horizontalen Übergängen, wobei vertikale Wechsel des Betreuungskontextes des Kindes über den Tag hinweg sein sollen (vgl. Johansson 2007; Kagan/Neuman 1998), oder von markanten und alltäglichen Übergängen (vgl. Denner/Schumacher 2004b) wären nicht unter demselben Begriff von Transitionen zu fassen. Nicht-psychologische Theorien würden das Erleben und Lernen der handelnden Personen aussparen und würden dem konstruktivistischen Ansatz der Postmoderne nicht gerecht (vgl. Griebel/Niesel 2004).

Kinder, Eltern und Erzieherinnen in Bayern wurden nach dem Aufnahmeverfahren und den Erfahrungen mit Aufnahme und Eingewöhnung sowie dem Austausch von Informationen zwischen Familie und Einrichtung befragt (Niesel/Griebel 2000). Gewonnen wurde ein Anforderungsprofil für Entwicklungsaufgaben, der Blick auf den Übergang aus der Sicht der Kinder selbst und ihrer Eltern, Einstellungen und Verfahrensweisen der Fachkräfte und ein Verständnis für den Charakter der Ko-Konstruktion dieses

Überganges, bei dem sich alle Beteiligten darüber verständigen, was der Übergang zum Kindergartenkind für sie bedeutet.

6.2 Bewältigungsreaktionen

Reaktionen der Kinder in der Zeit nach dem Eintritt in den Kindergarten lassen sich nur grob in die Phasen „Orientierung" während der ersten Tage, „Eingliederungsbemühungen" während der ersten Wochen und „Eingewöhnung" während der ersten Monate einteilen; die Verläufe der Eingewöhnung bzw. Bewältigung sind zudem individuell verschieden (vgl. Niesel/Griebel 2000; Roux 2004). Die Eingewöhnung und Probleme dabei hingen nicht mit dem Alter der Kinder bei der Aufnahme zusammen (vgl. Niesel/Griebel 2000). Eine besonders aktuelle Frage ist die Eingewöhnung Zweijähriger in Kindergartengruppen, von denen Anhänglichkeit an die Erzieherinnen, Beobachten der anderen, paralleles Spiel und zunächst nur kurze Interaktionen mit anderen Kindern als adaptiv beschrieben wurden (vgl. Haug-Schnabel/Bensel 2006). Sehr ähnliches Verhalten bei älteren Kindergartenneulingen in einer älteren Studie wurde als vorübergehendes regressives Verhalten interpretiert (vgl. Schmidt-Denter 1985).

Eine erfolgreiche Bewältigung des Übergangs drückt sich im Wohlbefinden des Kindes und im aktiven Erschließen der Bildungsangebote der Einrichtung aus (vgl. Bulkeley/Fabian 2006; Fabian 2002). Übergänge sind „Türöffner" für institutionell vermittelte Bildung (Griebel/Minsel 2007; Niesel/Griebel 2005).

Der Transitionsansatz hilft, Verhaltensweisen von Kindern und auch von Eltern als Bewältigungsreaktionen in einem Prozess zu verstehen, der von den Betroffenen eine Vielzahl von Anpassungs- und Lernleistungen in verschiedenen Bereichen verlangt. Unterschieden wird zwischen Bewältigungsreaktionen und anhaltenden Problemen, die eine fehlende Bewältigung anzeigen und weiterer Beachtung bedürfen.

Nicht nur die Eltern äußerten für die Übergangssituation ein verstärktes Bedürfnis nach Informationen über den Kindergarten, sondern auch die Erzieherinnen hinsichtlich des Kindes und der Familie (vgl. Niesel/Griebel 2000).

6.3 Entwicklungsaufgaben

Ein Strukturmodell von Entwicklungsaufgaben (vgl. Tab.1) veranschaulicht Übergänge von Kind und Eltern, z. B. den Übergang zum Kindergartenkind und zu Eltern eines Kindergartenkindes (vgl. Griebel/Niesel 2004).

Tab. 1: Übergänge von Kind und Eltern

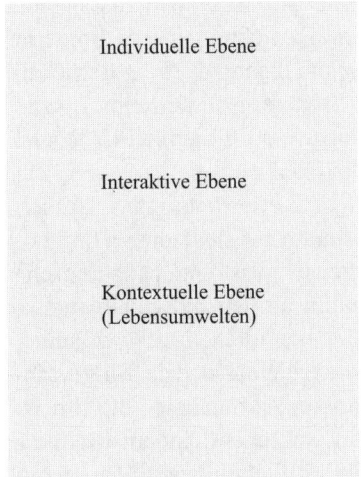

Individuelle Ebene	• Starke Emotionen bewältigen • Neue Kompetenzen (Basiskompetenzen, inhaltliche Fähigkeiten und Fertigkeiten) erwerben • Identität durch neuen Status als Kindergarten-Kind verändern
Interaktive Ebene	• Veränderung bzw. Verlust bestehender Beziehungen verarbeiten • Neue Beziehungen aufnehmen • Rollen verändern
Kontextuelle Ebene (Lebensumwelten)	• Bestehende und neue Lebensumwelten (z. B. Familie und Kindertageseinrichtung) in Einklang bringen • Sich mit den Unterschieden der Lebensumwelten (z. B. Bildungsangebote, Umgangsformen) auseinander setzen • Ggf. weitere Übergänge (z. B. Trennung der Eltern, Wiedereintritt der Mutter in das Erwerbsleben, Geburt eines Geschwisters) bewältigen

6.4 Übergangsbewältigung als Kompetenz des sozialen Systems

Die Bewältigung von Übergängen ist nicht die Kompetenz des Kindes allein, sondern diejenige seines sozialen Systems: Familie und Kindertagesstätte. Über Kommunikation und Beteiligung des Kindes, seiner Eltern und der Fachkräfte und nicht zuletzt der anderen Kinder des Kindergartens gelangt ein Kind dahin, dass es sich in einer neuen Umgebung wohlfühlt und die Bildungsangebote erfolgreich nutzt (Griebel 2006; Griebel/Niesel 2004).

Eine besonders wichtige Rolle spielt der Dialog zwischen Einrichtung und Familie von Anfang an, der sich zu einer Erziehungspartnerschaft entwickeln soll (Niesel/Griebel 2000; Griebel/Niesel 2006). Erfahrungen und Methoden der Zusammenarbeit mit den Eltern (Prott/Hautumm 2006; Textor 2006; www.erziehungspartnerschaft.de) können helfen, um einen Dialog mit dem Kindergarten von Anfang an einzurichten. Im Rahmen eines Projektes „Transition – Ausbildung zum/r Übergangsbegleiter/in für frühkindliche Bildungsprozesse", das vom Elternverein Baden-Württemberg e.V.

koordiniert und mit Mitteln der Europäischen Kommission und der Robert Bosch Stiftung finanziert bzw. gefördert wird, sollen ehrenamtliche Unterstützer der Zusammenarbeit mit den Eltern im Hinblick auf die Bewältigung von Übergängen zwischen Familie und Bildungssystem gewonnen und ausgebildet werden (www.elternverein-bw.de). Altersgrenzen in den Bildungseinrichtungen verändern sich und daher sind die Gruppen weniger homogen in ihrer Zusammensetzung. Die Kindergärten nehmen zunehmend unter Dreijährige auf und entwickeln sich zu Einrichtungen mit breiterer Altersmischung; zudem verändert sich die Schuleingangsstufe in den Bundesländern ebenfalls in Richtung auf eine breitere Altersmischung (vgl. BMFSFJ 2005, S. 345; Faust 2006; Griebel u. a. 2004; Laging 2003). Die Übergänge werden damit individueller und flexibler.

Nach dem Transitionsansatz verständigen sich alle Beteiligten darüber, was der Eintritt des Kindes in die Tageseinrichtung für sie bedeutet und ko-konstruieren damit diesen Übergang. Wünschenswert ist eine pädagogische Arbeit, die sich nicht an Altersnormen, sondern an den individuellen Bedürfnissen der Kinder orientiert; bereits vor der eigentlichen Eingewöhnung muss ein Dialog mit der Familie einsetzen – vergleichbar dem Eingewöhnungsverfahren für Krippenkinder. Sinnvolle Einzelmaßnahmen der Stressreduzierung wie Schnuppertage, Patenschaften zwischen Kindern usw. reichen häufig nicht aus, wenn sie nicht in ein Aufnahme- und Eingewöhnungskonzept eingebettet sind, das durch Gespräche und Beobachtungen eine individualisierte pädagogische Begleitung ermöglicht.

Das Zusammenwirken aller Akteure aus Familie und Einrichtung berücksichtigt die Unterscheidung, dass Kind und Eltern den Übergang aktiv bewältigen, die Fachkraft jedoch den Übergang der Familie moderiert. Auch die Kinder der Gruppe sind als Akteure gesehen, die den Übergang des neuen Gruppenmitglieds beeinflussen. Dabei brauchen nicht alle Kinder und nicht alle Familien jede mögliche Form der Unterstützung (Niesel/Griebel 2000). Da die erfolgreiche Bewältigung des Eintritts in den Kindergarten Konsequenzen für die Bewältigung des nächsten Übergangs zum Schulkind und zu Eltern eines Schulkindes hat, erscheint in einem kohärenten Bildungssystem der Transitionsansatz geeignet, weitere Übergänge zwischen Familie und Bildungssystem zu betrachten und pädagogische und administrative Konsequenzen zu entwickeln (BMFSFJ 2005; Griebel/Niesel 2004).

Literatur

Beelmann, W. (2006): Normative Übergänge im Kindesalter. Anpassungsprozesse beim Eintritt in den Kindergarten, in die Grundschule und in die weiterführende Schule. Schriften zur Entwicklungspsychologie, Bd. 13. Hamburg.

Bronfenbrenner, U. (1989): Die Ökologie der menschlichen Entwicklung. Frankfurt a. Main.

Bulkeley, J./Fabian, H. (2006): Well-being and belonging during early educational transitions. In: International Journal of Transitions in Childhood, Vol. 2 (2006), pp.18-30.

Bundesministerium für Familie, Senioren, Frauen und Jugend (2005): 12. Kinder- und Jugendbericht. Bericht über die Lebenssituation junger Menschen und die Leistungen der Kinder- und Jugendhilfe in Deutschland. www.bmfsfj.de/RedaktionBMFSFJ/Abteilung5/Pdf-Anlagen/zwoelfter-kjb,property=pdf.pdf.

Cowan, P. A. (1991): Individual and family life transitions: A proposal for a new definition. In: Cowan, Ph./Hetherington, E. M. (Hrsg.) (1991): Family transitions: Advances in family research. Hillsdale NJ, S. 3-30.

Cowan, P. A. u. a. (1994): Prebirth to preschool family factors in children's adaptation to kindergarten. In: Parke, R. D./Kellam, S. G. (Hrsg.) (1994): Exploring family relationships with other social contexts. Hillsdale NJ, S. 75-114.

Denner, L./Schumacher, E. (Hrsg.) (2004a): Übergänge im Elementar- und Primarbereich reflektieren und gestalten. Bad Heilbrunn.

Denner, L./Schumacher, E. (2004b): Einführung: Übergänge im Elementar- und Primarbereich – Relevancen, Chancen und Risiken. In: Denner, L./Schumacher, E. (Hrsg.) (2004): Übergänge im Elementar- und Primarbereich reflektieren und gestalten. Bad Heilbrunn, S. 11-14.

Fabian, H. (2002): Children starting school. A guide to successful transitions and transfers for teachers and assistants. London.

Faust, G. (2006): Die neue Schuleingangsstufe – Entstehung und aktueller Stand. In: Diskowski, D. u. a. (Hrsg.) (2006): Übergänge gestalten. Wie Bildungsprozesse anschlussfähig werden. Weimar u. Berlin, S. 136-149.

Filipp, H.-S. (1995): Ein allgemeines Modell für die Analyse kritischer Lebensereignisse. In: Filipp, H.-S. (Hrsg.) (1995³): Kritische Lebensereignisse. Weinheim u. Basel, S. 3-52.

Griebel, W. (2006): Übergänge fordern das ganze System. In: Diskowski, D. u. a. (Hrsg.) (2006): Übergänge gestalten. Wie Bildungsprozesse anschlussfähig werden. Weimar u. Berlin, S. 32-47.

Griebel, W./Minsel, B. (2007): Transitionen, Resilienz und Basiskompetenzen in der frühkindlichen Bildung. In: Kindesmisshandlung und -vernachlässigung, 10. Jg. (2007), Heft 1, S. 52-69.

Griebel, W./Niesel, R. (2004). Transitionen. Fähigkeit von Kindern in Tageseinrichtungen fördern, Veränderungen erfolgreich zu bewältigen. Weinheim u. Basel.

Griebel, W./Niesel, R (2006): Mit Veränderungen umgehen lernen – Transitionen in Partnerschaft bewältigen. In: Textor, M. R. (Hrsg.) (2006): Bildungs- und Erziehungspartnerschaft mit Eltern. Freiburg i. Br., Basel u. Wien, S. 82-100.

Griebel, W. u. a. (2004): Erweiterte Altersmischung in Kita und Schule. München.

Haefele, B./Wolf-Filsinger, M. (1994^5): Aller Kindergarten-Anfang ist schwer. Hilfen für Eltern und Erzieher. München.

Haug-Schnabel, G./Bensel, J. (2006): Kinder unter 3 – Bildung, Erziehung und Betreuung von Kleinstkindern. Kindergarten heute spezial. Freiburg i. Br.

Johansson, I. (2007): Horizontal transitions: what can it mean for children in the early school years? In: Dunlop, A.-W./Fabian, H. (Hrsg.) (2007): Informing transitions in the early years. Research, policy and practice. Maidenhead. S. 33-44.

Kagan, S. L./Neuman, M. J. (1998): Lessons from three decades of transition research. In: Elementary School Journal, Vol. 98. (1998), No. 4, pp. 365-380.

Kienig, A. (2001): Transitions in the early childhood – international perspective: Poland and Belarus. Paper presented at 11th European Conference on Quality in Early Childhood Education in Alkmaar, Niederlande, 29.08.-1.09.2001.

Kienig, A. (2002): The importance of social adjustment for future success. In: Fabian, H./Dunlop, A.-W. (Hrsg.) (2002): Transitions in the early years. London, S. 23-37.

Klein, H. A. (1982): The relation between children's temperament and adjustment to kindergarten and head start settings. In: The Journal of Psychology, Vol. 112 (1982), pp. 259-268.

Laging, R. (Hrsg.) (2003^2): Altersgemischtes Lernen in der Schule. Grundlagen – Schulmodelle – Unterrichtspraxis. Baltmannsweiler.

Lazarus, R. S. /Folkman, S. (1987): Transactional theory and research in emotions and coping. In: European Journal of Personality, Vol. 1. (1987), pp. 141-170.

Lerner, J. V. (1984): The importance of temperament for psychosocial functioning: Test of a goodness of fit model. In: Merrill-Palmer Quarterly, Vol. 30 (1984), No. 2, pp. 177-188.

Lohaus, A. u. a. (1997): Stressmanagement for elementary school children: A comparative evaluation of different approaches. In: European Review of Applied Psychology, Vol. 24 (1997), pp. 157-161.

Marcus, J. u. a. (1972): Temperamental individuality in group care of young children. In: Early Child Development and Care, Vol. 1 (1972), pp. 313-330.

Mobley, C. E./Pullis, M. E. (1991): Temperament and behaviour adjustment in preschool children. In: Early Childhood Research Quarterly, Vol. 6 (1991), pp. 577-586.

Niesel, R./Griebel, W. (2000): Start in den Kindergarten. München.

Niesel, R./Griebel, W. (2005): Transition competence and resiliency in educational institutions. In: International Journal of Transitions in Childhood, Vol. 1 (2005), pp. 4-11.
http://extranet.edfac.unimelb.edu.au/LED/tec/journal_index.shtml

Niesel, R./Griebel, W. (2007): Transitionen. In: Pousset, R. (Hrsg.) (2007): Handwörterbuch für Erzieherinnen und Erzieher. Berlin, Düsseldorf u. Mannheim, S. 447-450.

Prott, R./Hautumm, A. (2006): 12 Prinzipien für eine erfolgreiche Zusammenarbeit von Erzieherinnen und Eltern. Berlin.

Roux, S. (2004): Von der Familie in den Kindergarten. Zur Theorie und Praxis eines frühpädagogischen Übergangs. In: Denner, L./Schumacher, E. (Hrsg.) (2004): Übergänge im Elementar- und Primarbereich reflektieren und gestalten. Beiträge zu einer grundlegenden Bildung. Bad Heilbrunn, S. 75- 90.

Rutter, M. (1987): Psychosocial resilience and protective factors. In: American Journal of Orthopsychiatry, Vol. 57 (1987), pp. 316-332.

Schmidt-Denter. U. (1985): Kurz- und langfristige Anpassungsprozesse in vorschulischen Einrichtungen und ihre Konsequenzen für die erzieherische Praxis. In: Nickel, H. (Hrsg.) (1985): Sozialisation im Vorschulalter. Weinheim, S. 151-162.

Schumacher, E. (Hrsg.) (2004): „Übergänge" in Bildung und Ausbildung – pädagogische, subjektive und gesellschaftliche Relevanzen. Bad Heilbrunn.

Süß, G. (1987): Auswirkungen frühkindlicher Bindungserfahrungen auf die Kompetenz im Kindergarten. Dissertation Univ. Regensburg.

Textor, M. R. (Hrsg.) (2006): Bildungs- und Erziehungspartnerschaft mit Eltern. Freiburg i. Br., Basel u. Wien.

Viernickel, S./Lee, H.-J. (2004): Beginn der Kindergartenzeit. In: Schumacher, E. (Hrsg.) (2004): Übergänge in Bildung und Ausbildung. Bad Heilbrunn, S. 69-98.

Welzer, H. (1993): Transitionen. Zur Sozialpsychologie biographischer Wandlungsprozesse. Tübingen.

Wolfram, W. W. (1997): Dreijährige im Kindergarten. In: Kita aktuell, 7. Jg. (1997), Heft 9, S. 157-160.

Zweyer, K./Gloger-Tippelt, G. (2003): Beschreibung der „Studie zum Eintritt in den Kindergarten" und der Ergebnisse. Düsseldorf (MS).

Wissen und „Nicht Wissen" – Ausblicke

Hans-Günther Roßbach/Angela Frank

Bildung, Erziehung und Betreuung in der frühen Kindheit

Forschungsstand und -bedarf

1. Vorbemerkung

Bildung, Erziehung und Betreuung in der frühen Kindheit sind aktuelle Themen in der öffentlichen Diskussion und in Fachdebatten. Vor allem solche Reformmaßnahmen, die auf eine stärker kognitiv ausgerichtete Förderung der Kinder zielen, werden in Politik und Öffentlichkeit begrüßt. Allerdings sind zum einen viele der Reformmaßnahmen nicht neu, sondern wurden schon in der Bildungsreform der 1960er und 1970er Jahre diskutiert und teilweise vorschnell verworfen (vgl. Roßbach 2008), zum anderen ist die Forschungsbasis für viele Reformmaßnahmen eher dürftig. Pädagogische Maßnahmen durchlaufen oftmals in Wellenbewegungen die Geschichte. „Out with the old and in with the new" und nach einiger Zeit ist dann das vorher Alte ein nun wieder Neues – wie Thomas Good und Jere Brophy es in den 1990er Jahren für das Wissen über „guten Unterricht" beschrieben und kritisiert haben (Good/Brophy 1997). Im Gegensatz dazu muss es um Kumulation von (Forschungs-)Wissen gehen. Dies ist der Anlass für den folgenden Beitrag, der in ausgewählten Aspekten den gegenwärtigen Forschungsstand und die sich ergebenden Forschungsnotwendigkeiten für das Feld der frühen Kindheit aufzeigen will. Dabei kann es nicht um einen vollständigen Überblick gehen, vielmehr soll allgemeiner – teilweise eher im Sinne von Beispielen – die Forschungssituation in Deutschland skizziert und zusammengefasst werden. Der Fokus wird dabei auf den Ausschnitt der institutionellen Bildung, Betreuung und Erziehung vor Schulbeginn liegen. Eingegangen wird auf drei sich teilweise überlappende Forschungsfelder:

- auf Untersuchungen zur Nutzung und zu längsschnittlichen Auswirkungen eines Kindergartenbesuchs auf die Entwicklung von Kindern,
- auf Untersuchungen zu frühpädagogischen Konzepten, Ansätzen bzw. Erziehungs-, Bildungs- oder Orientierungsplänen und
- auf Forschung zu Ausbildung, Professionalität und beruflicher Sozialisation des frühpädagogischen Fachpersonals.

2. Nutzung und Auswirkungen des Kindergartenbesuchs auf die Entwicklung von Kindern

für Fußnote:

Wenn im Folgenden von „Kindergarten" die Rede ist, sind die Institutionen gemeint, in denen Kinder früher ab dem vollendeten dritten Lebensjahr bis zur Einschulung, heute zunehmend ab etwa zwei Jahren betreut, erzogen und gebildet werden. Die generelle Annahme in der Öffentlichkeit wie auch der Fachdisziplin ist, dass ein Kindergartenbesuch für die kindliche Entwicklung im sozial-emotionalen und im kognitiven Bereich förderlich ist. Dabei ist nicht nur der Besuch als solcher bedeutend, vielmehr kommt es vor allem auch auf die Qualität einer Einrichtung an.

2.1 Qualität im Kindergarten

Untersuchungen zu den Auswirkungen der Qualität eines besuchten Kindergartens auf die kindliche Entwicklung sind in Deutschland selten. Ein Beispiel ist der deutsche Teil der European Child Care and Education Study ECCE (Tietze u. a. 1998, 2005). Wird die Qualität der von den Kindern im Alter von vier Jahren besuchten Kindergartengruppen insgesamt betrachtet – d. h. als Kombination der Qualität von pädagogischen Prozessen in den Gruppen, von strukturellen Rahmenbedingungen sowie von pädagogischen Orientierungen der Erzieherinnen –, so ist diese Qualität bedeutsam für die Vorhersage des kindlichen Entwicklungsstandes im Alter von acht Jahren im sozial-emotionalen und im kognitiv-leistungsbezogenen Bereich. Die nummerischen Beziehungen sind zwar niedrig, sie betragen aber immerhin etwa ein Drittel bis zur Hälfte der Einflüsse der Familie, wobei bei der Familie genetische Einflüsse und Effekte des häuslichen Anregungsniveaus vermischt sind. Zudem liegt das Ausmaß der Auswirkungen der vorschulisch erfahrenen Betreuungsqualität für Sozialverhalten und Sprachleistungen in der Grundschulzeit in etwa in der gleichen Größenordnung wie die gleichzeitig im Alter von acht Jahren erfahrene Qualität in der Grundschulklasse. Die Kindergartenqualität ist somit bedeutsam – ein Ergebnis, das sich in die internationale Forschungsliteratur einordnet (vgl. Roßbach 2005).

In vielen internationalen Untersuchungen werden auch die Auswirkungen von Rahmenbedingungen der institutionellen Betreuungen – der sogenannten Strukturqualität – analysiert. Die strukturellen Rahmenbedingungen sind durchgängig mit den kindlichen Entwicklungsbereichen verbunden, die Untersuchungen unterscheiden sich aber darin, welche Aspekte jeweils als bedeutsam erscheinen. Es finden sich Hinweise darauf, dass eine günstigere kindliche Entwicklung mit kleineren Gruppen, einem günstigeren Betreuerin-Kind-Schlüssel und einem besseren Qualifikationsniveau der Betreuungsperson verbunden ist. Die deutsche Forschungslage hierzu ist allerdings unzureichend, so ist z. B. wenig bekannt über die Bildungseffekte von altersgemischten Gruppen im Vergleich zu altershomogeneren Gruppen.

2.2 Kompensatorische Effekte

Eine brennende Frage ist, ob sich bei institutionellen Betreuungen von Kindern aus benachteiligten Familien besondere Auswirkungen zeigen. Dahinter steht die Vermutung, dass sich die Qualität institutioneller Betreuungen besonders bei Kindern aus benachteiligten Familien – z. B. benachteiligt im Hinblick auf niedriges familiales Einkommen, niedrigen sozioökonomischen Status und/oder Migrationsstatus – auswirkt. Evaluationen zu Modellprogrammen für benachteiligte Kinder in den USA weisen durchaus auf erhebliche Effekte der Teilnahme an solchen Programmen hin. Ein oft zitiertes Beispiel ist das Perry-Preschool-Project, das die Auswirkungen einer sehr intensiven, vorschulischen Intervention auf die beteiligten Kinder bis zum Alter von 40 Jahren verfolgt hat (vgl. Schweinhardt u. a. 2005; Roßbach 2005). Vergleichbare Untersuchungen gibt es in Deutschland nicht. Die schon genannte deutsche Längsschnittuntersuchung (Tietze u. a. 1998), die Kinder aus einem breiten Familienspektrum in Regelkindergärten untersucht, fand keine Wechselwirkung zwischen der Qualität der Kindergartenbetreuung einerseits und familialen Hintergrundvariablen und Aspekten des häuslichen Anregungsniveaus andererseits. Mit anderen Worten: Die Qualität des besuchten Kindergartens wirkt sich additiv zu den Auswirkungen von Familienmerkmalen und häuslichem Anregungsniveau aus (vgl. Roßbach 2005). Die Forschungslage kann vorsichtig so interpretiert werden, dass mit dem

Kindergartenregelangebot kaum besondere und kompensatorische Effekte
bei Kindern aus benachteiligten Familien erreicht werden können; dafür
werden aufwändigere Interventionen benötigt.

2.3 Nutzung des Kindergartens

Verschiedene Untersuchungen zur Nutzung des Kindergartens verweisen
darauf, dass nicht alle Kinder einen Kindergarten besuchen (vgl. Bien u. a.
2006; Lange/Schilling 2007). Das Ausmaß der Nichtnutzung unterscheidet
sich zwischen den Altersgruppen; besonders betroffen sind die
Dreijährigen. Gut 26% der Kinder dieses Alters besuchen in den alten
Bundesländern laut Kinder- und Jugendhilfestatistik 2006 keinen
Kindergarten. In den neuen Bundesländern liegt die Nutzung des Kinder-
gartenangebots bei der Gruppe der Dreijährigen deutlich höher (über 90%).
Weiterhin gibt es Disparitäten in Abhängigkeit von Bildungsniveau, Einkommen und Stand der Familie bzw. im Hinblick auf Kinder mit Migrationshintergrund. Bezogen auf ausländische Kinder bzw. Kinder mit Migrationshintergrund gibt es Hinweise darauf, dass diese Kinder im Kindergartenalter nicht generell seltener außerhäuslich betreut werden als deutsche
Kinder, ihre außerhäusliche Betreuung aber durchschnittlich erst in einem
etwas höheren Lebensalter einsetzt. Allerdings ist wenig über die Motive
für oder gegen eine frühzeitige Nutzung von institutionellen Betreuungs-
umwelten bekannt, was eine gezielte „Werbung" um eine stärkere Nutzung
des Kindergartens speziell bei Kindern aus benachteiligten Familien
erschwert.

3. Evaluationen zu Konzepten, Ansätzen bzw. Erziehungs-, Bildungs- oder Orientierungsplänen

Während im vorherigen Abschnitt die allgemeine – gewissermaßen kon-
zeptunabhängige – Qualität des Kindergartens im Mittelpunkt stand, geht es
nun um Forschungen und Evaluationen zu spezifischen frühpädagogischen
Konzepten, Modellen und Ansätzen zur inhaltlichen Ausgestaltung der
Kindergartenarbeit.

3.1 Untersuchungen zu inhaltlichen Konzepten

Der Situationsansatz hat seit gut drei Jahrzehnten die curriculare Diskussion in Deutschland bestimmt (vgl. Zimmer 2000; Roßbach 2008). Allerdings besteht zum einen ein erhebliches Forschungsdefizit darüber, wie weit und wie dieser Ansatz konkret in der Praxis verbreitet war (und ist) (vgl. Fried u. a. 1992), zum anderen ist auf Forschungsbasis wenig über die Auswirkungen dieses Ansatzes auf die Kinder bekannt. Eine externe empirische Evaluation wurde nur am Ende des Projekts „Kindersituationen" durchgeführt (vgl. Becker u. a. 1999; Wolf u. a. 1999). In vielen für den Situationsansatz zentralen Aspekten erreichten die Modelleinrichtungen höhere (positive) Werte als die Kontrolleinrichtungen. Allerdings finden sich auch bei einigen für den Situationsansatz bedeutsamen Erzieherinnen- und Kindmerkmalen erwartungswidrig keine Unterschiede. Ein Teil der positiven Auswirkungen zeigt sich auch noch vier Jahre später (vgl. Wolf u. a. 2001, 2003). Im Rahmen dieser Evaluation wurde auch gezielt die „Kindperspektive" berücksichtigt, indem ein Erhebungsinstrument – ein systematisches, teil-strukturiertes Leitfadeninterview mit Kindern (Einzelinterview) – entwickelt und erfolgreich eingesetzt wurde, mit dessen Hilfe die Sicht der Kinder auf ihren Kindergarten erfasst wurde (vgl. Roux 2002). Die Beweislast für die intendierten Effekte des Situationsansatzes kann natürlich nicht bei einer einzigen Evaluationsstudie liegen; deshalb sind weitere empirische Evaluationen erforderlich.

Breit diskutiert werden auch pädagogische Alternativkonzepte wie z. B. Waldorf-, Montessori-, Reggio- oder Wald-Pädagogik, die in ihrer öffentlichen Beliebtheit anscheinend zugenommen haben. Am meisten Forschung gibt es noch zum Montessori-Ansatz, hier aber eher zum Schulbereich. Für den Kindergartenbereich gibt es bestenfalls einzelne, zum Teil mit methodischen Mängeln behaftete, empirische Untersuchungen zu diesen Konzepten (z. B. zu Waldkindergärten bei Häfner 2002). Dies ist sehr zu bedauern, da dadurch die bei der öffentlichen programmatischen Diskussion notwendige sachliche Auseinandersetzung mit diesen Alternativkonzepten erheblich erschwert wird.

3.2 Untersuchungen zum Übergang Kindergarten – Grundschule

Zur Problematik des Übergangs vom Kindergarten in die Grundschule gibt es zwar einige Untersuchungen, insgesamt besteht aber ein deutlicher Forschungsbedarf (vgl. Roßbach 2006). Zum einen gibt es hier Untersuchungen, die sich eher den sozial-emotionalen Übergangsproblemen und der Anpassung an die Schülerrolle zuwenden (vgl. Beelmann 2006; Grotz 2005; Griebel/Niesel 2004). Gelegentlich zu hörende Aussagen, dass in Deutschland etwa ein Drittel bis zur Hälfte der Kinder Übergangsprobleme hätten (Griebel/Niesel 2004, S. 108), sind allerdings nur mit großer Vorsicht zu betrachten, da systematische und repräsentative Studien hierzu fehlen. Wolfgang Beelmann (2006) findet z. B. in seiner Untersuchung, dass nur ca. 4-5% der Kinder Anpassungsprobleme haben. Zum anderen gibt es größer angelegte Modellvorhaben, die mehr die Kooperation des Fachpersonals und die Anschlussfähigkeit von Bildungsprozessen zwischen Kindergarten und Grundschule betonen. Beispiele sind:

- das Entwicklungsprojekt „PONTE", in dem der Situationsansatz für den Kindergarten mit Lernbereichsdidaktiken aus dem Primarbereich kombiniert wird (www.ponte-info.de),

- das Projekt „Frühes Lernen – Kindergarten und Grundschule kooperieren" in Bremen, das zum Ziel hat, die Bildungsangebote in den beiden Institutionen abzustimmen, die Elternarbeit gemeinsam zu verstärken und eine adäquate Kooperationsstruktur aufzubauen (vgl. Carle/Samuel 2006),

- das BLK-Programm „Stärkung der Bildungs- und Erziehungsqualität in Kindertageseinrichtungen und Grundschule und Gestaltung des Übergangs – TransKiGS", das auf die Entwicklung und Erprobung von Strategien und Instrumenten der Implementierung und Evaluation sowie auf eine perspektivische Weiterentwicklung von Bildungskonzepten und Bildungsplänen in Kindertagesstätten und Grundschule zielt (www.blk-bonn.de/modellversuche/transkigs.htm) und

- das Modellprojekt „Kindergarten der Zukunft in Bayern – KiDZ", in dem in Kindergartengruppen Grundschullehrerinnen vollzeit mitarbeiten und in dem die frühe Förderung von Vorläuferfähigkeiten für spätere schulische Kompetenzen verbessert werden soll (vgl. Roßbach u. a. 2007).

Die genannten Projekte sind von sehr hoher Bedeutung, da sie systematische Konzepte einer personellen Kooperation zwischen Kindergarten und Grundschule enthalten und explizit die Anschlussfähigkeit von Bildungsprozessen zwischen den beiden Institutionen thematisieren. Es ist aber für Weiterentwicklung der Frühpädagogik außerordentlich wichtig, dass Entwicklungsprojekte – wie bei KiDZ – mit systematischen empirischen Evaluationen verbunden werden, die überprüfen, was bei den letztendlichen Adressaten der Bemühungen – den Kindern – tatsächlich ankommt.

3.3 Untersuchungen zu den Bildungs- und Erziehungsplänen der Bundesländer

In allen Bundesländern wurden in den letzten Jahren Bildungs-, Erziehungs- oder Orientierungspläne für die pädagogische Arbeit in Kindergärten – im Folgenden kurz Bildungspläne genannt – entwickelt bzw. sind solche in der Entwicklung (vgl. Diskowski 2004; Diskowski in diesem Band; Schuster 2006). Bildungspläne sind für eine gewisse Vereinheitlichung der pädagogischen Praxis, eine stärkere Ausformulierung des Bildungsauftrags und für eine Förderung der kindlichen Kompetenzen, die auch den Übergang in die nachfolgende Grundschule berücksichtigen, von großer Bedeutung. Man darf aber nicht zuviel von ihnen erwarten, da sie im Konzert von verschiedenen Steuerungsinstrumenten nur ein Element sind. Gerade unter dieser Perspektive werden systematische, empirische Evaluationen der Umsetzungen der Bildungspläne in die Praxis und ihrer Auswirkungen auf die Kinder erforderlich. In allen Bundesländern wird die Bedeutung der Weiterentwicklung und Überprüfung der Bildungspläne betont, aber konkrete empirische Evaluationsstudien – die über Befragungen von Fachkräften hinausgehen – sind bisher nicht bekannt geworden.

3.4 Untersuchungen zu bereichsspezifischen Fördermaßnahmen

Alle Bildungspläne machen Angaben zu verschiedenen Inhalts-, Förder- oder Bildungsbereichen. Obwohl es sich hier nicht um „Schulfächer" handeln soll, sind für eine Vielzahl der genannten Bereiche die Verbindungslinien zu späteren Schulfächern deutlich zu erkennen. Welche früheren Vorläuferfähigkeiten für spätere Kompetenzen allerdings in den verschiedenen Bildungsbereichen bedeutsam sind und wie diese didaktisch-methodisch am besten und kindangemessen im Kindergarten gefördert werden können, ist zu einem großen Teil eine offene Frage, die weiterer Forschung bedarf. Gegenwärtig laufen in Deutschland vielfältige Programme zu Förderung von frühen kindlichen Kompetenzen in den verschiedensten Bereichen und mit unterschiedlichen didaktisch-methodischen Zugriffsweisen – von systematischen Trainingsprogrammen bis hin zu alltagsintegrierten, situations- und projektorientierten Fördermaßnahmen. Explizite empirische Evaluationen der Umsetzung und Auswirkungen solcher Programme sind dringend erforderlich, vor allem um der Gefahr vorzubeugen, dass Förder- oder Trainingsmaßnahmen, deren Erfolg nicht empirisch bestätigt ist bzw. deren Förderwirkungen sich auf bestimmte Kinder in eng umrissenen Problemlagen bezieht, unreflektiert umgesetzt werden, „einfach, weil sie da sind" – von verunsicherten Erzieherinnen angesichts eines hohen Erwartungsdrucks von Eltern oder der Öffentlichkeit. An dieser Stelle kann nicht auf Untersuchungen zu allen Förderbereichen eingegangen werden, vielmehr soll ohne Anspruch auf Vollständigkeit auf drei hingewiesen werden:

- Die meisten Projekte gibt es im Bereich der Förderung von Sprache und Vorläuferfähigkeiten für literacy. Besonders prominent ist hier die Förderung von phonologischer Bewusstheit, die sich – im Sinne eines kontinuierlichen Trainings durchgeführt – förderlich auf den Einstieg in den Anfangsunterricht in Lesen und Schreiben auswirkt (z. B. Plume/Schneider 2004; Küspert u. a. 2007). Allerdings gibt es auch eine kritische Diskussion darüber, ob die phonologische Bewusstheit so im Mittelpunkt stehen sollte und ob eine Trainingsform für alle Kinder der angemessene Weg ist (vgl. z. B. Leseman/de Jong 2004; International Reading Association/The National Association for the Education of Young Children 1998). Wünschenswert sind für Deutschland vor allem empirische Untersuchungen einer in den Alltag integrierten Förderung und zum Einsatz von Rollenspielen, „literacy-centers" oder dem dialogischen Vorlesen (vgl. Fried 2006; Jampert u. a. 2007).
- Große öffentliche Aufmerksamkeit wird auch dem Bereich der frühen Förderung mathematischer Konzepte gewidmet. Dabei lassen sich zwei Dimensionen unterscheiden: Erstens spezielle Mathematikprojekte im Kindergarten versus Förderung mathematischer Kompetenzen im Alltag und zweitens die Förderung anhand von mathematisiertem didaktischen Material – Beispiele sind die Materialien von Montessori und Fröbel – versus ein gewisser Animismus, in dem Zahlen Subjekteigenschaften zugeschrieben werden – ein Beispiel wäre hier das Zahlenland, das von Preiß und Friedrich gemeinsam entwickelt und in unterschiedlicher Form weiter ausgearbeitet wurde (vgl. Friedich/Galgoczy 2004; Preiß 2004/2005). Der Aufwand für die Kinder und die Erwartungen an diese Förderungen sind sehr hoch. Gleichwohl fehlen aber empirische Untersuchungen zu den Auswirkungen der Maßnahmen, die auch Konzept vergleichend angelegt sind.
- Förder- und Trainingsprogramme beziehen sich auch auf den Bereich sozialer Kompetenzen. Hier gibt es zahlreiche Trainings, die weit

verbreitet sind, ohne dass ihre positiven Wirkungen stichhaltig evaluiert sind und negative Wirkungen ausgeschlossen werden können. Als ein positives Beispiel systematischer umfassender Evaluation soll hier nur auf die Erlangen-Nürnberger Entwicklungs- und Präventionsstudie verwiesen werden (vgl. Lösel u. a. 2007), die in einem Kontrollgruppendesign kurz- und längerfristige positive Auswirkungen auf das Sozialverhalten der Kinder feststellte.

4. Ausbildung, Professionalität und berufliche Sozialisation des frühpädagogischen Fachpersonals

4.1 Berufliche Sozialisation

Das Forschungswissen über das pädagogische Personal in Kindertageseinrichtungen, d. h. überwiegend Erzieherinnen, ist eingeschränkt. Im Hinblick auf die Einschätzung der eigenen beruflichen Ausbildung an der Fachschule/Fachakademie für Sozialpädagogik liegen einerseits eher impressionistische Äußerungen mit einem leicht pessimistischen Grundton vor. Systematische Befragungen ergeben aber andererseits ein anderes Bild (vgl. zusammenfassend Dippelhofer-Stiem 2006). Die Erzieherinnen beurteilen ihre Ausbildung zwar in der Tendenz kritisch, lassen aber auch erkennen, dass entgegen mancher Pauschalkritik die Ausbildung differenziert und im Durchschnitt eher positiv beurteilt wird. Die Erzieherinnen sehen sich durch sie in ihrer Persönlichkeit gestärkt und betrachten sich als gut mit fachlichen Kompetenzen sowie mit einer guten Urteilsfähigkeit über pädagogische und gesellschaftliche Zusammenhänge ausgestattet. Defizite sehen sie in der Vorbereitung auf planerische Arbeiten, den Umgang mit Eltern und Vorgesetzten, im Hinblick auf die Förderung von Kindern mit Migrationshintergrund, Behinderungen und Verhaltensauffälligkeiten sowie in der Vorbereitung auf Öffentlichkeitsarbeit und den Umgang mit Behörden und anderen Institutionen. Wird die eigene Ausbildung retrospektiv nach einigen Jahren Berufserfahrung beurteilt, ergeben die wenigen bestehenden Befragungen ein widersprüchliches Bild. Hier fehlen vor allem systematische Untersuchungen, die den längerfristigen Ertrag der Ausbildung analysieren.

Die befragten Frauen zeigen ein professionelles Selbstverständnis, das weit mehr umfasst als emotional getragene Beziehungsarbeit mit kleinen Kindern und sich nicht auf eine „institutionalisierte Mütterlichkeit"

reduzieren lässt. In einer Studie von Peter Cloos (2007) zeigten Erzieherinnen im Vergleich zu Pädagoginnen und Pädagogen, die eine akademische
Ausbildung durchlaufen haben, jedoch Defizite in der reflexiven
Durchdringung von Erziehungs- und Bildungsmaßnahmen. Diplom-Sozial-
pädagogen (FH) und Diplom-Pädagogen offenbarten in der ethnographisch
angelegten Studie komplexere Deutungsmuster des beruflichen Alltags,
einen ausdifferenzierteren Sprachstil und eine höhere Komplexität von Wissensdomänen, was allerdings nicht nur durch die Hochschulausbildung,
sondern auch durch ein vielfältigeres Aufgabenspektrum im Beruf, höhere
schulische Bildungsabschlüsse und weitere Faktoren bedingt sein kann. In
einigen Untersuchungen gibt es darüber hinaus Hinweise darauf, dass im
Alltagshandeln von Erzieherinnen ein gewisser pädagogischer Rückzug
stattfindet, indem sie insgesamt wenig planen, organisieren und anleiten
und Freispiel überwiegt. Dementsprechend würde ein Idealbild bevorzugt,
nach dem die Kinder eher sich selbst überlassen werden, um sich aus
eigener Stärke zu entwickeln (vgl. Tietze u. a. 1998; Fried 2002). Allerdings gibt es auch Untersuchungen, die dieses Ergebnis so nicht bestätigten
(vgl. Wolf u. a. 1999). Hier besteht ein erheblicher Mangel an Untersuchungen, die sich dem Alltag in den Einrichtungen zuwenden.

4.2 Akademisierung der Ausbildung

Gegenwärtig wird breit eine Anhebung der Ausbildung des Fachpersonals
auf Hochschulniveau diskutiert. Im Hinblick auf Fragen der akademischen
Ausbildung des frühpädagogischen Personals in den USA stellt Marcy
Whitebook (2003) drei Fragen, die auch für die deutsche Situation relevant
sind:

- Was sind die optimalen Qualifikationen für das frühpädagogische
  Personal?
- Was wissen wir darüber, wie diese optimalen Qualifikationen vermittelt
  werden können?
- Wie kann das Ausbildungssystem bzw. der Hochschulbereich die neuen
  Anforderungen an die Ausbildung erfüllen?

Zu allen drei Fragen besteht ein erheblicher Forschungsbedarf: Im
Allgemeinen wird davon ausgegangen, dass die Anforderungen an frühpädagogische Fachkräfte in der letzten Zeit zugenommen haben und diese
letztlich nur durch eine Ausbildung auf Hochschulniveau erfüllt werden
können. Jenseits dieser allgemeinen Forderung gibt es aber kaum

Untersuchungen, welche die benötigten inhaltlichen Anforderungen an Qualifikationen, Kompetenzen bzw. Wissensbestände des frühpädagogischen Fachpersonals im Hinblick auf die Förderung der Kompetenzen der Kinder genau analysieren und sie mit denen in der heutigen Praxis beim Fachpersonal vorhandenen vergleichen (vgl. hierzu auch Thole in diesem Band). Allerdings gibt es durchaus Forschungsbelege, die für die Notwendigkeit eines relativ hohen Wissensniveaus sprechen. Systematische Einzelfallanalysen von sehr guter Praxis in England weisen beispielsweise auf die Bedeutung eines umfangreichen, fundierten und theoretischen Fachwissens in den einzelnen Förderbereichen und eines grundlegenden (fachdidaktischen) Wissens über bereichsspezifische Lernprozesse von Kindern hin (vgl. Sylva u. a. 2004).

Die Hochschule wird gegenwärtig als der optimale Ort zur Vermittlung der benötigten Qualifikationen angesehen. M. Whitebook (2003) folgert für die USA, dass die empirische Forschungslage für eine Hochschulausbildung spricht – hier ein vierjähriger Bachelor-Studiengang auf College-Niveau mit einiger Spezialisierung in Fragen der Frühpädagogik oder Entwicklungspsychologie. Allerdings folgt nach M. Whitebook aus der prinzipiellen Bedeutung eines Hochschulabschlusses nicht zwingend, dass alle Fachkräfte in einem Team eine solche Ausbildung haben müssen. Zudem sagen die in den USA gefundenen Ergebnisse nichts darüber aus, ob ein Bachelor-Abschluss für die Gestaltung der pädagogischen Praxis besser ist als die Erzieherinnenausbildung an den nicht-akademischen Fachschulen, da in den USA ein solcher Ausbildungsgang nicht existiert und deshalb auch nicht mit dem Studium auf Bachelor-Niveau verglichen werden kann.

Eine Umstellung der Ausbildung des Fachpersonals von der Fachschule/Fachakademie auf Hochschulniveau wirft verschiedene Fragen auf, z. B.: Was wird mit den bisherigen Ausbildungen zur Kinderpflegerin und zur Erzieherin? Was wird mit den bestehenden Fachschulen/Fachakademien und ihren Kompetenzen? Zieht eine Hochschulausbildung ein neues Klientel an? Gibt es die institutionellen, curricularen und personellen Ressourcen an Fachhochschulen, Pädagogischen Hochschulen und/oder Universitäten, um den erforderlichen Bedarf an fachlich einschlägigen Dozentinnen und Dozenten abdecken zu können? Wie sieht es zukünftig mit der Bezahlung des frühpädagogischen Fachpersonals aus? Die sachliche Beantwortung all dieser Fragen setzt eine Begleitung durch Forschung und Evaluation voraus.

5. Ausblick

Es gibt in Deutschland Forschungswissen, das die Bedeutung einer qualitativ guten institutionellen Bildung, Erziehung und Betreuung in der frühen Kindheit für die kurz- und längerfristige Entwicklung von Kindern unterstützt und das für Reformen auf den verschiedenen Ebenen des Früherziehungssystems genutzt werden kann. Allerdings sind deutliche Mängel bei spezifischem Forschungswissen festzustellen. So werden Untersuchungen zu Auswirkungen von allgemeinen und spezifischen Förderkonzepten und zur Umsetzung der Bildungs- und Erziehungspläne benötigt. Außerdem muss gezielter den Auswirkungen von Strukturaspekten – wie z. B. Gruppengröße, Erzieherin-Kind-Schlüssel und Qualifikationen der Betreuungspersonen – nachgegangen werden. Die internationale Forschungsliteratur weist auch auf die Bedeutung von gezielten Längsschnittuntersuchungen hin, die sich dem frühen, ersten Eintritt in eine institutionelle Betreuung zuwenden, mögliche Selektionsfaktoren berücksichtigen und die Entwicklung der Kinder im Kontext von familialen und institutionellen Anregungsbedingungen verfolgen. Im Grunde genommen wird damit eine Dauerbeobachtung des institutionellen Früherziehungssystems benötigt, d. h. wiederkehrende Längsschnittuntersuchungen, die in gewissen Zeitabständen die bestehende Praxis der frühkindlichen institutionellen Betreuungsformen, ihre Nutzung, ihre Qualität, ihre Auswirkungen auf die kindliche Entwicklung, mögliche Einflussfaktoren auf die Ausgestaltung der Angebote, auf die Gestaltung und das Gelingen des Übergangs in die Grundschule sowie Auswirkungen von gesellschaftlichen Kontextbedingungen analysieren. Nicht zuletzt muss der Aus- und Fortbildung des pädagogischen Personals mehr Aufmerksamkeit in der Forschung zukommen. Gerade die derzeit laufenden Reformbemühungen sollten fundiert evaluiert werden.

Literatur

Becker, P. u. a. (Hrsg.) (1999): Kindersituationen im Diskurs. Bericht über die Abschlußtagung der Externen Empirischen Evaluation im Juni 1998 in Berlin. Landau.
Beelmann, W. (2006): Normative Übergänge im Kindesalter: Anpassungsprobleme beim Eintritt in den Kindergarten, in die Grundschule und in die weiterführende Schule. Hamburg.

Bien, W. u. a. (Hrsg.) (2006): Wer betreut Deutschlands Kinder? DJI-Kinderbetreuungsstudie. Weinheim.

Carle, U./Samuel, A. (2006): Frühes Lernen – Kindergarten und Grundschule kooperieren. Abschlussbericht der wissenschaftlichen Begleitung. Bremen: Universität. http://www.fruehpaedagogik.uni-bremen.de/docs/ abschlussbericht_frue_lern_.pdf (18.06.2007).

Cloos, P. (2007): Die Inszenierung von Gemeinsamkeit. Eine vergleichende Studie zu Biografie, Organisationskultur und beruflichem Habitus von Teams der Kinder- und Jugendhilfe. Weinheim.

Dippelhofer-Stiem, B. (2006): Berufliche Sozialisation von Erzieherinnen. In: Fried, L./Roux, S. (Hrsg.) (2006): Pädagogik der frühen Kindheit. Handbuch und Nachschlagewerk. Weinheim, S. 358-367.

Diskowski, D. (2004): Das Ende der Beliebigkeit? Bildungspläne für den Kindergarten. In: Diskowski, D./Hammes-Di Bernado, E. (Hrsg.) (2004): Lernkulturen und Bildungsstandards. Kindergarten und Schule zwischen Vielfalt und Verbindlichkeit. Baltmannsweiler, S. 75-104.

Fried, L. (2002): Qualität von Kindergärten aus der Perspektive von Erzieherinnen: Eine Pilotuntersuchung. In: Empirische Pädagogik, 16. Jg. (2002), Heft 2, S. 191-209.

Fried, L. (2006): Sprachförderung. In: Fried, L./Roux, S. (Hrsg.) (2006): Pädagogik der frühen Kindheit. Handbuch und Nachschlagewerk. Weinheim, S. 173-178.

Fried, L. u. a. (1992): Elementarbereich. In: Ingenkamp u. a. (Hrsg.) (1992): Empirische Pädagogik 1970-1990. Eine Bestandsaufnahme der Forschung in der Bundesrepublik Deutschland, Bd. I. Weinheim, S. 197-263.

Friedich, G./Galgoczy, V. (2004): Komm mit ins Zahlenland. Freiburg.

Good, T./Brophy, J. (1997): Looking in classrooms. 7th edition. New York.

Griebel, W./Niesel, R. (2004): Transitionen. Fähigkeiten von Kindern in Tageseinrichtungen fördern, Veränderungen erfolgreich zu bewältigen. Weinheim.

Grotz, T. (2005): Die Bewältigung des Übergangs vom Kindergarten zur Grundschule. Zur Bedeutung kindbezogener, familienbezogener und institutionsbezogener Schutz- und Risikofaktoren im Übergangsprozess. Hamburg.

Häfner, P. (2002): Natur- und Waldkindergärten in Deutschland – Eine Alternative zum Regelkindergarten in der vorschulischen Erziehung. Dissertation Universität Heidelberg. http://archiv.ub.uni-heidelberg.de/volltextserver/ volltexte/ 2003/3135/pdf/Doktorarbeit_Peter_Haefner.pdf (Abruf 26.06.07).

International Reading Association & the National Association for the Education of Young Children (1998): Learning to read and write: Developmentally appropriate practices for young children. A joint position statement of the International Reading Association (IRA) and the National Association for the Education of Young Children (NAEYC). In: Young Children, Vol. 53, No. 4, pp. 30-46.

Jampert, K. u. a. (2007): Schlüsselkompetenz Sprache. Sprachliche Bildung und Förderung im Kindergarten. Konzepte, Projekte, Maßnahmen. Zweite überarbeitete Auflage. Weimar.

Küspert, P. u. a. (2007): Prävention von Lese-Rechtschreibschwierigkeiten. In: Suchodoletz, W. v. (Hrsg.) (2007): Prävention von Entwicklungsstörungen. Göttingen.

Lange, J./Schilling, M. (2007): Neu sichtbar werdende Realitäten. Kindertagesbetreuung in Deutschland. In: KomDat-Jugendhilfe, Dortmund: Arbeitsstelle Kinder- und Jugendhilfestatistik, 10. Jg. (2007), Heft 1, S. 2-5.

Leseman, P. P. M./de Jong, P. P. F. (2004): Förderung von Sprache und Präliteralität in Familie und (Vor-) Schule. In: Faust, G. u. a. (Hrsg.) (2004): Anschlussfähige Bildungsprozesse im Elementar- und Primarbereich. Bad Heilbrunn, S. 168-189.

Lösel, F. u. a. (2007): Prävention von Störungen des Sozialverhaltens – Entwicklungsförderung in Familien: das Eltern und Kindertraining EFFEKT. In: Suchodoletz, W. v. (Hrsg.) (2007): Prävention von Entwicklungsstörungen. Göttingen, S. 215-234.

Plume, E./Schneider, W. (2004): Hören, lauschen, lernen 2. Spiele mit Buchstaben und Lauten für Kinder im Vorschulalter.Göttingen.

Preiß, G. (2004/2005): Leitfaden Zahlenland 1 und 2. Verlaufspläne für Lerneinheiten. Kirchzarten.

Roßbach, H.-G. (2008): Vorschulische Erziehung. In: Cortina, K. S. u. a. (Hrsg.) (2008): Das Bildungswesen in der Bundesrepublik Deutschland. Strukturen und Entwicklungen im Überblick. Reinbek bei Hamburg (im Druck).

Roßbach, H.-G. (2005): Effekte qualitativ guter Betreuung, Bildung und Erziehung im frühen Kindesalter auf Kinder und ihre Familien. In: Sachverständigenkommission Zwölfter Kinder- und Jugendbericht (Hrsg.) (2005): Materialien zum Zwölften Kinder- und Jugendbericht. Band 1. Bildung, Betreuung und Erziehung von Kindern unter sechs Jahren. München, S. 55-174.

Roßbach, H.-G. (2006): Institutionelle Übergänge in der Frühpädagogik. In: Fried, L./Roux, S. (Hrsg.) (2006): Pädagogik der frühen Kindheit. Handbuch und Nachschlagewerk. Weinheim, S. 280-292.

Roßbach, H.-G. u. a. (2007): In Stiftung Bildungspakt Bayern (Hrsg.): KiDZ – das Handbuch. Grundlagen, Konzepte und Praxisbeispiele aus dem Modellversuch „Kindergarten der Zukunft in Bayern". Köln, S. 24-59.

Roux, S. (2002): Wie sehen Kinder ihren Kindergarten? Theoretische und empirische Befunde zur Qualität von Kindertagesstätten. Weinheim.

Schuster, K.-M. (2006): Rahmenpläne für die Bildungsarbeit. In: Fried, L./Roux, S. (Hrsg.) (2006): Pädagogik der frühen Kindheit. Handbuch und Nachschlagewerk. Weinheim, S. 145–157.

Schweinhardt, L. J. u. a. (2005): Lifetime effects. The High/Scope Perry Preschool Study through age 40. Ypsilanti, Mich.

Sylva, K. u. a. (2004): The effective provision of pre-school education project – Zu den Auswirkungen vorschulischer Einrichtungen in England. In: Faust, G. u. a. (Hrsg.) (2004): Anschlussfähige Bildungsprozesse im Elementar- und Primarbereich. – Bad Heilbrunn, S. 154-167.

Tietze, W. u. a. (1998) (Hrsg.): Wie gut sind unsere Kindergärten? Eine Untersuchung zur pädagogischen Qualität in deutschen Kindergärten. Neuwied.

Tietze, W. u. a. (2005): Kinder von 4 bis 8 Jahren. Zur Qualität der Erziehung und Bildung in Kindergarten, Grundschule und Familie. Weinheim.

Whitebook, M. (2003): Early Education Quality: Higher Teacher Qualifications for Better Learning Environments – A Review of the Literature. Summary Version. http://www.iir.berkley.edu/cscce/pdf/teacher_summary.pdf.

Wolf, B. u. a. (Hrsg.) (1999): Der Situationsansatz in der Evaluation. Ergebnisse der Externen Empirischen Evaluation des Modellvorhabens „Kindersituationen". Landau.

Wolf, B. u. a. (2001): Und sie haben doch etwas bewegt – Auswirkungen von „Kindersituationen" vier Jahre danach. In: Empirische Pädagogik, 15. Jg. (2001), Heft 3, S. 429-454.

Wolf, B. u. a. (Hrsg.) (2003): Der Situationsansatz im Zeitvergleich und Längsschnitt: Einschätzungen von Erzieherinnen, Untersuchungsleiterinnen, Lehrern, Kindern, Eltern. Aachen.

Zimmer, J. (2000): Der Situationsansatz in der Diskussion und Weiterentwicklung. In: Fthenakis, W. E./Textor, M. R. (Hrsg.) (2000): Pädagogische Ansätze im Kindergarten. Weinheim, S. 94-114.

Werner Thole

„Professionalisierung" der Pädagogik der Kindheit

Fachliches Potenzial und Forschungsbedarf

Die Professionalisierung der Pädagogik der Kindheit zu thematisieren, ist nicht erforderlich, um ihre Notwendigkeit, wie in den zurückliegenden Jahrzehnten, zu legitimieren. Über sie zu reden ist aktuell angebracht, gerade weil ihre Notwendigkeit inzwischen fast durchgängig gesehen wird. In den öffentlichen Debatten, aber auch in den fachlichen Diskursen unterliegt allerdings die Frage der weiteren Verfachlichung der Handlungsfelder der Pädagogik der Kindheit und der Qualifizierung des Personals Verkürzungen. Kommuniziert wird, dass sich mit der Einführung von Bildungsplänen, von Sprachtests und diagnostischen Lernstandserhebungen, über den Ausbau einer akademischen Qualifizierungslandschaft und der Fort- und Weiterbildungsangebote das angenommene Qualitäts- und Professionalisierungsdefizit sukzessive behebt.

Die mit den genannten Initiativen verbundenen Intentionen sind ohne Zweifel zu begrüßen. Ob sie jedoch, wie erhofft, die an sie adressierten Erwartungen erfüllen können, also dazu beitragen, die „Pädagogik der Kindheit" – insbesondere in Kindertageseinrichtungen – in absehbarer Zeit nachweislich zu qualifizieren und somit die weitere Professionalisierung dieses Feldes fördern, bleibt zu überprüfen. Unabhängig von entsprechenden, gegenwärtig sicherlich noch verfrühten Evaluationen werden in diesem Beitrag die in den Initiativen implizit mitgedachten Professionalisierungskonzepte reflektiert. Eingegangen wird auf unterschiedliche erziehungswissenschaftliche, professionalisierungstheoretische Ideen und konzeptionellen Überlegungen und diese werden, soweit möglich, auf die Vorschläge und

Praxen zur Professionalisierung der Pädagogik der Kindheit bezogen (1). Anschließend – allerdings ohne explizite Reflexion der theoretischen Diskurse – wird in einem zweiten Blick das vorliegende Wissen zum Stand der Professionalisierung der Pädagogik in Kindertageseinrichtungen kritisch referiert (2). Abschließend werden einige Prämissen vorgestellt, die dazu beitragen sollen, die Anstrengungen bezüglich einer Professionalisierung der Pädagogik der Kindheit theoretisch und empirisch fortzuschreiben, sowie der Forschungsbedarf benannt (3).

1. Modelle und Logiken zum Verstehen professionalisierten Handelns

Zu erinnern ist zunächst an die auf den ersten Blick erfreuliche Tatsache, dass weit über 82 % der MitarbeiterInnen in Kindertageseinrichtungen neben- oder hauptberuflich tätig sind und knapp 76 % auf eine fachliche, weitgehend einschlägige Qualifizierung verweisen können. Insgesamt, so ist festzuhalten, realisierte sich damit in den zurückliegenden dreißig Jahren ein deutlicher Verfachlichungsprozess, denn noch 1974 konnten lediglich 60 % der Beschäftigten in Kindertageseinrichtungen auf eine fachliche Qualifizierung als Erzieherin, Kinderpflegerin oder auf einen entsprechenden akademischen Abschluss verweisen (vgl. Beher 2004). Dieser Blick auf das formal zertifizierte Qualifizierungsniveau trübt sich allerdings bei näherer Betrachtung. Negiert respektive übersehen wird gegenwärtig in den öffentlichen Gesprächen über die Akademisierung der Pädagogik der Kindheit zuweilen die schlichte Tatsache, dass lediglich 55 % der Beschäftigten in den unterschiedlichen Varianten von Kindertageseinrichtungen über eine fachschulische Qualifikation – eine Ausbildung als Erzieherin – verfügen. Werden die cirka knapp 3 % der Beschäftigten mit einem universitären oder fachhochschulischen Abschluss hinzu gerechnet, dann ist festzuhalten, dass lediglich knapp 60 % des pädagogischen Personals in Kindertageseinrichtungen über eine einschlägige, formal als fachlich hinreichend anzusehende Qualifikation verfügen – mit anderen Worten: Über 40 % der pädagogischen MitarbeiterInnen in Kindertageseinrichtungen können lediglich auf einen Qualifikationsabschluss unterhalb der Fachschulebene verweisen oder verfügen über keinen irgendwie akzentuierten pädagogischen Abschluss. Schon dieser eher oberflächliche, lediglich die formal zertifizierte Qualifikationsstruktur der MitarbeiterInnen in Kindertageseinrichtungen reflektierende Blick plädiert nachdrücklich dafür, nicht nur für eine weitere Akademisierung, sondern auch und darüber hinaus für die weitere Verfachlichung des gesamten Feldes und der Etablierung des erzieherischen Fachschulabschlusses als Mindestqualifikation für eine Tätigkeit in Kindertageseinrichtungen zu votieren (vgl. u. a. Thole/Cloos 2006).

Hinter den referierten Daten verbirgt sich – mehr oder weniger offen ausgewiesen – ein relativ heuristisch angelegtes, indikatorengestütztes Professionalisierungskonzept. Datenbasiert wird die berufliche Formatierung der Pädagogik der Kindheit lediglich unter den Aspekten der Verberuflichung, Verfachlichung, Akademisierung und der Professionalisierung gefasst. „Verberuflichung" benennt dabei den Prozess von der ehrenamtlichen Mütterlichkeit hin zur Pädagogik der Kindheit als Berufsfeld, „Verfachlichung" den Grad des Personals mit einer mehr oder weniger einschlägigen pädagogischen Qualifikation und „Akademisierung" den Anteil des Personals mit einer akademischen Qualifikation. Im Kontrast zur Akademisierung misst die Kategorie „Professionalisierung" nur die Personen mit einem einschlägigen akademischen Abschluss – umfasst also nur diejenigen, die auf ein kindheits- oder sozialpädagogisches Studium verweisen können (vgl. u. a. Rauschenbach u. a. 1996; Beher 2004). Der jeweils real anzutreffende Professionalisierungsgrad kann allerdings über diese, auf die formalen beruflichen Zertifikate sich konzentrierende Perspektive nur sehr oberflächlich und formal erfasst werden. Faktisch orientiert sich dieses heuristische Professionalisierungsmodell an berufsständischen, kategorien- und indikatorengestützten Professionalisierungskonzeptionen (vgl. Daheim 1992). Gegenüber system-, struktur- und machttheoretischen Modellen, die nach der Bedeutung, der gesellschaftlichen Funktion oder der funktionalen Eigenständigkeit beruflicher Tätigkeiten fragen, auf die jedoch in den Professionalisierungsdiskussionen der Pädagogik der Kindheit kaum Bezug genommen wird, kodieren merkmal- oder indikatorenbasierte Modelle Professionalität anhand eindeutiger Kriterien. Von einer Profession ist demnach dann zu sprechen, wenn sich die ausgeübte berufliche Tätigkeit und die artikulierte Professionalität auf

- Fachwissen, dokumentiert über ein akademisches Studium, ausgewiesenes Wissen und Können sowie entsprechende berufliche Titel,
- eine geregelte berufliche Zugangsberechtigung und Autonomie des beruflichen Engagements, dokumentiert über das Recht, exklusiv beispielsweise medizinische, theologische oder juristische Tätigkeiten weitgehend unabhängig von staatlichen Interventionen ausüben zu können,
- eine altruistische, ethisch abgefederte Handlungsorientierung am Gemeinwohl sowie

• die Existenz einer Kommunikationspraxis, die auf exklusives Professionswissen basiert und sich in Standesorganisationen und eigenen Publikationsformen dokumentiert,

stützt (vgl. u. a. Combe/Helsper 1996; Lundgreen 1999). Zudem provozieren die genannten Kriterien eine wenig ergiebige Diskussion darüber, welche erwerbsmäßig vollzogenen gesellschaftlichen Praxen als professionelle und welche als nur „reine berufstätige" Praxen anzusehen sind. Werden die genannten Parameter auf die beruflichen Handlungsfelder der Pädagogik der Kindheit bezogen, würde die Beobachtung des hier anzutreffenden Professionalisierungsniveaus aufgrund der Qualifikationsprofile der Beschäftigten ein relativ eindeutiges Ergebnis präsentieren. Unabhängig von der Qualität des Fachwissens der MitarbeiterInnen in den institutionalisierten Projekten der Pädagogik der Kindheit ist festzuhalten, dass das Wissen nicht durchgängig, ja lediglich nur zu einem minimalen Prozentsatz über die „soziale Anerkennung durch Studium, Examen und Titel gesichert" (Herrmann 1999, S. 414) ist. Auch ist die berufliche Tätigkeit – beispielsweise in Kindertageseinrichtungen – nicht nur bestimmten Qualifikationsgruppen durch eine exklusive Zugangsberechtigung vorbehalten. Eine hinreichend ausgewiesene Professionalität ist dem Personal in den Handlungsfeldern der Pädagogik der Kindheit auf Basis der herangezogenen Indikatoren somit möglicherweise ebenso nicht zu attestieren wie den MitarbeiterInnen in anderen pädagogischen, insbesondere außerschulischen Tätigkeitsfeldern (vgl. u. a. Combe/Helsper 1996; Oevermann 1996).

Gegen diese formale und indikatorengestützte Fassung von Professionalität argumentieren fall- und feldbezogene, die pädagogischen Beziehungen zum Ausgang nehmende Konzepte. Entsprechende Zugänge finden sich in den strukturtheoretisch und interaktionistisch angelegten Professionalisierungsmodellen. Die Genese, Konsistenz, Kontinuität und Ausgestaltung der pädagogischen Interaktionen zwischen Professionellen und Kindern oder Jugendlichen, SchülerInnen oder AdressatInnen steht dabei im Zentrum des diesem Professionsmodell zugrunde liegenden empirisch-rekonstruktiven Blicks. Fallrekonstruktive wie frageoffene Projekte der Ermittlung und Beobachtung von professionellen Handlungskompetenzen sind allerdings mit der Schwierigkeit konfrontiert, forschungsmethodologisch weitgehend offen die professionellen Potenziale und praktischen Realisationen zu erfassen und gleichzeitig doch angeben zu wollen, ob und wie in den erhobenen Materialien sich – über Wissen und Können ausgewiesen – professionelles Handeln dokumentiert – oder eben auch nicht. Die Bewertungen der vorgenommenen Entschlüsselungen erfolgen dann zumeist auf der Basis von nur zaghaft angedeuteten Kontrasten und kommunizieren sich in Beschreibungen wie „erfolgreich", „angemessen", „gelungen" oder beispielsweise „situationsadäquat", „gerecht", „fürsorglich" oder „wahrhaftig". Die Analysen und Deutungen zielen dabei in der Regel auf die Identifikation der in den pädagogischen Alltagen immanenten Strukturen und der hierin eingelagerten Ambivalenzen (vgl. u. a. Helsper 2004) oder aber auf die Formen des für die Gestaltungen des pädagogischen Alltags herangezogenen Wissens ab (vgl. u. a. Beck/Bonß 1989). Im Kontext der Pädagogik der Kindheit findet sich ein ansatzweise in dieses Spektrum sich platzierendes Professionalisierungskonzept in der Bildungskonzeption von Gerd Schäfer (vgl. 1995, 2004, in diesem Band) und in Konzeptionen, die anregen, die konkrete Handlungspraxis anhand konkreter Fälle und Felder rekonstruktiv zu erschließen und zu exemplarisieren (vgl. Cloos 2001, 2007). Im Hintergrund durchwebt diese Analysen jeweils ein nicht kommuniziertes, die Autonomie der handelnden Subjekte unterstützendes Modell von pädagogischen beziehungsweise sozialisationsfördernden Interaktionen als „heimliche" Vergleichsfolie.

In mehr oder weniger dezidierter Kritik dieser strukturgenerierenden oder auf die Paradoxien der Praxis orientierten Professionsmodelle formulieren sich Konzepte, die die real sichtbaren oder theoretisch kodierbaren Kompetenzen von PädagogInnen als Kern einer Professionalisierungsidee lokalisieren. Demnach ist „erfolgreiches pädagogisches Handeln nicht eine Angelegenheit des Fallverstehens, sondern eine Frage der sorgfältigen pädagogischen Planung, die an über Erfahrung gesättigte und fachlich ausgewiesene Deutungs- und Handlungskompetenzen" anknüpft (vgl. Baumert/Kunter 2006, S. 476). Im Kern liegen dieser Markierung von Professionalität wirksamkeitsevaluierende respektive qualitätssichernde Annahmen zugrunde. In Bezug auf die Pädagogik der Kindheit sind dieser Fassung von Professionalität Modelle zuzurechnen, die über eine stärkere und intensivere fachdidaktische Grundlegung die Qualität von Kindertageseinrichtungen zu erhöhen hoffen und so gleichsam, quasi als einen Effekt dieser Entwicklung, auch das professionelle Niveau zu qualifizieren wünschen. Die gegenwärtig hoch gehandelten, kindheitspädagogischen Professionalisierungsüberlegungen favorisieren differente Spielarten dieses Modells – ohne dieses jedoch durchgängig explizit auch entsprechend auszuzeichnen –, indem sie allgemeine Evaluationsstandards formulieren (vgl. Tietze u. a. 1998; Leu 2002) oder aber über eine Neujustierung curricularer Rahmenbedingungen und darauf bezogener Fort- und Weiterbildungskonzeptionen die professionellen Standards neu zu justieren versuchen (vgl. u. a. Fthenakis

u. a. 1995; Fthenakis/Textor 1998). Obwohl wirksamkeitsevaluierende und
qualitätssichernde Modelle nur am Rande explizit die Professionalisie-
rungsfrage thematisieren, werden sie in den Diskussionen der Pädagogik
der Kindheit implizit ebenso als Professionalisierungsmodelle gehandelt
wie die verschiedenen diagnostischen Verfahren – deutlicher: An die gegenwärtig realisierten Implementierungen von Sprachtests und -förder-
programmen wird fast durchgehend die Qualifizierungsfrage und die Kom-
petenzerweiterung und damit im Kern auch die Frage der weiteren Professionalisierung des pädagogischen Personals in den Kindertageseinrichtungen gekoppelt (vgl. u. a. Fried/Briedigkeit 2007).

Ein sich hieran anschließendes und zugleich hierzu divergierendes Professionalisierungsmodell präsentieren Studien, die sich auf die Erfassung
und Systematisierung der im pädagogischen Alltag anzutreffenden personalen Kompetenzen konzentrieren. In dem „Qualitätslexikon für Kindergartenprofis", das sich an der konkreten Kindergartenpraxis orientiert, wird so
beispielsweise die Professionalität von ErzieherInnen mit Hilfe eines 29
Punkte umfassenden Merkmalkatalogs zu beschreiben versucht (vgl. Lill
1998, S. 247–249). Neben alltäglichen, personalen Kompetenzen wie Ein-
fühlungsvermögen und Flexibilität werden allgemeine Merkmale pädagogischer Fachlichkeit wie Zielklarheit und Fachwissen aufgeführt. Einen vergleichbaren, auf einer umfangreichen Bestandsanalyse und an einen über
die praktischen Aufgaben von MitarbeiterInnen in den Kindertageseinrichtungen gewonnenen Kompetenzbereichskatalog präsentiert auch Karin Beher (2004). Neben der Fähigkeit und dem Willen, sich jeweils die aktuellen
fachlichen und sachbezogenen Kenntnisse anzueignen, identifiziert sie acht
übergeordnete Kompetenzbereiche. MitarbeiterInnen in Kindertageseinrichtungen sollten demnach erstens über die Kompetenz zur Kommunikation
und zur Aushandlung von Konflikten über Interaktion verfügen, zweitens
Wahrnehmungs- und Beobachtungskompetenz sowie Reflexionsfähigkeiten
vorweisen können, drittens empathische und sensible Fähigkeiten besitzen,
viertens situations- und organisationsbezogene Flexibilität dokumentieren,
fünftens Offenheit gegenüber den Kindern zeigen können, sechstens fanta-
sievoll und kreativ sich im Umgang mit den Kindern pädagogisch verhalten
können, siebtens verantwortungsvoll mit den übertragenen Aufgaben umgehen sowie achtens über Persönlichkeitskompetenzen verfügen, die über
reflektierte Norm- und Werthaltungen gerahmt und fachlich ausgewiesen
sind (vgl. Beher 2004, S. 191). Derartige Modelle können allerdings zum
einen ebenfalls lediglich formal – wie auch die klassischen, indikatorengestützten Professionalisierungsmodelle – und nur bis hin zu einer gewissen

Tiefe, keineswegs jedoch das gebräuchliche, im pädagogischen Alltag situativ verwendete und eingelagerte Wissen und Können erfassen. Zum anderen zeigen die vorliegenden, generisches Wissen und Können dokumentierenden Modelle, dass sie die sachlich-fachlichen sowie die psychologischen und erziehungswissenschaftlichen Wissensbestände des pädagogischen Personals kaum, wahrscheinlich jedoch keinesfalls in der vorhandenen Breite und Qualität eruieren können, weil es als unthematisiertes Alltagswissen in den pädagogischen Prozessen Eingang findet.

Konzeptionell verpflichtet fühlen sich alle Modelle ihren AdressatInnen, den Kindern und Jugendlichen, SchülerInnen und KlientInnen. Explizit angegebenes oder implizit mitgedachtes Ziel der unterschiedlichen professionstheoretischen Modelle ist die Qualifizierung der Subjekte pädagogischer Szenarien. Ihre Möglichkeiten, die Welt und sich selbst zu entdecken, zu erkunden und anzueignen, sollen gestärkt werden. Eine entsprechende adressatInnenbezogene Perspektive konzeptionalisiert auch das Modell einer „evidenzbasierten" Praxis. In der Praxis „erfolgreiche" Modelle sollen in generalisierter Form als empirische Basis zukünftige pädagogische Praxen gestalten und damit das Problem des Transfers wissenschaftlicher Erkenntnisse in die pädagogischen Praxen bewältigen. Im Kontrast zur Wirkungsorientierung wird nicht mehr von der Frage ausgegangen „Was wirkt?", sondern von der Frage „Was wirkt für wen unter welchen Bedingungen?". Die Frage der Professionalisierung wird so direkt gekoppelt an empirisches Wissen und an die Wirkung der pädagogischen Interventionen (vgl. Hüttemann 2006; McNeill 2006; Ziegler 2006; Otto u. a. 2007). Eine evidenzbasierte pädagogische Praxis versucht festzulegen, was genau unter welchen Bedingungen aufgrund der Initiierung welcher pädagogischen Methoden in Bezug auf welche Intentionen Erfolg verspricht.

Evidenzbasierte Professionalisierungsmodelle, wie sie sich beispielsweise in Überlegungen, die Pädagogik der Kindheit stärker über diagnostische Verfahren zu qualifizieren, andeuten, treten mit dem Anspruch auf, die Qualität pädagogischen Handelns auf ein neues, wissenschaftliches, empirisch ausgewiesenes Fundament zu stellen. Unterzieht man die Binnenlogiken professionellen Handelns einer empirischen Betrachtung und schaut sich die professionellen Handlungsaufforderungen der Anamnese, der Diagnose, der pädagogischen Intervention und der Evaluation an, dann basiert das pädagogische Handeln zunächst auf der Sammlung von Informationen und von Wissen. Verbindliche, empirisch fundierte und abgesicherte Handlungs- und Ordnungssysteme liegen für pädagogische Handlungsfelder nicht und somit auch nicht für die der Pädagogik mit Kindern vor. Die vorliegenden Qualitätssicherungsverfahren erfüllen die Kriterien, die an eine wissensbasierte Abstützung pädagogischer Praxen anzulegen sind, nicht durchgängig. Ob und in welcher Intensität und Dichte entsprechende Standards überhaupt empirisch fundiert generiert werden können, ist angesichts der in pädagogischen Szenarien genuin eingelagerten Unsicherheiten und Ambivalenzen sowie der komplizierten Modulation von Wissen und Nicht-Wissen die bislang kaum thematisierte Unwägbarkeit dieses Modells.

2. Zum Wissen über das „Wissen und Können" des Personals in Kindertageseinrichtungen

Initiiert durch gesellschaftliche Modernisierungsprozesse, der weiteren Ausdifferenzierung von Berufen und einer auch darüber gesteuerten sukzessiven Entkopplung der Professionen von Expertenfunktionen entwickelte sich in der zurückliegenden Dekade ein neues Verständnis von Professionalität, das nicht mehr die Exklusivität, sondern die Qualität von Zuständigkeit als zentrales Thema ansieht (vgl. u. a. Dewe/Otto 2001, S. 1400). Neben den erwähnten professionstheoretischen und in den kindheitspädagogischen Diskussionen favorisierten bildungs- und qualitätsevaluierenden Modellen sind gegenwärtig – nicht nur in Bezug auf pädagogische Handlungsfelder – „weichere", eher an die eigentlichen beruflichen Praxen orientierende Fassungen von Professionalität anzutreffen (vgl. u. a. Pfadenhauer 2003, 2005; Baumert/Kunter 2006). Über diesen professionstheoretischen Perspektivenwechsel wird es möglich – zumindest einfacher –, die vorliegenden, empirischen Studien zu Fragen der institutionalisierten, verberuflichten Pädagogik der Kindheit – und hier insbesondere zum Feld der Kindertageseinrichtungen – sowie zu den Qualifizierungsformen danach zu befragen, welche Befunde sie hinsichtlich der in diesen Bereichen sich dokumentierenden Fachlichkeit und Professionalität referieren, ohne jeweils ausgewiesen danach zu fragen, welche professionsbezogene Überlegung sich in den empirischen Beobachtungen operationalisiert.

Empirische Studien berichten, dass sich die Anforderungsstandards an das Personal in den kindbezogenen Sozialisationsfeldern bis heute mit dem öffentlichen Bild konfrontiert sehen, Sozialisation vor dem Beginn der Schule ist wesentlich als ein mütterlich gerahmter Prozess zu gestalten. Auch wenn die Philosophie von der professionellen Erzieherin in den öffentlichen Gesprächen an Einfluss gewinnt, durchwebt noch immer ein „sozialmütterliches" Selbst- und Fremdbild das Bild von ErzieherInnen, das

ErzieherInnen die Attribute „herzlich, kontaktfreudig, gefühlvoll, vertrau-
end, praktisch und fortschrittlich" (Zern 1980, S. 159; vgl. auch Rabe-
Kleberg 1986) zuspricht. Trotz dieser kritischen Ausgangslage liegen nur
wenige Studien vor, die nach der professionellen Kompetenz, dem Wissen,
Können und Handeln von MitarbeiterInnen – insbesondere von ErzieherInnen – in den kindheitsbezogenen Handlungsfeldern beziehungsweise in den
Kindertageseinrichtungen fragen. Psychologisch orientierte Studien erkun-
digen sich vornehmlich nach den Interaktionen zwischen ErzieherInnen und
Kindern und thematisieren die Entwicklung und Sozialisation von Kindern
(vgl. überblicksartig Roßbach 2005). Hingegen konzentrieren sich die erziehungswissenschaftlichen und soziologischen Studien auf die Analyse der
subjektiven Bewertungen und Perspektiven, der Tagesabläufe und Handlungsmuster sowie der konzeptionellen und handlungspragmatischen Bezüge der MitarbeiterInnen in Kindertageseinrichtungen (vgl. Krenz 1993;
Gleich 1993; Dippelhofer-Stiem/Kahle 1995; Fthenakis u. a. 1995; Frey
1997; Musiol 1997; Tietze u. a. 1998). Insbesondere in diesem Forschungs-
typus finden sich noch am ehesten Aspekte einer Forschung, die nach den
jeweiligen Professionalisierungsniveaus fragen (vgl. Cloos 2001, 2007;
Thole/Cloos 2006).

Die vorliegenden Studien, Befunde und Analysen legen nahe, davon
auszugehen, dass gesellschaftliche, träger-, einrichtungs- und gruppenspezi-
fische Faktoren sowie subjektive Interpretationen und Handlungen der MitarbeiterInnen der Pädagogik der Kindheit und hier insbesondere in den
Kindertageseinrichtungen ein berufliches Projekt prägen, das sich insgesamt auf dem Weg zu mehr Fachlichkeit befindet. Sie deuten jedoch auch
an, dass die gegebenen Strukturen einer durchgängigen Professionalisierung
entgegenwirken. Diese Erkenntnis wird wesentlich über Befunde gestützt,
die sich auf das größte Handlungsfeld der Pädagogik der Kindheit, auf die
Kindertageseinrichtungen, und auf die quantitativ größte Berufsgruppe der
ErzieherInnen konzentrieren. Über welches Wissen ErzieherInnen jedoch
verfügen, wie sie dieses Wissen erwerben und welche Wissenskombinatio-
nen der Bewältigung der Aufgaben im Berufsalltag förderlich sind, darüber
liegen bisher nur wenige empirische Daten und Erkenntnisse vor. Der Befund, „dass sozialpädagogisches Können, hier vor allem Reflexionsfähigkeit in der Arbeit, wesentlich von der Einsicht in theoretische Modelle und
ihrer Verknüpfung zum Alltag abhängt" (Rauschenbach u. a. 1998, S. 83),
deutet darauf hin, dass bezogen auf das Berufsfeld von ErzieherInnen wissenschaftlichem Wissen neben anderen Wissensformen mehr Bedeutung für
einen gelingenden Berufsalltag zukommen sollte – mit anderen Worten:

„Dabei liegt das Dilemma der Erzieherin weniger in ihrem Handeln selbst, auch nicht in der besonderen Schwierigkeit ihres Arbeitsfeldes, sondern in der Schwierigkeit, sich ihrer Arbeit über das Handeln hinaus zu vergewissern. Überspitzt formuliert: Sie weiß sehr wohl, warum sie etwas macht, sie weiß allerdings nicht um die Bedeutung ihres Handelns jenseits des konkreten Kindes und der jeweiligen Institution" (Engelhardt/Ernst 1992, S. 427; vgl. auch Cloos 2007).

Die in den Studien beschriebene Distanz von ErzieherInnen gegenüber einer durchgehenden Reflexion des beruflichen Alltags findet eine Wurzel in den bisherigen beruflichen Qualifikationswegen. FachschulabsolventInnen fühlen sich „besonders für die allgemeinen Aufgaben des Berufsalltags gut gerüstet". Insgesamt wird festgestellt (vgl. Andermann u. a. 1996, S. 147), dass das Professionsbewusstsein der Untersuchungsteilnehmerinnen wohl über eine gleichsam „institutionalisierte Mütterlichkeit (...) hinausgeht", jedoch, so wird ernüchternd ebenfalls konstatiert, „schlägt sich eine qualitativ zufrieden stellende Berufsvorbereitung nicht im Sinne wachsender fachlicher Kompetenz nieder. (...) Erzieherinnen, die ihre Ausbildung positiv beurteilen, erleben nicht weniger Schwierigkeiten und Belastungen im Berufsfeld als jene, deren Urteil negativ ausfällt" (Dippelhofer-Stiem/Kahle 1995, S. 168). Mit der Distanz zur Qualifizierungsphase scheinen sich zudem theoretische Wissenspotentiale und erlernte Formen der Praxisgestaltung zu verflüssigen. Dazu trägt auch bei, dass sich die bisherigen Qualifizierungswege für berufliche Tätigkeiten in Kindertageseinrichtungen bis in die Gegenwart hinein durch keine ausgeprägte Wissenschaftlichkeit auszeichnen (vgl. Hoppe 1993, S. 114). Nur jede vierte Erzieherin gibt so beispielsweise auf Befragen an, während der Ausbildung die Beschäftigung mit „abstrakten Zusammenhängen" „gut" gelernt zu haben; fast jede Zweite geht sogar davon aus, diese „nur zum Teil gelernt zu haben" (Dippelhofer-Stiem 1999, S. 87). Die Auseinandersetzung mit theoretischem, abstraktem und wissenschaftlich generiertem Wissen scheint somit bislang in der ErzieherInnenausbildung zu wenig Aufmerksamkeit zu erfahren. Die Vorstellungen der ErzieherInnen bezüglich der durch Ausbildung zu erwerbenden Qualifikationen und Kompetenzen verdeutlichen, dass primär soziale Qualifikationen als wichtige Voraussetzungen im Hinblick auf die Erfordernisse der Berufspraxis angesehen werden: „Erst in zweiter Linie kommt (...) auch inhaltliches Wissen zum Tragen: generelle Kenntnisse über kindliche Entwicklungsprozesse (...) sowie die Fähigkeit zur kritischen Analyse von Ergebnissen und Situationen" (Andermann u. a. 1996, S. 146).

Der eigenen Ausbildung gegenüber formulieren ErzieherInnen scheinbar mehrheitlich eine ambivalente Haltung. Der ErzieherInnenausbildung wird bezogen auf die Vermittlung von Wissen und Können für die Bewältigung der beruflichen Aufgaben allgemein nur eine mittelmäßige Qualität zugeschrieben. Folgt man den empirischen Ergebnissen von Wassilios E. Fthenakis (u. a. 1995), dann geben die ErzieherInnen der Ausbildung insgesamt keine guten Noten. Die FachschulabsolventInnen fühlen sich anscheinend „besonders für die allgemeinen Aufgaben des Berufsalltags gut gerüstet" (Andermann u. a. 1996, S. 149). Die an Fachschulen befragten SchülerInnen geben überwiegend an, dass sie bezogen auf die Allgemein- und Persönlichkeitsbildung „umfangreiche fachliche Kenntnisse" erwerben (Dippelhofer-Stiem 1999, S. 87). Genügend vorbereitet sehen sich die AbsolventInnen von Fachschulen für „die anstehende Kleingruppenarbeit, für die Arbeit mit den Kindern im allgemeinen sowie für die Kooperation mit den KollegInnen" (Dippelhofer-Stiem 1999, S. 87). Je mehr sich die Arbeit von der beruflichen Bewältigung alltäglicher Probleme in der Kindergartengruppe allerdings entfernt, desto unvorbereiteter fühlen sich die AbsolventInnen. Bezogen auf krisenhafte Situationen mit Kindern, auf die Integration von Behinderten, auf die Arbeit mit sogenannten verhaltensauffälligen Kindern und im Besonderen bezogen auf die Zusammenarbeit mit Eltern und anderen Erwachsenen außerhalb der Einrichtung, mit Behörden und anderen Institutionen werden die Vorbereitungsqualitäten der Ausbildung insgesamt als niedrig eingeschätzt (vgl. Fthenakis u. a. 1995, S. 179). Dafür erfolgt bislang anscheinend auch keine hinreichende Qualifizierung. Der Unterricht an Fachschulen, wird den vorliegenden Studien gefolgt, kann ErzieherInnen anscheinend insoweit nicht auf die Praxis vorbereiten, als dass erfahrungsbezogene alltägliche Deutungen durch die Ausbildung verunsichert werden können und den diesbezüglichen Ausbildungsinhalten für die Bewältigung des Berufsalltags eine besondere Stellung zugesprochen wird (vgl. Ludewigt/Otto-Schindler 1992; Frey 1997; Dippelhofer-Stiem 1999). Erfahrungen aus der Kindheit und Jugend stellen auch nach Abschluss der Ausbildung einen wichtigen Bezugsrahmen für die Deutung und Bearbeitung beruflicher Stresssituationen und die Entwicklung pädagogischer Orientierungen dar. Der Werkzeugkasten, den die Ausbildung „untertheoretisiert" in Form von methodischen und didaktischen Untensilien anbietet, wird als nicht ausreichend empfunden.

Wenn den vorliegenden professionstheoretischen Analysen weiter gefolgt wird, dann stellen die mangelnden Verbindungslinien zwischen Wissenschaft respektive Forschung, Theorie und Hochschule einerseits und den

Berufsfeldern von ErzieherInnen andererseits weiterhin ein empirisch ange-
zeigtes Hemmnis zur Überwindung einer eher theorieabstinenten Praxis der
ErzieherInnen dar. Das Fehlen eines wissenschaftlichen, disziplinären Be-
zugssystems und die geringe Herausbildung eines beruflich-fachlichen, professionellen Orientierungsrahmens scheinen Ausdruck dafür zu sein, dass
sich hier ein pädagogisches Handlungsfeld trotz einer ausgeprägten Verberuflichung und einer durchaus ausgewiesenen fachlichen Durchdringung
erst am Anfang seiner Professionalisierung befindet. Jüngere Studien ver-
dichten die Erkenntnisse zu den beruflichen Habitualisierungen von ErzieherInnen auf Basis biografisch-narrativer Interviews (vgl. Cloos 2001) und
ergänzend aus ethnografischer Perspektive, aber auch über einen Vergleich
zu anderen Berufsgruppen (vgl. Cloos 2007; auch Thole/Küster-Schapfl
1997). Die Ergebnisse der berufsbiografischen Studien legen nahe, davon
auszugehen, dass sich die befragten ErzieherInnen weitgehend kompetent
bei der Planung des beruflichen Alltags, bei der Durchführung pädagogischer Angebote und bei der Unterstützung in alltäglichen Problemsituatio-
nen fühlen. Sie scheinen sich zumeist sicher in der direkten pädagogischen
Arbeit mit Kindern und Jugendlichen und in der Teamarbeit mit ihren KollegInnen. Es zeigt sich jedoch auch, dass aufgrund der berufsfeldspezifischen Rahmenbedingungen auf den befragten ErzieherInnen ein Profes-
sionalisierungsdruck lastet, der durch die von ihnen kritisierte mangelnde
fachschulische Berufsvorbereitung verstärkt zu werden scheint. ErzieherInnen können nur bedingt als umfassend ausgebildete ExpertInnen für
Fragen der Erziehung, Bildung und Betreuung angesehen werden. Jenseits
der direkten pädagogisch-reflektierten Arbeit mit Kindern und Jugendlichen
verfügen sie über nur geringe Kompetenzen zur reflexiven Durchdringung
von Erziehungs- und Bildungsmaßnahmen, der weiträumigen Planung und
Vernetzung ihrer Tätigkeit in Einrichtungen der Kinder- und Jugendhilfe.
Das Projekt einer über die fachschulische Qualifikation angestoßenen „Professionalisierung" des ErzieherInnenberufes scheint an Grenzen zu stoßen,
weil

- das in der Qualifikationsphase erworbene Wissen und Können nicht
  durchgängig als wichtige Ressource für die erfolgreiche Ausbuchstabie-
  rung des pädagogischen Alltags identifiziert wird,
- auf den Wegen durch das Leben angehäufte Erfahrungen neben dem in
  der Berufspraxis erworbenen Wissen und Können die bedeutsamsten
  Ressourcen für die Gestaltung des pädagogischen Alltags bilden,

- die in der Kindheit, Jugend und vorberuflich gewonnenen Erfahrungen durch die ErzieherInnenausbildung nur in geringem Maße verunsichert werden,
- die schulisch vermittelten und im Berufsalltag zur Geltung kommenden Methoden und Verfahren sowie die persönlichen Alltagskompetenzen für die pädagogische Kernarbeit zuweilen zwar ausreichen, nicht jedoch zur Bewältigung neuer und problematischer Situationen,
- der weitgehend ausbleibende Rückgriff auf wissenschaftliches Wissen und die nicht durchgängig geschulten, reflexiven Kompetenzen berufliche Unsicherheiten nicht genügend abfedern können und
- die Nichtbeachtung berufsständisch organisierter Unterstützungssysteme, der fehlende Rückhalt in einer eigenen Fachkultur und die fast gänzlich ausbleibende Anbindung an Instanzen der Theoriebildung und Forschung einher geht mit durchweg ambivalenten habituellen Verortungen zum eigenen Beruf (vgl. Thole/Cloos 2006).

Die vorliegenden Befunde zeigen aber auch, dass abhängig von der formalen Stellung, der Teamposition und den berufsbiografischen Dispositionen ein höherer sozialpädagogischer Ausbildungsabschluss mit einem insgesamt vielfältigeren Aufgabenspektrum einhergeht. Dieses realisiert sich in geringerem direktem Kontakt zu den Kindern und Jugendlichen, jedoch vermehrten Kontakten zur organisationskulturellen Umwelt und einer häufigeren Beschäftigung mit Aufgaben der Berichterstellung, Reflexion und Planung. Ein höherer sozialpädagogischer Ausbildungsabschluss verbindet sich in Bezug auf die Handlungsfelder der Pädagogik der Kindheit mit einer höheren Begründungs- und Reflexionsverpflichtung, komplexeren Deutungen des beruflichen Alltags, einem stärker ausgeprägten höhersymbolischen Sprachstil und einer höheren Komplexität der Wissensdomänen, die sich auch über präziser ausformulierte gesellschaftstheoretische Ansprüche und Vorstellungen sowie durch eine größere Nähe zur berufsfeldspezifischen fachlichen und – in sehr eingeschränktem Maße – wissenschaftlichen Diskursen artikulieren (vgl. Cloos 2007).

Das Wissen über das Wissen, Können und Handeln, also über die Deutungs- und Handlungskompetenzen der pädagogischen MitarbeiterInnen in den Einrichtungen der Pädagogik der Kindheit und hier insbesondere den Kindertageseinrichtungen bleibt auch unter Rückgriff auf die dazu vorliegenden empirischen Befunde diffus und divergent. Konsens besteht in den professions- und kompetenztheoretischen Diskussionen lediglich darin, dass die Qualität und das Ausmaß der in den einschlägigen pädagogischen Praxen realisierten Deutungs- und Handlungskompetenzen nicht ausschließlich nach den erworbenen Zertifikaten bewertet werden kann (vgl. Combe/Helsper 1996; Thole/Cloos 2000; vgl. auch u. a. Meulemann 1999; Dohmen 2001; Overwien 2005). Zeugnisse, Dokumente, Bescheinigungen und Diplome dokumentieren und zertifizieren keineswegs die tatsächlich jeweils vorhandenen Fertigkeiten und Fähigkeiten, das Potential des biografisch erworbenen Wissens und des ausgebildeten Könnens. Weitgehend Zustimmung wird auch die Beobachtung einer Differenz zwischen den Professionellen mit unterschiedlichen Qualifikationswegen erfahren und der Befund, dass die für die Praxis notwendigen Kompetenzen nicht ausschließlich über die Erstqualifizierung zu erwerben sind. Letztendlich bleibt unsicher, an welchen Orten und unter welchen Bedingungen die real aktivierbaren pädagogischen Kompetenzen erworben beziehungsweise angeeignet werden und ob diese bei den Beschäftigten, insbesondere bei den nicht akademisch qualifizierten MitarbeiterInnen in den Handlungsfeldern der Pädagogik der Kindheit ausreichen, um eine erfolgreiche, den Bedürfnissen der Kinder und den gesellschaftlich formulierten Ansprüchen entsprechende Praxis zu gestalten.

3. Ausblick: Professionelle Kompetenzen und Forschungsbedarf

Wie wahrscheinlich in keinem Zeitraum zuvor steht die Pädagogik der Kindheit in Kindertageseinrichtungen im Blickfeld der Öffentlichkeit. Jedoch ebenfalls wie nie zuvor ist sie gleichfalls insgesamt wenig lobenswerten, zum Teil sogar scharfen und bissigen Kommentaren ausgesetzt – und die empirischen Befunde scheinen das öffentliche Bild zu verifizieren, attestieren sie doch dem Personal in den Kindertageseinrichtungen keine ausgefeilte Professionalität oder sehen diese nicht als durchgängig gegeben an (vgl. u. a. aktuell Brandt u. a. 2008).

Diese Wahrnehmung ist allerdings zu problematisieren, denn die Diagnose übersieht die komplexen strukturellen, sozial-kulturellen, mentalen und politischen Rahmenbedingungen, mit denen sich insbesondere die Kindertagesstätten, aber auch die anderen Felder der Pädagogik der Kindheit in den letzten Jahrzehnten konfrontiert sehen. Weder kann den Trägern und Organisationen noch den PädagogInnen oder den professionellen und disziplinären Kontexten allein die Verantwortung für die beklagte Situation zugeschrieben werden, um im gleichen Atemzug zu fordern, die Verantwortung für die Handlungsfelder der Pädagogik der Kindheit neu zu ordnen, aus dem Netzwerk der Kinder- und Jugendhilfe herauszulösen und dem Verantwortungsbereich der Schule zu übertragen.[1] Entsprechende Überlegungen ignorieren nicht nur die schlichte, empirisch ja oftmals vorgetragene Erkenntnis, dass auch das pädagogische Feld der Schule sich in einer schwierigen, keinesfalls nur positiv zu bewertenden Situation befindet, sondern auch den Befund, dass die Pädagogik der Kindheit ein besonderes pädagogisches Feld konstituiert, das exklusive Formen der professionellen und disziplinären Thematisierung und andere Praxen und Praktiken bedarf als die, die aktuell noch mehrheitlich in der Schule anzutreffen sind und das schulische Bildungssystem insgesamt bestimmen (vgl. hierzu auch den Beitrag von Fölling-Albers in diesem Band).[2] Auch wenn diese Differenzierung möglicherweise überspitzt akzentuiert und sie von einem sehr antiquierten Bild über die pädagogischen Qualitäten von Schule geprägt ist, weist sie doch darauf hin, dass die Neuformatierung der Pädagogik in Kindertageseinrichtungen sich nicht ausschließlich in der kritischen Negation der bislang hier anzutreffenden konzeptionellen Modelle und einer – zuweilen vorschnellen – Implementierung neuer curricularer Rahmen erschöpfen kann. Zu favorisieren sind wahrscheinlich eher Modelle, die auf eine Neumodellierung der auf Abgrenzung orientierten Differenzmarkierung zwischen dem System der Kindertageseinrichtungen und der Grundschule abzielen. Für Kinder stellt die Transition vom Kindergarten in die Grundschu-

---

1   Zuweilen wird im Zuge der internen, deutschen Kritik diese Exklusivität der Pädagogik der Kindheit übersehen, jedoch, glücklicherweise, von der Außenperspektive erwähnt, in dem die konzeptionelle, sozialpädagogische – also die historisch gewachsene, nicht individuumszentrierte, den pädagogischen Gesamtrahmen und hier insbesondere die sozialen, quasi informellen Szenarien beachtende – Grundlegung der bundesrepublikanischen Kindertageseinrichtungen positiv hervorgehoben wird. Unabhängig der ebenfalls herausgestellten und kritisch begutachten Aspekte – Qualifikation des Personals, zu selektiv ausgerichtete Übergangsphasen, mangelnde Integrationskraft und Sensibilität für soziale Heterogenitäten und eine zu undeutlich formulierte Bildungsorientierung – wird ausdrücklich die Gesamtkonstruktion der Pädagogik der Kindheit und die kindzentrierte Perspektive der bundesrepublikanischen Pädagogik der Kindheit hervorgehoben (vgl. OECD 2004).

2   Hieran erinnert jüngst Rainer Dollase nachdrücklich, wenn auch polemisch zugespitzt. Den gegenwärtigen ProtagonistInnen in der Debatte „um Bildung und Früheinschulung" „Ignoranz und Forschungsamnesie" vorhaltend, erinnert er an Studien der 1960er und 1970er Jahre, die gegen eine generelle vorverlegte Einschulung ebenso plädieren wie gegen eine, klassischen schuldidaktischen Szenarien folgenden „Bildung kleiner Kinder: Kleine Kinder lernen offenbar im Durchschnitt nicht schulisch, sondern eher ganzheitlich – besser im Spiel als gebeugt über Lernspielmappen" (Dollase 2007, S. 6).

le – ebenso wie zuvor schon von der familialen Lebenswelt in das institutionelle Geflecht der Kindertageseinrichtungen – eine bedeutende Statuspassage dar, deren erfolgreiche Bewältigung ein ausbalanciertes, inhaltlich und strukturell klug gerahmtes System der Begleitung erfordert (vgl. Faust/Roßbach 2004; Roßbach 2006). Erwünscht scheint ein System, das allen Kindern eine Partizipation an den vorgehaltenen Bildungsangeboten zu ermöglichen erlaubt und die strukturellen, in die pädagogischen Institutionen eingelagerten Formen der Selektion wahrnimmt und abzufedern versucht.[3] In Bezug auf das Professionalisierungsprojekt der Pädagogik der Kindheit sind vor diesem Hintergrund möglicherweise sogar akademische Qualifizierungsprogramme zu bevorzugen, die für ein berufliches Engagement in der Grundschule und in den Handlungsfeldern der Pädagogik der Kindheit in einem gemeinsamen Studienprogramm vorbereiten.

In skeptischer – und dennoch würdigender – Distanz zu den gegenwärtig, unter erheblichem Zeit- und Handlungsdruck vollzogenen Versuchen, die Fachlichkeit in den Kindertageseinrichtungen zu professionalisieren, scheint eine Intensivierung des Diskurses zur Professionalisierung der Pädagogik der Kindheit erstrebenswert. Dieser hätte zum einen den Stand der allgemeinen pädagogischen Professionalisierungsdiskussion zu reflektieren und zum anderen diesen in Bezug auf die Spezifität der Pädagogik der Kindheit zu konkretisieren. Denkbar wäre am Ende dieses Prozesses ein Professionalisierungsmodell, das die Vorteile und Erkenntnisse strukturbeziehungsweise interaktionstheoretischer Deutungen pädagogischen Handelns, die beispielsweise das Arbeiten mit verschriftlichten Lern- und Bildungsgeschichten favorisieren und dabei an das Wissen um die fall- und feldbezogene Modulation pädagogischen Handelns anknüpfen, mit kompetenzorientierten Modellen verbindet. Ein Modell, das ausschließlich auf eine Qualifizierung wissensabgestützter Kompetenzen setzt, ignoriert die komplexe Dynamik pädagogischer Szenarien und die hierin eingewobenen Paradoxien (vgl. Helsper 2006). Im Kontrast hierzu einem Modell den Vorzug zu geben, das Professionalität allein unter Beachtung der Paradoxien und Ambivalenzen pädagogischen Handeln beobachtet, würde die in dem pädagogischen Handeln eingelagerten Wissens- und Könnenspotenziale ig-

---

3 Armutsgefährdete und von Armut betroffene Kinder können den vorliegenden Befunden nach in einem geringeren Maße von guten, vorschulischen Betreuungs- und Bildungssettings profitieren als Kinder aus materiell besser ausgestatteten Familien (vgl. Strehmel 2007, S. 76) – ein Befund, der nochmals auf die herkunftsbedingte Prädisposition von Bildungskarrieren in der Bundesrepublik Deutschland verweist (vgl. auch Büchner in diesem Band).

norieren. Professionelle sollten demnach um die Möglichkeiten des Scheiterns ihres Handelns wissen, die Paradoxien und Ambivalenzen pädagogischen Handelns zu reflektieren vermögen, ohne diese Kenntnisse zum Anlass zu nehmen, von dem Ziel abzulassen, gelungene pädagogische Szenarien herstellen zu wollen. Um dieser Modulation von Professionalität möglichst weitgehend entsprechen zu können, benötigen die pädagogischen AkteurInnen in den Handlungsfeldern der Pädagogik der Kindheit neben Reflexionskompetenzen ein Repertoire an Wissen und Können:

- Bildungswissenschaftliches Wissen und pädagogische Kompetenzen,
- sozialisations- und entwicklungspsychologisches Wissen,
- allgemein-didaktisches Fachwissen und alterspezifisches, fachdidaktisches Wissen,
- Kenntnisse über die gesellschaftlichen und politischen, institutionellen und organisatorischen Rahmungen der kindhheitsbezogenen Handlungsfelder,
- Konzeptions- und Planungswissen,
- Wissen über die Orchestrierung und Inszenierung von bildungsfördernden und spielerischen Situationen,
- Wissen über die Methoden des Diagnostizierens, Realisierens und Auswertens,
- sowie Wissen über die Grundformen pädagogischen Handelns – Beraten, Helfen, Unterrichten und Zeigen –

sind als Domänen zu identifizieren, die – mit den entsprechenden Könnenspotenzialen versehen – handlungspraktisch beherrscht werden sollten (vgl. für die Schule Baumert/Kunter 2006, S. 485). Das Erlernen von Kenntnissen und Fähigkeiten, wie Basteln, Singen, Vormachen, Mitmachen und Spielen, sind hier – selbstverständlich – ebenso zu integrieren wie der Erwerb von professionellen Handlungskompetenzen, also beispielsweise die Fähigkeit, pädagogische Prozesse zu reflektieren und zu kommunizieren, und selbstregulative Fähigkeiten, wozu auch das Wissen über die Formen von professionellem Handeln zählt.

Unabhängig von diesen Überlegungen ist resümierend hervorzuheben, dass die bislang vorliegenden Befunde zu den pädagogischen, fachlichen und sachlichen Wissensdomänen der in den Feldern der Pädagogik der Kindheit Engagierten – aber auch zu den pädagogischen Fachkräften in den Grundschulen –, zu ihren Modulationen des Verhältnisses von Wissen und Können, Selbstbildern, ethischen Berufsauffassungen, Deutungs- und Handlungskompetenzen und ihren Kompetenzen, pädagogischen Alltag zu

gestalten, insgesamt wenig ergiebig und als nicht ausreichend für eine Bestimmung von Professionalität anzusehen sind. Entsprechende Beurteilun-
gen der Forschungslandschaft finden sich unter Würdigung der empirischen
Datenlage vielfach formuliert (vgl. u. a. Honig u. a. 1995, S. 20f.; Dippelhofer-Stiem 2003, S. 151; Beher 2004, S. 107ff.; Fried 2005, S. 286; Roßbach 2006; Liegle 2006, S. 156). Auch wenn eine deutliche Verflüchtigung
des traditionellen Desinteresses an der Erforschung und Entwicklung von
Fragen der Erziehung und Bildung früher Kindheit (Rabe-Kleberg 2006) zu
erkennen ist, bestehen doch nach wie vor enorme Herausforderungen für
die empirische Forschung. Gefordert sind Studien, die die Formen des
Aufwachsens unter sozialisationstheoretischen, entwicklungspsychologischen und anthropologischen – sowie möglicherweise auch unter physiolo-
gischen und neurobiologischen – Perspektiven beobachten und hier insbesondere auch die Möglichkeiten – und eventuell auch die Nachteile – der
institutionalisierten Betreuungs-, Förderungs- und Bildungsangebote empirisch evaluieren. Mit Blick auf die weitere Professionalisierung der Pädagogik der Kindheit – und insbesondere der Fokussierung auf die Kindertageseinrichtungen – sind empirische Expertisen

- zu dem allgemein pädagogischen, aber auch zu dem methodischen, the-
  men- und sachbezogenen sowie dem fachdidaktischen Wissen, Können
  und Tun der MitarbeiterInnen in den Handlungsfeldern der Pädagogik
  der Kindheit,
- zu den Umgangsformen mit bildungstheoretischen und curricularen
  Rahmungen,
- zu den vorgehaltenen subjektiven Theorien, Deutungs- und Handlungsmustern,
- zu den Inszenierungsformen pädagogischer Alltage und Übergänge,
- zu den Formen der Gestaltung, Orchestrierung und Modulation spezieller
  Angebote, „Bildungswelten" und den hierbei herangezogenen Materialien,
- zu den Formen und Praktiken der Herstellung von pädagogischen Ar-
  beitsbeziehungen,
- zu den verwendeten Praxen des Beobachtens, des Verstehens, Diagnostizierens und Wahrnehmens,
- zu den Selbstdeutungs- sowie zu den internen und externen Präsentati-
  onspraxen,
- zu den Kompetenzen, organisatorische und institutionelle Settings zu
  gestalten und sich in ihnen zu bewegen,
- zu den Praxen der Dokumentation und Evaluation sowie

• zu Praxen der Formulierung, Reflexion und Bewertung von Zielen, Bildungsprozessen, individuellen Bildungsgeschichten und der konzeptionellen Einrichtungsphilosophien

wünschenswert. Unter expliziter Betonung kinder- und kindheitsbezogener Perspektiven (vgl. u. a. Betz u. a. 2007) sind die empirischen Studien zudem stärker mit dem allgemeinen, aber auch dem schul- und lehrerbildungsbezogenen oder etwa mit dem sozialpädagogischen Professionalisierungsdiskurs zu verzahnen – denn: Weitgehend wird bisher in den Diskursen zur Pädagogik der Kindheit auf eine ausgewiesene Kontextualisierung über erziehungs- oder sozialwissenschaftliche Diskurse verzichtet.

Die Akademisierung der Pädagogik der Kindheit wird eine grundlegende Professionalisierung des Handlungsfeldes nur initiieren können, wenn gleichzeitig auch die arbeitsfeldspezifischen Regeln und Gewohnheiten sowie das dort vorzufindende Zusammenspiel von Aus-, Fort- und Weiterbildung und schließlich auch die Schnittstellen zu anderen pädagogischen Handlungs- und Berufsfeldern in den Blick geraten. Eine umfassende Professionalisierung hat demnach auch das Feld der beruflichen Praxis selbst mit in die Überlegungen einzubeziehen. Sie wird sich nicht als unmittelbare Folge der Akademisierung der Pädagogik der Kindheit realisieren, ist aber ohne eine weitere Akademisierung des Personals auch nicht zu bewerkstelligen (vgl. Thole/Cloos 2006). Auf der Tagesordnung steht damit die Initiierung eines umfassenden Prozesses der Professionalisierung der Pädagogik der Kindheit, eines Prozesses, der nicht nur die Praxen in den institutionalisierten Handlungsfeldern und die Qualifizierungslandschaft betrifft, sondern auch die empirische Forschung und Theoriebildung.

Literatur

Andermann, H. u. a. (1996): Erzieherinnen vor dem Eintritt in das Berufsleben. Zu ihren beruflichen Orientierungen und zur Beurteilung ihrer Ausbildung an der Fachschule für Sozialpädagogik. In: Zeitschrift für Frauenforschung, 1996, Doppelheft 1/2, S. 138-151.
Baumert, J./Kunter, M. (2006): Stichwort: Professionelle Kompetenz von Lehrkräften. In: Zeitschrift für Erziehungswissenschaft, 9. Jg. (2006), Heft 4, S. 469-520.
Beck, U./Bonß, W. (Hrsg.) (1989): Weder Sozialtechnologie noch Aufklärung. Frankfurt a. Main.
Beher, K. (2004): Die Arbeitsfelder. Tageseinrichtungen für Kinder. In: Beher, K./Gragert, N. (Hrsg.) (2004): Aufgabenprofile und Qualifikationsanforde-

rungen in den Arbeitsfeldern der Kinder- und Jugendhilfe. Dortmund u. München, S.102-190.

Beher, K. u. a. (1996): Beruf: ErzieherIn. Daten, Studien und Selbsteinschätzungen zur Situation der ErzieherInnen in Kindertageseinrichtungen und in der Heimerziehung. In: Böttcher, W. (Hrsg.) (1996): Die Bildungsarbeiter. Situation – Selbstbild – Fremdbild. Weinheim u. München, S. 11-49.

Betz, T. u. a. (2007): Das Kinderpanel als Beitrag zur Sozialberichterstattung über Kinder. In: Alt, Ch. (Hrsg.) (2007): Kinderleben – Start in die Grundschule. Wiesbaden, S, 19-59.

Brandt, A. u. a. (2008): Glaubenskrieg ums Kind. In: Der Spiegel, 2008, Heft 8, S. 40-54.

Cloos, P. (2001): Ausbildung und beruflicher Habitus von ErzieherInnen. In: Hoffmann, H. (Hrsg.) (2001): Studien zur Qualitätsentwicklung von Tageseinrichtungen. Neuwied u. Berlin, S. 97-130.

Cloos, P. (2007): Die Inszenierung von Gemeinsamkeit. Eine vergleichende Studie zu Biografie, Organisationskultur und beruflichem Habitus von Teams in der Kinder- und Jugendhilfe. Weinheim u. München.

Combe, A./Helsper, W. (1996): Einleitung: Pädagogische Professionalität. Historische Hypotheken und aktuelle Entwicklungstendenzen. In: Combe, A./Helsper, W. (Hrsg.) (1996): Pädagogische Professionalität. Untersuchungen zum Typus pädagogischen Handelns. Frankfurt a. Main, S. 9-48.

Daheim, H. (1992): Zum Stand der Professionssoziologie. In: Dewe, B. u. a. (Hrsg.) (1992): Erziehen als Profession. Zur Logik professionellen Handelns in pädagogischen Arbeitsfeldern. Opladen, S. 21-34.

Dewe, B./Otto, H.-U. (2001): Profession. In: Otto, H.-U./Thiersch, H. (Hrsg.) (2001): Handbuch Sozialarbeit und Sozialpädagogik. Neuwied, S. 1399-1422.

Dippelhofer-Stiem, B. (1999): Fachschulen für Sozialpädagogik aus der Sicht von Absolventinnen. Ergebnisse einer empirischen Studie. In: Thiersch, R. u. a. (Hrsg.) (1999): Die Ausbildung der ErzieherInnen. Entwicklungstendenzen und Reformansätze. Weinheim u. München, S. 80-92.

Dippelhofer-Stiem, B. (2003): Beruf und Professionalität. In: Fried, L./Roux, S. (Hrsg.) (2003): Pädagogik der frühen Kindheit. Handbuch und Nachschlagewerk. Weinheim u. Basel, S. 122-152.

Dippelhofer-Stiem, B./Kahle, I. (1995): Die Erzieherin im evangelischen Kindergarten. Empirische Analysen zum professionellen Selbstbild des pädagogischen Personals, zur Sicht der Kirche und zu den Erwartungen der Eltern. Bielefeld.

Dohmen, G. (2001): Das informelle Lernen. Die internationale Erschließung einer bisher vernachlässigten Grundform menschlichen Lernens für das lebenslange Lernen aller. Bonn: BMBF, Referat Öffentlichkeitsarbeit.

Dollase, R. (2007): Bildung im Kindergarten und Früheinschulung. In: Zeitschrift für pädagogische Psychologie, 21. Jg. (2007), Heft 1, S. 4-10.

Engelhardt, W. J./Ernst, H. (1992): Dilemmata der ErzieherInnenausbildung zwischen Institution und Profession. In: Zeitschrift für Pädagogik, 38. Jg. (1992), Heft 3, S. 419-435.

Faust, G./Roßbach, H. G. (2004): Der Übergang vom Kindergarten in die Grundschule. In: Denner, L./Schumacher, E. (Hrsg.) (2004): Übergänge im Elementar- und Primarbereich reflektieren und gestalten. Beiträge zu einer grundlegenden Bildung. Bad Heilbrunn, S. 91-105.

Frankfurter Rundschau (2005): Zu neuen Ufern. Frankfurter Rundschau vom 7. 12. 2005, S. 24-25.

Frey, A. (1997): Konfliktbewältigungsverhalten von Erzieherinnen. In: Dippelhofer-Stiem, B./Wolf, B. (1997): Ökologie des Kindergartens: Stand und Desiderate der empirischen Forschung. Freiburg i. Br., S. 139-162.

Fried, L. (2005): Zum Stand der Forschung im Bereich der Pädagogik der Kindheit. In: Schweppe, C./Thole, W: (2005) (Hrsg.): Sozialpädagogik als forschende Disziplin. Weinheim u. München, S. 277-289.

Fried, L./Briedigkeit, E. (2007): DO-RESI. Grundlegung, Entwicklung und E-valuation einer Skala zur Einschätzung der Qualität sprachförderrelevanter Interaktionen im Kindergarten, Forschungsbericht. Dortmund (MS).

Fthenakis, W. E. u. a. (1995): Neue Konzepte für Kindertageseinrichtungen: eine empirische Studie zur Situations- und Problemdefinition der beteiligten Interessengruppen, Endbericht Band 2. München.

Fthenakis, W. E./Textor, M. R. (Hrsg.) (1998): Qualität von Kinderbetreuung. Konzepte, Forschungsergebnisse, internationaler Vergleich. Weinheim u. Basel.

Gleich, J. M. (1993): Das Problem der Erzieherfluktuation. Eine empirische Untersuchung zur Lage der Erzieherin in katholischen Tageseinrichtungen für Kinder, Schriftenreihe des Diözesan Caritasverbandes, Heft 10. Köln.

Helsper, W. (2004): Pädagogische Professionalität als Gegenstand des erziehungswissenschaftlichen Diskurses. In: Zeitschrift für Pädagogik, 49. Jg. (2004), Heft 3, S. 303-308.

Herrmann, U. (1999): Lehrer – professional, Experte, Autodidakt. In: Apel, H. J. u. a. (Hrsg.) (1999): Professionalisierung pädagogischer Berufe im historischen Prozess. Bad Heilbrunn, S. 408-426.

Honig, M.-S. u. a. (2004): Was ist ein guter Kindergarten? Theoretische und empirische Analysen zum Qualitätsbegriff in der Pädagogik. Weinheim u. München.

Honig, M.-S. u. a. (Hrsg.) (1996): Kinder und Kindheiten. Weinheim u. Basel.

Hoppe, J. R. (1993): Polemische Anmerkungen zur Kindertagesstättenpraxis, ErzieherInnenausbildung, LehrerInnenfortbildung und zu Innovationsbestrebungen. In: Nachrichtendienst des deutschen Vereins für öffentliche und private Fürsorge, 73. Jg. (1993), Heft 3, S. 113-116.

Hüttemann, M. (2006): Evidence-based Practice – ein Beitrag zur Professionalisierung Sozialer Arbeit. In: neue praxis, 2006, Heft 2, S. 156-166.

Krenz, A. (1993): Unzufriedenheit und neue Belastungen von Erzieherinnen in schleswig-holsteinischen Kindergärten. Ergebnisse und Hintergründe einer breit angelegten Befragung. In: Unsere Jugend, 45. Jg. (1993), Heft 5, S. 200-209.

Leu, H. R. (2002): Bildungs- und Lerngeschichten. In: Diskurs, 12. Jg. (2002), Heft 2, S. 19-25.

Liegle, L. (2006): Bildung und Erziehung in früher Kindheit. Stuttgart.

Lill, G. (Hrsg.) (1998): Von Abenteuer bis Zukunftsvisionen. Qualitätslexikon für Kindergartenprofis. Neuwied, Kriftel u. Berlin 1998.

Ludewigt, I./Otto-Schindler, M. (1992): „... und irgendwann wühlt man sich wieder ans Tageslicht". Ansprüche und Formen sozialpädagogischen Handelns von Heimerzieherinnen und Heimerziehern, Niedersächsische Beiträge zur Sozialpädagogik und Sozialarbeit, Band 8. Frankfurt a. Main u. a.

Lundgreen, P. (1999): Berufskonstruktion und Professionalisierung in historischer Perspektive. In: Apel, H. J. u. a. (Hrsg.) (1999): Professionalisierung pädagogischer Berufe im historischen Prozess. Bad Heilbrunn, S. 19-34.

Mayer-Vorfelder, G. (1982): Redebeitrag auf dem Kreisparteitag in Schwäbisch-Gmünd 1982. Zitiert nach: Metzinger, A. (1993): Zur Geschichte der Erzieherausbildung. Quellen – Konzeptionen – Impulse – Innovationen. Frankfurt a. Main u. a., S. 194.

McNeill, T. (2006): Evidence-based Practice in a Age of Relativsm. Towards a Model for Practice. In: Social Work, 2006, S. 147-156.

Meulemann, H. (1999): Stichwort: Lebensverlauf, Biographie und Bildung. In: Zeitschrift für Erziehungswissenschaft, 2 Jg. (1999), Heft 3, S. 305-324.

Müller, B. ([4]2006): Sozialpädagogisches Können. Ein Lehrbuch zur multiperspektivischen Fallarbeit. Freiburg i. Br.

Musiol, M. (1997): Kontinuität und Wandel im Rollenverständnis von Erzieherinnen in den neuen Bundesländern. In: Dippelhofer-Stiem, B./Wolf, B. (Hrsg.) (1997): Ökologie des Kindergartens: Stand und Desiderate der empirischen Forschung. Freiburg i. Br., S. 9–26.

Oevermann, U. (1996): Theoretische Skizze einer revidierten Theorie professionalisierten Handelns. In: Combe, A./Helsper, W. (Hrsg.) (1996): Pädagogische Professionalität. Frankfurt a. Main, S. 70-181.

Organisation für wirtschaftliche Zusammenarbeit und Entwicklung (OECD) (2004): Die Politik der frühkindlichen Betreuung, Bildung und Erziehung in der Bundesrepublik Deutschland. Paris u. Berlin.

Otto, H.-U. u. a. (2007): Zum aktuellen Diskurs um Erfolg und Wirkung im Feld der Sozialpädagogik und Sozialarbeit. Berlin.

Overwien, B. (2005): Stichwort: Informelles Lernen. In: Zeitschrift für Erziehungswissenschaft, 8. Jg. (2005), Heft 3, S. 339-355.

Pfadenhauer, M. (2003), Professionalität. Eine wissenssoziologische Rekonstruktion institutionalisierter Kompetenzdarstellungskompetenz. Opladen.

Pfadenhauer, M. (2005): Die Definition des Problems aus der Verwaltung der Lösung. In: Pfadenhauer, M. (Hrsg.) (2005): Professionelles Handeln. Wiesbaden, S. 9-27.

Puhani, P. A./Weber, A. M. (2006): Does the early bird catch the worm. Instrumental variable estimates of educational effects of age of school entry in Germany. Darmstadt (MS).

Rabe-Kleberg, U. (1986): Erzieherin – ein Frauenberuf nach 150 Jahren am Ende? In: Rabe-Kleberg, U. u. a. (Hrsg.) (1986): Qualifikationen für Erzieherarbeit, Bd. 3. München, S. 7-35.

Rabe-Kleberg, U. (2006): Öffentliche Kindererziehung: Kinderkrippe, Kindergarten, Hort. In: Krüger, H.-H./Rauschenbach, Th. (2006): Einführung in die Arbeitsfelder des Bildungs- und Sozialwesens. Opladen u. Farmington Hills, S. 93-109.

Rauschenbach, Th. u. a. (1998): Das Qualifikationsprofil Erzieherin – aus der Sicht von Arbeitsmarkt und Beruf, Expertise im Auftrag des Ministeriums für Bildung, Jugend und Sport des Landes Brandenburg. Dortmund 1998 (MS).

Rauschenbach, Th. u. a. (^{2}1996): Die Erzieherin. Ausbildung und Arbeitsmarkt. Weinheim u. München.

Roßbach, H.-G. (2005): Effekte qualitativ guter Betreuung, Bildung und Erziehung im frühen Kindesalter auf Kinder und ihre Familien. In: Sachverständigenkommission Zwölfter Kinder- und Jugendbericht (Hrsg.) (2005): Materialien zum 12. Kinder- und Jugendbericht, Bd. 1. München, S. 55-174.

Roßbach, H. G. (2006): Institutionelle Übergänge in der Frühpädagogik. In: Fried, L./Roux, S. (Hrsg.) (2006): Pädagogik der frühen Kindheit. Handbuch und Nachschlagwerk. Weinheim, S. 280-292.

Schäfer, G. E. (1995): Bildungsprozesse im Kindesalter. Weinheim u. München.

Schäfer, G. E. (^{2}2004): Bildung beginnt mit der Geburt. Ein offener Bildungsplan für Kindertageseinrichtungen in Nordrhein-Westfalen. Weinheim u. München.

Schütze, F. (1994): Ethnographische und sozialwissenschaftliche Methoden der Feldforschung. Eine mögliche Orientierung in der Ausbildung und Praxis der Sozialen Arbeit. In: Grodbeck, N./Schumann, M. (Hrsg.) (1994): Modernisierung Sozialer Arbeit durch Methodenentwicklung und –reflexion. Freiburg i. Br., S. 189-297.

Strehmel, P. (2007): Der Einfluss vorschulischer Betreuung auf den Schulerfolg. In: Alt, Ch. (Hrsg.) (2007): Kinderleben – Start in die Grundschule. Wiesbaden, S, 61-79.

Thole, W./Cloos, P. (2000): Nimbus und Habitus. Überlegungen zum sozialpädagogischen Professionalisierungsprojekt. In: Homfeldt, H.-G./Schulze-Krüdener, J. (Hrsg.) (2000): Wissen und Nichtwissen. Weinheim u. München, S. 277-297.

Thole, W./Cloos, P. (2006): Akademisierung des Personals für das Handlungsfeld der Pädagogik der Kindheit. In: Diller, A./Rauschenbach, Th. (Hrsg.) (2006): Reform oder Ende der Erzieherinnenausbildung. Wiesbaden, S. 47-77.

Thole, W./Küster-Schapfl, E.-U. (1997): Sozialpädagogische Profis. Beruflicher Habitus, Wissen und Können von PädagogInnen in der außerschulischen Kinder- und Jugendarbeit. Opladen.

Tietze, W. u. a. (1998): Wie gut sind unsere Kindergärten? Eine Untersuchung
zur pädagogischen Qualität in deutschen Kindergärten. Neuwied u. Kriftel.

Zern, H. (1980): Berufswahlmotive von Erzieherinnen in der Ausbildung.
Weinheim.

Ziegler, H. (2006): Evidenzbasierte Soziale Arbeit. In: Schweppe, C./Sting, St.
(Hrsg.) (2006): Sozialpädagogik im Übergang. Weinheim u. München, S.
139-155.

Matthias Schilling/Thomas Rauschenbach

Die Last zuverlässiger Bedarfsbestimmungen

Zur quantitativen Seite des Zukunftsprojektes „frühe Bildung"

1. Bedarfsbestimmung – eine neue Herausforderung in der Frühpädagogik

Die Stärken der Statistik führen in der Regel in die Vergangenheit. Vergleiche zu den Vorjahren geben Aufschluss über die aktuelle Lage, über Veränderungen zwischen gestern und heute, informieren über die Dynamik der letzten Jahre oder Jahrzehnte. Diese Vorteile der Statistik kommen seit gut 10 Jahren auch mit Blick auf das empirische Wissen zu Plätzen, Versorgungsquoten, Personal u.v.m. im Bereich der Kindertagesbetreuung zum Tragen (vgl. etwa Rauschenbach/Schilling 2005). Noch Ende der 1980er-Jahre war das aber keineswegs selbstverständlich. Die Entwicklung der bundesrepublikanischen Kindergartenlandschaft war lange Zeit eine von empirischer Forschung und amtlicher Statistik wenig beachtete, unberührte Welt. Nur sporadisch wurde die Ausbaudynamik gezielt nachgezeichnet (vgl. etwa Rauschenbach 1990; Tietze/Roßbach/Roitsch 1993).

Diese Ausgangslage hat sich inzwischen merklich verändert. So besteht heutzutage ein breiter Konsens darüber, dass die Bildungsanstrengungen für Kinder, die noch nicht zur Schule gehen, ebenso deutlich intensiviert werden müssen wie der Ausbau eines entsprechend qualifizierten Angebots. Eine verstärkte Bereitstellung eines bedarfsdeckenden Angebots gilt dabei, vor allem für die Altersgruppe der unter Dreijährigen in Westdeutschland (vgl. BMFSFJ 2005). Infolgedessen reicht eine pauschale Forderung nach einem „Mehr" nicht mehr aus, ist doch das Geflecht aus Zuständigkeiten, Abhängigkeiten und Einflussebenen zu vielschichtig, um auf diese Weise etwas in Bewegung zu setzen. Eine präzise Bedarfsbestimmung und statistisch fundierte Zukunftsberechnungen finden von hier aus immer mehr Eingang in das dementsprechende fachliche und politische Handeln.

Sollen die vielfach konstatierten Ziele eines nachhaltigen Ausbaus tatsächlich erreicht werden, bedarf es einer sachgerechten Planung auf der Basis empirisch gesicherter Erkenntnisse darüber, wie sich die Nachfrage nach Angeboten der Kindertagesbetreuung künftig entwickeln wird. Dieser Frage nach einer empirisch prognostizierten Zukunft wird trotz einer im Sozial- und Erziehungswesen fast schon traditionellen Distanz gegenüber einer allzu euphorischen Planungstechnologie inzwischen eine deutlich größere Aufmerksamkeit entgegengebracht (vgl. Rauschenbach/Schilling 2001).

Zunächst wurde die Ausbaudebatte der frühen 1990er-Jahre im Kontext der Einführung des Rechtsanspruchs auf einen Kindergartenplatz für Dreijährige bis zum Schuleintritt fast ausschließlich auf fachpolitisch-administrativer Ebene geführt. Erst gegen Ende der 1990er-Jahre wurde die Zukunft dieses Arbeitsfeldes auch verstärkt unter demographischen Gesichtspunkten ins Visier genommen. Unter dem Eindruck des dramatischen Rückgangs der jährlichen Geburtenziffern in den neuen Ländern sowie dem damit einhergehenden Abbau der Kinderbetreuungsangebote, vor allem in der ersten Hälfte der 1990er-Jahre, ist wiederholt darauf hingewiesen worden, dass zwischen 2000 und 2015 auch in den alten Bundesländern die Anzahl der Kinder im Kindergartenalter deutlich sinken wird und somit nicht unerhebliche personelle, räumliche und finanzielle Ressourcen frei werden (vgl. BMFSFJ 2002).

Die Erkenntnisse der Demographie führten in Kombination mit den Überlegungen zu einem bedarfsgerechten Betreuungsangebot dazu, dass für Westdeutschland schon früh aufgezeigt werden konnte, dass frei werdende Plätze im Kindergartenalter für den Ausbau der Angebote für unter Dreijährige eingesetzt werden könnten (vgl. Rauschenbach 2000). Nicht zuletzt derartige Analysen trugen mit dazu bei, dass sich in der Politik eine grundsätzliche Bereitschaft entwickelte, die demographischen Gewinne zu nutzen, um sich auf eine weitergehende Ausbaustrategie der Angebote auch für unter Dreijährige einzulassen.

Die damit beginnende politische Debatte über den Umfang und das Ausmaß des notwendigen Ausbaus an zusätzlichen Plätzen für unter Dreijährige war von unterschiedlichen Versuchen gekennzeichnet, die Frage nach der entsprechenden Größenordnung zu klären und dafür eine dementsprechende Grundlage zu suchen. Vor diesem Hintergrund soll nachfolgend die politische Entwicklungsdynamik des geplanten Ausbaus der Plätze für unter Dreijährige und die damit verbundenen alternativen Wege der Bedarfsermittlung nachgezeichnet sowie im Lichte aktuellen Datenmaterials weitergeschrieben werden.

2. Die ersten Etappen der Bedarfsbestimmung

Die erste konkrete Etappe dieser Entwicklung war die ab 2003 in Angriff genommene Änderung des SGB VIII durch das so genannte „Tagesbetreuungsausbaugesetz – TAG", in dem festgelegt wurde, dass für unter dreijährige Kinder Plätze in Tageseinrichtungen und in Kindertagespflege dann vorzuhalten sind, wenn

• beide Erziehungsberechtigte/Alleinerziehende erwerbstätig sind;
• beide Erziehungsberechtigte/Alleinerziehende beabsichtigen, eine Erwerbstätigkeit aufzunehmen;
• beide Erziehungsberechtigte/Alleinerziehende sich in schulischer oder beruflicher Ausbildung befinden (berufliche Bildungsmaßnahme, Schulausbildung, Hochschulausbildung);
• beide Erziehungsberechtigte/Alleinerziehende an einer Maßnahme zur Eingliederung in Arbeit im Sinne des Vierten Gesetzes für moderne Dienstleistungen am Arbeitsmarkt teilnehmen;
• die frühkindliche Bildung, Betreuung und Erziehung (FBBE) und eine dem Wohl des Kindes entsprechende Förderung nicht gewährleistet ist.

Da das zentrale Kriterium für ein Betreuungsangebot für unter Dreijährige nach dem TAG mithin die Erwerbstätigkeit beider Eltern bzw. die Erwerbstätigkeit eines alleinerziehenden Elternteils darstellt, können dementsprechende Bedarfsbestimmungen vergleichsweise einfach mit Hilfe der Mikrozensus-Daten vorgenommen werden. Das Vorgehen bei dieser Art von Bedarfsabschätzung wurde im DJI-Zahlenspiegel 2005 ausführlich beschrieben (vgl. Gadow 2005, S. 232ff.). Die Berechnungen kamen damals zu dem Ergebnis, dass bis zum Jahre 2010 im Westen der Republik voraussichtlich noch zwischen 175.000 und 246.000 Plätze zusätzlich geschaffen werden müssen, wenn der kriterienabhängige Bedarf gedeckt werden soll. In den Modellrechnungen des TAG zur Kostenabschätzung ging man daraufhin von ca. 230.000 zusätzlichen Plätzen aus. Mit den vorhandenen Plätzen in den Kindertageseinrichtungen und in der Kindertagespflege würde demnach bis 2010 eine Gesamtversorgungsquote von ca. 17 Prozent in Westdeutschland erreicht werden (vgl. BMFSFJ 2007).

In der damit verbundenen Fachdebatte wurde jedoch wiederholt darauf hingewiesen, dass die im TAG formulierten gesetzlichen Bestimmungen mit ihrer Erwerbsabhängigkeit lediglich einen ganz spezifischen Ausschnitt des Bedarfs berücksichtigen.

Tab. 1:   *Verfügbare (2002) und in Anspruch genommene Plätze (2006)*
        in Kindertageseinrichtungen für unter Dreijährige nach
        Bundesländern

| | 31.12.2002 | | 15.03.2006 | |
| | Plätze in Tageseinrichtungen (inkl. 1%-Versorgung mit Tagespflege im Westen) | | Kinder in Tageseinrichtungen und in Tagespflege | |
	absolut	Platz-Kind-Relation (in %)	absolut	Besuchsquote (in %)
Baden-Württemberg	10.339	3,3	25.605	8,8
Bayern	11.084	3,1	27.308	8,2
Bremen	1.877	11,0	1.488	9,2
Hamburg	6.542	14,1	9.798	21,1
Hessen	8.012	4,7	14.602	9,0
Niedersachsen	7.638	3,3	10.750	5,1
Nordrhein-Westfalen	15.430	3,0	30.710	6,5
Rheinland-Pfalz	4.067	3,7	9.567	9,4
Saarland	1.428	5,8	2.335	10,2
Schleswig-Holstein	2.883	3,6	5.504	7,6
Westliche Länder o. BE	**69.298**	**3,7**	**137.667**	**8,0**
Brandenburg	24.552	44,8	22.488	40,5
Mecklenburg-Vorp.	14.429	37,6	16.507	43,1
Sachsen	27.976	29,1	32.795	33,5
Sachsen-Anhalt	30.412	56,6	25.735	50,2
Thüringen	11.575	22,4	19.268	37,9
Östl. Länder o. BE	**108.944**	**37,0**	**116.793**	**39,7**
Berlin	30.676	35,8	32.445	37,9
Deutschland	**208.918**	**9,4**	**286.905**	**13,6**

Quelle: *Amtliche Kinder- und Jugendhilfestatistik – Tageseinrichtungen*
        für Kinder 2002, 2006, Wiesbaden, eigene Berechnungen

Weitaus angebrachter wäre stattdessen eine Annäherung an die Bedarfsfrage jenseits der ermittelten Erwerbstätigkeitsanteile von Müttern mit kleinen Kindern. Im Lichte dieser gesamten Entwicklungen wird seit einigen Jahren eine intensivere Debatte darüber geführt, wie zukünftige Bedarfe in der Kinder- und Jugendhilfe aussehen, wie sich diese bestimmen lassen, wie sie erfasst werden und welche Rahmenbedingungen bei den verschiedenen Umsetzungsszenarien zu berücksichtigen sind.

Vergleichsweise wenig strittig ist dabei, dass sich Volumen und Dynamik eines angestrebten Ausbaus überhaupt nur einigermaßen zuverlässig auf der Basis einer genauen Kenntnis der aktuellen Lage sowie der Dynamik der letzten Jahre abschätzen lassen. Benötigt wird hierfür eine empirische Grundlage über das Ausmaß und den Umfang des Angebots bzw. genauer: über die Entwicklungsdynamik der Inanspruchnahme des Angebots für Kinder unter drei Jahren in den letzten Jahren (vgl. Tab. 1).

Im Vergleich der Bundesländer untereinander zeigt sich deutlich, dass es anhaltende Angebotsunterschiede vor allem im Ost-West-Vergleich, aber auch zwischen den Bundesländern gibt, insbesondere mit Blick auf die Stadtstaaten. Eine Bedarfsbestimmung hätte nach Möglichkeit diese Differenzen im Blick zu behalten.

3. Neue Wege der Bedarfsberechnung von Angeboten für unter Dreijährige

Wiederholt wurde darauf hingewiesen, dass zwischen den rechtlich verankerten Bedarfskriterien vor dem bzw. mit dem TAG sowie dem tatsächlichen Elternbedarf eine mehr oder minder große Diskrepanz besteht. Weder lässt sich über die festgelegten, erwerbsabhängigen Kriterien die Komplexität realer familiärer Bedarfslagen erfassen, noch ist angesichts des zunehmend diskutierten Bildungspotenzials frühkindlicher Betreuungsangebote zu begründen, warum diese Angebote lediglich Kindern erwerbstätiger Eltern vorbehalten sein sollen. Alternative Berechnungen haben infolgedessen darauf hingewiesen, dass der zusätzliche Platzbedarf deutlich höher zu beziffern sein dürfte als er den Berechnungen des TAG zugrunde gelegt worden ist (vgl. dazu Bien/Riedel 2007, S. 269ff.). Ausschlaggebend für die dabei zutage tretenden Differenzen war vor allem ein grundlegend anderes Verständnis von Bedarf, das sich nicht an politisch definierten Kriterien wie etwa an der Erwerbstätigkeit, sondern zuallererst an den Wünschen der Eltern orientierte.

Hierzu mussten neue Wege beschritten werden, um auf einer gesicherten empirischen Basis zu entsprechenden Bedarfsquoten zu kommen. Legt man in Anbetracht dessen einen nachfrageinduzierten Bedarfsbegriff

zugrunde und versucht sich so der Wirklichkeit anzunähern, so stehen
grundsätzlich zwei Wege zur Verfügung, um das Ausmaß der potenziellen
Nachfrage der Eltern zu schätzen und belastbare Bedarfszahlen zu erhalten:

- Bedarfsberechnungen anhand des tatsächlichen elterlichen Nutzungsver-
  haltens;
- Bedarfsberechnungen auf der Basis von erfragten Elternwünschen.

3.1 Bedarfsberechnungen anhand des tatsächlichen elterlichen Nutzungsverhaltens

Die erste Möglichkeit einer nachfrageinduzierten Bedarfsermittlung besteht
darin, sich die faktische Inanspruchnahme von Betreuungsplätzen dort anzusehen, wo diese möglichst unverzerrt das tatsächliche Nachfrageverhalten
von Eltern widerspiegelt, also keine zusätzliche Selektivität aufgrund eines
zu geringen Platzangebotes besteht. Diesen Bedarfsermittlungsweg gewährleisten letztlich nur Konstellationen, in denen Eltern einen uneingeschränkten Rechtsanspruch auf einen Betreuungsplatz auch für unter Dreijährige
geltend machen können. In Deutschland war diese Voraussetzung in der
Vergangenheit nur in Sachsen-Anhalt gegeben, wo von Geburt an ein
Rechtsanspruch auf einen Betreuungsplatz besteht.

Auf diesem methodischen Zugang beruhen die Berechnungen von Aus-
bau-Szenarien, wie sie erstmalig für Deutschland im 12. Kinder- und Jugendbericht angestellt wurden (vgl. BMFSFJ 2005, S. 213ff.). Angelehnt an
die Gegebenheiten in Sachsen-Anhalt im Jahre 2002 wurden Szenarien
durchgerechnet, die u. a. davon ausgehen, dass bei Einführung eines
Rechtsanspruchs ca. 5 Prozent der unter 1-jährigen, 50 Prozent der 1-jähri-
gen und 70 Prozent der 2-jährigen Kinder einen Platz in Anspruch nehmen
würden. Im Durchschnitt über alle drei Jahrgänge hätte dies eine Bedarfsquote von 42 Prozent zur Folge.

Legt man der Einfachheit halber für den Rest der Bundesrepublik ein
vergleichbares Nachfrageverhalten zugrunde wie in Sachsen-Anhalt, so
müssten – ausgehend vom Berechnungsjahr 2002 – bis zum Jahr 2010 in
den westlichen Bundesländern ca. 620.000 neue Plätze für unter dreijährige
Kinder geschaffen werden[1], zu denen noch 25.000 Plätze in den östlichen

---

1   Auf der Grundlage der 10. koordinierten Bevölkerungsvorausberechnung kommt
    man bei 42 Prozent der unter Dreijährigen für das Jahr 2010 auf einen Bedarf von
    ca. 692.000 Plätzen für die westlichen Bundesländer. Bei 2002 knapp 70.000 ver-

Bundesländern hinzukommen, um auf diese Weise für rund 42 Prozent der unter Dreijährigen in Deutschland bis 2010 etwas mehr als 850.000 Plätze bereitzustellen.

Dies waren die ersten groben, bundesweiten Berechnungen für den Ausbau des Angebots für unter Dreijährige in Deutschland. Von Anfang an war diese Herangehensweise mit dem Nachteil behaftet, dass – in Ermangelung alternativer Daten – das Inanspruchnahmeverhalten der Eltern eines einzigen Bundeslandes ohne weitergehende Differenzierung auf alle anderen Regionen und Bundesländer übertragen werden musste, was in Anbetracht der feststellbaren aktuellen Unterschiede zwischen Ost und West bzw. zwischen den einzelnen Bundesländern (vgl. Tab. 1) nur als erster grober Anhaltspunkt dienen konnte.

Aktualisiert man dieses Berechnungsmodell anhand des tatsächlichen Nachfrageverhaltens in Sachsen-Anhalt im Jahr 2006, so ergibt sich daraus ein erhöhter bundesweiter Ausbaubedarf von rund 50 Prozent für die Gesamtgruppe der unter Dreijährigen. Bezogen auf das gesamte Bundesgebiet entspräche dies – nunmehr auf der Basis der 11. koordinierten Bevölkerungsvorausberechnung und verlängert auf den Zeitraum bis 2013 – einem Platzbedarf für das Jahr 2013 von rund 977.000 Plätzen. Bei einem Grundstock von 286.000 vorhandenen Plätzen in 2006, ergäbe sich infolgedessen ein Bedarf von 691.000 zusätzlichen Plätzen bis zum Jahre 2013 für ganz Deutschland. Das wären noch einmal 46.000 Plätze mehr als auf der Basis der Berechnungen anhand der Daten von 2002.

3.2 Bedarfsberechnungen auf der Basis von erfragten Elternwünschen

Eine weitere Möglichkeit, um möglichst wirklichkeitsnahe und regional differenzierende Erkenntnisse darüber zu erlangen, wie hoch der Bedarf an öffentlichen Betreuungsangeboten einzuschätzen ist, besteht in der Erfragung der Wünsche betroffener Eltern. Dieser Weg wurde in dieser Ausführlichkeit bundesweit erstmals im Rahmen der DJI-Kinderbetreuungsstudie beschritten (vgl. Bien/Rauschenbach/Riedel 2007). Gegenüber der Festlegung einer abgeleiteten Bedarfsquote auf der Basis faktischer Nutzung hat die Abfrage der Elternwünsche zum einen zwar den Nachteil, dass sie nur Wünsche und Absichten, aber eben kein faktisches Verhalten erfasst, zum

---

fügbaren Plätzen in Einrichtungen und in öffentlich geförderter Tagespflege, ergab sich somit ein Fehlbedarf von ca. 620.000 Plätzen.

anderen aber auch den großen Vorteil, dass sie prospektive Planungen und individuelle Präferenzen der Eltern ebenso berücksichtigen kann wie regionale oder landesspezifische Besonderheiten.

Dabei ist es allerdings keineswegs trivial, wen man und wie man nach den Wünschen fragt. In der DJI-Kinderbetreuungsstudie wurde daher im Design darauf geachtet, dass ausschließlich Eltern mit Kindern in entsprechenden Altersjahrgängen einbezogen wurden und dabei ihre konkrete Planung für das nächste Jahr ausschlaggebend war. Auf diese Weise sollte sichergestellt werden, dass die ermittelten Bedarfswerte betroffener Eltern möglichst nah an das Realverhalten heranreichen.

Im Ergebnis zeigt sich dabei Folgendes: Betrachtet man zunächst nur die Wünsche nach Betreuung in einer Kindertageseinrichtung, so signalisierten 28 Prozent der Eltern in Westdeutschland einen entsprechenden Betreuungsbedarf für ihre unter dreijährigen Kinder; in Ostdeutschland lag dieser Anteil bei 52 Prozent. Addiert man zu diesen Werten die Wünsche nach Tagespflege hinzu, so reklamieren im Westen zusammen rund 40 Prozent der Eltern für ihre unter dreijährigen Kinder einen Betreuungsbedarf, während dieser Wert in Ostdeutschland bei 57 Prozent liegt. Im Bundesschnitt läge der Bedarf demnach bei rund 42 Prozent, wobei die Betreuung in einer Kindertageseinrichtung ca. dreimal so häufig gewünscht wird wie die Betreuung in Tagespflege.

Von den geäußerten Wünschen der Eltern kann jedoch nicht unmittelbar auf die tatsächliche Inanspruchnahme eines Betreuungsplatzes geschlossen werden. Vielmehr setzen Eltern ihre Betreuungswünsche auch dann nicht in allen Fällen um, wenn das Angebot prinzipiell vorhanden wäre. Die Gründe dafür sind vielfältig: Unzufriedenheit mit der Qualität des Angebots, keine auf den eigenen Bedarf abgestimmten Betreuungszeiten, schlechte Erreichbarkeit der Einrichtung oder zu hohe Kosten. Aber auch Einflüsse wie das Vertrauen in das Personal oder das Loslassen-Können spielen vor allem bei Eltern mit sehr kleinen Kindern eine mitunter wesentliche Rolle.

Diese Differenz zwischen geäußertem Betreuungswunsch und tatsächlicher Inanspruchnahme lässt sich in der DJI-Kinderbetreuungsstudie sogar für 5- und 6-jährige Kinder nachweisen, für die eigentlich in jedem Fall ein Platz zur Verfügung stehen müsste. Allerdings gilt: Je jünger die Kinder sind, desto größer wird diese Differenz. Aufgrund dieser Beobachtung wurde in der Studie die Annahme zugrunde gelegt, dass die geäußerten Betreuungswünsche bei den unter Dreijährigen nur zu etwa 86 Prozent tatsächlich realisiert werden. Zieht man diese verminderte Inanspruchnahme in Betracht, so hätte man 2005/06 auf der Basis der DJI-Studie für 33 Prozent der unter Dreijährigen in Westdeutschland und für 50 Prozent in Ostdeutschland Betreuungsplätze benötigt, was auf Bundesebene einem Anteil von etwas mehr als 35 Prozent entspricht.[2]

Diese so ermittelte Quote von 35 Prozent bildete zugleich die Grundlage der in Gang gekommenen politischen Aktivitäten in Sachen U3-Ausbau. Im Unterschied zu den TAG-Zielen wurden hierbei zwei Parameter verändert: Auf der einen Seite wurde als Ziel nicht mehr ein erwerbsbedingter Bedarf im Spektrum von 16 bis 20 Prozent bzw. zwischen 175.000 und 246.000 zusätzlichen Plätzen angegeben, sondern als neue Zielgröße auf Basis der 10. koordinierten Bevölkerungsvorausberechnung ein Betreuungsangebot von insgesamt 35 Prozent bzw. 740.000 Plätze markiert, die in der politischen Vermittlung dann der Einfachheit halber auf 750.000 Plätze gerundet wurden.[3] Auf der anderen Seite wurde in diesem Zuge der Zeitpunkt der Zielerreichung zugleich um drei Jahre nach hinten, von 2010 auf 2013 verschoben.

Hinzu kam jedoch bei dieser Vorgehensweise als ganz entscheidender Vorteil erstmals die Möglichkeit der Berechnung landesspezifischer Bedarfsquoten auf der Basis der geäußerten Elternwünsche für das Datenjahr 2005. Mit anderen Worten: Da die Betreuungswünsche von Bundesland zu Bundesland variieren, eröffnen die errechneten länderspezifischen Bedarfsquoten eine völlig neue Perspektive auf den bundesweiten, aber keineswegs bundeseinheitlichen Bedarf (vgl. Tab. 2).

---

2   Die inzwischen übliche Darstellung durchschnittlicher Bedarfsquoten für unter Dreijährige lässt allerdings die Tatsache außer Acht, dass die Betreuungswünsche sich nach Altersjahrgängen erheblich unterscheiden. Für Westdeutschland ergibt sich anhand der DJI-Kinderbetreuungsstudie folgendes Bild: bei den unter 1-Jährigen 16 Prozent, bei den 1- bis unter 2-Jährigen 32 Prozent und bei den unter 2- bis 3-Jährigen 52 Prozent. In Ostdeutschland liegen die Werte höher: bei den unter 1-Jährigen 20 Prozent, bei den 1- bis unter 2-Jährigen 54 Prozent und bei den 2- bis unter 3-Jährigen 75 Prozent.

3   Wir werden daher auch im Folgenden in der Regel von 750.000 Plätzen sprechen.

Tab. 2:   *Betreuungswünsche für unter dreijährige Kinder und der daraus*
          errechnete Platzbedarf im Jahr 2013

	Betreuungswünsche für unter Dreijährige auf Basis der DJI-Kinderbetreuungsstudie 2005				10. koordinierte Bevölkerungsvorausberechnung (Variante 4)	
	Kita-Platz-Wünsche	Tages-pflege-Platz-Wünsche	Wünsche insge-samt	Geschätzte realisierte Wünsche[1]	Unter Dreijährige 2013	Errech-neter Platzbedarf
	%-Anteil an allen Kindern unter 3 Jahren				Abs.	
	1	2	3	4	5	6[2]
SH	27	19	46	39	69.100	27.277
HH	36	14	50	43	43.900	18.934
NI	28	11	39	34	191.300	64.793
HB	41	8	49	42	16.800	7.041
NW	26	11	37	32	447.200	143.837
HE	29	13	42	36	145.100	52.327
RP	28	8	36	31	100.200	30.763
BW	30	9	39	34	287.806	97.479
BY	27	9	36	31	324.600	100.450
SL	32	7	39	33	22.800	7.556
D-West	**28**	**11**	**39**	**33**	**1.648.806**	**550.456**
BE	44	10	54	47	79.300	37.100
BB	44	11	55	48	52.700	25.040
MV	59	15	74	64	39.000	24.898
SN	47	5	52	45	93.800	41.826
ST	65	5	70	60	51.800	31.302
TH	59	1	60	51	57.300	29.320
D-Ost	**50**	**8**	**57**	**50**[3]	**373.900**	**189.487**
BRD	**30**	**10**	**41**	**35**[3]	**2.022.706**	**739.943**

1 Zwischen einem geäußerten Betreuungswunsch und der anschließenden tatsächlichen Realisie-
  rung gibt es oft eine Differenz. In der DJI-Kinderbetreuungsstudie konnte gezeigt werden, dass
  die Wünsche bei jüngeren Kindern letztlich nur zu ca. 86 Prozent umgesetzt werden.
2 Die Werte für Deutschland bzw. West- und Ostdeutschland in Spalte 6 ergeben sich aus der Auf-
  summierung der Ergebnisse der einzelnen Bundesländer.
3 Die Prozentwerte sind das Ergebnis der Betreuungsstudie für Gesamtdeutschland. Aufgrund der
  leichten Abweichungen in der Stichprobe der Untersuchung zu den Bevölkerungsanteilen in den
  einzelnen Ländern, insbesondere in den östlichen Bundesländern, entspricht der Prozentanteil
  nicht exakt dem Ergebnis der Betreuungsstudie.

Quelle: *DJI-Kinderbetreuungsstudie 2005; Berechnungen der Dortmunder*
            Arbeitsstelle Kinder- und Jugendhilfestatistik

Gleichwohl muss auch bei dieser Herangehensweise beachtet werden, dass diese Zahlen für das Jahr 2005 nur einen Näherungswert an einen tatsächlichen Bedarf im Jahr 2013 darstellen, da nicht davon auszugehen ist, dass die Betreuungswünsche der Eltern selbst in diesem vergleichsweise kurzen Zeitraum zwischen 2005 und 2013 unverändert bleiben. Allerdings ist gegenwärtig auch nicht zuverlässig vorherzusagen, wie sich Eltern im Jahr 2013 mit Blick auf die Betreuung ihrer Kinder konkret verhalten werden.

Wirft man daher einen Blick zurück und betrachtet die nachhaltigen Veränderungen in den letzten 20 Jahren, so wird deutlich, wie schwierig Prognosen aufgrund der Dynamik auf diesem Gebiet sind, wenngleich ein Anstieg des Bedarfs seit Jahrzehnten unübersehbar ist. Wie sich die Nachfrage nach Betreuungsplätzen in Zukunft entwickeln wird, hängt von ganz unterschiedlichen Faktoren ab – von Entwicklungen auf dem Arbeitsmarkt ebenso wie von steuer- und familienpolitischen Maßnahmen, um nur einige Beispiele zu nennen. Ebenso dürfte eine Rolle spielen, wie überzeugend es gelingt, die Angebote für unter Dreijährige so zu qualifizieren und weiterzuentwickeln, dass deren Inanspruchnahme von den Eltern als ein Zugewinn für ihre Kinder angesehen wird. Allerdings ist plausiblerweise davon auszugehen, dass die Wünsche in den nächsten Jahren unter dem Strich eher zu- als abnehmen werden.

Alle zukunftsbezogenen Bedarfsberechnungen müssen den Nachteil in Kauf nehmen, dass sie immer nur mit den zum jeweiligen Zeitpunkt bekannten Informationen durchgeführt werden können. Das ist auch in dem hier dargestellten Beispiel so. Nach den Ergebnissen der DJI-Betreuungsstudie hat sich für die unter Dreijährigen bundesweit zunächst eine durchschnittliche Bedarfsquote von etwas mehr als 35 Prozent ergeben. Diese Bedarfsquote für 2013 resultierte auf den damals vorliegenden Länderergebnissen der 10. koordinierten Bevölkerungsvorausberechnung; umrechnet ergab dies das politisch kommunizierte Bedarfsziel von insgesamt 750.000 Plätzen. Inzwischen liegen jedoch die landesspezifischen Ergebnisse der 11. koordinierten Bevölkerungsvorausberechnung vor. Demnach wird die Anzahl der unter dreijährigen Kinder im Jahre 2013 voraussichtlich nicht – wie ursprünglich angenommen – bei 2,022 Mio., sondern nur bei 1,954 Mio. Kindern liegen. Rechnet man infolgedessen die 35-Prozent-Marke auf diese neue prognostische Größe um, so ergäbe sich rechnerisch für 2013 nur noch ein Bedarf von rund 685.000 Plätzen. Da jedoch niemand genau wissen kann, wie sich die Inanspruchnahme in den nächsten Jahren konkret entwickeln wird, aber bei einer zunehmenden gesellschaftlichen Akzeptanz der außerfamilialen Bildung, Betreuung und Erziehung eher von einer steigenden Nachfrage auszugehen ist, scheint es der durchaus realistisch, die Zielperspektive von 750.000 Plätzen vorerst nicht aufzugeben, auch wenn sich mit den Ergebnissen der 11. koordinierten Bevölkerungsvorausberechnung bei dieser Größenordnung eine Versorgungsquote von fast 38 Prozent ergeben würde.

4. Rechtsanspruch ab 2013 – Zur Aktualisierung der Bedarfsberechnungen

Die beiden dargestellten methodischen Herangehensweisen bei der Bedarfsermittlung kommen in ihrer Konsequenz im Endergebnis zu nicht unerheblichen Unterschieden bei der zu erreichenden Ausbaudimension:

- Eine strikte Ausrichtung an der Situation in Sachsen-Anhalt im Jahre 2006 hätte 2013 einen Gesamtbedarf von bundesweit knapp 1 Mio. Plätzen für unter Dreijährige zur Folge.
- Und im Falle der Ausrichtung an der Elternbefragung des DJI aus dem Jahre 2005 wäre auf der Grundlage der 10. koordinierten Bevölkerungsvorausberechnung 2013 mit einem Bedarf von 740.000 Plätzen zu rechnen, bei Berücksichtigung der neuen Bevölkerungsprognose sogar nur noch mit einer Größenordnung von weniger als 685.000.

Bei einer 2006 vorhandenen bundesweiten Kapazität von 287.000 Plätzen – 254.000 in Einrichtungen und 33.000 in Kindertagespflege – würde dies einen zusätzlichen Bedarf von ca. 691.000 Plätzen im Falle der Anlehnung an Sachsen-Anhalt bzw. von rund 453.000 Plätzen auf der Basis der DJI-Studie bedeuten. Das macht immerhin einen Unterschied von fast 240.000 Plätzen aus. Infolgedessen ist es nicht ganz verwunderlich, dass politisch um diese beiden Wege gerungen worden ist. Nachdem aber im Verlauf der politischen Debatten zugleich Konsens darüber erzielt wurde, dass ab 2013 ohnehin ein Rechtsanspruch auf einen Betreuungsplatz ab dem vollendeten ersten Lebensjahr eingeführt werden soll, stellt sich die Frage, der besseren Vorgehensweise so nicht mehr. Im Gegenteil: Beide Rechenwege müssen neu justiert werden. Die Frage dabei ist nur: Führt dies zu einer Annäherung der beiden Positionen, oder handelt es sich dabei um einen dritten Weg? In der bisherigen Debatte über die möglichen Auswirkungen eines Rechtsanspruchs auf einen Platz für unter Dreijährige ging man von mehreren Rahmenbedingungen aus, die sich aufgrund aktualisierter Daten in der laufenden Debatte inzwischen jedoch verändert bzw. verschoben haben:

- Zum einen sollte sich der Rechtsanspruch ursprünglich – etwa im 12. Kinder- und Jugendbericht – auf alle unter Dreijährigen, d. h. auf drei Altersjahrgänge beziehen. Inzwischen wurde politisch eine Einigung darüber erzielt, dass der Rechtsanspruch erst ab dem vollendeten ersten Lebensjahr und damit nur für zwei Altersjahrgänge gelten soll.
- Zum anderen orientierte sich der 12. Kinder- und Jugendbericht bei seinen Abschätzungen in Ermangelung an Alternativen an den Versorgungsquoten in Sachsen-Anhalt im Jahre 2002. Diese Orientierung an nur einem Bundesland – zumal einem ostdeutschen – hatte von Anfang an den Nachteil, dass bei dieser pauschalen Betrachtung unberücksichtigt bleiben musste, dass über Jahrzehnte gewachsene unterschiedliche gesellschaftliche Einstellungen zur außerfamilialen Kinderbetreuung zwischen Ost und West ebenso wenig zum Tragen kommen können wie unterschiedliche Traditionen in der Betreuungspraxis zwischen städtischen und ländlichen Regionen vor Ort.

Diese doch stark vergröbernde Berechnung im 12. Kinder- und Jugendbericht lässt sich inzwischen verfeinern. Zumindest, was die Unterschiede zwischen Ost- und Westdeutschland ausmacht, sind auf der Basis der Erkenntnisse der DJI-Kinderbetreuungsstudie Nachbesserungen mit Blick auf die einzelnen Jahrgangsbedarfsquoten möglich.

Tab. 3: Erwartete Bedarfsdeckungsquoten bei der Einführung eines Rechtsanspruchs auf einen Betreuungsplatz in den westlichen und östlichen Ländern

Bedarfsdeckungsquoten bei Einführung eines Rechtsanspruchs	1- bis unter 2-Jährige	2- bis unter 3-Jährige
Bedarfsdeckungsquote-Ost (orientiert an Sachsen-Anhalt im März 2007)	59,8%	85,2%
Reduzierungsfaktor-West (orientiert an den bisherigen Ost-West-Unterschieden bei der Inanspruchnahme im Kindergartenalter)	0,7	0,8
Bedarfsdeckungsquote-West (ostdeutsche Quote reduziert um den Faktor 0,7 bzw. 0,8)	41,9%	68,1%

In dieser Hinsicht lassen sich die Wünsche der Eltern in punkto Betreuung nunmehr sowohl für die einzelnen Altersjahrgänge als auch für Ost und West getrennt ausweisen (vgl. Tab. 3):

- So ist der Betreuungswunsch der westdeutschen Eltern bei den Ein- bis unter Zweijährigen gegenüber den Eltern im Osten insgesamt um den Faktor 0,7 geringer;

• Und für die Gruppe der Zwei- bis unter Dreijährigen ergibt sich eine Reduzierung für den Westen um den Faktor 0,8.

Durch Zugrundelegung dieser verfeinerten Berechnungsweise und einer gleichzeitigen Aktualisierung der Werte Sachsen-Anhalts für das Jahr 2007, also nicht mehr auf Grundlage der Daten von 2002, kommt man nicht nur zu deutlich realistischeren Größenordnungen, die bei einem Rechtsanspruch ab dem vollendeten ersten Lebensjahr im Durchschnitt voraussichtlich erreicht würden, sondern auch zu einer Angleichung der Berechnungsgrößen.

Tab. 4:   *Anzahl des zu erwartenden Platzbedarfs für Einjährige und Zweijährige bei einem Rechtsanspruch ab dem Jahre 2013 auf der Basis der 11. koordinierten Bevölkerungsvorausberechnung in Anlehnung an die Nachfrage in Sachsen-Anhalt im März 2007*

	D-West	D-Ost (mit BE)	Deutschland
Platzbedarf 2013 für 1-Jährige			
1- bis unter 2-Jährige im Jahre 2013	533.400	117.800	651.200
Erwartbare Bedarfsdeckungsquote	41,9%	59,8%	45,1%
Platzbedarf 2013 für 1-Jährige	**223.245**	**70.433**	**293.677**
Platzbedarf 2013 für 2-Jährige			
2- bis unter 3-Jährige im Jahre 2013	534.200	118.600	652.800
Erwartbare Bedarfsdeckungsquote	68,1%	85,2%	71,2%
Platzbedarf 2013 für 2-Jährige	**363.942**	**101.000**	**464.942**
Zu schaffende Plätze bis 2013 insgesamt			
Platzbedarf 2013 zusammen für 1- und 2-Jährige	587.186	171.433	758.620
Vorhandene Plätze in 2007 fi 1- und 2-Jährige	156.916	146.863	303.779
Zu schaffende Plätze bis 2013 für 1- und 2-Jährige	**430.270**	**24.570**	**454.841**

Quelle: *Statistisches Bundesamt: 11. koordinierte Bevölkerungsvorausberechnung – Länderergebnisse, Wiesbaden 2007; Statistisches Bundesamt: Kinder und tätige Personen in Tageseinrichtungen für Kinder 2006, Wiesbaden 2008; eigene Berechnungen*

Als eine weitere Veränderung muss beachtet werden, dass alle bisherigen Berechnungen von Bedarfsdeckungsquoten für 2013 auf den Ergebnissen der 10. koordinierten Bevölkerungsvorausberechnung beruhten, inzwischen aber die länderspezifischen Ergebnisse der 11. koordinierten Bevölkerungsvorausberechnung des Statistischen Bundesamtes vorliegen. Demnach zeigt sich, wie bereits ausgeführt (vgl. Tab. 2), dass in Deutschland die Anzahl der unter Dreijährigen im Jahre 2013 voraussichtlich nicht bei 2,022 Mio., sondern nur bei 1,954 Mio. Kindern liegen wird, also von 68.000 Kindern weniger auszugehen ist. Diese Reduzierung wirkt sich auch auf die entsprechenden Berechnungen aus (vgl. Tab. 4). Demnach entstünde bundesweit ein rechnerischer Gesamtbedarf für das Jahr 2013, der bei über 758.000 Plätzen liegen würde, immerhin eine Größenordnung, die nur noch unwesentlich von der ursprünglich politisch ins Spiel gebrachten Zahl von 750.000 Plätzen abweicht.

Fazit: Berücksichtigt man bei einer aktualisierten Bedarfsberechnung für Ost und West unterdessen alle drei genannten Faktoren für das Jahr 2013, so kann man zweierlei festhalten:

- Zum einen ergibt sich auf der Basis der Berechnungen, die an die tatsächliche, aktuelle Nachfrage in Sachsen-Anhalt angelehnt ist, ein bundesweiter Gesamtbedarf von etwas mehr als 758.000 Plätzen für die Ein- und Zweijährigen. Mit anderen Worten: Im Lichte eines inzwischen in Aussicht gestellten Rechtsanspruchs ab 2013 ab dem vollendeten ersten Lebensjahr würde die ursprünglich kommunizierte politische Zielgröße von insgesamt 750.000 Plätzen fast ausreichen.
- Zum anderen bestünde im Lichte des tatsächlich erreichten Ausbaustandes im März 2007 ein noch zu realisierender Ausbaubedarf bis 2013 von rund 455.000 Plätzen, also von durchschnittlich rund 75.000 zu schaffenden Plätzen pro Jahr.

Unbeantwortet bleibt bei dieser Betrachtungsweise vorerst die Frage, mit welchem Bedarf bei den unter Einjährigen zu rechnen ist, da diesen kein Rechtsanspruch zugebilligt werden soll. Hierzu kann vorerst die Versorgungsquote für die östlichen Länder von 6,5 Prozent herangezogen werden. In den westlichen Ländern können wir in Anlehnung an die unterschiedlichen Betreuungswünsche gemäß der DJI-Studie wiederum von einem Faktor 0,7 ausgehen, was dementsprechend zu einer Versorgungsquote von 4,5 Prozent führen würde. Demnach ergäbe sich für die 533.000 Kinder im ersten Lebensjahr im Jahr 2013 in den westlichen Bundesländern (ohne Berlin) rechnerisch ein zusätzlicher Gesamtbedarf von rund 24.000 Plätzen. Hiervon sind noch die 9.500 schon vorhandenen Angebote für unter Einjährige abzuziehen. Der Ausbaubedarf würde sich per Saldo somit auf ca. 14.500

Angebote belaufen. Ob die Attraktivitätssteigerung durch das Elterngeld einen positiven Einfluss auf diese Größenordnung hat – also etwa zu einer Reduktion des Bedarfs führt –, muss sich in den nächsten Jahren zeigen.

5. Auswirkungen auf den zusätzlichen Personalbedarf unter den aktuellen Rahmenbedingungen

Erst mit zeitlicher Verzögerung wurde bei der intensiven Debatte über den Ausbau des Angebots für unter Dreijährige die Frage erörtert, was dies denn eigentlich mit Blick auf den damit einhergehenden zusätzlichen Personalbedarf bedeutet. Bei der nachfolgenden Bedarfsberechnung der Fachkräfte gehen wir von den sich aus der im Jahr 2013 angestrebten 35 Prozent Bedarfsquote tatsächlich ergebenden Zielperspektive von 740.000 Plätzen für Kinder im Alter von unter drei Jahren aus. Dadurch ergeben sich etwas geringere Bedarfszahlen als bei der o.g. Bedarfsberechnung des Rechtsanspruchs für Kinder im Alter von einem und zwei Jahren.

Um den Personalbedarf unter diesen Rahmenbedingungen berechnen zu können, muss zunächst geklärt werden, wie viele Plätze in Kindertageseinrichtungen und Kindertagespflege zwischen 2007 und 2013 noch geschaffen werden müssen. Bei der Entwicklung der Ausbauszenarien für das TAG, aber auch bei dem neuen Ausbauziel von 750.000 Plätzen bis 2013, ist man von der Annahme ausgegangen, dass zumindest in den westlichen Ländern bei Erreichung der Zielperspektive rund 30 Prozent der Angebote in Kindertagespflege vorgehalten werden. Da jedoch der bisherige Anteil an der Tagespflege deutlich geringer ist – 2007 lag er bei den unter Dreijährigen in Westdeutschland erst bei 15,5 Prozent –, muss in der Ausbauphase folgerichtig der Anteil der Kindertagespflege höher als 30 Prozent liegen, um das angestrebte Ziel zu erreichen.

Bezogen auf das Ziel 2013 ist der Anteil der Kindertagespflege für ganz Deutschland wiederum etwas geringer als 30 Prozent, da in den östlichen Ländern einschließlich Berlin die institutionellen Angebote in der Vergangenheit bereits umfangreich ausgebaut worden sind – und hier nicht nachfragewidrig beliebig umgesteuert werden kann. Unter Berücksichtigung der unterschiedlichen Faktoren ergibt sich für den Ausbau in Kindertageseinrichtungen eine Zielgröße von knapp 275.000 Plätzen (vgl. Tab. 5). Für die Kindertagespflege beläuft sich das entsprechende Ausbauziel auf 145.000 Plätze. Da man zurzeit davon ausgeht, dass in der informellen Kindertagespflege ca. 40.000 unter Dreijährige betreut werden, wären demnach noch

105.000 Angebote in der Kindertagespflege zu schaffen. Auf der Grundlage dieser Ausbauperspektiven kann berechnet werden, wie viele zusätzliche Fachkräfte bis zum Jahre 2013 benötigt werden.

Tab. 5:   *Platzbedarfsberechnung für den Ausbau der Angebote für unter TAG-Umsetzung sowie der weiteren Ausbauvorhaben bis 2013 bei einer Gesamtzielgröße von 740.000 Plätzen*

	Tages-einrich-tungen	Tages-pflege	Insgesamt
In Anspruch genommen Plätze am 15.03.2007	278.675	42.606	321.281
Realverteilung zwischen Kita und Tagespflege	87%	13%	100%
Zusätzlicher Platzbedarf bis 2010 nach TAG	64.274	55.902	120.176
Anteiliger Bedarf zw. Kita und Tagespflege	53%	47%	100%
Zusätzlicher Platzbedarf bis 2013 neben TAG	210.000	89.000	299.000
Angestrebte Verteilung	70%	30%	100%
Zusätzlicher Platzbedarf bis 2013 insgesamt	**274.274**	**144.902**	**419.176**
Prozent-Verteilung	65%	35%	100%
Angestrebte Gesamtplatzzahl im Jahr 2013	552.949	187.508	740.457
Prozent-Verteilung	75%	25%	100%

Auf dieser Grundlage können nun die jeweiligen Bedarfe für den Bereich der Kindertageseinrichtungen und der Kindertagespflege getrennt analysiert, werden. Allerdings müssen wir hier erst einmal mechanisch von den politisch angenommenen Verteilungsgrößen von 70 zu 30 Prozent ausgehen, auch wenn nicht sichergestellt werden kann, dass diese Zielmarke im Zuge der konkreten Inanspruchnahme des Angebots durch die Eltern am Ende auch punktgenau erreicht wird.[4]

(a) *Personalbedarf in Einrichtungen für unter Dreijährige:* Bei einem angenommenen Erzieher-Kind-Schlüssel von 1 zu 5 – wie er beispielsweise künftig in Nordrhein-Westfalen zugrunde gelegt wird[5] – ergibt sich, dass bei einem Bedarf von ca. 275.000 Plätzen rund 55.000 Vollzeitstellen zusätzlich benötigt würden (vgl. Tab. 6). Da jedoch infolge des demographi-

---

4 Im Lichte der aktuellen Größenverhältnisse und der realen Entwicklung in Ostdeutschland, also bei einem gut ausgebauten institutionellen Angebot, dürfte es nicht ganz unplausibel sein, wenn im Endeffekt der Bedarf im Bereich der Kindertageseinrichtungen eher etwas größer sein wird.

5 In der Anlage 1 zum § 19 des Kinderbildungsgesetzes NRW (KiBiz) sind für die Gruppenformen für Kinder im Alter von unter drei Jahren 10 Kinder und zwei Fachkräfte vorgesehen.

schen Wandels gleichzeitig die Anzahl der Kinder im Kindergartenalter zurückgeht, werden in der Altersgruppe der 3- bis 6-Jährigen im Vergleich zu 2007 bis zum Jahre 2013 voraussichtlich 16.000 Vollzeitstellen nicht mehr benötigt. Unter dem Strich entstünde damit bis 2013 ein zusätzlicher Bedarf von knapp 39.000 Vollzeitstellen für Erzieherinnen und Erzieher. Berücksichtigt man darüber hinaus, dass aktuell eine erhebliche Zahl der Stellen durch Personen in Teilzeitform besetzt ist – und unterstellt in dieser Hinsicht etwa gleich bleibende Anteile – so ergäbe sich demnach bis 2013 ein zusätzlicher Personalbedarf von knapp 49.000 Personen für die Kindertageseinrichtungen.

Tab. 6: *Personalbedarfsberechnung für den Ausbau der Angebote für unter Dreijährige für den Zeitraum zwischen 2007 und 2013 im Rahmen der TAG-Umsetzung sowie der weiteren Ausbauvorhaben bis 2013 bei einer Gesamtzielgröße von 740.000 Plätzen*

	Tageseinrichtungen	Tagespflege
Zusätzlicher Platzbedarf bis 2013 insgesamt	274.274	144.902
Berechnung des zusätzlichen Personalsbedarfs in Kindertageseinrichtungen		
Angenommene Personal-Kind-Relation	1 : 5	
Rechnerischer Personalbedarf in Einrichtungen	54.855	
Personaleinsparungen aufgrund sinkender Kinderzahl im Kindergartenalter	-16.000	
Errechneter Bedarf an zusätzlichen Vollzeitstellen	38.855	
Zusätzlicher Personalbedarf bei konstant bleibender Teilzeitquote	48.454	
Berechnung des zusätzlichen Personalbedarfs für die Kindertagespflege		
Zusätzlicher Platzbedarf bis 2013		144.902
Abzügl. der vorhandenen informellen Tagespflege		40.000
Geschätzter Gesamtbedarf an zusätzlicher Tagespflege bis 2013		105.000
Aktuelle Kinder-Tagespflegekräfte-Relation – West		2,1 : 1
Aktuelle Kinder-Tagespflegekräfte-Relation – Ost		3,2 : 1
Errechneter zusätzlicher Bedarf an Tagespflegekräften „Variante West"		50.000
„Variante Ost"		33.000

Quelle: eigene Berechnungen

(b) *Personalbedarf in der Tagespflege für unter Dreijährige:* Um den angestrebten Anteil der Kindertagespflege in den westlichen Ländern von ca. 30 Prozent zu erreichen, sind noch 105.000 Plätze in der Kindertagespflege zu schaffen, sofern man davon ausgeht, dass die vorhandenen ca. 40.000 informellen Tagespflegeverhältnisse bis 2013 in öffentlich geförderte transformiert werden. Unterstellt man zudem in Analogie zu den Kindertageseinrichtungen auch hier ein rechnerisches Betreuungsverhältnis von 5 : 1, also von fünf Kindern auf eine Tagespflegeperson, dann ergibt sich daraus ein Zusatzbedarf von 21.000 Vollzeittagespflegeverhältnissen. Da jedoch auf der Basis der gegenwärtigen Tagespflegepraxis vor allem in Westdeutschland nicht anzunehmen ist, dass durchgängig zeitgleich fünf Kinder betreut werden, können als Orientierung die aktuellen Betreuungsverhältnisse (März 2007) herangezogen werden. In Westdeutschland beläuft sich das Betreuungsverhältnis auf 2,1 : 1 und in Ostdeutschland auf 3,2 : 1. Somit ist zu erwarten, dass der Bedarf an Kindertagespflegepersonen im Jahr 2013 irgendwo zwischen 33.000 und 50.000 Personen liegen wird.

Beide Größenordnungen, also sowohl die fast 50.000 zusätzlichen Personen für die Kindertageseinrichtungen als auch die rund 33.000 bis 50.000 Personen für die Kindertagespflege, sind in ihrer Umsetzung keine Selbstläufer, zumal dazu der altersbedingte Ersatzbedarf für jene Personengruppen hinzukommt, die bis 2013 ausscheiden. Im März 2007 gab es in Deutschland immerhin fast 290.000 Vollzeitstellen für das pädagogische Personal in Kindertageseinrichtungen, einschließlich der Einrichtungsleitungen. 23.000 dieser Vollzeitstellen waren 2007 mit Personen besetzt, die 55 Jahre und älter waren, was einem Anteil von ca. 8 Prozent entspricht. Bei diesen ist davon auszugehen, dass sie größtenteils bis 2013 ausscheiden werden. Auch diese Stellen müssen wieder mit entsprechendem Fachpersonal besetzt werden. In Anbetracht dieser großen Zahl an Ersatzbedarf sowie an zusätzlichem Personal müssen, sofern dieses ambitionierte Ziel erreicht werden soll, kurzfristig zusätzliche Maßnahmen eingeleitet werden, sei es beispielsweise durch die Erhöhung der vorhandenen Ausbildungskapazitäten an den Fachschulen und Berufsfachschulen, sei es durch zusätzliche Umschulungsangebote seitens der Bundesagentur für Arbeit oder etwa durch Fortbildungsangebote für beruflich einschlägige Wiedereinsteigerinnen nach einer eigenen Familienphase.

6. Qualitative Herausforderungen des quantitativen Ausbaus – ein Ausblick

Deutlich ist, dass der vor allem in Westdeutschland angestrebte umfangreiche Ausbau des Betreuungsangebots für unter Dreijährige mit dem Ziel eines Rechtsanspruchs ab 2013 zu erheblichen Anstrengungen führen muss: erstens in der Herstellung einer dementsprechenden Planungssicherheit durch rechtliche Kodifizierung, zweitens in der Bereitstellung des hierfür notwendigen Geldes für (einmalige) Investitions- und (laufende) Betriebskosten, drittens in dem Auf- und Ausbau eines entsprechenden Platzangebots vor Ort und schließlich viertens in der Ausbildung und Qualifizierung des hierfür in ausreichender Zahl und entsprechender Qualität notwendigen Personals. Viele der damit einzuleitenden Schritte harren auf den unterschiedlichen föderalen Ebenen noch ihrer Umsetzung; sie werden in den nächsten Jahren zweifellos einen großen Teil an Aufmerksamkeit und Ressourcen binden.

Dennoch sind die quantitativen Bedarfs- und Ausbaudimensionen nicht die einzigen Herausforderungen für die nahe Zukunft. Sofern das Ausbauprojekt auch dem Anspruch einer verbesserten, zielgenaueren und altersangemessenen Förderung aller, insbesondere aber jener Kinder, die nicht von vorneherein auf der Sonnenseite des Lebens aufwachsen, gerecht werden soll, – sofern Kindertageseinrichtungen tatsächlich also als erste Stufe des Bildungssystems weiterentwickelt werden sollen –, müssen von Anfang an auch die qualitativen Aspekte dieses Projektes von gesamtstaatlicher Tragweite beachtet und ins Blickfeld gerückt werden, seien es Fragen der Gruppen- und Bildungskonzepte sowie der Gruppengröße für unter Dreijährige, der Vor- und Nachbereitungszeiten für die Fachkräfte, seien es Fragen der Sprachförderung, der Bildung im frühen Kindesalter oder der verbesserten Qualifizierung des Personals oder seien es schließlich Fragen des verbesserten Zusammenspiels von Familie und öffentlicher Kinderbetreuung bzw. der Weiterentwicklung der Kindertageseinrichtungen zu Eltern-Kind- bzw. Familienzentren. Das Ausbauprojekt des Platzangebots für unter Dreijährige wird in den nächsten Jahren mit zu den spannendsten Sozial- und Bildungsprojekten gehören. Die dabei sicherlich nicht unwichtigste Frage wird sein, ob die hierfür zu Beginn zugrunde gelegten Parameter und Rahmendaten, ob die ursprünglichen Bedarfsplanungen am Ende sich auch als angemessen herausstellen. Hierin läge dann die nachträgliche Zertifizierung für die Qualität zukunftsgerichteter Bedarfsbestimmungen.

Literatur

Bien, W./Riedel, B. (2007): Wie viel ist bedarfsgerecht? Betreuungswünsche der Eltern für unter 3-jährige Kinder. In: Bien, W./Rauschenbach,

Th./Riedel, B. (Hrsg.) (2007²): Wer betreut Deutschlands Kinder? DJI-Kinderbetreuungsstudie. Berlin,Düsseldorf u. Mannheim, S. 267-280.

Bien, W./Rauschenbach, Th./Riedel, B. (Hrsg.) (2007²): Wer betreut Deutschlands Kinder? DJI-Kinderbetreuungsstudie. Berlin, Düsseldorf u. Mannheim.

Bundesministerium für Familie, Senioren, Frauen und Jugend – BMFSFJ (Hrsg.) (2002): Elfter Kinder- und Jugendbericht. Bericht über die Lebenssituation junger Menschen und die Leistungen der Kinder- und Jugendhilfe in Deutschland. Berlin.

Bundesministerium für Familie, Senioren, Frauen und Jugend – BMFSFJ (Hrsg.) (2005): Zwölfter Kinder- und Jugendbericht. Bildung, Betreuung und Erziehung vor und neben der Schule. Bundestagsdrucksache 15/6014. Berlin.

Bundesministerium für Familie, Senioren, Frauen und Jugend – BMFSFJ (Hrsg.) (2006): Bericht der Bundesregierung über den Stand des Ausbaus für ein bedarfsgerechtes Angebot an Kindertagesbetreuung für Kinder unter drei Jahren. Berlin.

Bundesministerium für Familie, Senioren, Frauen und Jugend – BMFSFJ (2007): Bericht der Bundesregierung über den Stand des Ausbaus für ein bedarfsgerechtes Angebot an Kindertagesbetreuung für Kinder unter drei Jahren 2007. Bundestagsdrucksache 16/6100. Berlin.

Gadow, T. (2005): Der Bedarf an Tagesbetreuungsangeboten für unter 3-Jährige. In: Deutsches Jugendinstitut (Hrsg.) (2005): Zahlenspiegel 2005. Kindertagesbetreuung im Spiegel der Statistik. München, S. 219-242.

Rauschenbach, Th. (1990): Jugendhilfe als Arbeitsmarkt. Fachschul-, Fachhochschul- und UniversitätsabsolventInnen in sozialen Berufen. In: Sachverständigenkommission Achter Jugendbericht (Hrsg.) (1990): Jugendhilfe – Historischer Rückblick und neuere Entwicklungen. Materialien zum Achten Jugendbericht Bd. 1. Weinheim u. München, S. 225-297.

Rauschenbach, Th. (2000): Kindertageseinrichtungen im System der sozialen Infrastruktur. Perspektiven pädagogischen Handelns. In: Zentralblatt für Jugendrecht, 87. Jg. (2000), Heft 5, S. 173-183.

Rauschenbach, Th./Schilling, M. (2001): Jugendhilfe und Demografie. Über Risiken der Zukunft und Chancen der Prognose. In: Rauschenbach, Th/Schilling, M. (Hrsg.) (2001): Kinder- und Jugendhilfereport 1. Analysen, Befunde und Perspektiven. Münster, S. 221-236.

Rauschenbach, Th./Schilling, M. (Hrsg.) (2005): Kinder- und Jugendhilfereport 2. Analysen, Befunde und Perspektiven. Beiträge zur Kinder- und Jugendhilfeforschung. Weinheim u. München.

Tietze, W./Roßbach, H. G./Roitsch, K. (1993): Betreuungsangebote für Kinder im vorschulischen Alter. Ergebnisse einer Befragung von Jugendämtern in den alten Bundesländern. Schriftenreihe des Bundesministeriums für Frauen und Jugend Bd. 14. Stuttgart.

Heinz-Hermann Krüger/Monika Lütke-Entrup

Der akademische Arbeitsmarkt für Frühpädagogen

Qualifizierung und Nachfrage von wissenschaftlichen Nachwuchskräften

1. Professionalisierung von Frühpädagogen: Ausgangslage und Anforderungen

Der politische Wille, das öffentliche Betreuungsangebot für Kinder von 0-10 Jahren zu verbessern und die frühkindliche Bildung zur ersten Stufe unseres Bildungssystems auszubauen, ist groß. Wenn der Absicht nun Taten folgen, so können wir davon ausgehen, dass Krippen, Kindergärten und Schülerhorte an Grundschulen in den nächsten Jahren einen wachsenden Arbeitsmarkt darstellen. Die Begleitung frühkindlicher Bildungsprozesse, die kindgerechte Gestaltung des Übergangs zur Grundschule und die Beratung von Eltern erfordert aber nicht nur die Schaffung neuer Stellen und auch eine stärkere Differenzierung und Diversifizierung von Einrichtungsprofilen, sondern auch die Qualifizierung von Fachkräften in Kindertageseinrichtungen für diese neuen Aufgaben.

Eine quantitative Ausweitung und qualitative Aufwertung der frühkindlichen Bildung, Betreuung und Erziehung kann ohne entsprechendes Personal nicht erreicht werden. Im internationalen Vergleich hat Deutschland jedoch im Hinblick auf das Qualifizierungsniveau großen Nachholbedarf. Im Gegensatz zur Grundschule arbeiten im Vorschulbereich kaum Akademiker. Weniger als 3% der Fachkräfte haben einen akademischen Abschluss (vgl. KOMdat 2007). Von einer gemeinsamen Fachlichkeit für die institutionenübergreifende Arbeit mit Kindern und ihren Familien kann also nicht die Rede sein. In diesem Sinne forderte daher auch der 12. Kinder- und Jugendbericht (vgl. BMFSFJ 2005), die vorschulische Bildungsforschung zu stärken und die Ausbildung von Erzieherinnen und Erziehern auf Hochschulniveau anzuheben.

Seit 2003 setzt sich die Robert Bosch Stiftung dafür ein, das Innovationspotenzial von Forschung und Lehre für die Entwicklung der frühkindlichen Bildung zu erschließen und attraktive Karrieremöglichkeiten für „Profis in Kitas" zu etablieren. Als die Stiftung im Jahr 2004 ein Programm zur Förderung von frühpädagogischen Studiengängen veröffentlichte, war das Interesse sehr groß. Über 35 Hochschulen bewarben sich darum, ein Modellzentrum für frühkindliche Bildung zu werden. Auch wenn die Robert Bosch Stiftung im Rahmen ihrer Förderung letztlich nur fünf Hochschulen berücksichtigen konnte (vgl. www-profis-in-kitas.de): der akademische Arbeitsmarkt für Frühpädagogen war in Bewegung gekommen.

Bemühungen um den Aus- und Aufbau der frühkindlichen Bildung spiegeln sich bisher nicht in einer entsprechenden Personalentwicklung in Kindertageseinrichtungen wider: zwischen 2002 und 2006 gab es bundesweit kaum quantitative Veränderungen beim pädagogischen Personal. Die Anzahl und der Anteil der Vollzeitbeschäftigten sanken weiter, und die Zahl der Einrichtungsleitungen verringerte sich um ein Drittel. Bemerkenswert ist jedoch, dass im gleichen Zeitraum die Anzahl des akademisch ausgebildeten Personals im Gruppendienst und in Einrichtungsleitungen um 28,3% anstieg (vgl. KOMdat 2007). Auch wenn die Steigerung von einem sehr geringen Niveau ausgeht: der Trend auf dem Arbeitsmarkt und in unserem Ausbildungssystem reflektiert einen Paradigmenwechsel im Hinblick auf die Professionalisierung von Frühpädagogen in Deutschland.

Frühkindliche Bildung in Forschung und Lehre hat in den letzten vier Jahren an Dynamik gewonnen. Innerhalb von kurzer Zeit entstanden mehr als 30 neue Studiengänge bzw. Studienschwerpunkte für die Aus- und Weiterbildung von Frühpädagogen (vgl. GEW 2007). Insbesondere die Fachhochschulen und die Pädagogischen Hochschulen haben die Einrichtung oder Konzipierung von frühpädagogischen Studiengängen forciert. Universitäten reagierten bislang jedoch eher zögerlich auf die neuen Chancen für innovative Studienangebote.

Wie die OECD mit Blick auf die wissenschaftliche Forschung feststellte, ist die Frühpädagogik an Deutschen Universitäten nur sehr spärlich vertreten. In einem Hintergrundbericht Deutschland zur OECD Studie „Starting Strong" zählten das BMFSFJ und das DJI Ende des Jahres 2004 nur fünf Lehrstühle, die der Frühpädagogik explizit gewidmet sind (BMFSFJ und DJI 2004, S. 93). Vor diesem Hintergrund stellt sich die Frage, wie denn eine Grundlagenforschung und bildungspolitisch erforderliche Evalua-

tionsforschung an Universitäten garantiert werden kann und wo die Professoren für neue Studiengänge an Fachhochschulen herkommen sollen.
Um einen Überblick über den akademischen Arbeitsmarkt für Frühpädagogen zu erhalten, die Frage der professoralen Personalausstattung zu klären und Einblicke in die Forschungs- und Ausbildungssituation im Bereich der Elementarpädagogik an Universitäten und Fachhochschulen zu erhalten, beauftragte die Robert Bosch Stiftung den Lehrstuhl von Heinz-Hermann Krüger an der Universität Halle-Wittenberg mit einer Expertise, die in zwei Untersuchungsschritten realisiert wurde: Die zwischen Januar 2003 und April 2007 in der ZEIT ausgeschriebenen Professorenstellen für frühkindliche Bildung wurden erhoben und analysiert. Im Rahmen einer Befragung wurden fünfzehn Professoren an wissenschaftlichen Hochschulen zu ihren Lehrangeboten und ihrem Forschungsprofil befragt.

2. Akademische Qualifizierung im Spiegel der Stellenausschreibungen für frühpädagogische Professuren

Die Analyse der Stellenausschreibungen in der „Zeit" vom 1. Januar 2003 bis zum 30. April 2007 macht deutlich, dass in diesem Zeitraum insgesamt 31 Professuren mit dem Schwerpunkt „Pädagogik der frühen Kindheit" ausgeschrieben wurden, davon 25 an Fachhochschulen, vier an Universitäten und zwei an Pädagogischen Hochschulen. Betrachtet man diese Professuren nun genauer nach Art der Stelle und Hochschultyp, so ergibt sich folgendes Bild:

Tab. 1   Ausgeschriebene Professuren im Bereich Pädagogik der frühen Kindheit an wissenschaftlichen Hochschulen und Fachhochschulen nach Art der Stelle vom 1.1.2003-30.04.2007

Besoldung	Wissenschaftliche Hochschulen	Fachhochschulen
BAT Ia/b		1
C2		2
W1	2	
W2	1	22
W3	3 (davon 2 an Päd. Hochschulen)	
Insgesamt	6	25

Quellen: Die Zeit, eigene Berechnungen

Insgesamt gesehen lässt sich im Untersuchungszeitraum eine beachtliche Dynamik bei der Einrichtung von Professuren im Bereich Pädagogik der frühen Kindheit konstatieren. Diese findet jedoch bisher primär an Fachhochschulen statt. Mit sechs Ausschreibungen, davon eine Professur in Kombination mit Sonderpädagogik und zwei Juniorprofessuren, haben die wissenschaftlichen Hochschulen bisher nur sehr verhalten auf die aktuellen bildungspolitischen Debatten reagiert. Insgesamt wurden nur drei Stellen auf dem Besoldungsniveau W3 geschaffen, Fachhochschulen rekrutieren allgemein zumeist auf der niedrigeren Besoldungsstufe W2. Wie Tabelle 2 zeigt, ist die Anzahl der ausgeschriebenen Stellen im Beobachtungszeitraum kontinuierlich angestiegen. Während im Jahr 2003 nur eine Professur insgesamt ausgeschrieben wurde, waren es in den Jahren 2004 und 2005 bereits sechs bzw. sieben Stellen, im Jahr 2006 bereits 11 Stellen und in den ersten vier Monaten des Jahres 2007 schon wiederum sechs Stellen. In den Jahren 2004 und 2005 setzte ein sukzessiver Ausbau an Professuren im Bereich Elementarpädagogik ein, der in den Jahren 2006 und vermutlich auch 2007 seinen bisherigen Kulminationspunkt erreicht.

Tab. 2: *Ausgeschriebene Professuren im Bereich der frühen Kindheit an wissenschaftlichen Hochschulen und Fachhochschulen im Zeitverlauf (2003-April 2007)*

Jahr	2003	2004	2005	2006	I/2007	Insgesamt
Anzahl	1	6	7	11	6	31

Quelle: Die Zeit, eigene Berechnungen

Nachfolgend wird verdeutlicht, wie sich diese Stellenausschreibungen nun auf die alten und neuen Bundesländer verteilen, welcher Fachdisziplin sie zugeordnet werden können und wie das erwartete Forschungs- und Ausbildungsprofil dieser Professuren im Bereich der Pädagogik der frühen Kindheit konkret aussieht.

In Bezug auf die regionale Lage der Hochschulen lässt sich konstatieren, dass 18 Professuren im Bereich der Elementarpädagogik an Hochschulen in den alten Bundesländern, sieben Professuren in den neuen Bundesländern und sechs Professuren an Berliner Hochschulen ausgeschrieben worden sind. Im Hinblick auf die disziplinäre Zuordnung der ausgeschriebenen Professuren zeigt sich das wenig überraschende Ergebnis, dass die meisten der 31 ausgeschriebenen Professuren, nämlich 25, dem Fach Pädagogik/Erziehungswissenschaft oft an der Schnittstelle zur Sozialpädagogik zugeordnet werden können. Die übrigen Ausschreibungen sind interdisziplinär zwischen Pädagogik und Soziologie zu verorten, eine Ausschreibung nimmt explizit auf die Fachdisziplin Betriebswirtschaft Bezug.

Prüft man nun, ob sich aus den in den Ausschreibungstexten gewünschten Forschungsschwerpunkten für die Professuren spezifische Forschungsprofile herausarbeiten lassen, so kann man bei genauerer Analyse fünf Schwerpunktbereiche unterscheiden: ein klassisches Forschungsprofil mit dem Thema Elementarpädagogik/Vorschulpädagogik/Pädagogik der frühen Kindheit, das von zehn Hochschulen (acht Fachhochschulen, eine Pädagogische Hochschule, eine Universität) genannt wird; ein empirisches Forschungsprofil im Bereich der Kindheitsforschung, das in drei Ausschreibungen von Universitäten, zwei von Fachhochschulen im Zentrum steht; ein spezielles Forschungsprofil mit dem Schwerpunkt Kindheit und soziale Differenz, das sich in drei Ausschreibungen der Fachhochschule Magdeburg-Stendal und einer Berliner Fachhochschule dokumentiert; ein Forschungsschwerpunkt im Bereich Bildungs- und Sozialmanagement in Kindertagesstätten, der sich in verschiedenen Facetten in drei Ausschreibungen der Fachhochschule Koblenz erkennen lässt, sowie ein Forschungsprofil an der Schnittstelle zwischen Elementarpädagogik und Allgemeiner Didaktik/Fachdidaktik bzw. sonderpädagogischer Frühförderung, das in drei Ausschreibungen von Fachhochschulen und zwei von wissenschaftlichen Hochschulen im Mittelpunkt steht.

Ähnlich vielfältig stellen sich auch die in den Ausschreibungen für die Professuren im Bereich der Pädagogik der frühen Kindheit genannten Ausbildungsprofile dar. Auch in diesem Themenfeld lassen sich fünf Schwerpunktprofile unterscheiden. Am häufigsten genannt werden von elf Fachhochschulen und einer Pädagogischen Hochschule BA-Studiengänge im Bereich Bildung und Erziehung in früher Kindheit bzw. Elementar- oder Vorschulpädagogik. Ein spezifisches Ausbildungsprofil mit einem BA-Studiengang Bildungs- und Sozialmanagement mit dem Schwerpunkt Frühe Kindheit wird in den drei Ausschreibungen der Fachhochschule Koblenz erwähnt. Dies gilt ebenso für zwei Ausschreibungen der Fachhochschule Magdeburg-Stendal, wo ein besonderer BA-Studiengang Angewandte Kindheitswissenschaften angedeutet wird. Ein weiteres Ausbildungsprofil, das BA-Studiengänge im Bereich der Pädagogik der frühen Kindheit und der Sozialen Arbeit verknüpft, lässt sich in zwei Ausschreibungen von Fachhochschulen erkennen. In zwei Universitäten und einer Pädagogischen Hochschule werden hingegen in den Ausschreibungen Bezüge zwischen BA- und MA-Studiengängen im Hauptfach Erziehungswissenschaft und den Lehramtsstudiengängen hergestellt. Von sieben Hochschulen werden in den Ausschreibungen leider keine Lehrerwartungen im Hinblick auf Studiengangsprofile genannt.

Abb. 1: „*Pädagogik der frühen Kindheit" – Stellenprofile: Die Zeit*

Stellenprofil.	Ort und Art der Hochschule	Disziplinäre Zuordnung	Fakultät/Fachbereich	Kenntnisse und Forschungsschwerpunkte	Studiengänge
W2	Berlin/F	Päd	Sozialwesen	Inklusions-, Diversity- und Genderperspekt.	BA Bildung und Erziehung
W2	Koblenz/F	Päd	Betriebs-, Sozialwirtschaft und Sozialwesen	Management d. bildungsbezog. Aufgaben in Kitas u. a.	BA Bildungs- und Sozialmanagement mit Schwerpunkt frühe Kindheit
W3	PH Ludwigsbg/U	Päd		Erziehung und Bildung i.d. frühen Kindheit	BA Frühe Bildung
W2	Merseburg/F	Päd	Soziale Arbeit	Kindheit und Medien	BA Soziale Arbeit MA Kulturwiss.; BA Kulturpädagogik
W2	Magdeburg/F	Soz	Angewandte Humanwissenschaften	Kindheit und Differenz	BA Angewandte Kindheitswissenschaften
W2	Hambug/F	Päd	Soziale Arbeit und Pflege	Elementarpädagogik	BA Bildung und Erziehung in der Kindheit
W2	Erfurt/F	Päd	Sozial-wesen	Elementare und primare Bildungsprozesse	BA Erziehung und Bildung von Kindern
W2	München/F	Päd	Kathol. StiftungsFH	Päd. der Kindheit, Allg. Päd. und Soziale Arbeit	keine Angabe
W2	Kiel/F	Päd	Soziale Arbeit und Gesundheit	Theorien/Didaktik kindl. Bildungs- und Aneignungsprozesse	BA Erziehung und Bildung im Kindesalter BA und MA Soziale Arbeit; BA Physiotherapie
W2	Saarland	Päd	Hochschule für Technik u. Wirtschaft	„Theorie, Praxis und Empirie" der Päd. d. Kindheit	Soziale Arbeit und Pädagogik der Kindheit
W2	Esslingen/F	Päd	Soziale Arbeit, Gesundheit und Pflege	Elementarpädagogik	BA Bildung und Erziehung in der Kindheit
W2	Magdeburg/F	Päd	Angewandte Humanwissenschaften	Kindl. Entwicklung, Bildung und Sozialisation, auch international	BA Angewandte Kindheitswissenschaften
W2	Berlin/F	Päd	Sozialarbeit	Frühpäd. und -didaktik	BA Erziehung und Bildung im Kindesalter
W1	Hildesheim/U	Päd	Erziehungs- und Sozialwissenschaften	Elementarpäd., empirische Kindheitsforschung	BA/MA Erziehungswissenschaft; Organisationspäd./Sozialpäd.; ehramtstudiengänge
W2	München/F	Päd	Sozialwesen	Sozialpäd., Bildungsforschung	BA Bildung und Erziehung im Kindesalter
W2	Bochum/F	Päd	Soziale Arbeit	Elementarpädagogik	keine Angabe

Stellenprofil.	Ort und Art der Hochschule	Disziplinäre Zuordnung	Fakultät/Fachbereich	Kenntnisse und Forschungsschwerpunkte	Studiengänge
W2	Frankfurt a. Main/F	Päd	Soziale Arbeit und Gesundheit	Studienschwerpunkte	BA Studienschwerpunkt Kinder und Jugendliche in Familie und Institutionen
W2	Berlin/U	Päd	Erziehungswiss. u. Psychologie	Kleinkindpäd.; emp. Bildungsforschung	keine Angabe-
W3	PH Heidelberg/U	Päd	Inst. f. Sonderpädagogik	Frühförderung und allg. Elementarpäd.	frühkindliche Bildungsprozesse, Förderung
W2	Dresden/F	Päd	Ev. FH f. Soziale Arbeit	Erziehung/Bildung	keine Angabe-
W2	Magdeburg/F	Interdisziplinär	Magdeburg-Stenda	Kindheit im gesellschaftl. Kontext	keine Angabe
W2	Potsdam/F	Päd	Sozialwesen	Theorien der Bildung; Päd. Institutionen	BA Bildung und Erziehung in der Kindheit
C2	Freiburg/F	Päd	FH f. Soziale Arbeit, Diakonie u. Religionspäd.	Allg. Didaktik und Fachdidaktik; Kinder- und Jugendhilfe	keine Angabe
W3	Giessen/U	Päd	Sozial- und Kulturwiss.	Kindheitsforschung, Allg. Didaktik, Theorie von Institutionen u. a.	Lehramtsstudiengänge; erziehungswissenschaftliche Studiengänge
W2	Koblenz/U	Wirtschaft	Betriebs- und Sozialwirtschaft und Sozialwesen	Betriebswirtschaftl. Aspekte im Management von Bildung	BA Bildungs- und Sozialmanagement mit Schwerpunkt frühe Kindheit
W2	Koblenz/F	Päd/Soz.	Betriebs- und Sozialwirtschaft und Sozialwesen	Management Kitas; Transfer bildungswissensch. Erkenntnisse	BA Bildungs- und Sozialmanagement mit Schwerpunkt frühe Kindheit
W2	Berlin/F	Päd	FH f. Soziale Arbeit	Allg. Päd. u. gesellschaftl. Wandel	BA Erziehung und Bildung im Kindesalter
W2	Berlin/F	Päd/Soz	FH f. Soziale Arbeit	Theorien der Bildung	BA Erziehung und Bildung im Kindesalter
W1	Berlin/F	Päd	Erziehungswiss. u. Psychologie	Kleinkindpädagogik	keine Angabe
C2	Neu-Brandenburg/F	Päd	Soziale Arbeit	Vorschulpädagogik	BA Vorschulpädagogik
Bat1b	Hannover/F	Päd	Sozialwesen	Elementarpädagogik	BA Elementarpädagogik

Legende: F: Fachhochschule; U: Universität/Päd. Hochschule

Fasst man die Analyse der in den Stellenausschreibungen für Professuren im Bereich Pädagogik der frühen Kindheit sich dokumentierenden Forschungs- und Ausbildungsprofile noch einmal zugespitzt zusammen, so lässt sich einerseits feststellen, dass ein klassisches Profil mit dem Schwerpunkt Pädagogik der frühen Kindheit/Elementarpädagogik dominiert. Auf der anderen Seite lässt sich ein Trend zur Differenzierung und Spezialisierung von Profilen erkennen, wobei drei Hochschulen mit mehreren Ausschreibungen im Bereich der empirischen Kindheitsforschung (FU Berlin), der differenztheoretisch orientierten Kindheitsforschung (Fachhochschule Magdeburg-Stendal) sowie der Bildungs- und Sozialmanagementforschung (Fachhochschule Koblenz) einen deutlich erkennbaren einzelhochschulspezifischen Schwerpunkt gesetzt haben.

3. Die Entwicklung des akademischen Berufsfeldes im Spiegel einer Befragung ausgewählter Lehrstuhlinhaber an wissenschaftlichen Hochschulen

Um einen Einblick in die Forschungs- und Ausbildungssituation an deutschen Universitäten zu gewinnen, wurden insgesamt 13 Professoren mit frühpädagogischen Arbeitsschwerpunkten befragt.[1] Die Befragung ergab, dass es ausgebaute Lehrstühle mit explizit frühpädagogischer Stellendenomination und einem breiten Forschungsprofil sowie umfassenden Ausbildungsverpflichtungen nur an vier Universitäten in Deutschland gibt: der Universität Bamberg, der Universität Dortmund, der Freien Universität Berlin und der Universität Köln. Angesichts der großen gesellschaftspolitischen Konjunktur des Themas frühkindliche Bildung ist es erstaunlich, dass an den Universitäten Tübingen und Braunschweig das Forschungs- und/oder Studienprofil Pädagogik der frühen Kindheit mit dem Eintritt des bisherigen Stelleninhabers in den Ruhestand nicht beibehalten wurde. In

---

1 Prof. Dr. Ursula Carle an der Universität Bremen, Prof. Dr. Hans Gängler an der TU Dresden, Prof. Dr. Lilian Fried an der Universität Dortmund, Prof. Dr. Leonie Herwartz-Emden an der Universität Augsburg, Prof. Dr. Michael-Sebastian Honig an der Universität Trier, Prof. Dr. i.R. Ludwig Liegle an der Universität Tübingen, Prof. Dr. Karl Neumann an der TU Braunschweig, Prof. Dr. Ursula Rabe-Kleberg an der Universität Halle-Wittenberg, Prof. Dr. Hans-Günther Roßbach an der Universität Bamberg, Prof. Dr. Gerd E. Schäfer an der Universität Köln, Prof. Dr. Wolfgang Tietze an der FU Berlin, Professor Dr. Rainer Treptow an der Universität Tübingen, Professor Dr. Reinhard Uhle an der Universität Lüneburg.

Tübingen wurde die Stelle mit einer neuen Denomination im Bereich International Vergleichende Bildungsforschung ausgeschrieben und der Lehrschwerpunkt Pädagogik der frühen Kindheit abgeschafft. In Braunschweig gab es kein Ausbildungsprofil in diesem Bereich, das durch den bisherigen Stelleninhaber vorhandene frühpädagogische Forschungsprofil des Standortes wird nicht aufrechterhalten.

Die beiden renommierten Professuren für Kleinkindpädagogik in Berlin und Köln haben ähnliche Ausbildungsverpflichtungen. Sie sind bisher im Diplompädagogikstudiengang mit dem Schwerpunkt Pädagogik der frühen Kindheit und auch in den zukünftigen BA-, MA-Studiengängen mit ähnlichen Profilen umfassend einbezogen. Vom Forschungsprofil unterscheiden sich beide Professuren jedoch deutlich. Während das Forschungsprofil des Arbeitsbereiches Kleinkindpädagogik an der FU Berlin empirisch quantitativ ausgerichtet ist und in diesem Kontext eine Vielzahl empirischer Forschungsprojekte zur pädagogischen Qualität von Kindertageseinrichtungen auf Bundesebene, in verschiedenen Bundesländern und auch im internationalen Vergleich durchgeführt worden sind, hat der Lehrstuhl in Köln ein qualitativ-hermeneutisches Forschungsprofil und seine Forschungsschwerpunkte im Bereich des Naturwissens von Erzieherinnen, der Qualitätsentwicklung im Kindertagesstättenbereich sowie zukünftig auch in der pädagogischen Frühförderung.

An fünf weitere Universitäten in Augsburg, Dresden, Halle, Bremen und Trier ist der Bereich der Elementarpädagogik trotz anders lautender Denomination der Professur in Lehre und/oder Forschung vertreten. So wird von der an der Universität Augsburg vorhandenen Professur mit Schwerpunkt geschlechtsspezifische Bildungsprozesse in der Kindheit im Diplomstudiengang Erziehungswissenschaft der Schwerpunktbereich Elementarpädagogik in der Lehre in vollem Umfang abgedeckt, während hingegen das Forschungsprofil eher im Bereich der Migrations- und Genderforschung angesiedelt ist. Gemeinsam ist den beiden Professuren in Dresden und Halle nicht nur die Beteiligung an internationalen Master-Studiengängen im Bereich „Childhood research and education" bzw. „Early Education and Care", sondern auch ihre Einbindung in bundeslandspezifische Begleitforschungsprojekte zur Professionalisierung von Fachkräften in Kindertageseinrichtungen. In Dresden ist der Lehrstuhlinhaber zukünftig zudem an einem Masterstudiengang für das Lehramt für berufsbildende Schulen beteiligt. In Halle existieren darüber hinaus weitere, von der DFG bzw. der Fritz-Thyssen-Stiftung finanzierte Forschungsprojekte zum Verhältnis Elternhaus und Kindergarten und zur Habitusentwicklung von Kindergärtnerinnen in der DDR. Nur in der Forschung mit Fragen der Elementarpädagogik beschäftigen sich hingegen die ProfessorInnen an den Universitäten in Bremen und Trier. Während in Bremen der Forschungsschwerpunkt auf der Analyse der Kooperation zwischen Kindergarten und Grundschule liegt, wird in Trier in einer quantitativen Studie die Qualität von Kindertageseinrichtungen in vier Bundesländern untersucht.

4. Fazit und Ausblick

Bis zum Jahr 2013 will die Bundesregierung rund 500.000 neue Plätze in Kindertageseinrichtungen schaffen und dafür rund 50.000 neue Stellen schaffen. Dieser quantitative Ausbau der Kinder- und Tagesbetreuung in Deutschland muss durch einen entsprechenden Auf- und Ausbau einer wissenschaftlich fundierten Qualifizierung von Fachkräften flankiert werden. Nur dann kann ein gut ausgebildeter Nachwuchs die in Kindertagesstätten, Trägerverbänden und Bildungseinrichtungen dringend benötigten und auf frühkindliche Bildung spezialisierten Tätigkeitsprofile einnehmen. Grundlegende Voraussetzung dafür ist eine systematische Verankerung der Frühpädagogik an deutschen Fachhochschulen und Universitäten. Zwar sind an den Fachhochschulen in den letzten Jahren eine Reihe von Professuren und Studiengängen entstanden. Die Universitäten tun sich jedoch schwer, den Zeichen der Zeit zu folgen. Vor diesem Hintergrund stellt sich die Frage, wo die von Fachhochschulen derzeit stark nachgefragten Professoren ausgebildet werden sollen und wer die bildungspolitisch relevante Evaluationsforschung und die dringend benötigte, umfassende Grundlagenforschung garantieren kann.

Zur Stärkung der Forschungs- und Ausbildungssituation des frühpädagogischen Schwerpunktes bieten sich folgende, kurz- und mittelfristig zu realisierende hochschulpolitische Maßnahmen an:

- die Einrichtung von zumindest einer Professur mit dem Profil Pädagogik der frühen Kindheit an einer Universität in jedem Bundesland, u. a. um den Ausbau und qualitativen Wandel des Systems der öffentlichen Kleinkinderziehung wissenschaftlich begleiten und evaluieren zu können;
- die Einrichtung von MA-Studiengängen und Promotionsstudiengängen mit dem Schwerpunkt „early education" an mindestens acht bis zehn Universitätsstandorten zur Ausbildung von Führungskräften für die kommunalen Jugendämter, die Landesjugendämter, die Sozialministerien etc.

sowie den wissenschaftlichen Nachwuchs an Fachhochschulen und Universitäten;

- die Etablierung eines nationalen Forschungsnetzwerkes zur Planung und Verknüpfung der bislang an verschiedenen Hochschulstandorten unkoordiniert stattfindenden vielfältigen Forschungsaktivitäten.

Literatur

KOMdat (2007): Themenheft Pädagogik der Kindheit. 10. Jahrgang, Heft Nr. 1/07, Juni 2007.

BMFSFJ (2005): Bericht über die Lebenssituation junger Menschen und die Leistungen der Kinder- und Jugendhilfe in Deutschland. Zwölfter Kinder- und Jugendbericht. Berlin.

GEW (2007): Erzieherinnenausbildung in der Hochschule. Studienmodelle im Überblick. Frankfurt a. Main.

BMFSFJ und DJI (2004): OECD Early Childhood Policy Review 2002-2004. Hintergrundbericht Deutschland, Fassung vom 22.11.2004.

Sonja Adelheid Schreiner

Wie und wo muss für die Pädagogik der frühen Kindheit qualifiziert werden?

1. Studiengänge für die Pädagogik der frühen Kindheit – die Abwehr ist durchbrochen

War in der Bildungspolitik der Bundesländer eine akademische Ausbildung für die Pädagogik der frühen Kindheit noch vor wenigen Jahren kein Thema, so ist inzwischen offensichtlich, dass die Einrichtung von Studiengängen „Pädagogik der (frühen) Kindheit" ein unaufhaltsamer und erwünschter Prozess ist.

Im Jahr 2005 fasste die Jugendministerkonferenz auf ihrer Tagung in München einen Beschluss mit dem Titel „Aufgabenprofile und Qualifikationsanforderungen in den Arbeitsfeldern der Kinder- und Jugendhilfe" mit u. a. folgender Aussage: „Im Kontext der zunehmenden Bedeutung der frühen Bildung und des Bildungsauftrages von Kindertagesstätten nimmt die Jugendministerkonferenz die in verschiedenen Bundesländern eingerichteten Bachelor-Studiengänge zur Bildung und Erziehung im Kindesalter mit Interesse zur Kenntnis. Sie werden als ein wichtiger Beitrag zur Verbesserung der Qualifikationsstruktur im Arbeitsfeld der Kindertagesbetreuung angesehen, insbesondere im Hinblick auf die Qualifizierung für Leitungsaufgaben oder andere herausgehobene Funktionen (z. B. Praxisberatung)." Als Beispiel für die Neupositionierung auf Länderebene kann die Entschließung herangezogen werden, die der Niedersächsische Landtag (2005) zur Erzieherausbildung annahm. Unter Punkt fünf wird die Landesregierung gebeten, „besonders für die Leitungs-, Führungs- und Beratungsebene bei entsprechender Nachfrage Fachhochschulangebote weiter zu entwickeln, die ausgebildeten Erzieherinnen und Erziehern gegebenenfalls als Aufbaustudiengänge angeboten werden können".

Die positive Bewertung einer Fachhochschulausbildung für das Feld der Kindertagesbetreuung durch politische Gremien der Länder markiert einen bemerkenswerten Wandel in der Bildungspolitik, die bis dahin auf einer

ausschließlich fachschulischen Ausbildung für Erzieher bestanden hatte.[1]
Womit ist dieser zu erklären?

Die im Dezember 2001 veröffentlichten Ergebnisse der Pisa-Studie
lenkten den Blick der Bildungspolitik auf die vorschulische Phase des Bil-
dungsweges, die für das schlechte Abschneiden der 15-Jährigen in Haftung
genommen wurde – obgleich die Studie dazu keinerlei Daten erhoben hatte
(vgl. dazu u. a. Diller/Rauschenbach 2006, S. 7ff.). Frühzeitig sollten die
Weichen für einen erfolgreiche(re)n Bildungsgang junger Menschen gestellt werden. Es folgte der „Gemeinsame Rahmen der Länder für die frühe
Bildung" (2004), in welchem der Wille artikuliert wurde, den Bildungsauftrag des Kindergartens nachhaltig zu verstärken. Von einer Anhebung der
Qualifikation des Fachpersonals war hier aber noch nicht die Rede. Der
OECD-Bericht „Die Politik der frühkindlichen Betreuung, Bildung und Erziehung in der Bundesrepublik Deutschland" aus demselben Jahr unter-
strich die Sonderstellung Deutschlands im Hinblick auf das Ausbildungsni-
veau der Fachkräfte in den Einrichtungen; doch stieß dieser Bericht in der
allgemeinen Bildungspolitik zunächst auf nur geringe Resonanz. Dagegen
wurde die Frage einer akademischen Qualifizierung des Personals in Kindertagesstätten in verschiedenen Fachgremien und von prominenten Frühpädagogen bereits intensiv erörtert. Die hartnäckigen Forderungen der Gewerkschaft Erziehung und Wissenschaft (GEW) nach einer Anhebung der
Erzieherausbildung auf Hochschulniveau ebenso wie die öffentlichkeits-
wirksamen Stellungnahmen des damaligen Leiters des Münchner Staatsinstituts für Frühpädagogik, W. Fthenakis (vgl. u. a. Fthenakis 2003) – um
nur einige wichtige Stimmen in der Diskussion zu nennen – waren sicherlich nicht ohne Wirkung.

Als entscheidend aber erwies sich der Bologna-Prozess (vgl. u. a. Tho-
le/Cloos 2006). Er brachte durch die Offenheit und den Gestaltungsspiel-
raum der einzelnen Hochschulen Bewegung in die festgefahrene Diskussion
über die akademische Qualifizierung von Fachkräften in Tageseinrichtungen für Kinder. Bereits vor den eingangs erwähnten Beschlüssen wurden
die ersten BA-Studiengänge konzipiert, zunächst an Fachhochschulen.

Inzwischen sind in allen Bundesländern entsprechende Studiengänge an
Universitäten und Fachhochschulen eingerichtet worden, insgesamt laut ei-

---

1   Die Verfasserin hat die ablehnende Haltung gegen Schritte zur Akademisierung,
    z. B. durch das Nds. Kultusministerium, noch im Jahre 2002 erfahren, als sie in ihrer
    Eigenschaft als Referatsleiterin für Kindertagesstätten im Niedersächsischen Sozi-
    alministerium eine befürwortende Stellungnahme abgeben wollte zu den curricula-
    ren Planungen der evangelischen FHS Hannover, welche die Einrichtung eines – mit
    der Fachschulausbildung verzahnten – BA-Studienganges Frühpädagogik vorberei-
    tete.

ner Broschüre der GEW (9/2007) mindestens 28; die überwiegende Zahl sind Bachelor-Studiengänge. Masterstudiengänge sind noch selten, obwohl für ihre Einrichtung große Dringlichkeit besteht, um in absehbarer Zeit den wissenschaftlichen Nachwuchs rekrutieren zu können.

2. Statusgewinn für einen Frauenberuf?

Die Einrichtung akademischer Studiengänge für frühpädagogische Tätig-keitsfelder wird zu recht mit den gestiegenen Anforderungen an die Profes-sionalität begründet und erfolgt auch in der Absicht, durch die Anhebung des formalen Berufsstatus ambitionierte und begabte junge Frauen und Männer für diese Ausbildungen zu gewinnen. Der erhoffte Statusgewinn für die professionelle Arbeit mit kleinen Kindern – im Wettbewerb mit anderen Berufen – wird aber nur unter bestimmten Voraussetzungen erzielt werden können: Die professionellen Leistungen müssen als solche erkannt und auch honoriert werden; das muss sich in tariflichen Regelungen ausdrücken und erfordert darüber hinaus wesentliche Korrekturen des Berufsbildes, wie im folgenden gezeigt werden soll.

Hinsichtlich der avisierten beruflichen Einsatzfelder befürworten die Bundesländer in ihrem Beschluss die akademische Qualifizierung an Fach-hochschulen für Leitungen (und Fachberatung), während bildungswissen-schaftliche Studiengänge, wie z. B. in Bremen, vor allem auf die direkte Bildungsförderung der Kinder in den Gruppen hin orientiert sind. Bei bei-den Optionen sind die Folgen für die tarifliche Eingruppierung, die sich aus der akademischen Qualifikation des Personals ergeben, noch nicht ab-schließend geklärt. Der neue Tarifvertrag für den öffentlichen Dienst sieht zwar Gehaltsabstufungen zwischen Fachschul- und BachelorabsolventInnen vor, ist aber noch nicht durchgesetzt.

Bereits heute arbeiten an Fachhochschulen ausgebildete Sozialpädago-gen in Tageseinrichtungen für Kinder, und zwar im Allgemeinen zu den gleichen Tarifen wie Erzieher. Zu befürchten ist, dass dies auch für BA-Absolventen zur Regel wird. Eine derartige Eingruppierung mit Imagever-lust für Absolventinnen und Absolventen nicht nur von BA-Studiengängen in der Frühpädagogik/Pädagogik der (frühen) Kindheit ist aber zu befürch-ten, wenn keine entsprechend angemessene Vergütung vereinbart werden kann.

Bei allen Schritten zur besseren Qualifizierung des Personals für die Pä-dagogik der frühen Kindheit muss mitbedacht werden, dass der Beruf der Erzieherin, dessen professionelles Profil damit zur Debatte steht, geprägt ist durch die Geschichte – und Gegenwart – eines Frauenberufs, ein Aspekt, der in der gegenwärtigen Fachdiskussion eher marginal Beachtung erfährt. Die vergleichsweise niedrige Eingruppierung von Erzieherinnen und ihr e-her bescheidener Status in der Hierarchie der Bildungs- und Sozialberufe sind zurückzuführen auf eine Tradition, welche Mütterlichkeit als wesentliche Voraussetzung für soziale Arbeit, insbesondere mit kleinen Kindern, betrachtete. Von Friedrich Fröbel, der den Kindergarten als Bildungseinrichtung begründet hatte, war dies Anfangs nicht so vorgesehen; Fröbel dachte zunächst (im Jahre 1839) an junge Männer (Fröbel 1839/1986, S. 186). Doch sollte er diese Auffassung bald ändern: „Der ersten Kindheitspflege muss (daher) das Frauenleben wieder ganz zugewandt werden" (Fröbel 1839/1986, S. 189).

Das anspruchsvolle Konzept der „geistigen Mütterlichkeit" – die der leiblichen Mutterschaft in pädagogischer Hinsicht durchaus überlegen sein konnte –, welches in Kreisen der bürgerlichen Frauenbewegung in der Zeit nach Fröbel entwickelt wurde, war als Angebot an bürgerliche Frauen zu verstehen, einen Beruf ergreifen zu können, in den die spezifisch weiblichen (mütterlichen) Potenzen eingebracht werden konnten (vgl. Sachße 1986, S. 113ff.). Die im Kindergarten erforderlichen Qualifikationen wurden dem weiblichen Arbeitsvermögen zugeschrieben, das allerdings der Aus-Bildung bedurfte, einer Ausbildung, die sich bewusst gegen das männlich konnotierte, statushöhere (akademische) Berufskonzept abgrenzte. Der aus der christlichen Wohlfahrt herrührende Traditionsstrang zur Bewahrung und Betreuung von Kindern, wiederum durch Frauen, wurde in dieses Berufsbild integriert.

In ihrem Beitrag zu einer Fachtagung des Deutschen Jugendinstituts (DJI) im Jahre 2004 unter dem Titel: „Mütterlichkeit und Profession – oder: Mütterlichkeit, eine Achillesferse der Fachlichkeit?" diskutiert U. Rabe-Kleberg (2006), inwieweit „Mütterlichkeit" als personale Ressource erklärtermaßen in das Professionskonzept aufgenommen werden kann, ohne mit den skizzierten Traditionsbeständen belastet zu sein. „Mütterlichkeit" als Teil des professionellen Habitus müsse sich von der automatischen Zuschreibung an das weibliche Geschlecht lösen: durch kontinuierliche (Selbst-)Reflexion und die gesellschaftsstrukturelle Auseinandersetzung mit der Gender-Frage, damit sie produktiv in die Berufsausübung eingebracht werden kann.

Wenn nun die akademische Ausbildung zur Korrektur des traditionellen Berufsbildes beitragen will, dann muss diese Reflexion ein wesentlicher Inhalt des akademischen Lehrens und Lernens sein bzw. werden und somit „Mütterlichkeit" im doppelten Sinne „aufgehoben" werden: Von ihrer selbstverständlichen Zuschreibung als weibliche Eigenschaft befreit und gleichzeitig als wichtiger Teil der Professionalität anerkannt und wissenschaftlich beleuchtet werden. Es wird sich dann zeigen, welche und wie viele Kompetenzen hier gebündelt werden, so dass das Professionskonzept deutlichere Konturen erhält. Dazu werden im folgenden Abschnitt einige Überlegungen angestellt.

3. Betreuung – der vernachlässigte Aspekt in der Qualifizierungsdiskussion

Eine wesentliche Aufgabe des Fachpersonals in Tageseinrichtungen für Kinder ist das Ausbalancieren der Aufgabendimensionen, die das SGB VIII vorgibt, „Bildung, Betreuung/Care und Erziehung". Daraus folgt: Betreuung/Care ist von nicht geringerer Bedeutung für das professionelle Handeln als Bildung und Erziehung. Der 12. Kinder- und Jugendbericht beschäftigt sich einleitend damit, dass die Entwicklungsförderung der Kinder im vorherrschenden Bildungsverständnis weniger als ein Zusammenspiel denn als ein Nacheinander von Betreuung, Erziehung und Bildung im Lebenslauf verstanden wird, was zur Vernachlässigung des Bildungsauftrags führte (vgl. BMFSFJ 2005). Bildungsförderung „von Anfang an" zur Maxime zu erheben, stellt eine notwendige Korrektur dar; doch droht nun wiederum der Betreuungsauftrag ins Abseits zu geraten.

Der Begriff der „Betreuung" ist allerdings mit dem Makel eines Allerweltswortes behaftet und steht speziell im Kontext des Kindergartenwesens vorwiegend für Unterbringung oder Schaffung von Plätzen (im Interesse der sog. Vereinbarkeit von Familie und Beruf). Der Bedeutungshorizont von Betreuung weist aber darüber hinaus in eine Richtung, für die das englische Wort „care" steht, das mit (liebevoller) Fürsorge, Aufmerksamkeit, Schutz umschrieben wird. „Caring", eingedeutscht „Sorgetätigkeit", hat sich inzwischen in der sozialen Arbeit eingebürgert und wird nach wie vor aufs Engste mit dem weiblichen Geschlecht konnotiert. Deshalb erfährt Sorgetätigkeit entsprechend der vorherrschenden Geschlechterhierarchie nicht die gebührende Wertschätzung (vgl. Brückner 2003).

Entgegen der landläufigen Meinung wird Betreuung/care in den Kindertagesstätten aber nicht überall zufriedenstellend professionell gehandhabt bzw. auch aufgrund der Strukturbedingungen der Einrichtungen den Bedürfnissen kleiner Kinder oft nicht gerecht. Von Trägern und Fachpersonal wird dies, vor allem im Zusammenhang mit der Aufnahme von unter Dreijährigen in Kindertageseinrichtungen, vielfach problematisiert. Wenn der gesetzliche Auftrag ernst genommen werden soll, dann müssten neue akademische Ausbildungsgänge genau an diesem Punkt besondere Akzente setzen und programmatisch nicht nur auf „Bildung" hin orientieren, sondern besonders die komplexe, auch fachlich anspruchsvolle Aufgabe der Betreuung – im Sinne von care – in den Fokus nehmen.

Der gegenwärtig zu recht forcierte Ausbau von Betreuungsplätzen für unter Dreijährige wird pädagogisch mit dem Bildungsargument begründet, während in der öffentlichen Qualitätsdiskussion der Aspekt das caring weitgehend unterbelichtet ist (bzw. nur aus konservativer Sicht mit Rekurs auf die wünschbare Betreuung durch die leibliche Mutter thematisiert wird). Damit droht der von der OECD (vgl. 2004) gerühmte sozialpädagogische, ganzheitliche Ansatz des Kindergartenwesens in den Hintergrund zu geraten, und zwar mit praktischen Konsequenzen: Gerade für die Bildung, Betreuung und Erziehung der Kleinsten sind die Personal-/Platz-Standards, nach denen etwa eine Fachkraft für sieben bis acht Kleinstkinder zuständig ist, völlig unzureichend. Wenn die derzeit geltenden Standards für Gruppengrößen und Personaleinsatz nicht korrigiert werden, ist Überforderung von Kindern und Fachkräften die Konsequenz, mit Folgen nicht nur für die emotionale, sondern auch die kognitive Entwicklung.

Verlässliche und sichere Beziehungen bzw. Bindungen sind für das Wohlbefinden und die Lernfähigkeit von Kindern essentiell. Frühe Bildungs- und Erziehungsprozesse scheitern bekanntlich bei fehlender oder mangelhafter (liebevoller) Fürsorge. Diese Erkenntnis gehört zur eisernen Ration der frühpädagogischen Fachdiskussion. Umso erstaunlicher, dass die Ergebnisse der Bindungsforschung längst noch nicht in dem gebotenen Umfang rezipiert werden. Eine Ausnahme stellen Empfehlungen zur Eingewöhnung der Kleinstkinder dar (z. B. Laewen u. a. 2006), die sich u. a. auf die Bindungsforschung stützen.

L. Krappmann wirbt in dem Artikel „Bindungsforschung und Kinder- und Jugendhilfe – Was haben sie einander zu bieten?" (Krappmann 2004) für eine wechselseitige Annäherung und zeigt, dass die Bindungsforschung sich aus ihrer anfänglichen Fixierung allein auf die Mutter-Kind-Dyade gelöst und bedeutsame Erkenntnisse auch für die institutionelle Betreuung im Elementarbereich anzubieten hat. Der Bindungsforschung ist besonders das ausdifferenzierte Konzept der „Feinfühligkeit" zu verdanken, das einen prominenten Platz in der Professionalisierungsdebatte erhalten sollte.[2]

Folgende Fragen stellen sich zum Beispiel, die allgemein in der Ausbildung der Fachkräfte, vor allem aber bei der Neukonzeption von Studiengängen wissenschaftlich beleuchtet und in Curricula übernommen werden müssen: Wie kann das Fachpersonal in den Tageseinrichtungen verlässliche Bindungen zu kleinsten Kindern über längere Zeit und über ein ganzes Berufsleben hindurch aufbauen und tragen? Welchen Beitrag können der kon-

---

2   Für einen Überblick über die Forschungslage und die Formulierung von Forschungsdefiziten und Forschungsdesideraten siehe Ahnert (2005).

krete Einsatz der Fachkräfte und die Einrichtungsleitung dazu leisten? Wie lässt sich Feinfühligkeit im professionellen Umgang mit einer größeren Gruppe von Kleinkindern beobachten und zeigen und welche Unterstützung, etwa durch Supervision, kann das Fachpersonal erhalten, um die gewünschten Beziehungsqualitäten zu entwickeln und zu praktizieren? Die Grammatik von Tun und Lassen des Fachpersonals gerade auf dem Feld des caring bei Kleinstkindern bedarf dringend der fachlichen Aufmerksamkeit und der Aufklärung durch empirische Forschung. Dies umso notwendiger, damit die Fehler bei der Umsetzung des Rechtsanspruchs auf einen Kindergartenplatz in den 1990er Jahren vermieden werden, als Qualitätsanforderungen um des raschen Ausbaus willen vielfach vernachlässigt wurden. Es mag widersprüchlich erscheinen, wenn hier der Auftrag des „caring" in den Vordergrund gerückt wird, der doch in so enger Beziehung zum „Maternalismus" der Frühpädagogik in Deutschland wahrgenommen wird und als semiprofessionelle Domäne der Frauen gilt. Aber gerade darum ist es notwendig, durch die explizite Anerkennung bzw. Aufwertung (auch finanziell) des Caring als professionelle Dimension auch mit dafür zu sorgen, dass das System der Tageseinrichtungen – bei aller Emphase, die der Bildungsauftrag verdient – sich neben der Schule als eigenständig behaupten kann.

4. Qualifizierung – an welchem Ort und mit welchem Profil?

Bisher war von einer akademischen Ausbildung für die Pädagogik der (frühen) Kindheit die Rede. Freilich werden im Reigen der Orte der Ausbildung neben Fachhochschulen, Pädagogischen Hochschulen und Universitäten auch die Fachschulen/Fachakademien bis auf weiteres einen festen Platz haben. Die Aufnahmezahlen für die neu eingerichteten Studiengänge sind noch beschränkt und die Einrichtung weiterer Studiengänge stößt wegen des Mangels an frühpädagogisch ausgewiesenen Hochschullehrern an Grenzen. Deshalb wird die Mehrzahl des Fachpersonals in Kindertagesstätten noch an Fachschulen/Fachakademien eine Breitbandausbildung erhalten müssen. Diese Ausbildungskapazitäten werden trotz des Rückgangs der Kinderzahlen aufgrund der Altersstruktur des derzeit tätigen Personals und wegen des Ausbaus der Plätze für unter Dreijährige noch für längere Zeit benötigt. Schwieriger wird die Beantwortung der Frage, mit welchem Profil jeweils qualifiziert werden soll. Solange die fachschulische Erzieherausbildung dem Anspruch nach eine Breitbandausbildung ist, kann von der „Verlagerung der Erzieherausbidung" an Hochschulen nicht die Rede sein, jedenfalls nicht, ohne große Überschneidungen mit den BA-Studiengängen Sozialarbeit/Sozialpädagogik zu riskieren. Die neu eingerichteten Studiengänge verstehen sich denn auch explizit als Ausbildungen für die Erziehung und Bildung von Kindern (und ihren Familien) bzw. für die Pädagogik der frühen Kindheit oder für Elementarpädagogik, um nur einige Titel zu nennen. Modelle der Verzahnung von Fachschul- mit Fachhochschulausbildung, wie sie beispielsweise in Niedersachsen existieren, oder auch die Anrechenbarkeit von Weiterbildungsprogrammen sowie (berufsbegleitende) BA-Studiengänge für Leitungen erhöhen die Durchlässigkeit und können von den Praxiserfahrungen und -kontakten der Studierenden bzw. Fachschulen profitieren und auf längere Frist die Überführung von Fachschulen in FHS vorbereiten helfen.

Ein weiter Raum der Möglichkeiten des Bolognaprozesses zeigt sich bei der Konzipierung der Studiengänge hinsichtlich des gedachten beruflichen Einsatzes: Nur in der Frühpädagogik, in Einrichtungen auch für Schulkinder oder mit besonderer Akzentuierung des familiären und weiteren Umfeldes; in Leitungspositionen und Fachberatung oder im Gruppendienst zur Bildungsförderung. Er zeigt sich ebenfalls in der unterschiedlichen Zugehörigkeit zu Fachkulturen: Dezidiert sozialpädagogisch orientierte Studiengänge stehen solchen von der Lehrerbildung her konzipierten gegenüber.

Mit dem Programm der Robert Bosch Stiftung „Profis in Kitas" (vgl. Robert Bosch Stiftung 2006), das die Professionalisierung von Frühpädagogen verfolgt, werden seit dem Jahre 2005 fünf Hochschulen bzw. Fachhochschulen mit unterschiedlichen Profilen gefördert, die gemeinsam ein Kerncurriculum erarbeiten und ihre Erfahrungen mit dem neuen Angebot auswerten sollen. Über institutionelle und fachkulturelle Grenzen hinweg eine Verständigung über die Inhalte und Methoden der Frühpädagogik herbeizuführen, ist in einer Phase des „Wildwuchses" (Thole/Cloos 2006, S. 45) bzw. des Experimentierens mit den Freiheiten des Bologna-Prozesses vielversprechend. Ergebnisse liegen derzeit noch nicht vor. Perspektive muss sein – und das kann das PiK-Projekt allein sicher nicht leisten –, in einer Didaktik der Früh(st)pädagogik das Ineinandergreifen von Bildung, Betreuung/care und Erziehung zu vermitteln.

5. Professionalität entwickeln und sichern

Auf die Bedeutung des professionellen Handelns auf dem Feld des caring wurde bereits hingewiesen. Umso bemerkenswerter, dass Betreuung im Sinne von care in keiner Studiengangsbezeichnung genannt wird (Ausnahme: der MA-Studiengang „Early Education and Care" der Universität Halle-Wittenberg). Vor allem die bildungswissenschaftlich konzipierten Studiengänge müssen dahingehend befragt werden, ob sich die Bedeutung des Zusammenspiels von Bildung, Betreuung/care und Erziehung in ihrem Studienangebot widerspiegelt; dies umso mehr, damit die pädagogische Arbeit mit unter Dreijährigen nicht aus dem Blick gerät. Wo eine gemeinsame Grundausbildung mit angehenden Grundschullehrern konzipiert wird, ist diese Gefahr nicht von der Hand zu weisen. Hier nun seien einige weitere Elemente oder Facetten der Professionalität skizziert, denn die Beachtung der caring-Dimension allein kann die Professionalität nicht sichern. Auf die anspruchsvollen Aufgaben in der Pädagogik der (frühen) Kindheit, die sich auch an die Eltern als zweitwichtigsten Adressaten wendet, kann eine wissenschaftliche Ausbildung allein nicht vorbereiten; sie kann einen professionellen Habitus nur anbahnen. In der Phase der Berufseinführung und mittels Fort- und Weiterbildung erfährt dieser Habitus seine weitere Ausprägung.

Eine professionellen Standards genügende Handlungsfähigkeit in komplexen, unvorhersehbaren Situationen – und jeder Alltag in einer Kindertageseinrichtung ist umso reicher an kontingenten Momenten, je mehr die Selbstbildungsprozesse der Kinder im Vordergrund stehen – speist sich aus den personalen Ressourcen einschließlich der Motivation ebenso wie dem expliziten Theorie- und dem „Weltwissen", insbesondere aber aus dem implizitem bzw. Erfahrungswissen.

Die akademische Ausbildung muss in erster Hinsicht die Bereitschaft und Fähigkeit zur Reflexion entwickeln. Die disziplinären Bezugswissenschaften Pädagogik, Entwicklungs- und Sozialpsychologie, Soziologie, Gender-Studies etc. spielen eine entscheidende Rolle, damit die anstehenden Ereignisse und Handlungen verstanden und geordnet werden können. Die Vorstellung allerdings, es ginge um „Anwendung" des theoretischen Wissens in der Praxis wird von den Erkenntnissen der Professionsforschung nicht gedeckt (vgl. Combe/Kolbe 2004; Horn 2006). Vielmehr entwickeln „Profis" die Fähigkeit, Situationen in ihrem Kontext wahrzunehmen und unmittelbar mit entsprechenden Handlungsoptionen zu verkoppeln (Combe/Kolbe 2004, S. 839). In den Handlungsoptionen ist Wissen verdichtet, ohne dass dies jeweils bewusst sein muss. Die (gemeinsame) Reflexion von Fällen/Situationen hilft, dieses Wissen zu vertiefen und zu klären und bietet Gewähr, dass Praxis nicht unkritisch fortgeschrieben wird und Maßstäbe für professionelles Handeln auf den Prüfstand kommen. Diese müssen in Form von praktischen (Beobachtungs-)Übungen bereits Gegenstand der Studiengänge sein (vgl. Cloos 2004).

Nach dem Gesagten ist offensichtlich, dass die akademische Ausbildung nicht darauf verzichten kann, sich intensiv mit der Praxis, insbesondere mit der Berufseinmündung der Absolventinnen und Absolventen auseinander-

zusetzen. Nicht nur um herauszufinden, welchen Beitrag die jeweilige Ausbildung zur Entstehung einer professionellen Handlungskompetenz liefert,
sondern auch um zu verfolgen, inwieweit die Berufskultur bereichert wird
durch das verstärkte Einbringen von Reflexionsfähigkeit in die Kommunikation der Einrichtungsteams. In diesem Zusammenhang muss auch eine
Befrachtung von Curricula mit einem breiten Spektrum von frühpädagogischen Bildungsbereichen problematisiert werden, wie bei einigen Studiengängen intendiert. Günstiger auf den Lernprozess der Studierenden könnte
sich auswirken, wenn sie ein solides Fachwissen in einem dieser Bildungsbereiche erwerben und darüber hinaus sich Neugierde, Beweglichkeit im
Denken und Freude am (Weiter-)Lernen. erhalten bzw. durch entsprechende Lehr-Lern-Angebote dazu ermutigt werden könnten.

Studiengänge, welche die oben skizzierten Elemente vertieft anbieten –
z. B. intensiv begleitete Praxiskontakte, Fallbeobachtung und -reflexion,
Forschungs-, Kunst- und Experimentierwerkstätten – erweitern die Bandbreite der akademischen Ausbildungsprofile für die Pädagogik der frühen
Kindheit um interessante Varianten. Die strenge Ordnung der nur sechs
Semester umfassenden Bachelor-Studiengänge, in denen kontinuierlich
Wissen abgeprüft wird, kommt diesen Vorstellungen nicht unbedingt entgegen. Das muss aber nicht unbedingt so bleiben; in der Hektik der Einführung des neuen Hochschulsystems mussten curriculare Inhalte kurzfristig in
einen Rahmen eingepasst werden, der sich noch bewähren muss. Zu wünschen wäre eine vergleichende Begleitforschung und übergreifende Evaluierung der unterschiedlichen Studiengänge, um auch die Angebote der
Hochschulen auf hohem Niveau reflektieren und diskutieren zu können.

Literatur

Ahnert, L. (2005): Entwicklungspsychologische Erfordernisse bei der Gestaltung von Betreuungs- und Bildungsangeboten im Kleinkind- und Vorschulalter. In: Sachverständigenkommission Zwölfter Kinder- und Jugendbericht,
Bd. 1 (Hrsg.) (2005): Bildung, Betreuung und Erziehung von Kindern unter
sechs Jahren. München, S. 9-53.
BMFSFJ (2005): Zwölfter Kinder- und Jugendbericht. Bildung, Betreuung und
Erziehung vor und neben der Schule. Bundestagsdrucksache 15/6014. Berlin.
Becker-Stoll, F./Grossmann, K. E. (2002): Bindungstheorie und Bindungsforschung. In: Frey, D./Irle, M. (Hrsg.) (2002): Theorien der Sozialpsychologie
Bd. II. Bern, S. 247-274.
Brückner, M. (2003): „Re" und „De-Gendering" von Sozialpolitik, sozialen Berufen und sozialen Problemen. Frankfurt a. Main. (MS)

Cloos, P.: (2004): Ausbildung und Beruf. Überlegungen zu einer Verhältnisbestimmung auf der Basis einer ethnografischen Studie zu Organisationskulturen und beruflich-habituellen Profilen in der Kinder- und Jugendhilfe. In: Beher, K./Gragert, N. (Hrsg.) (2004): Aufgabenprofile und Qualifikationsanforderungen in den Arbeitsfeldern der Jugendhilfe, Band 2. Dortmund, München, S. 489-535.

Combe, A./Kolbe, F. U. (2004): Lehrerprofessionalität: Wissen, Können, Handeln. In: Helsper, W./Böhme, J. (Hrsg.) (2004): Handbuch der Schulforschung. Wiesbaden, S. 833-851.

Diller, A./Rauschenbach, Th. (Hrsg.) (2006): Reform oder Ende der Erzieherinnenausbildung? Beiträge zu einer kontroversen Fachdebatte. München.

Fröbel, F. (1839): Erziehungswesen. Die Bildung der Kinder vor dem schulfähigen Alter, und die Ausführung einer Bildungsanstalt zu Erziehern und Pflegern in dem angegebenen Alter, besonders die Bildung zu Lehrern an Kleinkinderschulen betreffend. In: Fröbel, F. (1986): „Kommt, lasst uns unseren Kindern Leben!" Bd. 3. Berlin.

Fröbel. F. (1840): Entwurf eines Planes zur Begründung und Ausführung eines Kinder-Gartens, einer allgemeinen Anstalt zur Verbreitung allseitiger Beachtung des Lebens der Kinder, besonders durch Pflege ihres Tätigkeitstriebes. In: Fröbel, F. (1986): „Kommt, lasst uns unseren Kindern Leben!" Bd. 3. Berlin.

Fthenakis, W. E. (2003): Elementarpädagogik nach Pisa. Freiburg.

Gewerkschaft Erziehung und Wissenschaft (2007): Erzieherinnenausbildung an der Hochschule – Studienmodelle im Überblick. Frankfurt a. Main.

Horn, K.-O. (2006): Professionalisierung durch Akademisierung? Erkenntnisse aus der Geschichte der Lehrerbildung. In: Diller, A./Rauschenbach, Th. (Hrsg.) (2006): Reform oder Ende der Erzieherinnenausbildung? Beiträge zu einer kontroversen Fachdebatte. München, S. 35-47.

Krappmann, L. (2001): Bindungsforschung und Kinder- und Jugendhilfe – Was haben sie einander zu bieten? In: Neue Praxis, 2001, Heft 4, S. 338-346.

Laewen, H.-J. u. a. (2006): Die ersten Tage in der Krippe. Weinheim.

Niedersächsischer Landtag (2005): Entschließung: Qualifikation der Erzieherinnen und Erzieher – für mehr Bildungsqualität der Kindertagesstätten. Hannover.

OECD (2004): Die Politik der frühkindlichen Betreuung, Bildung und Erziehung in der Bundesrepublik Deutschland. Berlin.

Rabe-Kleberg, U. (2006): Mütterlichkeit und Profession – oder: Mütterlichkeit, eine Achillesferse der Fachlichkeit? In: Diller, A./Rauschenbach, Th. (Hrsg.) (2006): Reform oder Ende der Erzieherinnenausbildung? Beiträge zu einer kontroversen Fachdebatte. München, S. 95-109.

Robert Bosch Stiftung (2006): PiK – Profis in Kitas. Der Reformkatalog. Stuttgart.

Sachße, Ch. (1986): Mütterlichkeit als Beruf. Frankfurt a. Main.

Thole, W./Cloos, P. (2006): Akademisierung des Personals für das Handlungsfeld Pädagogik der Kindheit. In: Diller, A./ Rauschenbach Th. (Hrsg.) (2006): Reform oder Ende der Erzieherinnenausbildung? Beiträge zu einer kontroversen Fachdebatte. München, S. 47-77.

Die AutorInnen

Becker-Stoll, Fabienne, PD Dr. phil., Diplom-Psychologin, Leiterin des Staatsinstituts für Frühpädagogik (IFP) in München, Lehrbeauftragte am Department Psychologie an der Ludwig-Maximilians-Universität München; Kontakt: fabienne.becker-stoll@ifp.bayern.de

Büchner, Peter, Prof. Dr. phil habil., bis 2006 Hochschulllehrer für Erziehungswissenschaft mit Schwerpunkt „Soziologie der Erziehung und des Bildungswesens" am Institut für Erziehungswissenschaft an der Phillips-Universität Marburg; Kontakt: buechner@staff.uni-marburg.de

Diehm, Isabell, Prof. Dr. phil. habil., Hochschullehrerin für Interkulturelle Bildung und Kulturarbeit an der Fakultät für Pädagogik der Universität Bielefeld; Kontakt: isabell.diehm@uni-bielefeld.de

Diskowski, Detlef, Referatsleiter für Kindertagesbetreuung und sozialpädagogische Berufe im Ministerium für Bildung, Jugend und Sport des Bundeslandes Brandenburg und Vorstandsmitglied im Pestalozzi-Fröbel-Verband; Kontakt: detlef.diskowski@mbjs.Brandenburg.de

Faulstich-Wieland, Hannelore, Prof. Dr. phil. habil., Hochschullehrerin für Erziehungswissenschaft mit Schwerpunkt Schulpädagogik unter besonderer Berücksichtigung von Sozialisationsforschung, Fakultät für Erziehungswissenschaft, Psychologie und Bewegungswissenschaft, Universität Hamburg; Kontakt: faulstich-wieland@erzwiss.uni-hamburg.de

Faust, Gabriele, Prof. Dr. phil. habil., Hochschullehrerin für Grundschulpädagogik und Grundschuldidaktik an der Fakultät Humanwissenschaften an der Otto-Friedrich-Universität Bamberg; Kontakt: gabriele.faust@uni-bamberg.de

Fölling-Albers, Maria, Prof. Dr. paed. habil., Hochschullehrerin für Grundschulpädagogik und Grundschuldidaktik am Institut für Pädagogik, Philosophische Fakultät II, Universität Regensburg; Kontakt: maria.foelling-albers@paedagogik.uni-regensburg.de

Frank, Angela, Dr. phil., Diplom-Pädagogin, wissenschaftliche Mitarbeiterin an der Fakultät Humanwissenschaften der Universität Bamberg, Projektmitarbeiterin am Modellprojekt „KiDZ-Kindergarten der Zukunft in Bayern"; Kontakt: angela.frank@uni-bamberg.de

Fried, Lilian, Prof. Dr. phil. habil., Hochschullehrerin für Pädagogik der frühen Kindheit am Institut für Sozialpädagogik, Erwachsenenbildung und Pädagogik der frühen Kindheit, Fachbereich Erziehungswissenschaft und Soziologie, Universität Dortmund; Kontakt: lfried@fb12.uni-dortmund.de

Griebel, Wilfried, Diplom-Psychologe, wissenschaftlicher Mitarbeiter am Staatsinstitut für Frühpädagogik (IFP) in München; Kontakt: wilfried.griebel@ifp.bayern.de

Gerstberger, Günter, Bereichsleiter „Bildung und Gesellschaft" bei der Robert Bosch Stiftung; Kontakt: guenter.gerstberger@bosch-stiftung.de

Hasselhorn, Marcus, Prof. Dr. phil. habil., Hochschullehrer für Psychologie mit dem Schwerpunkt Bildung und Entwicklung am Deutschen Institut für Internationale Pädagogische Forschung (DIPF) in Frankfurt a. Main, Präsident der Deutschen Gesellschaft für Psychologie (DGfP); Kontakt: hasselhorn@dipf.de

Krüger, Heinz-Hermann, Prof. Dr. phil. habil., Hochschullehrer für Allgemeine Erziehungswissenschaft, Philosophische Fakultät III, Institut für Erziehungswissenschaft an der Martin-Luther-Universität Halle-Wittenberg; Kontakt: heinz-hermann.krueger@paedagogik.uni-halle.de

Lange, Andreas, apl. Prof. Dr. rer. soc., Hochschullehrer für Soziologie der Familie, Kindheit und Jugend am Fachbereich Soziologie der Universität Konstanz, wissenschaftlicher Mitarbeiter am Deutschen Jugendinstitut (DJI) in München; Kontakt: lange@dji.de

Lehmann, Martin, Dr. phil., Diplom-Psychologe, wissenschaftlicher Mitarbeiter am Deutschen Institut für Internationale Pädagogische Forschung (DIPF) in Frankfurt a. Main; Kontakt: lehmann@dipf.de

Leu, Hans Rudolf, Dr. phil., Leiter der Abteilung „Kinder und Kinderbetreuung" beim Deutschen Jugendinstitut (DJI) in München; Kontakt: leu@dji.de

Liegle, Ludwig, Prof. Dr. phil. habil., bis 2006 Hochschulllehrer für Allgemeine Pädagogik am Institut für Erziehungswissenschaft der Eberhard Karls-Universität Tübingen; Kontakt: ludwig.liegle@uni-tuebingen.de

Lüdtke-Entrup, Monika, Dr., Projektleiterin „Frühkindliche Bildung" bei der Robert Bosch Stiftung; Kontakt: monika.luetke-entrup@bosch-stiftung.de

Rauschenbach, Thomas, Prof. Dr. rer. soc., Vorstand und Direktor des Deutschen Jugendinstituts (DJI) in München, Hochschullehrer für Sozialpädagogik am Fachbereich Erziehungswissenschaft und Soziologie der Universität Dortmund; Kontakt: rauschenbach@dji.de

Rossbach, Hans-Günther, Prof. Dr. phil. habil., Hochschullehrer für Elementar- und Familienpädagogik an der Fakultät für Humanwissenschaften der Universität Bamberg, Sprecher der Kommission „Pädagogik der Kindheit" der Deutschen Gesellschaft für Erziehungswissenschaft (DGfE); Kontakt: hans-guenther.rossbach@uni-bamberg.de

Schäfer, Gerd E., Prof. Dr. phil., Hochschullehrer für Pädagogik der frühen Kindheit, Familie und Jugend an der Fakultät für Erziehungswissenschaft, Seminar für Pädagogik an der Universität zu Köln; Kontakt: gerd-e.schaefer@uni-koeln.de

Schilling, Matthias, Dr. phil., Diplom-Pädagoge, Geschäftsführer der Arbeitsstelle „Kinder- und Jugendhilfestatistik" am Deutschen Jugendinstitut (DJI), Abteilung Dortmund; Kontakt: schilling@fb12.uni-dortmund.de

Schreiner, Sonja Adelheid, bis 2007 Referatsleiterin für Kindertagesstätten im Kultusministerium Niedersachsen, Vorstandsmitglied des Pestalozzi-Fröbel-Verbands; Kontakt: SoA.Schreiner@t-online.de

Schuck, Karl Dieter, Prof. Dr. phil. habil., Hochschullehrer für Psychologie der Behinderten, Institut für Behindertenpädagogik an der Fakultät für Erziehungswissenschaft, Psychologie und Bewegungswissenschaft der Universität Hamburg; Kontakt: dekan.EPB@uni-hamburg.de

Thole, Werner, Prof. Dr. phil. habil., Hochschullehrer für Jugend- und Erwachsenenbildung am Institut für Sozialpädagogik und Soziologie der Lebensalter, Fachbereich Sozialwesen, an der Universität Kassel, Mitglied des Vorstandes der Deutschen Gesellschaft für Erziehungswissenschaft (DGfE); Kontakt: wthole@uni-kassel.de

Tippelt, Rudolf, Prof. Dr. phil. habil., Hochschullehrer für Allgemeine Pädagogik und Bildungsforschung am Institut für Pädagogik der Ludwig-Maximilians-Universität München, Vorsitzender der Deutschen Gesellschaft für Erziehungswissenschaft (DGfE); Kontakt: tippelt@edu.uni-muenchen.de

Titz, Cora, Dr. phil., Diplom-Psychologin, wissenschaftliche Mitarbeiterin am Deutschen Institut für Internationale Pädagogische Forschung (DIPF) in Frankfurt a. Main; Kontakt: titz@dipf.de

FachZeitschriften im Verlag Barbara Budrich

BIOS
Zeitschrift für Biographieforschung, Oral History
und Lebensverlaufsanalysen

BIOS erscheint halbjährlich mit einem Jahresumfang von rund 320 Seiten.
BIOS ist seit 1987 *die* wissenschaftliche Zeitschrift für Biographieforschung,
Oral History Studien und – seit 2001 – auch für Lebensverlaufsanalysen. In ihr
arbeiten über Disziplin- und Landesgrenzen hinweg Fachleute u.a. aus der
Soziologie, der Geschichtswissenschaft, der Pädagogik, der Volkskunde, der
Germanistik.

dms – der moderne staat
Zeitschrift für Public Policy, Recht und Management

dms erscheint halbjährlich mit insgesamt rd. 480 Seiten.
Die neue Zeitschrift ist interdisziplinär angelegt und beschäftigt sich mit dem
seit drei Jahrzehnten international zu beobachtenden massiven Wandel der
Erfüllung öffentlicher Aufgaben nach Inhalt, Struktur und Organisation, Prozessen und Ergebnissen. Dieser Wandel fordert alle Fachwissenschaften heraus, bei Erhaltung der jeweiligen disziplinären Kompetenz nach integrierbaren
Untersuchungen und Erklärungen zu suchen.

Diskurs Kindheits- und Jugendforschung

„Diskurs Kindheits- und Jugendforschung" widmet sich dem Gegenstandsfeld
der Kindheits- und Jugendforschung unter der integrativen Fragestellung von
Entwicklung und Lebenslauf; er arbeitet fächerübergreifend und international
mit deutschen und internationalen AutorInnen aus den einschlägigen Disziplinen wie z.B. der Psychologie, Soziologie, Erziehungswissenschaft, der Ethno-
logie, Verhaltensforschung, Psychiatrie und der Neurobiologie.

Weitere Informationen unter www.budrich-verlag.de

FachZeitschriften im Verlag Barbara Budrich

Erziehungswissenschaft
Mitteilungsblatt der Deutschen Gesellschaft
für Erziehungswissenschaft

Erziehungswissenschaft ist das offizielle Mitteilungsblatt der Deutschen Gesellschaft für Erziehungswissenschaft. Die Zeitschrift trägt den Informationsaustausch innerhalb der Gesellschaft und fördert die Diskussion über die Entwicklung des Faches.

femina politica
Zeitschrift für feministische Politik-Wissenschaft

femina politica ist die einzige Zeitschrift für feministische Politik-Wissenschaft im deutschsprachigen Raum. Sie wendet sich an politisch und politikwissenschaftlich Arbeitende, die den Gender-Aspekt bei ihrer Arbeit berücksichtigen. *femina politica* analysiert und kommentiert tagespolitische und politikwissenschaftliche Themen aus feministischer Perspektive, berichtet über Forschungsergebnisse, Projekte, Tagungen und einschlägige Neuerscheinungen.

Gesellschaft. Wirtschaft. Politik (GWP)
Sozialwissenschaften für politische Bildung

GWP ist die älteste Fachzeitschrift in der Bundesrepublik für Studium und Praxis des sozialwissenschaftlichen Unterrichts. Als sozialwissenschaftliches Magazin ist sie der Aktualität wie dem Grundsätzlichen verpflichtet, der sorgfältigen Fundierung wie der lebendig wechselnden Stilistik.
GWP finden Sie im Interent unter www.gwp-pb.de

Politics, Culture and Socialization

Politics, Culture and Socialization is a new quarterly, comprising some 480 pages per year. The journal pulbishes new and significatn work in all areas of political socialization in order to achieve a better scientific understanding of the origins of political behavior and orientations of individuals and groups.

Weitere Informationen unter www.budrich-verlag.de

FachZeitschriften im Verlag Barbara Budrich

Spirale der Zeit – Spiral of Time
Frauengeschichte sichtbar machen –
Making Women's History visible

Die zweisprachige Zeitschrift erzählt anschaulich unsere Geschichte von ihren Anfängen bis zu unserer Gegenwart neu. Mit dieser umfassenderen Sicht begegnet die Zeitschrift der bildungspolitischen Herausforderung an eine geschlechtergerechte Vermittlung von Geschichte in Schulen und öffentlichen Einrichtungen als Voraussetzung für eine geschlechterdemokratische Politik. Die Spirale der Zeit – Spiral of Time erscheint zweimal jährlich, je Heft 64 Seiten (A4) mit vielen farbigen Abbildungen, deutsch und englisch.

ZQF – Zeitschrift für Qualitative Forschung
(zuvor: ZBBS – Zeitschrift für qualitative Bildungs-, Beratungs- und Sozialforschung)

Die ZBBS erscheint halbjährlich. Das Team der HerausgeberInnen setzt sich aus den Vorstandsmitgliedern des Magdeburger Zentrums für Bildungs-, Beratungs- und Sozialforschung zusammen und gewährleistet durch diese Konstellation die Repräsentanz der wichtigsten an der qualitativen Forschung beteiligten Fachdisziplinen.

Zeitschrift für Familienforschung
Journal for Family Research
Beträge zu Haushalt, Verwandtschaft und Lebenslauf

Die Zeitschrift für Familienforschung erscheint dreimal jährlich.
Die Zeitschrift für Familienforschung fördert interdisziplinäre Kommunikation und Diskussion. Dies geschieht durch die Veröffentlichung von Beiträgen zur Familien- und Haushaltsforschung aus den Fachdisziplinen: Familiensoziologie, Familiendemographie, Familienpsychologie, Familienpolitik, Haushaltswissenschaft, historische Familienforschung sowie aus Nachbargebieten.

Weitere Informationen unter www.budrich-verlag.de

UTB-Einführungskurs Erziehungswissenschaft

Die Reihe Einführung in die Erziehungswissenschaft in vier Bänden ist so konzipiert, dass sie Studierenden in erziehungswissenschaftlichen Hauptfachstudiengängen (Diplom, Magister, BA) im Grundstudium sowie Lehramtsstudierenden die erforderlichen Kenntnisse in erziehungswissenschaftlicher Begriffs- und Theoriebildung sowie methodischem Grundwissen, über die Ideen- und Sozialgeschichte von Erziehung und Bildung und über die Arbeitsfelder von PädagogInnen in schulischen und außerschulischen Berufen vermitteln soll. Die einzelnen Bände sind so strukturiert, dass sie sich als Grundlagentexte für einführende Lehrveranstaltungen in das jeweilige Themengebiet eignen.

Der Einführungskurs Erziehungswissenschaft umfasst vier Bände:

Band I
Heinz-Hermann Krüger
Werner Helsper (Hrsg.)
Einführung in Grundbegriffe und Grundfragen der Erziehungswissenschaft
8., durchges. Aufl. 2007. UTB L
347 S. Kart. ISBN 978-3-8252-8092-5

Band II
Heinz-Hermann Krüger
Einführung in die Theorien und Methoden der Erziehungswissenschaft
4., überarbeitete Auflage 2006. UTB L
245 Seiten. Kart. ISBN 978-3-8252-8108-3

Band III
Klaus Harney
Heinz-Hermann Krüger (Hrsg.)
Einführung in die Geschichte der Erziehungswissenschaft
und Erziehungswirklichkeit
3., erw.u.akt. Auflage 2006. UTB L
352 S. Kart. ISBN 978-3-8252-8109-0

Band IV
Heinz-Hermann Krüger
Thomas Rauschenbach (Hrsg.)
Einführung in die Arbeitsfelder des Bildungs- und Sozialwesens
4., durchgesehene Auflage 2006.
336 Seiten. Kart. ISBN 978-3-8252-8093-2

Weitere Informationen unter www.budrich-verlag.de

Die neue Reihe für die Aus- und Weiterbildung von Lehrerinnen und Lehrern: Pädagogische Fallanthropologie herausgegeben von Andreas Gruschka, Sabine Reh und Andreas Wernet

Band 1: Andreas Gruschka
Präsentieren als neue Unterrichtsform
Die pädagogische Eigenlogik einer Methode
2008. 120 Seiten. Kart.
9,90 € (D), 10,20 € (A), 18,90 SFr
ISBN 978-3-86649-158-8
Die heute vielleicht erfolgreichste Innovation im Unterricht ist die Präsentation von eigenständig recherchierten Themen. Die Schüler entwickeln hier beträchtliche Methodenkompetenz. Die Frage aber ist, was wird dabei aus der Sache, die präsentiert wird. Die Fallstudie „Mittelalter" zeigt dies im Detail. Ein kleines, gut lesbares Buch, das wichtige Informationen und Tipps für das Lehren an die Hand gibt.

Band 2
Hans Oswald: Helfen, Streiten, Spielen, Toben
Die Welt der Kinder einer Grundschulklasse
2008. 96 S. Kt. 9,90 €, 10,20 € (A), 18,00 SFr
ISBN 978-3-86649-178-6
Wie verhalten sich Kinder einer vierten Grundschulklasse untereinander und wie sehen ihre Beziehungen zueinander aus? Der Autor beobachtet intensiv die alltägliche Welt zehnjähriger Kinder, die sie selbst in der ihnen eigenen Weise in der Schule gestalten. Das ohne erwachsene Einmischung stattfindende Lernen der Kinder miteinander und eins durchs andere ist ein unersetzliches und wichtiges Feld für die kindliche Entwicklung überhaupt – so die zentrale These des Buches.

In Ihrer Buchhandlung oder direkt bei

Verlag Barbara Budrich
Barbara Budrich Publishers
Stauffenbergstr. 7. D-51379 Leverkusen Opladen
Tel +49 (0)2171.344.594 • Fax +49 (0)2171.344.693 • info@budrich-verlag.de
28347 Ridgebrook • Farmington Hills, MI 48334 • USA • info@barbara-budrich.net

www.budrich-verlag.de • www.barbara-budrich.net

Erziehung und Erziehungswissenschaft in Deutschland

Bernd Overwien, Annedore Prengel (Hrsg.)
Recht auf Bildung
Zum Besuch des Soderberichterstatters
der Vereinten Nationen in Deutschland
2007. 328 Seiten. Kart.
29,90 € (D), 30,80 € (A), 50,50 SFr
ISBN 978-86649-076-5

- Hatte der Sonderberichterstatter der Vereinten Nationen Prof. Vernor Muñoz Villalobos ausreichend Material zur Verfügung, um das komplexe deutsche Bildungssystem zu verstehen?
- Ist seine Kritik an Deutschlands Schulsystem berechtigt?
- Was ist zu tun?

Kerncurriculum Erziehungswissenschaft
Empfehlungen des Vorstands der Deutschen Gesellschaft für
Erziehungswissenschaft (DGfE)
Sonderband der Erziehungswissenschaft. Mitteilungen der Deutschen
Gesellschaft für Erziehungswissenschaft
2008. 126 Seiten. Kart. 12,00 € (D)
ISBN 978-3-86649-180-9
Der Vorstand der DGfE legt in diesem Sonderband der „Erziehungswissenschaft" seine Empfehlungen für das Kerncurriculum Erziehungswissenschaft
in verschiedenen Bachelor- und Master-Studiengängen vor. Zusammen mit
den Ausführungen zur personellen Mindestausstattung dienen die KC-Empfehlungen als Richtschnur für die weitere Entwicklung erziehungswissenschaftlicher Haupt- und Nebenfach- sowie Lehramtsstudiengänge.

In Ihrer Buchhandlung oder direkt bei

Verlag **Barbara Budrich**

Barbara Budrich Publishers
Stauffenbergstr. 7. D-51379 Leverkusen Opladen. Deutschland
Tel +49 (0)2171.344.594 • Fax +49 (0)2171.344.693 • info@budrich-verlag.de
US-office: Uschi Golden • 28347 Ridgebrook • Farmington Hills, MI 48334 • USA •
ph +1.248.488.9153 • info@barbara-budrich.net • www.barbara-budrich.net

www.budrich-verlag.de